全国乡村振兴金雀田园培训教材

有机农业区域发展与作物优质高效栽培

技术方案

马新立 余毅欣 何可可 刘 振 马 波 仪伟秀 著

中国农业出版社

北 京

内 容 简 介

　　本书由中国式有机农业优质高效栽培技术科技成果发明人马新立与河南金雀电子商务有限公司余毅欣等著，并由河南金雀电子商务有限公司组织培训实施。

　　本书根植我国传统农耕精华与现代物料技术结合、中医农耕与国内外有机概念和产销文化现情模式结合、理论与实际应用典型结合、科学鉴定成果与普及推广结合的现状，形成了一套节能、高产、优质的有机农作物生产操作方法。选题强调中国传统农耕元素与现代化学技术现状模式，表现出实用、效率与效益的结合，内容通俗易懂。创作借鉴国内外公认数据以及从实践中得到的新数据，科学严谨，说服力强。

　　本书栽培技术以中医农耕思想为指导，采取生物、物理与生化新技术，挖掘动物、植物营养调理功能，生产特色有机农产品来保证人们身体健康。此栽培技术于2013年6月26日被评审鉴定为国内领先科技成果，于2010年12月10日被国家知识产权局登记为发明专利。

　　此科技成果通过图书发行等途径已普及全国，2020年推广面积达330余万亩，年新增效益100亿元，仅5个省10个示范推广点3年的面积达52万余亩，新增利润16亿元，亩增值3 086元。该成果解决了有机农产品生产上不用化肥、农药产量就低，质量和效益没保证，土、水、气、食品污染重等瓶颈问题，推动了有机农业的可持续发展，保证了有机农产品的绿色与安全。

　　本书陈述了中国式有机农业优质高效栽培技术的形成与内涵，说明了有机农产品生产五大要素与十二平衡管理技术作用，给予农业生产者依据和信心；分不同品种介绍了有机生产田间栽培方案和全国各省优质高效栽培技术成果的粗浅简明方案。

　　按此技术模式生产的产品，市场前景广阔，竞争力强，满足人民对有机、安全、绿色食品的强烈需求。此技术模式对提高全民科学种植素质和保健生产生活、提升人才培养质量和新思维的形成有很强的引领与启迪作用，具有科学、全面、可操作、以点带面性与互相借鉴性；对地方政府在全面制定生物有机农业发展战略、提高农民种植效益、发展农村经济、保护和改善生态环境有所启迪和帮助。本书可供农业规划设计人，农业项目申报、审批人员，专业合作社理事长以及农业产供销科技服务者和广大农民阅读，并作为全国乡村振兴金雀田园培训教材在全国发行。

参编人员

王广印　赵悠悠　王天喜　王淦坚
韦文礼　尹吉山　李　飞　余留柱
沈载华　宣　静　董文奖

马 新 立 简 介

马新立，1954 年 8 月生，山西新绛县人。本科学历，高级农艺师，新绛县人大常委会副主任。全国有机农业产业联盟副理事长，中国农业资源与区划学会有机农业专业委员会副主任委员。2017 年被公选为国际中医农业十佳创始人。

马新立在中医农耕技术上深耕细作 40 年，在基层工作中不断总结和思考，发表科技论文 900 余篇，获得各类荣誉称号数十个。

2013 年 6 月 26 日，他的中国式有机农业优质高效栽培技术被中国科学院武维华院士等 9 名入库专家鉴定为国内领先科技成果。2021 年 7 月 7 日，中国式有机农业优质高效栽培技术普及推广，该项目被提名为山西省科学技术进步奖二等奖。

他先后在人民网、《新华月报》《人民文摘》《人民日报》发表论文 900 余篇。在国家级出版社出版专著 38 本，发行量达 100 余万册。其中《温室种菜难题解答》发行量 12.6 万册，2009 年被评为省优秀科普著作一等奖；《马新立谈有机蔬菜高效栽培》《有机蔬菜标准化良好操作规范》被列为全国新型农民培训工程教材；《茄子生态平衡管理技术图解》被列为中国新农村建设读本；《两膜一苫拱棚种菜新技术》被列为山西省农村流动读书库读本。新华网以《种菜奇人马新立》、中央电视台国防军事频道以《土地上的开拓者》、"人民日报"以《匾送活财神》、"山西日报"以《他为农民增收超亿》、"山西农民报"以《新绛有个马新立》等为题进行了报道。马新立先后被评为山西省农技承包个人一等奖，鸟翼型温室设计一等奖，山西省二等功臣，运城市三、四、五届拔尖人才；2012 年被评为山西省九部委"十一五"小康建设做贡献模范个人，2011 年被民建中央评为先进个人，2009 年被公选为国际科学家前十名（排行第二）。

联系电话：15835999080

余 毅 欣 简 介

余毅欣，男，1980年9月生，河南驻马店市人。硕士研究生学历，中国管理科学研究院商业模式研究所高级研究员。2014年11月参与筹备建立了河南金雀电子商务有限公司，现任公司董事长。从2016年开始参与乡村扶贫，独创了"不让一个贫困老乡掉队"的"五位一体三结合"精准扶贫方案和"金雀爱心购＋自动售货机"新零售消费扶贫助残模式，在河南省汝南县的扶贫实践中取得显著成效。该扶贫方案和模式先后被国务院扶贫办列入2018年《全国电商扶贫典型案例集》，被国家发改委评为2020年全国消费扶贫优秀典型案例并向全国推介，被中国老区建设促进会列入革命老区重点推广项目。2019年河南金雀电子商务公司被表彰为支持革命老区脱贫攻坚先进单位，2021年5月被中共河南省委、省政府评为河南省脱贫攻坚先进集体。"金雀爱心购＋自动售货机"扶贫超市被评为"第二届全球减贫案例征集活动"最佳案例之一。

河南省扶贫开发办公室向国务院扶贫办消费扶贫工作专班提交了《关于同意推荐河南金雀电子商务有限公司参与消费扶贫数据直连直报及全国专柜建设的函》，经国务院扶贫办消费扶贫工作专班同意，河南金雀电子商务有限公司成为河南省及全国开展"专柜专馆专区"消费帮扶数据与中国社会扶贫网直连直报的企业。

河南金雀电子商务有限公司牵头开发了金雀爱心购5大电商平台系统，包括云电商平台、金雀商学院系统、金雀超级云App、金雀供应链和金雀区块链积分系统，这5大系统均升级申请了软件著作权。

2020年，扶贫攻坚接续乡村振兴项目发展，余毅欣参与有机产品种植技术的应用与研究，取得了增质增产的效果。2021年，根据发展需要，他组织金雀发展有机农业，参与修订编写本书。

何可可，1950 年生于中国福建省石狮市，自小酷爱科学研究，立志从事科研工作。1969 年，响应国家"上山下乡"的号召，到福建漳平新桥珍坂村插队落户，在乡下 3 年的艰苦磨炼，他有机会接触中国农村和农民的生活，对农业进行了一番思考，决心追求农技研究。1972 年在香港半工半读完成中学课程。1976 年在美国加利福尼亚州路弗诺斯大学（northrop university）攻读机械工程本科，1980 年以优异成绩毕业后，进入美国贝泰公司，参与核能发电站设计和建造。又由公司付费，进行研究生修读，1984 年毕业于加利福尼亚州立大学洛杉矶分校，主修机械设备（农业设备），工作中获上司赞许，从技术员升为工程师（贝泰公司）。2000 年投入中国农业现代化研究，即有机耕作、食品安全、环境保护和高效管理，引进国外先进的农业技术为课题。2019 年参加了第十六届中国科学家论坛，获"科技创新杰出人物"奖与"科技创新优秀成果"奖，"优秀论文一等奖"，2020 年第十七届中国科学家论坛和 2021 年第十九届中国科学家（国际）论坛，同样获"优秀论文一等奖"，被中国知识资源总库录入 3 篇论文，即《"火耕"技术解决农业药物残留》《论蔬菜水果的工业化生产——打造中国农业的"高铁"，迈向"世界农场"的美誉！》《科学养猪》等，作为重要论文收集。

刘 振 简 介

　　刘振，男，1991年生，江苏省泗洪县刘耀先家庭农场经理。农场立足江苏，面向全国，工作着力点一是推广普及中国式有机农业优质高效栽培技术成果，研发有机农产品产供销服务；二是引试推广有机农业的机械化装备，核心研发家庭农场的生产模式。

　　农场中心基地经营示范面积163亩，全部为钢架结构。拥有现代农机具6套，犁、耧、耙、耱配套齐全，总投资155万元。大棚内种植各种蔬菜，如大白菜、甘蓝、菠菜、丝瓜、苦瓜、瓠子、辣椒、黄瓜、南瓜等十多个农产品。所产蔬菜一律达有机绿色食品质量标准。注册商标为润振先品牌。农场实现订单式生产，所生产农产品主要销往南京农副产品批发中心、宿迁市阳光配送平台，产销两旺、供不应求。经营5年来，所涉人员生产、生活质量大幅度提高，经常接待参观者和对周边农户进行农业技术培训，不断改进种植技术，使产品数量和质量大幅度提高。2021年，本农场共收益169万元，纯收入82万元。社会效益预测在亿元以上。随着国家对农业、农村、农民等涉农方面政策引导与不断投入，党的惠农政策在农村得到充分体现，从农场综合社会效益来讲，带动周边低收入户普遍提高了农产品效益，增加农户的收入。

　　家庭农场建立后，方便机械化操作，解决了部分农村剩余劳动力。农场从小到大，有利于管理和耕作，起到党的政策好落实的作用。

CONTENTS
目录

第一章

中国式有机农业优质高效栽培技术形成与内涵

中国式有机农业优质高效栽培技术于2013年6月26日被中国科学院、中国农业科学院（以下简称中国农科院）、中国农业大学、农业农村部等的9位专家鉴定为国内领先科技成果。全国很多地方多种农作物栽培实践证明，作物从空气中获得的碳元素能满足作物一般低产量需求量。而据专利"一株地衣芽孢杆菌及其应用"，其产品碳能益生菌与有机肥结合可将地面固态碳与空气中碳利用率提高到能满足作物高产优质60%～80%的需求量。如果土壤有机质占3%左右，施少量有机肥就能使作物达到高产优质效果。因此，为了达到高产优质，一是必须注重往土壤中补充有机碳肥，从而养活益生菌并繁殖后代；二是必须注重施用碳能益生菌产品以提高肥效，使微生物从空气中吸收利用碳元素，提高与保护分解利用土肥中的碳和其他矿物营养。

第一节　观念形成与创新

一、追溯根源

以习总书记运用中医理念治国理政；把人民健康放在首先发展的战略地位；一项技术创造一个奇迹；创新农业经营体系与农业科技进步和生产手段改进程度相适应，特别是在中央财经委员会第一次会议时强调要坚持走农业绿色发展道路，首先要调整农业投入结构，减少化肥农药使用量，增加有机肥使用量等讲话为指导。

将我国祖先总结的生物动力农耕术，即多粪肥田；沤田以粪气为美；《齐民要术》总结的粪田畴，美土疆；轮作倒茬、环剥打杈和"农业八字宪法"传统经验，用现代中医理念与认知创新生产方式。

二、理论观点来源

中国大连医科大学教授、微生态专家康白，2005年在《中国微生态学杂志》发表观点："微生态技术是一种现代生物科技，是解决农业、环保污染的有效途径，用微生物菌群对污染的土壤进行修复，具有效率高、无二次污染、能迅速提高土壤肥力等特点，通过微生态技术启动引子工程研发的系列产品，对人类菌群、动植物菌群进行良性的微生态循环，从而为大自然营造健康安全的生存环境。……微生物不单是分解者，也是生产者，动植物生息一刻也离不开微生物。引子（发酵益生菌）是人类生存不可缺少的，人工发酵是模仿自然发酵而设计的人工发酵工程，也被称为引子工程。引子工程能把高科技与分散农业生产工艺引向现代化生态农业的大方向。"

日本比嘉照夫教授，在 1991 年著《农用与环保微生物》中述："在实际生产上，太阳能的利用率是在 1％以下，即使像甘蔗那样高效光合作用的 C_4 植物，其生长最旺盛期的光合利用率也只能达到瞬间 6％～7％的程度。……目前农业技术对二氧化碳的利用率不足 1％，用生物技术提高 1～2 个百分点，作物产量就能提高 1～2 倍。……应用生物技术至少比化学技术产量提高 2～3 倍，益生菌能将有机碳素由在杂菌环境作用下利用率的22％～24％提高到 100％～200％，生物技术能使无机氮有机化。"

三、新认知和新方法的形成

作物正常生长需碳 45％、氢 45％、氧 6％、氮 1.5％、磷 0.2％、钾 1％，其中氮、磷、钾仅为 2.7％。也就是说，作物正常生长时所需的碳是氮的 30 倍左右，是氮、磷、钾三元素总需求量的 16 倍左右。而我国近 40 年的现代农业导向把氮、磷、钾列为作物生长的三大元素，忽略碳、氢、氧。因此，农业进入发展困境，摆正碳元素位置才是作物获得高产优质的根本，也就是必须首先满足作物对碳的需求。

传统施肥指导理论是碳、氢、氧从空气和水中获得，其他元素主要是从土壤中获得。过去与当下大家觉得土壤中氮、磷元素不足，所以人们大力研究推广三元素化肥，形成的化肥利益链难以打破。

自 2007 年以来，笔者公开在出版物上提出有机碳肥概念，与俄罗斯、日本以及中国的教科书上说法不同。碳、氢、氧是作物生长的三大元素，而不是氮、磷、钾。近年来从政界到农科界都将化肥作为农业增产的主流，是沿用了西方化学植物营养学理论及被化学工业利益集团诱导。讲到肥料，从学者到农民，大多数人只知氮、磷、钾等矿物质元素，不知道碳营养，很多地方放弃了施用有机肥，特别是在东北，将玉米秸秆大量烧掉。

2009 年初，笔者在《有机蔬菜标准化良好操作规范》一书正式提出了碳对蔬菜增产作用的基本理论与实践。碳除了大气供给外，土壤中有充足的碳，有机碳素可以菌丝残体形态通过根尖被作物吸收。作物产量高是益生菌与有机质结合的中间产物即聚谷氨酸的作用，而且土壤碳比大气供给更多，否则作物不可能比施化肥高产优质，比配方施肥及有机无机肥混施有效。

利用国家发明专利生产的碳能益生菌液，可将有机肥利用率提高 1～3 倍，菌与有机肥结合的中间产物聚谷氨酸，不仅可分解有机物质，保护碳元素，还能从空气中吸收二氧化碳；可将土壤中的磷、钾有效性提高 1.5 倍左右；土壤固氮酶活性可由 0 纳摩尔/（千克·天）提升到450～1 200 纳摩尔/（千克·天）；能钝化与包裹土壤中的重金属，降解农残，抑制病虫草害。同时，利用那氏齐齐发植物诱导剂能提高叶片光合效率 0.50～4.91 倍，控徒长，抗逆。利用其中的火山岩与稀土可打开植物次生代谢功能，使作物化感素与风味素充分释放，提高口感与作物产品特殊功能。改善我国多数地区土壤缺钾现状与传统认识，目前我国多数耕地含有效钾 33～100 毫克/千克，化学技术认为 200 毫克/千克就够用了，而本技术要求 300～400 毫克/千克。根据各种作物及土壤中有机质与有效钾含量程度进行改良，提高产量。

然而，我国农业界的主流理论仍然在漠视碳。如 2018 年 9 月 7 日，农业农村部全国农业技术推广服务中心首席专家说植物所需的碳元素是大气中二氧化碳，通过光合作用提供养分，并用来制造体内各种主要化学组分（木质素、碳水化合物、蛋白质等），并不是通过人工施用肥料来提供碳元素。因此，任何有机物质中的碳元素都不可能替代或补充大气中二氧化碳中的碳。

2018 年，辽宁省农业科学院科技人员决定搞清楚新绛模式高产优质的机理，搞清楚作物从大气中获得的碳是否能满足高产的需要，施有机碳肥与碳能益生菌能否增产。试验证明，单用碳能益生菌大豆增产 5％以上，人参满足欧盟质量标准要求。

四、与国内外同类技术比较

有机农业优质高效栽培技术国内领先科技成果具有以下特征。

1. 科学技术水平　以武维华院士为组长的 9 位知名专家鉴定认为：该项目成果集成了多项有机农业技术，综合应用于蔬菜与部分农作物生产，取得良好的生态效益和经济效益，集成技术达国内领先水平。

2. 主要技术经济指标　①作物产量较化学技术作物平均增产 20％～50％，增效 20％以上。②产品农残与重金属不超国内外绿色有机食品 57～202 项标准要求，产品销售价提高 15％～100％。③与化学技术投入持平或略高。

3. 效益　成果通过图书发行等各种途径已普及全国，推广面积达 330 余万亩*，年新增效益 100 亿元，仅 5 个省 10 个示范推广点 3 年统计面积达 52 万余亩，新增利润 16 亿元，亩增值 3 086 元。该成果解决了我国有机农业缺乏优质高效技术及中国式有机农业宣传、推广、普及度低等问题，推动了有机农业的可持续发展，保证了有机农产品绿色与安全。

4. 市场竞争力　按此推广技术（模式）生产的有机农产品，市场前景广阔，满足人民对有机、安全、绿色食品的强烈需求。

5. 存在的问题　本项目技术未引起生产者的高度重视，化学农业的影响太深，需要大力宣传、普及中国式有机农业生产技术。

6. 改进措施　加大图书、技术宣传力度，与人力资源和社会保障部、科学技术部、农业农村部等部门联合推广、普及。

与国内外同类技术比较，主要技术指标先进性见表 1-1，其他比较见表 1-2、表 1-3。

表 1-1　主要技术指标先进性比较

类　型	主要创新关键点	创新之处（成果水平）	国内外同类技术
关键技术与系统集成创新	创立有机农产品生产要素集成技术体系	即把"有机碳肥＋碳能益生菌液＋那氏齐齐发植物诱导剂＋水洗天然矿物钾＋植物酵酶风味素"等进行集成	国内未见系统集成的报道

---

　　* 亩为非法定计量单位，1 亩≈667 米^2。——编者注

（续）

类　型	主要创新关键点	创新之处（成果水平）	国内外同类技术
技术思路与方法创新	创立作物高产优质栽培十二平衡管理技术体系	将我国"农业八字宪法"提升为作物高产优质栽培十二平衡管理技术体系，即设施生态环境、土壤环境、肥料取舍、水分营养、生命种子、合理稀植、光能新说、菌的发掘、气体利用、作息温度、地上与地下平衡、营养与生殖生长平衡	国内未见以系统平衡理念和中医有机农业原理实施作物生产管理
推广模式创新	创立新绛有机农业生产模式	以生物集成技术构建新型生态农业经营体系	国内未见大面积生物集成技术应用经营体系
科普作品创新	选题内容	有机农业生产体现中国特色	过分强调不使用化学品
	表现形式	系列、整套	国内未见多作物有机技术应用
	创作手法	理论实用化、操作模式化	国内著作实用、操作性不足

表 1-2　土壤有机质、有效钾含量及主要农作物产量比较

类　型	土壤有机质含量（%）	土壤有效钾含量（毫克/千克）	2018 年水稻产量（千克/亩）	2020 年小麦产量（千克/亩）	2020 年番茄产量（千克/亩）
美国农业技术	6.0	200	561	182.5	6 000
中国农业技术	3.0	180～200	456	386.3	7 000
本成果技术	4.5	240～400	800 以上	600.0 以上	14 000 以上

注：据智妍咨询 2020 年全球及中国番茄（西红柿）种植面积及产量分析；中国传统化学技术与有机生物集成技术成果平均产量，见山西新绛县 2020 年年鉴统计与附件。

表 1-3　有机生产定义比较

类　型	定　义	化学农资用否
美国有机生产	是一种完全不用或基本不用人工合成的肥料、农药、生长调节剂的生产体系	不用或基本不用
英国有机生产	主要解释：严重缺钾的土壤可补充钾	严重缺乏可补充
日本有机生产	主要解释：追求质量，保持有机，除用有机肥外，也用化肥	除用有机肥外，也用化肥
国际联盟有机生产	是一种能维护土壤、生态系统和人类健康的生产体系。不依赖会带来不利影响的投入物质，是传统农业、创新思维和科学技术的结合	不依赖
欧盟有机生产	在生产中完全或基本不用人工合成的肥料、农药、生长调节剂和畜禽饲料添加剂，而采用有机肥满足作物营养需求的种植业，或采用有机饲料满足畜禽营养需求的养殖业	完全或基本不用
中国有机生产	GB/T 19630—2019：遵照特定的生产原则，在生产中不采用基因工程获得的生物及其产物，不使用化学合成的农药、化肥、生长调节剂、饲料添加剂等物质，遵循自然规律和生态学原理，协调种植和养殖业的平衡，保持生产体系持续稳定的一种农业生产方式	不用

类 型	定 义	化学农资用否
本成果有机生产	主要解释：以中医农耕思想为指导；采取生物、物理与生态技术；挖掘动植物营养调理功能；不需化学物资或用后喷碳能益生菌分解农残；生产出具有改善生命体隐性饥饿感的农产品，保证人类身心健康	不需要用或用后喷碳能益生菌解农残

注：本成果与当前欧盟及美国、日本、英国、中国有机农产品生产标准要求一致，产量与质量标准高出两个档次，有很强的国际市场竞争力，有利于改善我国目前有机农产品生产标准要求与发展的被动局面。

第二节　五大要素内涵与操作步骤及投入

我国在 1975 年前还是"传统派"农业，之后"化学派"登场，两派都忽略了微生物和有机碳作用。1978 年，"化学派"农业作物比"传统派"产量提高了 0.5～2.0 倍，认为没有化学氮肥，作物合不成蛋白质。他们忽略了复合益生菌的固氮和间接固碳作用，这种作用能把作物产量在化学技术的基础上再提高 0.5～2.0 倍。

1975 年前，我国多数地区土壤有机质含量为 1.0%～3.5%，全钾含量为 0.5%～2.5%，40 年的化学农业历程对这两大物质消耗巨大，提产已到顶点，且会逐年下跌。每亩土壤中有机质含量在 1% 以下，比高产要求低 60%～80%；亩含钾只有 5～10 千克；土壤中的碳、钾含量已不能支持产量再增长。本成果技术特别强调碳、钾、稀土、光和菌等五大要素。

一、有机农产品生产五要素内涵

在试验、实践的基础上，创造性提出中国式有机农业五大要素生产模式，即"有机碳肥＋碳能益生菌液＋那氏齐齐发植物诱导剂＋水洗天然矿物钾＋植物酶风味素"，特点为低成本（综合成本比化学农业低 20%～30% 或齐平）、高产量（单位产量比化学农业高 0.2～1.0 倍）、达到有机产品标准（产品符合国内外有机食品标准）。

（一）有机农产品基础必需物资——碳素有机肥

影响作物高产优质的营养关键是占植物体 96% 左右的碳、氢、氧。碳、氢、氧有机营养主要存在于植物残体，即秸秆、农产品加工下脚料，如酿酒渣、糖渣、果汁渣、豆饼等和动物粪便。而风化煤、泥炭等也是作物高产优质有机碳素营养的重要来源之一。

1. 饼肥　含碳 50% 左右，其为果实增产提供的碳生成比秸秆略多。

2. 牛粪＋鸡粪　亩施 5 000 千克牛粪含碳素 1 250 千克，可供产果菜 7 500 千克，再加上 2 500 千克鸡粪（含碳 25%，含量 625 千克）可供产果菜 3 750 千克。总碳可供产西葫芦、黄瓜、番茄、茄子 1 万千克左右。例如：山西省新绛县北池村杨齐安，2018 年施牛粪加腐殖酸肥加生物菌液 5 千克，半夏亩产 900 千克，较化学技术增产 1～2 倍。山东省烟台市李先章，2008 年开始用生物集成技术栽培温室黄瓜，品种为硕丰 9 号，亩栽 3 000 株；基施牛粪 14 吨，生长期施生物菌液 15 千克，施 51% 水洗天然钾 25 千克，之后随水隔一次冲入含钾40％的液体肥15千克；秧蔓有疯长现象时喷1次800倍液那氏齐齐发植物诱导剂；有轻度病虫害时叶面喷1次植物酵酶风味素，1粒拌生物菌液100克，兑水15升；连续5年来亩一茬产瓜均在2.5万千克左右。

3. 蘑菇渣＋沼液　碳占植物体干物质的45％，蘑菇渣＋沼液系自制天然廉价水溶肥，是微生物分解有机质的综合营养液，比复合益生菌液养分全，在改良土壤、促进作物健康生长上作用效果巨大。例如：山西省新绛县北燕村段春龙，2016—2020年连续4年用沼液生物技术种植温室蔬菜，每棚1.2亩，头茬越冬番茄亩产1.6万～2.0万千克；第二茬夏秋丝瓜亩产2.25万千克左右，单棚年收入13万余元。靠成果技术生产的产品口感好、卖相好，比化学技术产品收入高25％～50％。一年经营3个棚，年收入40万元左右。山东省沂南县苏村镇王永强，2009年越冬温室黄瓜选用青岛新干线蔬菜科技研究所有限公司选育的优胜品种，越冬栽培蘑菇渣亩用8 000千克，采用沼液生物技术种植，产黄瓜3万千克。

4. 秸秆　含碳秸秆本身就是一个配比合理的营养复合体，固态碳通过复合益生菌液等生物分解能转化成气态碳，即二氧化碳。秸秆本身碳氮比为80∶1，一般土壤中碳氮比为（8～10）∶1，满足作物生长的碳氮比为（30～80）∶1，显然碳素需求量很大，土壤中又严重缺碳。化肥中碳营养极少甚至无碳，为此，要使作物高产，施秸秆肥显得十分重要。秸秆中含氧6％，氧是促进水洗天然钾吸收的气体元素，而钾又是膨果壮茎的主要元素；秸秆中含氢45％，氢是促进根系发达和钙、硼、铜吸收的元素；这两种气体营养是壮秧抗病的主要元素。按生物动力学，1千克干物质秸秆可生产果实和秸秆10～12千克，果实和秸秆各占50％左右。植物遗体是招引微生物的载体，微生物具有解磷释钾固氮作用（空气中氮含量高达79.1％），携带16种营养并能穿透新生植物，系平衡土壤营养和植物营养的生命之源。秸秆还能保持土温，透气，降低盐碱害，其产生的碳酸还能提高矿物质的溶解度，防止土壤营养浓度大灼伤根系，抑菌抑虫，提高植物的抗逆性。秸秆还田且每亩施用益生菌液2～3千克，可以净化乡村地面环境，可将碳素及时还田，生物有机肥还田后可将有机碳利用率由杂菌作用下的22％～24％提高到100％，还能吸收空气中氮和碳，作物不用施化肥与化学农药就可提高产量和品质。玉米秸秆中含糖12％～15％，秸秆干化后糖转化成纤维素，每株干秸秆达0.3千克，亩留苗4 000株干秸秆1 200千克左右。采用碳能益生菌拌种的玉米成熟期，其秸秆仍含有一定量未转化的糖分，将其还田后再施入快速腐熟秸秆的碳能益生菌剂，在适宜的营养、温度、湿度条件下，碳能益生菌剂中的纤维素分解菌、半纤维素分解菌、木质素分解菌大量繁殖使秸秆分解、矿化，进而形成有机物和腐殖质，特别是难分解的根部木质素，在白腐类真菌作用下，45天左右腐解率达60％以上。内生益生菌加上外界复合益生菌，每克秸秆中的益生菌高达10亿～15亿个，这样植物体本身就成了益生菌库，大量益生菌在分解秸秆时会产生聚谷氨酸，可将释放出的二氧化碳固定80％左右，等于将近30％碳固定到土壤中，可满足作物生长发育对碳元素约60％的需求。在下茬作物根系分泌物和根基周围聚集的益生菌作用下，每千克鲜土壤固氮酶活性在37.5～100.0摩尔/小时，有机碳利用率可提高100％～200％（吸收空气中的二氧化碳）。这些为有机农作物高产优质奠定了基础，从根本上解决了碳素有机肥来源不足的问题。例如：山西省新绛县西南董村杨小才，2010年用秸秆加复合益生菌液、那氏齐齐发植物诱导剂、水洗天然钾技术种植番茄，早春茬产 2 万千克，秋冬茬产 1.6 万千克，总产值 7.5 万元。山西省长治市城区跃进巷程根生，2011 年夏秋茬番茄亩施秸秆 2 000 千克，牛粪、鸡粪各 3 000 千克，复合益生菌液 15 千克（分 13 次用），含量 51% 水洗天然钾 100 千克，那氏齐齐发植物诱导剂 50 克，植物酵素风味素 5 粒；7 月上旬播种，11 月 20 日结果，亩产番茄 1.86 万千克。

5. 腐殖酸肥＋禽类粪 鸡粪中含碳 25% 左右，含氮 1.63%，含磷 1.5%。亩施鸡粪 1 万千克可供碳素 2 500 千克，可供产瓜果 1.5 万千克，亩氮素达 163 千克，为亩合理氮含量（19 千克）的 8 倍多，含磷 150 千克，为亩合理标准（15 千克）的 10 倍，所以肥害成灾，作物病害重，鸡粪高投入反而产量上不去，而用腐殖酸肥＋禽类粪则可缓解此现象。例如：山西新绛县西曲村文春英，2016 年在花椰菜、擘蓝上每亩施腐殖酸肥 20 千克，鸡粪 2 000 千克，复合益生菌液 2 千克，蔬菜个大，且品质好。2010 年该村卢太生，亩施鸡粪 2 000 千克，腐殖酸有机肥 1 000 千克，益生菌 4 千克，水洗天然钾 10 千克，甘蓝亩产量达 7 000 千克，较过去产量提高 50%。

（二）有机农产品生产主导必需物资——碳能益生菌液

作物用碳能益生菌发展空间很大。农业农村部副部长张桃林 2018 年 11 月 1 日在南宁全国果菜茶绿色发展暨化肥农药减量增效经验交流会上讲，土壤有机质达 3% 就可完全替代化肥。

1. 碳能益生菌的功效

（1）能代替化肥。据中国农科院孙建光博士在新绛县境内 3 次取土报告，田间用碳能益生菌 45 天后，鲜土壤固氮酶活性平均达 600～1 200 纳摩尔/（千克·天），从空气中吸收氮气（含量 79.1%），作物就不缺氮素，土壤中磷、钙等矿物营养有效性能提高 1～5 倍，也就不需要再施化肥。

（2）不用化学农药。作物上施碳能益生菌配微量元素和氨基酸物质，就可使作物几乎不染病；据山西农业科学院李召全研究员试验，碳能益生菌能杀虫卵，使成虫不能产生脱壳素而衰死，病虫害不会大发展，且此菌中配有淡紫拟青霉菌，可杀死根结线虫等。

（3）可化解产品上和土壤中农残。经中国农科院李兆君研究证明，粪中抗生素、土中农残用一次碳能益生菌可化解 75%～90%，用两次可完全消解。

（4）能提高碳素肥利用率。据康白教授与其学生旺松林研究，碳能益生菌与有机碳肥结合所生聚谷氨酸可将粪肥中和空气中的碳元素吸收聚集于土壤中，供作物吸收。

（5）能包裹和钝化重金属，作物根系不能吸收，故而产品不会超标。经中国农科院梁鸣早在福建、山西、北京、河北、辽宁、吉林、甘肃、山东、贵州等地推广产品化验研究证明，多种作物在土壤重金属超标时，用碳能益生菌后产品不超标，能达国际第三方认可单位化验报告要求。

（6）产量高、风味好。经在全国所有省 80% 市、50% 县推广，用碳能益生菌的各种作物逐年增产，且增幅在 0.2～1.0 倍。据中国农科院刘立新研究，复合益生菌能打开次生代谢功能，将植物化感素和风味素释放出来。

（7）解钾力特强。一般复合菌中有解钾菌 1 000 个/克左右，碳能益生菌中解钾菌含量高达1 000亿个/克，生产用菌也达10亿个/克左右。2018年据中国农科院梁鸣早试验，在土壤缓效钾充足的情况下，用碳能益生菌能提高速效钾含量1.5倍左右，施用24小时后原土样中有效钾含量从108毫克/千克提高到243毫克/千克（表1-4）。

表1-4　施用碳能益生菌后土壤养分变化

土壤养分	中国农科院 孙建光（2013）		中国农科院 梁鸣早（2018）		山西新绛县老促会马新立 （2018）	
	新绛县段春龙、 王富成田取土样		土样在试验室 施用菌		新绛县杨根根一块田 取土样	
	施用前	施用后	施用前	施用后	施用前	施用后
有机质含量（％）	2.18	4.12	—	—	1.11	1.74
碱解氮含量（毫克/千克）	68.60	138.80	—	—	57.83	99.39
有效磷含量（毫克/千克）	205.6	260.0	—	—	33.0	175.0
速效钾含量（毫克/千克）	820	1 471	108	243	396	589
土壤固氮酶活性 ［纳摩尔/（千克·天）］	11.3	1 215.9				

（8）能抑草除草。据中国农科院刘立新研究，碳能益生菌与有机肥结合可产生香豆素、羟肟酸等物质，能抑制部分杂草，与日本比嘉照夫理论一致，一部分杂草耙除，一部分抑制，田间杂草会越来越少。

（9）能净化空气。空气中碳、硫、氨、氮超过一定比例，就会由气态变成固态，即雾和雾霾，特别是在低凹农区。碳能益生菌能将多种气体元素吸收利用转变成农产品，既可代替肥料，又可净化空气。

2. 应用方法　本成果产品生物菌执行标准：主要技术指标为有效活菌数≥30亿个/毫升。用量为大田、露地作物如果、茶、药、菜、粮，亩用量为4～7千克；保护地内亩产1.5万～3.0万千克作物，亩用量为15～30千克；用法为随水灌浇，每次2～3千克，叶面喷洒时兑水，用200～500倍液，可与矿物营养和有机质营养混合施用，碳能益生菌1千克可发酵3～5吨粪肥，发酵时间为7～15天。

注意事项：要根据土壤测量报告，五要素配套到位，即碳素有机肥＋碳能益生菌＋那氏齐齐发植物诱导剂＋水洗天然钾＋植物酵素风味素等。

特别说明：碳能益生菌对秸秆、风化煤、泥炭、动物粪便等进行发酵腐熟，可使肥效增长1～3倍，农作物吸收率和产量大幅提高。

（三）提高有机农作物产量的物质——那氏齐齐发植物诱导剂

1. 那氏齐齐发植物诱导剂的作用原理　那氏齐齐发植物诱导剂是由多种有特异功能的植物体整合而成的生物制剂，能使植物抗热、抗病、抗寒、抗虫、抗涝、抗低温弱光，防徒长，使作物高产优质，是有机食品生产准用投入物。

那氏齐齐发植物诱导剂可使作物细胞活跃量提高30％左右，半休眠性细胞减少

20%～30%，从而使作物超量吸氧，提高1～3倍氧利用率，这样就可减少氮肥投入，同时再配合施用生物菌吸收空气中氮和有机肥中的氮，基本可满足80%左右的氮供应。如果亩有机肥施量超过10吨，鸡、牛粪各5吨以上，在生长期每间隔一次随施肥浇水冲入碳能益生菌液1～2千克，就可满足作物对钾以外的各种元素的需求。

作物施用那氏齐齐发植物诱导剂后，酪氨酸增加43%，蛋白质增加25%，维生素增加28%以上，能达到不增加投入而提高作物产量和品质的效果。

光合速率大幅提高与自然变化逆境相关，即作物施用那氏齐齐发植物诱导剂液体，光合速率提高0.50～4.91倍，幼苗能抗6～8℃低温，免受冻害，特别是花芽和生长点不易受冻。2009年，河南、山西出现极端低温－17℃，连阴数日后，温室黄瓜受冻害，而冻前用过那氏齐齐发植物诱导剂者生长健壮。

因光合速率提高，植物体休眠的细胞减少，作物整体活动增强，土壤营养利用率提高，使作物耐碱、耐盐、耐涝、耐旱、耐热、耐冻。光合作用强，氧交换能量大，高氧能抑菌灭菌，使花蕾饱满，成果率提高，果实端正、叶秆壮。

作物产量低源于病害重，病害重源于缺素，营养不平衡源于根系小，根系小源于氢离子运动量小。作物施用那氏齐齐发植物诱导剂，氢离子会大量向根系输送，使难以运动的钙、硼、硒等离子活跃起来，使作物处于营养较平衡状态，作物不仅抗病虫性强，且产量高，风味好，还可防止氮多引起的空心果、花面果、弯曲果等。

2. 那氏齐齐发植物诱导剂的功效

（1）强光效增长能力。作物叶片在13～33℃形成光合作用产物，利用红外线（长波段）才能工作，紫外线（短波段）起矮化作用。作物施用那氏齐齐发植物诱导剂后，光合作用温度范围可扩大到－4～40℃，光效率能提高0.50～4.91倍，作物产量也可提高相应比例。

（2）强氧化调节能力。自然界植物感染病毒的概率为5%，感染细菌的概率为15%，真菌为80%。作物施用那氏齐齐发植物诱导剂后，强氧化作用可使气孔闭合，预防虫害，被病毒性、真菌性、细菌性三大病害感染概率下降80%左右。叶片小而肥厚挺拔，产品固形物含量多在40%左右，糖含量提高2%，番茄红素提高75.33%。

（3）强抗逆性作用。植物本身有仙人掌基因则抗旱，有芦苇基因则抗涝，有松柏基因则耐寒，施用那氏齐齐发植物诱导剂可使抗性范围扩大，植株矮化，不易徒长，具有较强适应性。如果树、蔬菜越冬到早春易遭受冻害，在开花长叶期叶面喷1次就可提高植物体抗性2.5%左右，不受冻害与热害或受害较轻。

因以上3个作用，作物的吸收代谢力增强，在土壤盐碱成分含量高、电导率较高的环境中仍能高产优质。

3. 应用方法　取50克那氏齐齐发植物诱导剂原粉，放入瓷盆或塑料盆，勿用金属盆，用500毫升沸水冲开，放24～48个小时，兑水30～60升，灌根或叶面喷施。密植作物如芹菜，亩用150克原粉，再用1 500毫升沸水冲开，随水冲入田间；稀植作物如西瓜，亩可减少用量，用原粉20～25克。气温在20℃左右时应用为好。作物叶片蜡质厚时，如甘蓝、莲藕，可在母液中加少量洗衣粉，提高黏着力。高温干旱天气灌根或叶面喷后1小时浇水，以防植株过于矮化。

用过那氏齐齐发植物诱导剂的作物光合能力强，吸收转换能量多。

用那氏齐齐发植物诱导剂1 200倍液在蔬菜幼苗期进行叶面喷洒，能防治真菌、细菌性病害和病毒病，特别是番茄、西葫芦易染病毒病，早期应用效果较好。作物定植时用800倍液灌根，能增加70%～100%根系，矮化植物，使营养向果实积累。因根系发达，吸收和平衡营养能力强，一般情况下不蘸花就能坐果，且果实丰满美观。

生长中后期如植株徒长，可用600～800倍液叶面喷洒控秧。作物过于矮化时，可用2 000倍液喷洒叶面。因蔬菜种子小，一般不作拌种用，以免影响发芽率和发芽势。粮食作物以每50克原粉用沸水冲开后兑水至能拌30～50千克种子为准。

（四）天然矿物钾的增产作用

钾是作物生长的六大营养元素之一，具有作物品质元素和抗逆元素之称。国投新疆罗布泊钾盐有限责任公司水洗工艺生产的含量52%钾肥和24%钾、6%镁、16%硫钾镁肥，品质高、含量足。内含作物生长发育必需的钾、镁、硫元素，为有机认证准用生产资料，被誉为作物的"黄金钾"。施入各类作物田间能显著提高产品的品质，增强作物的抗旱、抗寒、抗热能力，增产效果显著。每100千克可供产果菜0.8万～1.0万千克，供产叶菜1.6万千克左右。作物秸秆灰分中含4%～8%钾，土豆灰分中含50%～70%钾。陕西定边化验报告表明，每千克土豆中含钾342克。

多数农民不注重用钾，不明白钾在增产、提高作物品质和抗病方面的作用。还有一部分农民知道钾的增产作用，又盲目超量用钾，反而影响产量提高。按国际上公认的一个数据，生产93～244千克果实需要1千克纯钾。目前，温室越冬蔬菜平均销售价为每千克2元，每千克纯钾为4元，投入产出比只有1：（23～31），严重缺钾的土壤，补充钾元素作物就能高产优质，投入产出比可达1：70。

据日本有关资料，氮素主长叶片，磷素分化幼胚，决定根系数目，钾素主要是壮秆膨果。蔬菜盛果期22%的钾素被茎秆吸收利用，78%的钾素被果实利用。钾是决定鲜果产量的主要养料。

钾不仅是结果所需首要元素，而且是植物体内酶的活化剂，能增加根系中淀粉和木糖的积累，促进根系发展、营养运输和蛋白质合成，是较为活跃的元素。钾素可使茎壮叶厚充实，增强抗性，降低真菌性病害的发病率，促进硼、铁、锰吸收，有利于果实膨大，花蕾授粉受精等，对提高蔬菜产量和质量十分重要。如施磷、氮过多出现僵硬小果，施钾肥后3天可见效，果实会明显增大变松，皮色变紫增亮，产量大幅度提高。

钾肥不挥发，不下渗，无残留，土壤不凝结，利用率几乎可达100%，也不会出现反渗透而烧伤植物。宜早施勤施，钾肥施用量可根据有机肥和钾早期用量、浇水间隔的长短而定。

富钾土壤施钾时对作物也有增产作用，又因保护地内土壤多种营养浓度过高，钾作用会变小，所以土壤钾素相对不足较普遍，有机肥中钾和自然风化产生的钾只作土壤利用率降低考虑，土壤钾含量达240～300毫克/千克才能丰产丰收。

很多农民不知道自己田间缺钾的多少。缺钾时用一次钾增产效果明显，就大量盲目施钾；前期施钾多，造成茎秆过粗或外叶过厚、肥大；施用氯化钾造成土壤板结而生长不良，氯过多还会伤根，产品品质下降；用氮、磷、钾三元素复合肥料，氮过多导致叶旺减产或产生氨害,磷过多造成土壤板结。目前,菜田氮少磷余钾缺,钾成为土壤营养相对最小值,需要最大量,是影响产量的主要元素,施钾自然能大幅度增产。

钾不与有机肥和有益生物菌配合,单施易造成土壤和植物营养不平衡,有机肥不能充分发挥作用,浪费资源,钾素不能充分供应果实生长。植物抗病抗逆性弱,作物难管理,品质差,产量低。

有机生物钾是将氧化钾附着于有机质上,通过有益菌分解携带钾进入植物体,使钾利用率达100%。有机生物钾能改善生态环境,决定产品的质量,重量比同等体积的果实高20%左右。果实丰满度、色泽度和生产速度好。

有机生物钾可在植物体内逆行流动和转移,维持多种营养元素的吸收,控制植物气孔关闭,尤其能控制植物的抗旱、抗冻、抗热、抗真菌及细菌侵染能力。可延长果实存放期,其产品符合绿色有机食品要求。

(五)作物增产的"助推器"——植物酵酶风味素

每种生物有机体内都含有遗传物质,使生物特性可以一代一代延续下来。如果基因的组合方式发生变化,那么基因控制的生物特性也会随之变化。科学家就是利用基因可以改变和组合的特点来人为操纵和修复植物弱点,以便改良农作物体内的不良基因,提高作物的品质与产量。

1. 植物酵酶风味素主要成分 B-JTE泵因子、抗病因子、细胞稳定因子、果实膨大因子、钙因子、稀土元素及硒元素等。

2. 功效 打破植物休眠,使沉睡的细胞全部恢复生机,能增强受伤细胞的自愈能力,创伤叶、茎、根迅速恢复生长,使病害、冻害、除草剂中毒等药害及缺素症、厌肥症的植物在24小时迅速恢复生机,其中的火山岩粉可充分打开植物次生代谢功能,释放化感素和风味素,产品口味好。

提高根部活力,增加植物对盐、碱、贫瘠地的适应性,促进气孔开放,加速供氧、氮和二氧化碳,由原始植物生长点,逐步激活达到植物生长高端,促成植物体次生代谢。植物体吸收后8小时内明显降低体内毒素。使用本品无需担心残留超标,是生产绿色有机食品的理想天然矿物物质。

3. 应用方法 可与一切农用物资混用,并可相互增效。适用于各种植物,平均增产20%以上,可提前上市,保鲜期延长,产品糖度增加2%～4%,口感鲜香,果大色艳,耐贮运。育苗期、旺长期、花期、坐果期、膨大期均可使用,效果持久,可达30天以上。将胶囊旋转打开,将其中粉末倒入水中,每粒兑水15～30升,叶面喷施,以早晚20℃左右时喷施效果为好。特别提示:桃树、枣树、石榴树、瓜类、草莓喷施时,每粒兑水不能低于30升。

二、各种有机作物五要素操作步骤及投入

1. 各种露地作物,如有机小麦、水稻、玉米、高粱亩产1 000千克左右的操作步骤

第一步 亩施1～5吨有机肥,土壤有机质含量达3%以上。

第二步 亩喷2千克碳能菌,深耕40厘米左右。

第三步 沟撒50千克土壤调理肥。

第四步　种子上喷 200 倍液诱导剂或喷碳能菌 1 次拌种。

第五步　合理稀植，一般均比品种说明播种量少 15％左右，如小麦亩播 6～10 千克，玉米亩栽 3 600 株等。定植后每亩浇 2 千克碳能菌，灌 1 次 800 倍液诱导剂，大面积用小飞机喷 20 倍液，连苗期、后期总计每亩备 1 袋诱导剂。

第六步　长粒期叶面喷植物酵酶风味素 1～2 次，共 2～4 粒，分 1～2 次施罗布泊51％天然水洗钾 10～50 千克，土壤有效钾含量为 300 毫克/千克以上。

亩投入 300～520 元。产品达有机食品标准，病虫害一般不考虑。

2. 有机绿色番茄、茄子、辣椒、黄瓜、丝瓜、西葫芦亩产 2 万千克的操作步骤

第一步　亩施 8～10 吨牛粪或菇渣，土壤有机质含量达 6％左右。

第二步　亩喷 2～5 千克碳能菌，深耕 50 厘米左右。

第三步　撒 100～250 千克土壤调理肥。

第四步　苗上喷 1 次 1 200 倍液诱导剂，1 次碳能菌。

第五步　合理稀植，番茄、茄子亩栽 1 800 株，黄瓜、丝瓜亩栽 2 800 株，辣椒亩栽3 000 株，西葫芦亩栽 1 100 株等。定植后每亩浇 2～5 千克碳能菌，灌 1 次 800 倍液诱导剂（1.5 袋），连苗期、后期总计每亩备 3 袋诱导剂。

第六步　结果期喷植物酵酶风味素 5 次，20 粒，分 3～8 次冲罗布波 51％天然水洗钾100～150 千克，土壤有效钾含量达 500 毫克/千克。

亩投入 2 000 元左右。产品达有机食品标准，病虫害一般不考虑。

三、成果普及推广中遇到的问题及解决方法

问题：一是多数农民担心减产，成果应用起步阶段常是化学物料与成果物料交替或混用，投入大，效果不明显。二是土壤有机质与钾含量不清楚，投入与产出高低悬殊。三是出效果后，还想少投入，选用含量不够的钾肥与匹配不合理的益生菌，出现产量效益降低。

解决方法：一是五要素套餐一次到位，中间不增加任何物料。二是土化报告与操作方案到位，保证有规可循。三是产品化验报告与认证手续跟踪到位，保证产量、质量提高。四是及时将产品纳入效益渠道出售，保证收入等。

第三节　十二平衡内涵

我国农耕经典核心技术的发展记载为良法包涵良种，良种重要，良法更重要。我国的良法历史悠久。20 世纪 50 年代，我国确定了农业八字宪法，即土、肥、水、种、密、保、管、工；2002 年上升为作物生长十二平衡，即土、肥、水、种、密、光、温、气、菌、设施、地下与地上部、营养生长与生殖生长，系追求无公害、绿色食品要求的认识；2007 年又新确定了作物生长十二平衡、五大要素，这是追求低耗能生产有机食品的新要求。

全国各地应用本成果五要素均增产，增产幅度 0.3～3.0 倍，关键在于十二平衡管理技术。本成果将农业八字宪法提升为十二平衡管理方法，配合到位产量就表现突出，配合

不到位产量就差。故而,十二平衡管理技术经国家一级查新国内外范围的结论为,农业"八字宪法"是指毛泽东同志根据我国农民群众的生产实践和科学技术成果,于1958年提出来的农作物八项增产技术措施。时至今日,在基础环境和形式都已发生深刻变化的情况下,原农业八字宪法的内涵、外延等定义迫切需要扩展(图1-1)。

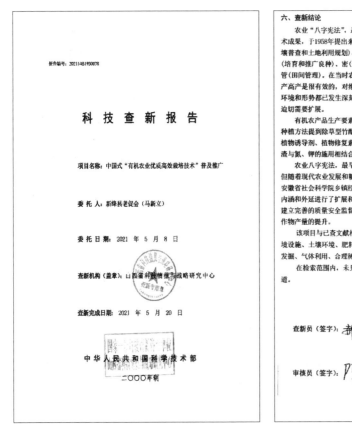

图1-1 科技查新报告结论

十二平衡内涵分别如下。

一、生态环境设施

根据当地的纬度、气温、光照、土壤质地、大气、水质、材料等进行整合利用,设计标准地方设施。如山西省新绛县科技人员设计的鸟翼形系列生态温室,散光进光量大,升温快,保温好,日照时间长,四角均可见光,昼夜温度变化与作物作息要求基本一致。

二、土壤环境

土壤沙增施有机肥,过黏拌沙;pH 6.5以下,田间每亩施石灰50～100千克;pH 8以上,每亩施石膏40～80千克,并根据土壤含矿物营养状况,施用有益微生物与碳素肥进行改良。土壤可分为四类处理:一是腐败菌型土壤。过去注重施化肥和鸡粪的地块,

90%都属于腐败型土壤，其土壤中镰孢霉腐败菌比例在15%以上。土壤养分失衡恶化，物理性状差，易产生蛆虫及病虫害。20世纪90年代以后，特别是保护地内这类土壤在增多。处理办法是持续冲施碳能益生菌液。二是净菌型土壤。有机质粪肥施用量很少，土壤富集抗生素类微生物，如青霉菌、木霉菌、链霉菌等，粉状菌中镰孢霉病菌只有5%左右。土壤中极少发生虫害，作物很少发生病害，土壤团粒结构较好，但透气性差，作物生长不活跃，产量上不去。20世纪60年代前后，我国这类土壤较为普遍。改良办法是施秸秆、牛粪、生物菌等。三是发酵菌型土壤。乳酸菌、酵母菌等发酵型微生物占优势的土壤富含曲霉菌等有益菌，施入新鲜粪肥与这些菌结合产生酸香味。镰孢霉病菌控制在5%以下。土壤疏松，无机矿物养分可溶度高，富含氨基酸、糖类、维生素及活性物质，可促进作物生长。四是合成菌型土壤。光合细菌、海藻菌以及固氮菌等合成型的微生物群在土壤中占优势，再施入海藻、鱼粉、蟹壳等角质产物，与牛粪、秸秆等透气性好且碳、氢、氧含量丰富的物质结合，能增加有益菌繁殖数量，占主导地位的有益菌能在土壤中定居，并稳定持续发挥作用，既能防止土壤恶化变异，又能控制作物病虫害，产品优质高产、属于有机食品。

三、取舍肥料

作物高产优质生长的三大元素是碳（占干物质整体的45%）、氢（占45%）、氧（占6%），氮、磷、钾只占2.7%。茄果类、瓜类、豆类、根茎类蔬菜注重牛粪、秸秆投入（每千克可供产瓜果4～7千克）；叶菜类蔬菜注重施入鸡粪（每千克可供产叶菜7～10千克）。100千克50%天然水洗钾可供产瓜果1万千克，供产干品粮食1660千克。我国多数地区土壤钾含量在20～100毫克/千克，作物高产需240～400毫克/千克，碳能益生菌可使土壤有效钾含量提高1.5倍左右，所以需施碳能益生菌与补充钾才能高产优质。

四、营养水分

不要把水分只看成是水（H_2O），各地的地下水、河水营养成分不同。有些地方的水中富含钙、磷，不需要再施这类肥；有些地方的水中富含有机质，特别是冲积河水；有些水中富含有益菌。因此，不能死搬硬套不考虑水中营养成分来施肥。滴灌节水控湿是高产优质的重要措施之一。

五、生命种子

过去很多人把种子的抗病性、抗逆性看得很重要，认为是高产优质的先决因素。按有机碳肥＋碳能益生菌液＋那氏齐齐发植物诱导剂＋水洗天然矿物钾＋植物酵素风味素的有机操作技术，就不需太注重品种的抗病性、抗逆性。应着重考虑品种的形状、色泽、大小、口味和当地人的消费习惯。因为生态环境决定生命种子的抗逆性和长势，这就是技术物资创新引起的种子观念的变化，生态环境好，常规种子也能达到高产优质，反之好的杂交品种也会毁于一旦。

六、合理稀植

过去土壤瘠薄时以多栽苗求产量，而此成果技术要稀植才能高产优质。如过去番茄每亩栽 4 000 株左右，现在栽 100～1 800 株；过去黄瓜每亩栽 4 500 株左右，现在栽 2 800 株；过去茄子每亩栽 2 200 株，现在栽 1 500 株；过去薄皮辣椒每亩栽 5 000～6 000 株，现在栽 3 600 株；过去西葫芦每亩栽 2 200 株，现在栽 1 100 株；过去玉米每亩栽 4 000～4 600 株，现在栽 2 600～3 000 株；过去小麦每亩播 20～30 千克，现在播 3.0～7.5 千克，有些更稀。合理稀植的产量比过去合理密植高 1～10 倍。

七、气体利用

二氧化碳是作物生长的气体"面包"，增施二氧化碳可增产 80%～100%。过去在硫酸中投碳酸氢铵产生二氧化碳，现在冲入有益菌去分解碳素物，量大，浓度高，能持续供给作物营养，大气中的二氧化碳含量达 330 毫克/千克，碳能益生菌还能吸收空气中氮与二氧化碳。

八、光能新说

万物生长靠太阳光，阴雨天光合作用弱，作物不生长。现代科学研究认为此提法不全面。植物施用那氏齐齐发植物诱导剂后能提高 50%～491% 光利用率，弱光下也能生长。有益菌可将植物营养调整平衡，连阴天根系不会大萎缩，天晴不"闪秧"，庄稼不会大减产。

九、作息温度

大多数作物要求光合作用温度为白天 20～32℃，前半夜营养运转温度为 17～18℃，后半夜植物休息温度为 10℃左右。只有西葫芦要求白天 20～25℃，晚上 6～8℃。如不按此规律管理，要么产量上不去，要么植株徒长。

十、菌的发掘

作物病害由菌引起是肯定的，而"是菌就会染病"的想法是不对的。致病菌是腐败菌，益生菌是有益菌，长期施用有益菌液可杀虫卵。

有益菌的八大作用：①平衡作物营养，不易染病。②粪肥除臭，不易生虫。③分解土壤矿物营养，不需再施钙、磷等肥。④吸收空气中氮、二氧化碳，不需再补氮肥。⑤分解秸秆、牛粪、腐殖酸等肥中有机碳、氢、氧营养，减少浪费。⑥能使有机肥中的营养以菌丝体形态直接通过根系进入新生植物体，是光合作用利用有机质和积累营养速度的 3 倍。⑦连阴数日作物根系不会大萎缩，不死秧。⑧可以化解产品表面上的残毒物和钝化土壤重金属。

十一、调整地上部与地下部

过去在苗期切方移位囤苗，定植后控制浇水蹲苗，促进根系发达。现在在苗期叶面喷 1 次那氏齐齐发植物诱导剂 1 200～1 500 倍液，地上部不徒长，不易染病；定植后用 300～

800倍液灌根1次，地下部增加70%~100%根系，地上部秧苗矮化20%，控秧，促果大籽粒饱满，还能防治病毒病。

十二、调节营养生长与生殖生长

过去追求根深叶茂好庄稼，现在是矮化栽培产量、质量高。用植物酵素风味素进行叶面喷洒，每粒兑水14~15升，能打破作物顶端优势，控制营养生长，促进生殖生长，果实着色一致，口味佳，糖度可提高2%~4%。

第四节 技术普及的实施效果

一、可解决我国农作物旱作产量低的问题

（一）现状

山西干旱原因：一是山西地区冬季是西北寒流必经之地，地面湿气被吹到南方而脱水。二是春季升温快，土壤水分易蒸发。三是周边水源与森林较少，东边太行山将东南湿气挡住过不来。四是黄土高坡土壤有机质含量少、益生菌含量少、保水力差等。

而京冀地区雾霾多，主要是海拔低，太行山脉挡住雾气跑不掉；冀中南平原秸秆与肥料用量过大。为此冀中南不大考虑旱作农业，而山西必须开发有机旱作农业。

（二）对策

有机旱作农业：利用技术优势开发自然劣势，发展优质高效产业和取得优质高效产品。有机不单指施有机肥，也不单指不施化肥农药；不是照搬国外有机农业标准要求，而是因地制宜。旱作不单指选用耐旱品种，或打井蓄水浇地。

中国式有机农业优质高效栽培技术成果就是有机旱作农业的一个技术模式。即用有机肥保湿保水，近两年应用碳能复合益生菌与生物土壤调理肥的中药材根多叶绿，持效好、产量高，已逐步被广大群众认可。

（三）典型案例

新绛县革命老区翟家庄村有耕地面积2 400亩，其中中药材种植面积达2 100亩。2017年，新绛县老促会一班人在此大力推广用中国式有机农业优质高效栽培技术成果种植中药材，取得可喜效益。该村村主任张文亮，2018年在7亩田用生物技术进行试验，收入14万余元，种子收入2.8万元，合计16.8万余元。副主任张来民，2019年在田里施生物土壤调理肥和碳能菌液，2.8亩地总收入达6.6万余元。会计王学民，远志、黄芩地用土壤调理肥与复合益生菌液，中药材长势佳，成为该村最佳典型户。目前该村群众均看到了生物技术代替化学技术的希望。阳王镇禅曲村的李森炎用生物技术管理远志，亩产值达3万余元。2018年，新绛县天益中药材种植专业合作社用生物技术管理远志，产品经检测，有效成分为国家药典标准1.5倍左右，甘遂、半夏、丹参、柴胡有效成分也为药典标准的1.5倍左右。2019年，新绛远志已列为国家道地品种。2019年前半年晋南久旱无雨，远志后期普遍干尖、死秧、缩节、卷叶、生长点长成小疙瘩，肉皮薄，施碳钾、用碳能菌即可解决这些问题，如泽掌村王振河，北池村杨二毛、文根怀，翟家庄村张来民在田间用碳能菌就无此病症。

小米是耐旱品系，山西省有 330 万亩谷子，亩产 200～250 千克小米。近年来新绛县科技人员在甘肃庆阳、山西长子、河北石家庄、内蒙古赤峰等地使用生物技术管理田地，亩产已达 300～500 千克，有机小米每千克售价 24～30 元，农民收入高。

红薯也是耐旱作物，新绛刘家庄村、郭家庄村过去均有旱作红薯习惯，有机种植亩产可达 3 500 千克，每千克售价 6～10 元，在产量和价格上都有提升。

二、提高边远山区、老区人均收入

（一）现状及对策

1. 助力发展旱作有机农业，突出旱地中药材（旱半夏、黄芩、远志、艾草）、果树、小米、红薯、大葱、甘蓝等耐旱耐寒高产优质品种。

2. 努力解决灌溉和蓄水保湿问题，最大程度利用水资源。

3. 大力推广有机农业优质高效栽培技术成果，编制适宜旱区发展的品种与栽培方法，树立种植高产优质典型，县上给予挂牌示范。

4. 为老区及边远山区每村编制"一村一特"发展指向，逐步逐年调整落实。发展产业经济。

（二）典型案例

在新绛县老区 4 个点试验推广，所有作物产量与收益提高 0.5～1.5 倍。有机农业优质高效栽培技术成果在玉米、小麦上应用对产量影响的试验报告，有机农业优质高效栽培技术在蔬菜上应用对产量质量影响的试验报告，有机农业优质高效栽培技术在果树等作物上应用的试验报告，有机农业优质高效栽培技术在远志上应用的试验报告，四个报告在红色山西网于 2020 年公开发表。另在山西瑞恒农业股份有限公司农场小麦上普及试验，不施任何化肥与化学农药，亩产达 545 千克，以《小麦专家高志强对新绛县有机生产给予肯定》发表在中国老区网。全国所有省应用情况为公开发表增产增效户 300 例。2017—2020 年，先后被中华人民共和国国家发展和改革委员会（国家发改委）、中国科学技术协会（中国科协）组织的重庆"双创"组委会，中国绿色食品博览会，北京国际农业·农产品博览会，第 25 届和第 26 届中国杨凌农业高新科技成果博览会邀请，宣传展示了有机农业优质高效栽培技术成果的五要素产品与所产农产品。

三、可解决我国农业 40 年来最沉重的 8 个问题

该成果系目前国内唯一被鉴定为农业良方的成果。推广此成果可解决当下各级领导与群众最担忧的现实问题。

1. 农民后继乏人 目前农业主力是 55～70 岁的人，年轻人多不乐于务农。让新农人及学农的大中专生接受运用此技术，会让他们产生激情与希望，提高自我价值和收益，生产效率可提高 1～2 倍。

2. 农业低产低效 我国农事一直是一边面对自然不均劣势，一边面对产品市场风险，中间是化学生产技术问题。应用此成果"三农"经济一年即出现拐点，较化学技术提高产量 0.3～2.0 倍，有机农业高产优质高效，逐年提升。

3. 农村荒废 近些年农民打工比务农收入高，出现不少留守人、空壳村。学习此成

果后，外出农民会返村，学生自然会流回本县、乡、村，促进人与自然和谐相处，此成果已被近百家出版社、杂志、报纸、电台、微信平台报道和群众认可。

4. 农民生活困难　中央出台政策：①将中国式有机农业优质高效栽培技术列入农业农村部推广项目，鼓励、奖励，农民导入有机农业优质高效生产良性循环渠道，步入农业新境界。②准许农民在本户地上建别墅，吃住干在田间，比在城市买房划算，又能使田野生辉，方便人们生产生活。

5. 集体经济缺少　中央、省、县里实施事业编制干部到村庄任党支部书记。同时规定，对推广中国式有机农业优质高效栽培技术做出成绩者，创办集体经济实体、康养旅游线路成功者，转为公务员，是有效的组织办法，应全面实施，方能奏效。

6. 产品令人不放心　应用此成果五要素种植各类作物，不用或少用化肥，不用化学农药与化学激素，不用转基因物质，当茬就能种出绿色有机食品，投入成本不高。已在全国各市推广应用，有数十份化验报告和证明。

7. 生态环境破坏　此成果当茬可改土，逐年净化气（包括雾霾严重问题）、水（包括江河）、土，是改善生态大环境唯一出路，已得到全国所有省市县不少先进范例推广。

8. 土地恶化种不出合格产品　彻底攻克了土传病及连作重茬死秧问题；解决了产品农残与重金属超标和产量品质无法提高等问题。产地认证与产品化验均获得国内外有机认证证书与化验合格报告，均达农业农村部农残与重金属不超标要求 57 项，国际第三方认可标准 191～202 项。有机农业优质高效栽培技术对世界农业技术进步有很强的支撑与引领作用，已参与到地方标准编写与发布，对我国农业产业与技术调整、优化、升级可起到定向与主导作用。

四、解决了我国农作物根浅、产量产值效益不稳定问题

（一）现状

我国化学农业发展近 40 年，现今化肥施用量较合理平衡多出 2～3 倍，空气中氮、二氧化碳浓度升高；水、土污染严重；有机肥施用量少，土壤板结严重，透气性差，根系下扎困难，收获根茎的作物短小，收获籽粒的作物病害多，不耐旱，产量难以提高，农业收入保证系数差，很多农民不想种地，谋求打工致富，这是当前现实趋向。

（二）原因

一是传统农业认为作物耕作层为 25～30 厘米，所以教科书上多以这个数值分析要求，实属低产标准。二是化学农业下，人们不将农业当作主业，浅耕一下，撒一把化肥，种上后产多少算多少，自然难说高产优质水平与技术。三是农业机械也随形势在变，农具追求小而轻便，主要生产能耕 15～20 厘米深的松土机。

（三）深耕好处

1. 作物根系有趋水性，深层水分多；有趋气性，深耕利长壮长根。
2. 根深叶茂盛，吸收营养能力强，抗旱、抗逆、抗病力自然强。
3. 浅根长叶蔓，深根长产量，即果实，且品质优。

（四）典型案例

案例 1　山西省新绛县北燕村段春龙，近年来在温室用疏松犁深耕 55～60 厘米，配合

有机种植五要素,连年番茄续丝瓜,一年两作亩产3万~4万千克;种植露地玉米亩产1135千克,小麦750千克,均比化学浅耕技术高产1~2倍。

案例2 山西省新绛县东碖村王春成,用旋转钻式多功能机械深耕70~80厘米,种植172亩中药材,夏、秋不怕干旱。其中远志12亩,根长80~90厘米,根直,亩可产600千克左右,收入1.4万元左右;黄芩80亩,根茎长55~60厘米,亩产干品600千克,每千克23元左右,收入1.4万元左右;柴胡80亩,产品根长40厘米,粗1.8厘米,亩产干品200千克,每千克65元,收入1.3万元左右。均比化学浅耕种植产量高1倍左右,另有种子收入1500~7000元。

案例3 山西新绛县桥东村王文子,2020年3月在山药播种前,亩施牛粪4吨,调理肥40千克,天然钾50千克,深耕1.2米,施中药液肥与碳能菌,各喷2次。11月上旬收获,亩产3500千克,山药粗度与长度均比对照多15%,增产30%以上,山药丰满色亮,且口感纯正,营养丰富。

五、解决了我国生态养殖技术产值效益不稳定问题

(一)现状

动物是微生物的衍生物与载体,生长发育所需营养大部分靠益生菌分解,肠道菌群有400多种,数量达10^{14}个。

微生物可变异,可休眠,每6~20分钟繁殖一代,对温度适应范围广,在-30~73℃范围内均可生长繁育。微生物本身对生命体有间接和直接营养作用,主要产生酶解效应,消化淀粉酶、蛋白酶、脂肪酶、果胶酶和植酸酶等来养育细胞生长繁殖,内源酶与外源酶共同作用,保证动物体正常有力循环。

传统饲料中营养多是二元结构的外源物,即动物体和植物体原物,缺微生物,即氨基酸、小分子肽、活性酶、维生素、菌体蛋白、刺激素、抗病毒物和未知因子。

抗营养因子普遍存在于动植物体内,很难被动物肠胃吸收,只有益生菌能分解抗营养因子,提高食物利用率;益生菌中的植酸能与钾、钙、铁、铜等矿物元素螯合,被肠胃吸收;抗生素可破坏生物体活性,干扰维生素吸收利用;动物腹泻是二元饲料中抗原蛋白使肠道获得免疫耐受性的超敏感反应,系吸收功能降低的反映。

总而言之,在养殖业发展中使用三元结构饲料显得十分必要。

(二)对策

据微生态理论学者康白教授介绍,动物幼崽出生接受的第一波菌称宿主菌,能主导动物身体健康生育,多年后,如果宿主少,胃肠黏膜染病,宿主菌失调,各种病菌占领生态位,动物会失去体能,迅速死亡。

抗生素是把双刃剑,会伤害到病菌和益生菌。20世纪40年代,人们开始往饲料中添加抗生素提高动物性能,取得一些成效,后来滥用成灾,使菌株变异耐药。

正常畜禽体内均含有真菌、细菌、病毒和其他生物,包括致癌物,个体身上有100~400种菌。在实际生产中,动物感染病菌是常态,但发病概率一般都很小,小感染能使动物获得免疫力,称为动植物的代谢功能变化效应,以菌治菌,以菌克菌。

防治畜禽疫病先考虑两方面。一是在水料中加复合益生菌,选用微生物制剂,提高功

能，克制病毒，防疫暴发，解决内源问题。二是在养殖场周围，特别是粪便，喷洒复合益生菌，及早处理，3～5 吨取 1 千克含 20 亿个/克原菌，按 100～300 倍液喷洒，除臭消毒，小环境氨气、硫化氢减少了 250 毫克/千克，除氨率达 69.7%，可解决外源问题。

益生菌发酵饲料的好处：一是提高饲料利用率，较用抗生素、化学添加剂降低成本 20%～30%，提高营养成分 10%～28%，提高肉、蛋、奶产量 10%～20%。二是复合益生菌与饲料结合，饲料棉粕中游离棉酚脱毒 80%，菜粕中异硫氰酸盐和噁唑烷硫酮可脱毒 95%，饲料中的植物凝集素、胰蛋白酶抑制剂、致敏因子全降解，同时可降解饲料中的黄曲霉素、亚硝酸盐、重金属与农残毒等。菌与碳饲料互助发挥综合抗病作用。三是不断补充益生菌，使其在消化道黏附定殖，抑制清除致病菌，预防黄痢、白痢、胃肠炎、胃积食、瘤胃鼓气、球虫病、流感及畜禽猝死等，大量分泌氨基酸、小分子肽、维生素、生化酶、抗病毒物、抗生素等；并能预防溃疡病、皮肤病、口腔炎等；牛乳腺炎、子宫炎、产后杂症等下降 50%～70%，全年用药较化学添加剂管理少 70%～80%。乳猪成活率提高 30% 以上，日增重比常规多 20%～40%；鸡产蛋提前 10 天左右，产量提高 2%～10%；畜禽提前 15 天出栏，保健稳定生长。四是不增加成本，能生产出优质产品，即色纯正，香特别，味鲜嫩，营养丰富，各项指标达到国内外绿色有机食品标准要求，方便有机认证。

（三）应用方法

1. 环境处理与养猪　一是全饲养场环境和用物包括人，用复合益生菌原液 100 倍左右液喷洒消毒，15～30 天 1 次。二是饲喂复合益生菌，仔猪用 2% 浓度开始，7 天后 5%，以软粪不拉稀为准；生长猪全程用 5%，有疫情发生可增到 10%，连喂 3～5 天，恢复到 5%，若粪过软可每 50 千克全价料中减 1.5 千克豆粕或浓缩料；种猪按 10% 喂养；100 亿个/克的益生菌液可拌饲料 1～2 吨，兑水 20～50 升，备猪限量采食 25 天左右；膘猪逐渐恢复增加；发情猪按 100 倍液喂 10 余天。猪红痢、白痢视猪大小用 5～10 毫升复合益生菌灌服，一般 2～3 天痊愈。僵猪按 10%～15% 使用，5～7 天见效，恢复后用 50 倍液，饮水或掺饲料喂养。

2. 禽类　雏禽 200 倍液饮水防泻防死；种禽 200 倍液饮水，疫情期 100 倍液饮水，每月 2 次，2～5 毫升灌服。蛋禽使用 5%，鸡长到可以上架时 200 倍液饮水 1 天，之后每 15 天 200 倍液饮水 1 次，疫情发生期每只 2～5 毫升灌服，蛋壳软薄、沙皮，按 200 倍液喂 3～5 天。肉禽起初养殖按 200 倍液，饮水 3 天，治病为灌服 2～5 毫升。

3. 反刍动物　将 200 倍液倒入饲料中，密封发酵 24 小时喂养；发现疾病用 200 倍液饮水配合至病愈；产奶期配合一些青饲料更佳；胃炎、积食、肚鼓等肠道问题可用 300～400 毫升原液灌服，饮水以 50 倍液为好；口蹄疫用纱布浸菌液，饮水以 50 倍液为好。

（四）典型案例

我国著名微生物学家魏曦教授预言：光辉的抗生素时代之后将是活菌制剂的时代。

探索小型规模农场有机养殖与有机种植循环利用技术是国内外农业经营模式新的增长点，是人们向往美好生活的发展方向与动力。

1. 养羊与种植油桃循环

新绛县赵村王五娃种养基地新建了两个油桃大棚，宏伟壮观，总投资 56 万余元，是卖掉了自养的 100 余只羊的收入。羊品种为沙乌克，一只能长 100 千克重，可收入 5 000 余元，靠自繁自育养殖 230 只左右。饲料是用桃树枝叶粉碎堆积发酵而成，70 亩的桃树废枝叶可供 240 只羊一年吃食，饲料中不用添加粮食，不加化学药剂，羊不生病，不打针。

羊健壮肥大，饲养棚四周通风，脚下有 40 厘米厚的羊粪。油桃地每亩施 2 吨牛粪与羊粪混合肥。桃品种为中油 6 号，果大，行距 3 米，株距 2 米，亩栽 100 株，只要求产 4 000 千克左右，施多元肥和海藻肥各 50 千克，生物有机菌肥 5 袋（400 千克），不用除草剂。2019 年在露地管理下，亩收入 1 万元左右。今年保护地用中医农耕有机技术管理，计划亩收入 5 万多元，17 亩就可收入小百万元。

油桃地总共亩施牛粪 2 吨、羊粪 20 吨，每年 3 月和 8 月各施 1 次，小旋耕机深耕土，黑膜覆盖地面。早春浇 1 次水防冻，硬核期再浇 1 次水膨果即可，保持田间干燥。不用多效唑控抽枝叶，就靠重施含碳有机肥与少浇水控制。多效唑化学控秧为使桃树全身中毒而控枝叶，产品口感差，价格低；粪肥控水与用植物剂、矿物剂控枝叶是推广方向。

2. 养羊与种粮药循环

新绛县阎壁村杨俊强有 100 亩小麦田，第一年种作物，看上去肥力不足，主要是养地，第二年全部种中药材，如远志、柴胡等，现在用传统技术亩产 250～300 千克，收入 6 000 元左右，他希望得到技术指导和项目支持。他的农田在沟里，沟上是羊圈，有 500 余只羊，公羊在棚内架上加粮食进行肥养，母羊在地面只用益生菌发酵树枝叶放养，年出栏 200 多只。

第五节　推广火耕技术解决农残、病虫害及杂草的新方法

本技术措施是何可可引进推广到国内的一项新机械操作技术，即用火烧地面解决农残等问题。

一、火耕技术的来源

本技术追溯于我国祖先，古时称它为刀耕火种，那时人们发现经过火烧的土地，病害、虫害和杂草少了很多。

现代的火耕技术进行了改良，过去的全面烧变为局部烧、针对烧；柴火烧变为气燃烧；人工烧变为机械烧，更为快速有效。

美国自 1990 年大力发展火耕技术，风行欧洲。2019 年，何可可引进国外装置后在国内仿造应用，效果良好，在第十六届中国科学家论坛上，何可可的火耕技术获"科学创新优秀成果奖"席位荣誉与用户的认可和赞许（图 1-2）。

本技术可配合中国式有机农业优质高效栽培技术成果大力推广应用。

二、火耕技术的原理与好处

用高温（1 000～2 000℃）烧掉病毒、虫卵、杂草与杂草籽，切断它们的传播链和延

图 1-2　火耕技术

续线。

常人完全可以掌握，可在中国农村的劳动人民中推广，能快速得到认同和接受。

火耕机器价位不高，不需复杂的电脑与自动化设备，政府补助较大型机器。我国大部分农民能买得起，用得上。火耕机效率高，打击虫、草、病菌力度大，可近距离速杀，与喷洒农药相比无空漏、无死角、无稀薄处，火势均匀，辐射度大，效率高。

火耕节省人工，杀病毒、虫、杂草，只有一次人工，降低成本。

火耕机用氢能，只有一次费用，比喷农药费用节省 66%，能增加农民的利润。

火耕机的操作对环境有保护作用，没有二次污染，没有后遗症，没有二氧化碳排放。

火耕机的运用能确保不使用农药、杀虫剂和除草剂，不使用农药便没有任何农残现象，能让农产品更加安全、健康、优良。还能打开植物次生代谢功能，农产品化感素与风味素充分释放，产品营养丰富，保健功能强。

三、火耕机器的配备与用法

小型机器只有一个气桶一个喷火头，为背携式；大、中型有十几个喷火头，由拖拉机拖拉，可大可小，小的几百元，大的几千元至万余元，非常适合中国农村的现行农业结构体系，可由农村经纪人经营。

火耕机器简单讲就是在液化气罐上安装气管与喷火头，人工或机器背（拉）上这套装备在田间运行，火烧地面，使土壤温度达 2 000℃左右，土层水蒸气温度达 180～200℃，彻底消除面源间的有机物残毒，将病毒、真菌、细菌、虫卵、病原体和部分杂草、草籽统统消灭。作业中可装备生物营养液，即碳能益生菌等，补给表层因火耕引起的有机质和土壤益生物的损失。

火耕机分单制、双制、多制管。制造简单，价格不高，农户均能投资起，政府也便于扶助。

火耕系机械耕作，省资、节力、快捷，一人一机一天可耕作几十亩地甚至更多，亩成本不足百元（燃气费）。可全方位降低或杜绝农药。

四、可解决人们对农残留的意识淡薄问题

据何可可调查，目前我国农业与农产品十分令人担忧，大众对农残意识淡薄，除草剂、杀虫灭菌剂、抗生激素滥用，严重超标。化学农药本是农业救灾治蝗备用的，现在成为平常必用物资。多数人不明白化学农药对人危害有多大，无意识致癌，头痛头晕，少气无力，腰疼身摇，其根源是农残引起的中毒现象。社会家庭医疗负担加大，让人不敢患病且又无奈。

从宏观上看，一方面中国在加速发展；另一方面健康与开支在拖延着发展，为社会的安定留下重要隐患。

火耕技术可谓是"一举三得"的好方法，能促使食品生产安全，是保证食材进入绿色快车道的发展之路。

火耕技术可解决眼前面临的问题，亦可展望我国未来农业问题。从根本上有效地解决食品绿色有机安全问题，增强人体免疫力，可复制、推广，为国家提出的乡村振兴发展增光添力。

火耕技术还可以运用在农村的养殖业上。首先，所有猪圈、鸡舍、牛棚、羊栏都需要消毒，不然，非洲猪瘟、口蹄疫、禽流感等病肆虐。保持养殖地方清洁，有助于预防疾病，农民通常先用消毒药水，然后用水冲洗，产生很多污水，破坏环境，而处理这些污水，又要产生巨大的费用。

火耕机在养殖业有绿色消毒作用，2 000℃的火焰一过，任何病毒都不可幸免，达到灭菌目的，没有二次污染，没有后遗症，空气中的氨气、硫化氢等臭味也会消失。一般的消毒水不能除臭，除非再喷一次除臭，那就要多一次人工和费用。猪圈、鸡舍、牛棚、羊栏，不管是水泥、砖头、土墙，还是铁架，都可用火耕机消毒。火耕机还可以协助处理猪、鸡、牛、羊的粪便，把火焰对着粪便，不用多长时间，这些粪便便可以干燥装入袋子，可以运送到农田施肥，这可大大减少粪便的发酵过程费用。方便，省钱，而且有机，

不用化学肥料。

在农村，特别是南方，很多农民在池塘里养鱼，池塘有鱼时，池塘旁边经常有蚊子等。在清理池塘时，池塘底部也要进行消毒、杀虫，渔农一直用消毒药水、杀虫剂，而消毒药水、杀虫剂可能含有孔雀石绿、克百威、乐果、菊酯类。所以经常在鱼身上检验出农药残留，像孔雀石绿、克百威，这些毒素会严重地损害人们的身体健康，长期食用可致癌。这时候，氢燃料的火耕机就派上用场，在每一次清理池塘时，火焰喷过池塘底，任何病毒、寄生虫卵都无法逃避，在池塘有鱼时，在池塘的周边用氢燃料的火耕机喷射周围，可以达到消毒灭虫的目的，虽然不能保证全部杜绝，但是如果反复使用，可以切断各种昆虫的延长线，破坏各种病毒的传播链。大大减少对消毒药、杀虫剂的依赖，提高养鱼的效益，节省成本又省人工，更重要的是大幅减少毒素残留在鱼上，保障广大消费者的生命健康安全。

用简单的话说，有机农业就是不使用人工合成的任何化学品，如农药、灭虫药、除草剂、激素、抗生素等，用天然的方法去解决问题和困难。联合国粮食及农业组织提出，有机农业旨在用天然的、可持续性的轨迹发展。全世界（不只中国）已经饱受农药残留的苦痛和灾难。持续使用化学药品，如农药、杀虫剂、除草剂、激素、抗生素，必定是人类的危机。用氢燃料火耕机去替代农药、杀虫剂、除草剂，是人类的担当，义不容辞，责无旁贷。

农业强，中国强。农业强，首先必须保证农产品安全、健康。要供应 14 亿人口的庞大市场，必须有食品安全和健康的基本观念。保证农产品的安全、健康，就是少用或不用化学物质。除了从这些化学物质的生产源头去杜绝，更重要的是为辛苦在农业第一线的农民排忧解难。面对来自土地的三大难题，农作物的病害（叶黄，烂根，矮化，锈斑等），虫害（像蚜虫、蝗虫等），还有杂草丛生（和农作物抢营养肥料），没有农药、杀虫剂、除草剂，农民就束手无策。但现在有氢燃料火耕机，天然，有机，方便。我国生产农药的工厂，工人的工资，工厂的费用，销售系统的费用，原材料的成本，产品的运输费用，这些费用都要农业负担，通过火耕技术，这些费用完全免去，可以增高农民的利润空间。把不但安全健康，而且便宜实惠的蔬菜、猪肉、鱼送上中国人的餐桌，这才是真正的农业强，实现伟大中国梦之路。

第六节　有机农作物栽培技术条件

一、范围

中国式有机农业优质高效栽培技术标准操作规程规定了有机生产的术语和定义，环境要求，土肥水管理，病虫害防治等生产技术要求管理。

本规程适用于有机示范园的生产。

本标准规定了有机农作物茬口安排、品种选择、五大要素筹备、用量，栽培管理技术流程等主要指标，适合全国各地保护地及露地有机栽培选择。

本标准较过去地方常规化学农业技术，可降低成本 30%～50%，增加产量 50%～200%。

二、地方标准有机农作物主要技术指标参数说明

1. 有机肥　作物生长所需的三大营养元素，碳 45%、氢 45%、氧 6%，氢、氧可由浇水解决，碳由施秸秆、粪肥解决，纯净干品含有机碳 45%，茎秆与果实大约各消耗 50%。在碳能复合益生菌作用下，每千克有机碳可供产干品粮 0.5 千克，鲜果 5 千克，为此亩产小麦 650 千克以上，亩产番茄 2 万千克以上，必须保证土壤有机质含量在 3%~4%，亩需保持生物体 433~480 千克，需要施有机肥 3~10 吨，又因各地土壤肥质有差异，土壤中需多施 30% 左右来缓冲，需保持益生菌繁殖后代所需碳，以保证菌吸收空气中的二氧化碳和分解利用地面土中有机碳，方能发挥碳菌共效作用，肥、菌以在施用前 7~13 天沤制为好。

2. 碳能益生菌　含量为每克 100 亿个以上，其中地衣芽孢杆菌具有解碳、固碳、间接吸碳作用；胶质芽孢杆菌具有很高的解钾作用，能提高土壤中钾有效性 1.5 倍左右。亩用 2 次以上复合益生菌液，可解农残，包裹重金属，防病抑虫，使作物产品释放出化感素和风味素，且不用或少用化肥、化学农药、生长刺激素。据作物品种、产量、生长期，亩需 5~20 千克，间隔 20~40 天，浓度 100~500 倍液均可。

3. 钾　每千克纯钾可供产粮食 33 千克，含量 51%~52% 的新疆罗布泊天然水洗钾，每千克可供产粮 16.6 千克，供产果 100 千克。有机肥中的钾含量为 4%~8%，土壤靠风吹日晒雨淋，每亩一年只能分解 4~8 千克钾，我国土壤钾含量多在 23~120 毫克/千克，高产需在 240~400 毫克/千克，要高产必须补钾，即按含钾 50% 肥料每千克可供产粮 16.6 千克，产鲜果 100 千克投入。以在长粒、膨果前 3~5 天施入为好。

4. 那氏齐齐发植物诱导剂　可控秧防病毒病，提高作物叶片光合效率 0.50~4.91 倍。按日本比嘉照夫理论，目前作物光能利用率不足 1%，提高 1 个百分点，作物产量就可提高 1 倍。那氏齐齐发植物诱导剂能增加根系 70%~100%，亩用量为小麦 50 克，番茄 75~150 克。施用 800~1 200 倍液，在苗 20 厘米高时浇灌或喷洒 1 次。

5. 植物酵酶风味素　含有火山岩粉和微量元素、稀土元素等，可平衡营养、防病虫害及提高产品品质，能使叶片营养向果实转移，提高糖含量，释放风味素与化感素，不同时期喷 2~5 次。

6. 土壤调理肥　可疏松土壤、改善团粒结构，系多种生物营养剂，基施，也可与醋、菌浸泡，叶面喷施，防病虫害。

7. 防病虫三步走　站在以益生菌克病杂菌、营养平衡、不易染病角度，用碳能复合益生菌防治 107 种软体害虫，再用矿物硅等避病虫，一般不大考虑病虫害防治，特殊情况可用一些有机准用药，如印楝素、苦参碱、藜芦碱、除虫菊素、鱼藤酮、氨基寡糖素等防治。病虫害特灾季，用针对性化学农药喷杀后，再喷 2 次碳能益生菌降农残，多处实践证明能达有机食品标准要求。

三、成果和专利

1. 2013 年 6 月 26 日，中国式有机农业优质高效栽培技术，科学技术成果鉴定证书，晋科鉴字〔2013〕第 186 号。

2. 2013 年 1 月 23 日，一种开发高效有机农作物种植的技术集成方法，国家发明专利，中华人民共和国国家知识产权局，专利号为 ZL201210563783.5。

3. 2017 年 8 月 3 日，一种有机中药材甘遂的高产优质栽培方法，国家发明专利，中华人民共和国国家知识产权局，专利号为 ZL201710591702.5。

4. 2011 年 1 月 31 日，一种有机蔬菜田间栽培方法，国家发明专利，中华人民共和国国家知识产权局，专利号为 ZL201010581996.1。

四、环境要求

1. 基地选择　生产基地边界清晰，远离城区、工矿区、交通主干线、工业污染源、生活垃圾场等。生态良好，基地土层深厚，土壤肥沃，坡势平缓，通风良好，阳光充足。

2. 环境质量　土壤环境质量符合 GB 15618 中的二级标准；灌溉用水水质符合 GB 5084 的规定；环境空气质量符合 GB 3095 中的二级标准。

五、整合技术核心

碳素有机肥＋复合益生菌液＋植物诱导剂＋天然矿物钾或土壤调理剂＋植物酵酶风味素或吉山乐生等稀土元素水溶肥＝高产有机农产品

六、主要性能指标

按上述技术，1 年组织 1～3 茬生产，产品达国际有机食品标准要求，可通过有资质的认证公司认证。

七、安全要求

1. 五要素必须整合配套到位。

2. 大气符合《环境空气质量标准》（GB 3095—2012）中的二级标准要求。水质符合《农田灌溉水质标准》（GB 5084—2021）规定。土壤符合《土壤环境质量　农用地土壤污染风险管控标准（试行）》（GB 15618—2018）中的二级标准要求，符合有机食品生产要求。

3. 应掌握土、肥、水、种、密、气、光、温、菌、地上与地下、营养生长与生殖生长、设施等十二平衡管理技术。

第二章

有机粮油棉茶烟优质高效栽培技术

2019 年，国务院要求把化肥、农药用量降下来作为各级领导政绩考核硬指标。同时要提高农产品质量，改善生态环境，把农业和人民健康放在首先发展的地位。

目前，各级领导都在为食品安全、农民增收、生态环境而忧虑。过量施用化肥和化学农药对环境造成污染，作物普遍出现连作障碍、农产品品质下降且风味变差、病虫害抗药性增强、化肥利用率降低，土壤酸化加剧，土壤重金属污染严重，农产品质量安全和人民健康受到威胁，耕地质量和生物多样性下降，"高投入、低产出"的农业生产模式正在被摒弃，急需推广一种绿色有机可持续的种植模式。

中国式有机农业优质高效栽培技术成果的经营是以国家标准为准则，以有机农业优质高效栽培技术为措施，以家庭经营和适度规模经营为基础，以农村专业合作社为主体，以有机农业技术产业开发协会的协同服务为纽带，以为人民创造美好生活、提供高品质农产品为目标，以诚心互认、政府监管、农民增收为保障的生产经营体系。

此技术体系不用化肥、化学农药，利用以菌克菌和营养平衡的植物健康生长原理，巧妙地利用自然界水、气、光、菌和自然有机物质与矿物资源及其代谢产物，即碳素有机肥（秸秆、风化煤、泥炭、动物粪便等包含作物三大营养成分）＋碳能复合生物菌（含芽孢杆菌、酵素菌、乳酸菌、解磷菌、固氮菌和高能量解钾菌等 11 大菌群，每克含菌数达 30 亿个以上，提高营养 1~3 倍）＋那氏齐齐发植物诱导剂（植物制剂，有机农产品生产准用认证物资，提高光效率 0.50~4.91 倍，矮化抗逆）＋水洗天然钾（有机准用矿物钾或赛众土壤调理肥，属有机农产品准用认证物资，膨果增粒）＋酵酶（植物酵酶风味素等，使植物释放化感素和风味素）生物集成技术五大要素，以胁迫平衡与打破平衡方法使作物生长全程不断开启次生代谢途径，始终有免疫力，作物各个器官表面不释放氨基酸，产生抗病虫草害和抗灾害性天气的化感物质，最终生产出产量高、品质优、有营养、耐储存优质农产品。可从源头解决有机食品的质量安全问题、农民增收问题即产量翻番问题与生态环境优良保护问题。已在各种作物上示范应用，均比当前用化学技术降低成本 10%~15%，提高产量 0.1~2.0 倍。可以解决普遍存在的作物连作障碍、中低产田、重金属与农残超标等问题，保证高产优质，提升农产品内在的营养物质和风味物质，可以做到少用或不用化肥而不影响产量；能提高碳素肥利用率，能包裹和纯化重金属，作物根系不能吸收，故而产品不会超标；还有抑草除草作用。据中国农科院刘立新研究，碳能复合益生菌与有机肥结合，可产生胡桃酸、香豆素、羟肟酸等物质，能控制、抑制部分杂草；据中国农科院孙建光博士在山西新绛县境内三次取土报告，田间用碳能复合益生菌 45 天后，土壤固氮酶活性达 600~1 200 纳摩尔/（千克·天），能从空气中吸收氮气（含量 79.1%），作物不缺氮素，土壤中磷、钙等矿物营养有效性能提高 1～5 倍，也就不需要再施化肥。

2018 年，新绛县老促会与新绛县有机农业产业技术协会组建的一批人、两个职能团队在推广"新绛模式"有机种植技术上，已服务涵盖新绛县汾南、汾北的小麦、玉米、油桃、药材、蔬菜等各种农作物，正在大力引领新绛县农业朝着现代化、有机化的方向健康发展。

在粮食生产上，该协会将"新绛模式"的有机种植技术与冬小麦"一水一肥超千斤高效技术"相融合，在全县示范推广种植 8 000 余亩，亩产量提高 15%～50%，节水 20%；在小麦绿色有机生产上，每千克销售价比市场高 0.2～1.0 元，不仅提高了麦农的经济效益，而且为小麦生产提供了技术支撑和示范，获得山西省粮食经济学会的认同与合作。2018 年 6 月 12 日，对河北省石家庄市藁城区南刘村李国奇种植的 50 亩藁优 2018 小麦示范方，进行了田间实收测产。专家组随机抽取样本地块，用联合收割机随机实收，并对收获的鲜籽粒进行现场称重，用 PM-8 188New 谷物水分测量仪进行水分测定，小麦鲜籽粒重折合为标准水分（13%）进行产量核定，增产 158.33 千克/亩。2013—2018 年，新绛县小麦亩产达 630～790 千克，侯马市亩产达 826 千克等。

2013 年，用有机生物集成技术种植玉米，亩产 1 174 千克×2 元＝2 348（元），较化学技术增产 674 千克，亩增效 1 348 元，增产 1.3 倍。2016 年，新绛县乔沟头村张永茂种植的玉米亩产 1 266 千克。

第一节　有机水稻优质高效栽培技术方案

一、土壤营养普遍现状、亩产量、要求

当前，我国多数地区水稻地有机质含量在 1.5%，速效钾含量在 70～150 毫克/千克，亩产在 350～400 千克。采用生物集成技术，土壤有机质含量达 5% 时，可以实现亩产 1 000 千克的目标。

土壤要求具体如下：①土壤有机质含量在 4.5%～5.0%。②土壤有效钾含量在 340～450 毫克/千克。③土壤电导率在 600 微西/厘米以下。④土壤耕层深度达 45 厘米以上。⑤土壤 pH 为 6.1～8.2。⑥土壤固氮酶活性为 800 纳摩尔/（千克·天）。

全国各地水稻田土壤有机质与钾含量见表 2-1。

表 2-1　水稻田土壤有机质与钾含量及产量分析

项目	辽宁农业科学院基地	辽宁省盘锦市双井子村	广西灌阳县	江西抚州崇仁县	重庆市
有机质含量（%）	2.90	3.12	4.53	4.89	5.11
速效钾含量（毫克/千克）	111.0	272.0	283.8	279.0	340.0
碱解氮含量（毫克/千克）	124.7	210.9	91.8	267.0	222.0
有效磷含量（毫克/千克）	47.6	67.0	30.4	181.0	60.0
pH	6.94	7.57	6.42	7.42	6.58
产量（千克/亩）	467	822	1 009	1 110	1 220

二、备料及投入

以河南金雀电子商务有限公司驻马店市区取土样为例，介绍有机水稻生产备料及投入情况。2021 年 6 月 10 日，经曲沃万乡红肥业有限公司化验，土壤 pH 为 4.4～5.3，电导率为 154～276 微西/厘米。

1. 有机肥　土壤有机质含量为 1.31％～3.53％，高产要求 4％以上。按每千克有机肥干品可供产水稻 0.5 千克计算，每亩投入有机肥干品 1 000～5 000 千克。有机肥以蘑菇渣、中药渣、秸秆、畜禽粪为佳。

2. 土壤调理肥　每亩施土壤调理肥 100 千克，其中基施 90 千克，生长期每亩叶面喷洒赛众调理肥，即多种营养醋泡浸出液 10 千克。

3. 碳能益生菌液　土壤水解氮含量为 91～214 毫克/千克，高产要求 110 毫克/千克。每亩施碳能复合益生菌液 3～5 千克，堆肥施入 1 千克，田间管理分 2 次进行，每次冲施 1～2 千克。土壤固氮酶活性为 800 纳摩尔/（千克·天），不再考虑补充氮肥。

4. 钾肥　土壤速效钾含量为 106～271 毫克/千克，高产要求土壤钾含量为 340～500 毫克/千克。含量 51％的天然钾按每千克可供产水稻 16.6 千克投入，每亩需补充 51％天然硫酸钾 25～50 千克。

5. 植物诱导剂　每亩备那氏齐齐发植物诱导剂 1～3 袋，用塑料盒（勿用铁器）盛放，每袋 50 克用 500 毫升沸水冲开，存放 2 天，兑水 35～40 升，灌根或叶面喷洒。水稻苗高 15 厘米左右时，叶面喷 600～700 倍液 1～3 次。施用那氏齐齐发植物诱导剂后，光合效率增加 50％～491％。

6. 植物酵酶风味素　每亩备植物酵酶风味素 4～6 粒，每粒兑水 14～15 升，配合碳能复合益生菌液喷洒。水稻施用植物酵酶风味素，苗期可防病促根，后期可控蔓促粒，使叶片营养向籽粒转移。

三、操作步骤

（一）施肥

亩施赛众土壤调理剂 50 千克，其中含硅 42％（避虫），含钾 8％，含 46 种微量元素和松土吸湿肥力强的物质；施 51％天然硫酸钾 20 千克（壮秆增粒），深耕 30 厘米，耧实耙平。

（二）浸种

先将稻种日晒 1～2 天，用复合益生菌液 100 克，兑水 10 升，浸泡种子 24 小时消毒。或种子晾干后取那氏齐齐发植物诱导剂原粉 50 克，用 500 毫升沸水冲开，放 24～48 小时，兑水 3.0～4.5 升，将稻种放入溶液中，以淹没种子为准，可放种子 10～15 千克。浸泡过的种子的播种量、定植数要减少 1/5，因可提高分蘖率和有效穗数。浸种后地面铺一层布晾干种子，不可日晒和灯照，种子干燥后在 1～2 天内播种，以早为好。

（三）苗期管理

幼苗 2 叶 1 心时，用那氏齐齐发植物诱导剂 1 200 倍液叶面喷洒 1 次。插秧后用那氏齐齐发植物诱导剂 1 000 倍液＋0.3％的尿素和磷酸二氢钾喷 1 次。苗 15 厘米高时，叶面喷 1 次那氏齐齐发植物诱导剂 700 倍液，促根控秆，提高分蘖及抗旱、抗寒等抗逆性，争取 1 粒种子分蘖 20～26 头。

（四）自制生物有机肥、生物沼液和降解化学残留及除草剂液、防病虫害液

1. 自制生物有机肥 将当地廉价动物粪便、植物秸秆、食品加工厂下脚料、菇渣、风化煤、泥炭等堆在一起，宽 2～4 米，高 0.8～3.0 米，长不限，10 吨左右取碳能复合益生菌液 2 千克，兑水视粪肥含水量而定，一般为菌量的 50～500 倍，以喷后地面不流水为度，盖旧塑料薄膜防雨淋。气温 15～52℃，发酵内温达 65℃左右，鲜秸秆沤制 7 天，干秸秆和禽类粪沤 13 天，牛粪和磨碎秸秆 3～5 天即可施入作物根际周围。成本比商品生物有机肥降低 70%～80%。

2. 自制生物沼液和降解化学残留及除草剂液 挖一 40 米^3 坑或建一池，将猪、牛等畜粪、湿秸秆粉碎放入加水，倒入 1～2 千克碳能复合益生菌液，使粪肥沤烂产生沼液。降解化学残留及除草剂液，可取碳能复合益生菌液 1 千克，5 千克红糖，拌上 0.5 千克麦麸或谷壳有机质肥 40 千克，发酵 13～17 天，就可制成 50 千克碳能复合益生菌肥液，成本只有 55 元。然后准备 40 米^3 的厌氧发酵池 2 个，灌水，放入秸秆或动物粪便，每次可发酵生成复合益生菌沼液 64 吨，连续发酵可产出上百吨，供数千亩土地使用，降解化学残留和除草剂。用沼液或碳能复合益生菌肥液浇地养地。第一次在苗齐后亩施 1∶3 的沼液或碳能复合益生菌肥液，清水 1 000 升。第二次在芽形成期，每亩施入 1 000 千克沼液或碳能复合益生菌液，清水 3 000 升。第三次于 8 月倒苗后，当作物露出新芽新根时，每 15 天用 1∶100 的沼液或碳能复合益生菌肥液，清水浇 1 次。

3. 自制防病虫害液 取赛众土壤调理肥（含 42 种营养成分）5 千克，加 5 千克人工发酵酿造柿子醋（含氨基酸等营养），5 千克红糖，再兑水 150 升，浸泡 24 小时。使用时每 15 升水中加 1 千克配好的营养液，再加磷酸二氢钾或天然钾（抗病、增强抗逆品质）和碳能复合益生菌各 100 克，叶面喷洒或灌根。可防治真菌、细菌病害及多种虫害，代替使用代森锌、多菌灵、甲基硫菌灵等农药。整个生长周期不用化学农药和化学除草剂。

也可用碳能复合益生菌液 200 倍液，每 15 千克水液中投入植物酵酶风味素 1 粒，喷 1～2 次或灌根。主要防治根腐病、炭疽病和果腐等病害及果蝇、金龟子、介壳虫等虫害。用碳能复合益生菌可防治害虫，如钻心虫、红蜘蛛、蚂蚁等，可代替化学农药。

（五）扬花和灌浆期管理

用碳能复合益生菌液 100 克，防治稻瘟病和稻飞虱。不用杀菌剂，可随水浇入 2 千克复合益生菌，保证发芽率和防治病虫害。

也可用碳能复合益生菌液 200 倍液，每 15 千克水液中投入植物酵酶风味素 1 粒，促使花粉粒成熟、饱满，授粉受精。果实着色期，喷 1～2 次植物酵酶风味素，打破顶端生长优势，使叶面内营养往果实转移，增加果实甜度和丰满度，使着色均匀。

扬花期亩施 51% 天然钾 30 千克左右，共施入 50 千克，可供产水稻 830 千克，加之土壤中钾和益生菌分解钾又可供产 200～300 千克，基本保证亩产 1 000 千克的钾供应。长粒期叶面喷 1～2 次植物酵酶风味素（每粒兑水 14 升），使叶片营养向籽粒转移，千粒重较化学技术产品重 15%～20%。

四、典型案例

案例 1 辽宁省盘锦市双井子村田作常，2017 年水稻亩产 820 千克。土壤情况为有机质含量为 1.55%～3.12%，速效钾含量为 164～272 毫克/千克，缓效钾含量为 869～1 167 毫克/千克，pH 为 7.64～8.18。

案例 2　辽宁省大石桥市沃野农机专业合作社朱宏伟，2015 年在科技人员王永刚的指导下，按成果技术作业，水稻亩产达 1 048 千克，产品达有机标准。所产大米色泽白，鲜亮如玉，无霉粒，蒸食津香，食味醇正，煮粥爽口温滑。

案例 3　重庆市曾东燃，2000 年用生物集成技术种植水稻，亩产 680 千克；2001 年亩产 810 千克；2012 年亩产 980 千克；2013 年亩产 1 020 千克；2014 年亩产 1 240 千克；2015 年亩产达 1 510 千克。土壤有机质含量从 2.3% 增加到 4.5%～5.0%；速效钾含量从 90～120 毫克/千克增加到 240～400 毫克/千克。

第二节　有机冬小麦优质高效栽培技术方案

一、土壤营养普遍现状、亩产量、要求

2021 年各省小麦单产最高纪录：①河南省焦作市修武县王屯乡周流村的高产示范田，种植众信麦 998 小麦新品种，6 月 2 日进行了实打实收，平均亩产 898.26 千克，比去年全国小麦单产纪录 856.9 千克高。②安徽省阜阳颍泉区中市街道中北社区种植的烟农 999 小麦新品种，6 月 3 日实打实收，平均亩产 851.05 千克。③山西省翼城县唐兴镇古城村种植烟农 1212 小麦新品种，6 月 16 日进行了实打收获，平均亩产 830.84 千克。山西新绛县瑞恒农场选用良星 68 品种，亩产 735.6 千克。④山东郯城县泉源镇农业科技示范基地，种植的小麦新品种临麦 9 号，6 月 12 日进行了实打实收，平均亩产 821.5 千克。⑤河北省石家庄市藁城区南楼村小麦控水节肥丰产增效百亩示范方田，种植马兰 1 号小麦品种，6 月 14 日进行实收测产，平均亩产 811.9 千克。

当前，我国多数地区小麦地有机质含量在 0.7%～1.5%，速效钾含量在 60～150 毫克/千克，亩产在 350～500 千克。采用生物集成技术，土壤有机质含量达 3.5% 时，可以实现亩产 1 000 千克的目标。亩施 3 吨有机肥可使土壤有机质含量提高 1%。土壤有机质含量达 4% 时，速效钾含量在 240～300 毫克/千克，可以实现亩产 1 000 千克的目标。

土壤要求如下：①土壤有机质含量达 4% 左右。②有效钾含量保持 240～320 毫克/千克。③电导率在 1 000 微西/厘米以下。④土壤耕层深度达 35 厘米以上。⑤土壤 pH 为 6.1～8.2。⑥固氮酶活性为 600 纳摩尔/（千克·天）。

全国各地小麦田土壤有机质与钾含量见表 2-2。

表 2-2　小麦田土壤有机质与钾含量及产量分析

项目	山西省襄汾县（农耕技术）	山西省新绛县（化学技术）	山西省新绛县兰村（生物集成技术）丘陵旱垣地区	山西新绛县（生物集成技术）	河南省焦作市修武县王屯乡周流村（生物集成技术）
有机质含量（%）	1.30	0.91	1.20	3.30	5.38

（续）

项目	山西省襄汾县（农耕技术）	山西省新绛县（化学技术）	山西省新绛县兰村（生物集成技术）丘陵旱垣地区	山西新绛县（生物集成技术）	河南省焦作市修武县王屯乡周流村（生物集成技术）
有效钾含量（毫克/千克）	198.0	111.0	136.2	288.0	327.0
碱解氮含量（毫克/千克）	68.0	59.0	80.0	112.0	76.0～96.0
有效磷含量（毫克/千克）	5.9	9.2	50.0	56.0	22.6～40.0
pH	8.7	8.7	7.6	8.1	8.0
产量（千克/亩）	254.0	354.0	573.5	735.6	898.3

二、备料及投入

1. 有机肥　按每千克有机肥干品可供产小麦 0.5 千克计算，每亩投入有机肥干品 2 000～3 000 千克，有机肥以蘑菇渣、中药渣、牛粪、秸秆为好。

2. 土壤调理肥　亩备赛众土壤调理剂 50 千克，其中基施 40 千克，生长期赛众土壤调理剂醋泡浸出液叶面喷洒 10 千克。

3. 碳能益生菌液　亩施碳能复合益生菌液 3.5 千克，兑水冲浇 3 千克（分 2 次进行），叶面喷洒 0.5 千克，喷 1～2 次。

4. 植物诱导剂　亩备那氏齐齐发植物诱导剂 1 袋，麦苗高 15 厘米左右时，叶面喷 600～700 倍液 1 次。小麦施用那氏齐齐发植物诱导剂后，其光合强度可增加 50% 以上。

5. 钾肥　根据土壤中的钾素含量酌情施用钾肥，含量 50% 以上的天然钾按每千克可供产小麦 16.6 千克投入，一般每亩施用 52% 天然硫酸钾（壮秆增粒）20～50 千克。

6. 植物酵酶风味素　亩备植物酵酶风味素 2 粒，配合碳能复合益生菌液喷洒。作物施用植物酵酶风味素，苗期可防病、促根生长，后期可控蔓促花，使叶片营养向籽粒转移。

三、操作步骤

（一）施肥

根据地块钾素含量酌量施用钾肥，一般每亩基施 52% 天然硫酸钾 20 千克，土壤深耕 30 厘米，并耱实耙平。

（二）拌种

每亩备麦种 11～15 千克，用复合益生菌拌种防病虫，每千克复合益生菌原液兑水 3 升，拌麦种 50 千克。华北地区于 10 月 20 日前后播种，撒播或双耧沟播，以扩大播幅，提高冬小麦分蘖成穗率。

（三）田间管理

小麦播种后及早浇1次透水，以利发芽长根，避免种子悬空，每亩可随水浇入2千克复合益生菌，以保证发芽率和预防病虫害。

越冬前，即麦苗15厘米高时，叶面喷1次那氏齐齐发植物诱导剂800液，即50克原粉用500毫升沸水冲开，放1~2天，兑水40升叶面喷洒，可促根控秆，提高分蘖率以及抗旱、抗寒等抗逆性。

开春后浇1次足水，每亩随水冲入复合益生菌1千克，麦苗如有旺长现象，可再喷1次那氏齐齐发植物诱导剂，以控秧壮秆。

亩取赛众土壤调理剂（含约40种中微量元素，其中含有效硅42%、钾素8%）25千克，加5千克米醋或柿子醋，兑水150升，浸泡1~2天，将原液以1∶1兑水，每15千克稀释液再放入磷酸二氢钾和碳能复合益生菌100克进行叶面喷洒。土壤调理剂施用3次，可防治病害及虫害，使作物健康生长。

小麦扬花期亩施52%天然硫酸钾30千克左右，共施入50千克，可供产小麦830千克，加上土壤中钾和益生菌分解钾可供产小麦200~400千克，基本可以保证小麦亩产1000千克的钾素供应。

小麦长粒后，叶面喷1~2次植物酵酶风味素（每粒兑水14升），使叶片营养向籽粒转移，亩穗数可达46万株左右，千粒重较常规栽培技术高15%~22%。

四、典型案例

案例1 2014—2021年，山西省新绛县三泉镇小李村马怀柱、北张镇南燕村段秋龙，采用生物集成技术种植小麦，亩产630~790千克；2017年，测试采用生物集成技术种植小麦产量，河北省邯郸市永年区王俊发种植的小麦亩产达840千克，山东省菏泽市巨野县王静种植的小麦亩产达980千克。

案例2 2018年4月，河北省石家庄市藁城区南刘村李国奇在50亩麦地采用生物集成技术种植小麦，每亩用碳能复合益生菌2千克，那氏齐齐发植物诱导剂1袋，酵酶风味素2粒，52%天然硫酸钾20千克，小麦亩产568.33千克，比采用常规栽培技术亩产410千克增产158.33千克。

第三节 有机玉米优质高效栽培技术方案

一、土壤营养普遍现状、亩产量、要求

当前，我国多数地区玉米地有机质含量在0.75%~1.50%，速效钾含量在60~150毫克/千克，亩产在450~500千克。土壤有机质含量达3%~4%时，可以实现亩产1250千克的目标。

土壤要求具体如下：①土壤有机质含量为4%~5%。②土壤有效钾含量为240~300毫克/千克。③土壤电导率在1000微西/厘米以下。④土壤耕层深度达45厘米以上。⑤土壤pH为6.1~8.2。⑥土壤固氮酶活性为700纳摩尔/（千克·天）。

全国各地玉米田土壤有机质与钾含量见表2-3。

表 2 - 3　玉米田土壤有机质与钾含量及产量分析

项目	山西省新绛县 （化学技术）	辽宁省 （化学技术）	山西省新绛县 兰村 （生物集成技术）	甘肃临洮县八里 铺镇八里铺上街村 （生物集成技术）	山西省新绛县 乔沟头村 （生物集成技术）
有机质含量（％）	0.8	1.9	3.2	1.5	2.7
有效钾含量（毫克/千克）	113.0	102.0	138.0	271.6	263.0～408.0
碱解氮含量（毫克/千克）	47.0	105.0	177.0	124.7	155.0
有效磷含量（毫克/千克）	11.0	27.0	42.0	47.6	121.0
pH	8.4				
产量（千克/亩）	510	550	990	1 140	1 266

二、备料及投入

以吉林省白城市为例，介绍有机玉米生产备料及投入情况。

1. 有机肥　土壤有机质含量为 2.36％，高产要求 4％以上。按每千克有机肥干品可供产玉米 0.5 千克计算，每亩投入有机肥干品 2 000～3 000 千克。有机肥以蘑菇渣、中药渣、秸秆、畜禽粪为佳。

2. 土壤调理肥　每亩施土壤调理肥 10 千克，生长期每亩叶面喷洒醋泡浸出液 10 千克。

3. 碳能益生菌液　土壤水解氮含量为 77～91 毫克/千克，高产要求 110 毫克/千克。每亩施碳能复合益生菌液 4 千克，堆肥施入 1 千克，随水冲施 3 千克（分 2 次进行，每次冲施 1.5 千克）。土壤固氮酶活性为 600 纳摩尔/（千克·天），不再考虑补充氮肥。

4. 钾肥　土壤钾含量为 130～170 毫克/千克，高产要求土壤钾含量为 240～400 毫克/千克。含量 50％以上的天然钾按每千克可供产玉米 16.6 千克投入，每亩需补充 51％天然硫酸钾 40 千克。

5. 植物诱导剂　亩备那氏齐齐发植物诱导剂 2 袋，用塑料盒（勿用铁器）盛放，每袋 50 克，用 500 毫升沸水化开，存放 2 天，兑水 35～40 升，灌根或叶面喷洒。玉米苗高 15 厘米左右时，叶面喷 600～700 倍液 1 次。玉米施用那氏齐齐发植物诱导剂后，其光合强度可增加 50％以上。

6. 植物酵酶风味素　亩备植物酵酶风味素 4 粒，每粒兑水 14～15 升，配合碳能复合益生菌液喷洒。玉米施用植物酵酶风味素，苗期可防病、促根生长，后期可控蔓促果，使叶片营养向籽粒转移。

三、操作步骤

（一）选种拌种

选巡天 2008、中地 77 等大穗型品种，穗行数为 18～22 行，每亩栽植 3 600～3 800 株。每袋那氏齐齐发植物诱导剂 50 克，用 500 毫升沸水冲开，存放 2 天，兑水 4 升，拌种

6千克，或浸种3～5小时后播种。

（二）施肥

施用有机肥能够促使土壤团粒结构形成，提高土壤有机质含量，改造低产田。利用生物菌剂堆沤有机肥，每千克干秸秆在碳能复合益生菌液的作用下可供产玉米0.5千克，每千克鸡、牛粪在碳能复合益生菌液作用下可供产玉米0.2千克。玉米生产要实现亩产1 000千克的目标，一般每亩投入干秸秆2 000千克，或鸡、牛粪5 000千克，以干秸秆、鸡粪和牛粪混合施用为好。提前15～20天将碳能复合益生菌液兑水洒在秸秆、鸡粪和牛粪上，以下边不流水为度。

有机肥施入田间后，每亩冲施碳能复合益生菌液1.5千克，可提高有机肥的利用率，促进养分吸收和预防病虫害。

含量50％以上的天然钾按每千克可供产玉米16.6千克投入，因该地区土壤含钾量为130～170毫克/千克，每亩可施入51％天然硫酸钾40千克，在玉米扬花期至灌浆期酌情施用。

那氏齐齐发植物诱导剂能提高作物光能利用率50％以上，还能控制植株徒长，提高籽粒饱满度。那氏齐齐发植物诱导剂可用于拌种，或苗期按800倍液浓度喷洒叶面。

在玉米灌浆期，取植物醇酶风味素1粒和复合益生菌液100克，兑水15升喷洒叶面，可促进籽粒饱满度，防虫抑病，控秧旺长，打破顶端生长优势，使叶片营养向籽粒转移，提高和保证籽粒的口感及品质。

（三）自制生物有机肥、生物沼液和降解化学残留及除草剂液、防病虫害液

参见第二章第一节有机水稻优质高效栽培技术方案。

四、典型案例

案例1　2010年，山西省新绛县阳王镇阳王村王爱菊，采用生物集成技术种植旱地玉米，亩产达982千克，当年被评选为运城市玉米高产典型。2014年，山西省运城市新绛县横桥镇兰村王安学，采用生物集成技术种植旱地玉米，亩产达985千克。2015年，山西省运城市新绛县横桥镇兰村韩振明，采取秸秆还田培肥地力，每亩施用碳能复合益生菌液4千克、那氏齐齐发植物诱导剂50克、50％天然硫酸钾50千克，旱地玉米亩产达990千克。2015年，山西省运城市新绛县泽掌镇乔沟头村张永茂，采用生物集成技术种植玉米，亩产达1 263千克。

案例2　2010—2016年，新疆维吾尔自治区昌吉回族自治州奇台县王克选，连续6年采用生物集成技术种植玉米，玉米亩产均在1 200千克左右。

案例3　2009年，甘肃省定西市临洮县八里铺镇上街村王治效，采用生物集成技术种植玉米，亩产达1 140千克。选用豫玉22品种，每亩栽植3 500株，采取秸秆还田措施，每亩施碳能复合益生菌液2千克，喷施那氏齐齐发植物诱导剂800倍液共3次。

第四节　有机谷子优质高效栽培技术方案

每100克小米含蛋白质9.7克，脂肪1.7克，碳水化合物76.1克，都不低于稻、麦。

小米的芽和麦芽一样，含有大量酶，是一味中药，有健胃消食的作用。小米粥有安神之效。《本草纲目》中记载，小米治反胃热痢，煮粥食，益丹田，补虚损，开肠胃。

一、土壤营养普遍现状、亩产量、要求

当前，我国多数地区谷子地有机质含量在 0.7%～1.5%，速效钾含量在 60～150 毫克/千克，亩产在 250～300 千克。采用生物集成技术，土壤有机质含量达 2.5%～3.5%，有效钾含量在 240～340 毫克/千克时，有机谷子生产可以实现亩产 400～600 千克的目标。

土壤要求具体如下：①土壤有机质含量为 2.5%～3.5%。②土壤有效钾含量为 240～340 毫克/千克。③土壤电导率在 600 微西/厘米以下。④土壤耕层深度达 35 厘米以上。⑤土壤 pH 为 6.1～8.2。⑥土壤固氮酶活性为 600 纳摩尔/（千克·天）。

二、备料及投入

以内蒙古阿鲁科尔沁旗为例。当地年降水量 300～400 毫米，干旱少雨；无霜期 95～140 天；积温 3 200℃左右；温差－32～40℃；日照 3 000 小时左右；海拔 430 米；土质沙壤透气，适宜种植大田高产优质农作物，按生物集成技术种植谷子，亩产可达 300～400 千克，产品可达国际第三方认可的有机标准要求。

1. 有机肥 土壤有机质含量为 2.83%，高产要求 3% 以上。按每千克有机肥干品可供产谷子 0.5 千克计算，亩投入有机肥干品 1 000～1 500 千克，有机肥以蘑菇渣、中药渣、秸秆、畜禽粪为佳。

2. 土壤调理肥 亩备土壤调理肥 25～50 千克，其中基施 20～45 千克，生长期每亩叶面喷洒土壤调理肥醋泡浸出液 5 千克。

3. 碳能益生菌液 土壤水解氮含量为 144.86 毫克/千克，高产要求 110 毫克/千克。每亩施碳能复合益生菌液 3 千克，堆肥施入 1.5 千克，随水冲施 1.5 千克。土壤固氮酶活性为 500 ［纳摩尔/（千克·天）］，不再考虑补充氮肥。

4. 钾肥 土壤钾含量为 237.98 毫克/千克，高产要求土壤钾含量为 300～340 毫克/千克。含量 50% 以上的天然钾按每千克可供产谷子 16.6 千克投入，每亩需补充 51% 天然硫酸钾 20～30 千克。

5. 植物诱导剂 亩备那氏齐齐发植物诱导剂 1 袋，灌根或叶面喷洒。谷子施用那氏齐齐发植物诱导剂后，其光合强度可增加 50% 以上。

6. 植物酵酶风味素 亩备植物酵酶风味素 2 粒，每粒兑水 14～15 升，配合碳能复合益生菌液喷洒。谷子施用植物酵酶风味素，苗期可防病促根，后期可控蔓促米，打破顶端生长优势，使叶片营养向果实转移；打开次生代谢功能，使品种化感素和风味素充分释放出来，提高和保证口感及品质。

三、操作步骤

（一）选种

小米原产于黄河流域，在夏朝和商朝属于"粟"。耐旱，品种繁多，俗话说"粟有五

彩"，有白、红、黄、黑、橙、紫等各种颜色的小米，最早的酒是用小米酿造。适合在干旱而缺乏灌溉的地区生长。金谷21亩用种350～500克，生物技术要求稀植10%左右，选择晴天晒种，用碳能复合益生菌液30～100倍液拌种。

（二）田间管理

播前20天亩用碳能复合益生菌液1.5千克，与有机肥1～3吨，土壤调理肥20～45千克浇施，促使杂草萌发后，耕耱除草，防止病虫害发生。在生长中期亩冲1千克碳能复合益生菌液，能提高有机肥利用率2～3倍和矿物质利用率0.15～5.00倍。谷子出苗后具2～3片叶时进行查苗补种，5～6片叶时进行间苗、定苗。

在缺水地区，每10吨牛粪喷洒2千克碳能复合益生菌液，或提前将粪撒在田间，深耕后待下雨喷洒菌液。越早、越均匀喷洒越好，益生菌每6～20分钟繁殖一代，粪中碳能复合益生菌液含量越多越好。活性生命物每亩宜达450千克左右。粪湿度较大时，用益生菌原液喷；较干燥时，视干燥程度以菌与水1:（1～300）喷，使粪含水量达30%～40%。不要用喷过除草剂的喷雾器，接触过杀菌剂的器具要清洗一下，避免用消毒自来水。将拌过菌的牛粪均匀撒在田间，及早耙耕，与土壤充分结合，以深为好。避免菌肥长时间留在地表暴晒，尽可能耙耱，使粪土均匀。

谷子秧高15～20厘米时，取塑料盆或瓷盆，每50克那氏齐齐发植物诱导剂原粉，用500毫升沸水冲开，放置2天，兑水40～50升，在20℃左右时叶面喷1次，能控秧促根，控秆促粒。

植物酶风味素2粒或吉山乐生水溶肥1瓶（200克液体），固体1粒兑水15升，或每15升水放25～30克原液，长粒期叶面喷洒1～2次，能强化谷子生理机能，提高受精、灌浆质量，增加千粒重，增加坐果率，使籽实饱满，产量提高。定苗后和抽穗期，分别喷洒富硒王1次，每次用原液20克，兑水30升。

土壤含钾量在150毫克/千克以下时，沟施、下雨前后撒施或随水冲施含量50%以上的天然钾，亩需20～40千克。在生长前期，如果植株下部叶片发黄，用碳能复合益生菌液配红糖300倍液叶面喷洒；如整株发黄，亩施天然钾镁肥15千克。

（三）自制生物有机肥、生物沼液和降解化学残留及除草剂液、防病虫害液

参见第二章第一节有机水稻优质高效栽培技术方案。

四、典型案例

案例1　山西省左权县寒王乡段峪村雷云生，2017年选用晋谷21品种，用生物技术种植亩产达510千克，比2016年用化学技术增产1倍。

案例2　甘肃庆阳垄上农品农业科技有限公司，2017年4月，严格按生物技术五要素种植有机小米，产品取得有机认证证书，亩产达420千克。

案例3　2016年，山西省长子县碾张乡赵村李买刚等用生物技术种植谷子，亩产606千克。

案例4　2016年，河北省栾城区柳林屯村陈长江选用金谷19品种，施用有机肥＋碳能复合益生菌液＋植物酶风味素＋51%天然硫酸钾25千克，谷子亩产590千克。

案例5　河南省田润农业规划咨询有限公司，2015年用生物集成技术种植富硒小米，

不仅产量提高 0.75 倍，而且产品含硒量提高近 1 倍。陕西榆林市米脂县米金谷农产品有限公司高力健，2016 年在生物技术应用不到位的情况下，亩产谷子 400 千克，喷洒了硒元素，属富硒产品。

第五节　有机大豆优质高效栽培技术方案

一、土壤营养普遍现状、亩产量、要求

当前，我国多数地区大豆地有机质含量在 0.7％～1.5％，速效钾含量在 60～150 毫克/千克，亩产在 130 千克。东北三省不少地方土壤有机质含量在 3％以上，但多为无活性死土，钾含量在 70～250 毫克/千克，注重碳能复合益生菌、那氏齐齐发植物诱导剂和植物酵酶风味素的投入，即可高产优质。

2017 年 9 月 23 日，中央农村工作领导小组原副组长陈锡文，在第三届复旦首席经济学家论坛上说：世界大豆亩产 185～195 千克，我国为 125 千克，每千克 4.8 元，收入 600 元，不考虑农民出路在哪里，是解决不了中国农村问题的。国产大豆产量一直在下降，是土壤有机质碳下降和利用率低所致。

土壤要求具体如下：①土壤有机质含量为 2.8％～3.0％。②土壤有效钾含量为 240～340 毫克/千克。③土壤电导率在 200 微西/厘米以下。④土壤耕层深度达 35 厘米以上。⑤土壤 pH 为 6.1～8.2。⑥土壤固氮酶活性为 600 纳摩尔/(千克·天)。

二、备料及投入

以吉林长春榆树市五棵树镇土壤营养情况为例，2017 年 5 月 5 日，据吉林省农业科学院农业质量标准与检测技术研究所报告，该地土壤 pH 为 6.90～7.27；有机质含量为 2.44％～2.58％；有效磷含量为 22.5～44.9 毫克/千克；速效钾含量为 140～180 毫克/千克；水解氮含量为 134.95～172.07 毫克/千克。此类土壤采用生物技术，磷有效性可提高 1 倍左右，有机肥亩施 1 500 千克左右，每千克鲜土壤中固氮酶活性可达 500 纳摩尔/(千克·天)，按 50％天然钾每千克可供产大豆 16.6 千克补充投入即可。过去 3 年采用化学技术，即亩施 51％天然钾肥 16 千克，磷酸氢二铵 15 千克，亩产 210～250 千克。从土壤营养含量和农田投入肥料及产量情况看，如按有机技术五要素进行管理，尚有 1 倍的增产空间。

三、操作步骤

(一)播前准备

1. 除草　我国东北大豆种植面积大，杂草重，在播前 15～30 天用拖拉机悬挂式喷雾器进行土壤表面喷雾。亩喷施碳能复合益生菌液 2 千克，加水 400～1 000 升，一是降解产生的胡桃酸、香豆素、羟肟酸，能抑草杀草，草越来越少。二是促使杂草种子早萌发，3～8 天草萌发 3～6 厘米高时，耙晾灭草。气温干燥时用火焰枪烫伤除草。低凹地可浇水(深 3～4 厘米)淹没，缺氧除草。高温时覆盖透明膜，使地面温度达 65℃以上除草，人工拔草。地面喷洒棕榈疫霉防治莫伦藤杂草；用盘长孢状刺盘孢菌防治大豆田中的弗吉尼亚合萌杂草；用植物毒素抑制多种杂草。

在缺水地区，每10吨牛粪喷洒2千克碳能复合益生菌液，或提前将粪撒在田间，深耕后待下雨喷洒菌液。越早、越均匀喷洒越好，益生菌每6～21分钟繁殖一代。粪湿度较大时，用益生菌原液喷；较干燥时，视干燥程度以菌与水1：（1～300）喷，使粪含水量达30%～40%。不要用喷过除草剂的喷雾器，接触过杀菌剂的器具要清洗一下，避免用消毒自来水。将拌过菌的牛粪均匀撒在田间，及早耙耕，与土壤充分结合，以深为好。避免菌肥长时间留在地表暴晒，尽可能耙糖，使粪土均匀。

亩基施土壤调理剂20千克，其中含硅42%，有避虫作用；亩施稻壳100～300千克，草木灰200～300千克，也可补硅，有避虫作用。稻壳燃烧后产生灰，含硅92%，有吸湿、吸热和避虫的作用。铜也有避虫作用。

2. 选种　选用分枝高产型品种，晴天晒种，按品种特性要求合理稀植15%左右，即亩用量2～3千克。品种宜选择黑龙江省农业科学院大豆研究所培育的黑农51、黑农48、黑农61、黑农64，生长期115～126天，周期高产活动积温250℃左右。5月下旬播种，株距6厘米，亩留苗1.4万株，每株产量0.2千克。将病粒、虫蛀粒、小粒、秕粒和破损粒拣出。同时还要根据本品种固有的典型特征，剔除混杂异种。净纯度达97%以上。

种子在播种前测定粒重和进行发芽率试验。随机取样测定发芽率，放入小碟或发芽皿中，下垫草纸或河沙。加水至薄水层，然后将种子均匀摆好，放在20℃左右处吸水膨胀。经过5～7天，计算能正常生根发芽的种子数。先将种子日晒1天，用复合益生菌液100克，兑水1～2升，拌种消毒。可提高分蘖率和有效穗数。拌种后地面铺一层布晾干种子，不可日晒和灯照，种子干燥后在1～2天内播种，以早为好。

（二）播种

地温与土壤水分是决定春播大豆适宜播种期的主要因素。5～10厘米深土层内日平均温度8～10℃时，土壤含水量20%左右时播种较为适宜。东北地区大豆适宜播种期在4月下旬至5月中旬，其北部在5月上中旬播种，中部在4月下旬至5月中旬播种。播种方法有窄行密植播种法，缩垄增行、窄密植，是国内外都在积极采用的栽培方法。改60～70厘米宽行距为40～50厘米窄行密植，一般可增产10%～20%。从播种、中耕管理到收获，均采用机械化作业。采用机械耕翻地，土壤墒情较好，出苗整齐、均匀。窄行密植后，合理布置了群体，充分利用了光能和地力，并能够有效地抑制杂草生长。

1. 等距穴播法　机械等距穴播提高了播种效率和质量。出苗后，株距适宜，植株分布合理，个体生长均衡。群体均衡发展，结荚密，一般产量较条播增产10%左右。在深翻细整地或耙茬细整地基础上，采用机械平播，播后结合中耕起垄。优点是能抢时间播种，种子直接落在湿土里，播深一致，种子分布均匀，出苗整齐，缺苗断垄少，机播后起垄，土壤疏松，加上精细管理，故杂草也少。

2. 精量点播法　在秋翻耙地或秋翻起垄的基础上刨净茬子，在原垄上用精量点播机或改良耙单粒、双粒平播或垄上点播。能做到下籽均匀，播深适宜，保墒、保苗，还可集中施肥，不需间苗。

3. 原垄播种　为防止土壤跑墒，采取原垄茬上播种。这种播法具有抗旱、保墒、保苗的重要作用，还有提高地温、消灭杂草、利用前茬肥和降低作业成本的好处。多在干旱情况下应用。

4. 耧播 黄淮海流域夏播大豆地区，常采用此法播种。一般在小麦收割后抓紧时间整地，耕深15～16厘米，耕后耙平耧实，抢墒播种。在劳力紧张、土壤干旱情况下，一般采取边收麦边耙边灭茬，随即用耧播种。播后再耙耧1次，达到土壤细碎平整，以利出苗。

5. 麦地套种 夏播大豆地区，多在小麦成熟收割前，于麦行里套种大豆。一般5月中下旬套种，用镐头开沟，种子播于麦行间。

（三）田间管理

1. 喷植物诱导剂 苗高20厘米左右时，取塑料盆或瓷盆，每50克那氏齐齐发植物诱导剂原粉，用500毫升沸水冲开，放置2～3天，兑水30～35升，在20℃左右时叶面喷1次，控秧促根；苗高60～65厘米时，兑水20～25升喷施，控秆促荚。

2. 喷稀土微量元素 长粒期取植物酵酶风味素2粒或吉山乐生水溶肥1瓶（200克液体），每15升水放固体1粒或25～30克原液，叶面喷洒1～2次，能强化生理机能，提高受精、灌浆质量，增加千粒重、坐荚率，使籽实饱满，能打破植物顶端生长优势，促进叶片营养往籽粒转移，打开次生代谢功能，使化感素和风味素充分释放出来。

3. 施钾肥 土壤钾含量在250毫克/千克以下时，沟施、下雨前后撒施或随水冲施含量50%以上的天然钾，亩需20～40千克。在生长前期，如果植株下部叶片发黄，用碳能复合益生菌液配红糖300倍液叶面喷洒；如整株发黄，亩施天然钾镁肥15千克。

（四）自制生物有机肥、生物沼液和降解化学残留及除草剂液、防病虫害液

参见第二章第一节有机水稻优质高效栽培技术方案。

（五）适时收获

整株豆荚、豆粒呈现品种原有色泽，叶片发黄脱落，干物质积累不再增加时，籽粒水分下降，为大豆成熟期。成熟后收获，机械收获可以晚一些。高油大豆适宜早收（黄熟期—成熟期），高蛋白大豆适宜晚收（过熟）期。对于爆荚（颤角）品种要提前收获。要调试好收割机，防丢粒。在收获、运输、晾晒、筛选过程中，采取措施防混杂。

四、典型案例

案例1 2017年，吉林长春市榆树市五棵树镇永吉村李宝军选用黑农46高蛋白品种，含量达42%，不分权，品种介绍亩产180～200千克，用生物集成技术种植，亩产200～250千克。

案例2 内蒙古阿鲁科尔沁旗刘业，当地年降水量300～400毫米，干旱少雨；无霜期95～140天；积温3 200℃左右；温差8～10℃；日照3 000小时左右；海拔430米；土质沙壤透气，土壤有机质含量为2.83%，土壤水解氮含量为144.86毫克/千克，土壤钾含量为237.98毫克/千克，pH为8.26，电导率为173.8微西/厘米，亩产400千克左右。

案例3 辽宁省锦州市王振龙，2016年选用分枝型大豆品种，按中国式有机农业优质高效栽培技术五要素作业，亩播种2千克，亩产408千克，较传统化学技术增产1倍多。

第六节　有机油菜籽优质高效栽培技术方案

有机油菜籽是我国主要食用油原料之一，南方地区种植面积广。采用传统化学技术种植，使用化肥和化学农药，直播亩产 120 千克菜籽，育苗移栽亩产 150 千克，且食品中难免残留化学有毒物质。

用生物技术有机种植方法，亩产可达 250 千克以上，且不需考虑化学残留问题，可提高有机肥利用率，作物适应能力强，能净化环境，减轻劳动强度，保证食品安全生产供应。

一、土壤营养普遍现状、亩产量、要求

当前，我国多数油菜籽地区土壤有机质含量在 1.5%～2.0%，速效钾含量在 80～110 毫克/千克，亩产在 130 千克。2020 年 9 月 24 日，浙江衢州油菜前茬蓝莓田土壤经山西省曲沃万乡红肥业有限公司化验，含有机质 2.42%，高产要求 3% 以上，缺 0.6% 左右；碱解氮含量为 131.7 毫克/千克，高产要求 120 毫克/千克，满足条件；有效磷含量为 105.01 毫克/千克，高产要求 40～80 毫克/千克，不缺；速效钾含量为 176.03 毫克/千克，高产要求 300 毫克/千克左右，缺 124 毫克/千克左右；pH 为 7.26，弱碱性，适宜冲施碳能复合益生菌，可改良土壤，使作物高产优质。

土壤有机质含量在 1% 左右时，亩施 2 000～3 000 千克有机肥可使土壤有机质含量提高 1%。采用常规栽培技术，土壤有机质含量在 2% 左右时，亩产 150～200 千克。采用生物集成技术，土壤有机质含量达 2.5%～3.0% 时，有机生产可以实现亩产 200～220 千克的目标。

土壤要求具体如下：①土壤有机质含量为 2.8%～3.0%。②土壤有效钾含量为 240～340 毫克/千克。③土壤电导率在 200 微西/厘米以下。④土壤耕层深度达 35 厘米以上。⑤土壤 pH 为 6.1～8.2。⑥土壤固氮酶活性为 600 纳摩尔/（千克·天）。

二、备料及投入

1. 有机肥　按每千克有机肥干品可供产油菜籽 0.5 千克计算，每亩投入有机肥干品 2 000 千克，多施 50% 缓冲肥。有机肥以蘑菇渣、中药渣、牛粪、秸秆为好。

2. 土壤调理肥　亩备赛众土壤调理剂 25 千克，其中基施 20 千克，生长期赛众土壤调理剂醋泡益生菌浸出液叶面喷洒 5 千克。

3. 碳能益生菌液　亩备碳能复合益生菌液 4 千克，每间隔 1 次水冲 1～2 千克，叶面喷洒 0.5 千克，喷 2～3 次。

4. 植物诱导剂　亩备那氏齐齐发植物诱导剂 1 袋，定植后叶面喷 1 次 800 倍液。施用那氏齐齐发植物诱导剂后，光合强度增加 50%～491%。

5. 钾肥　亩备 51% 天然硫酸钾 15～20 千克。根据土壤中的钾素含量酌情施用钾肥，按每千克可供产 16.6 千克油菜籽投入。

6. 植物酵酶风味素　亩备植物酵酶风味素 4 粒，配合碳能复合益生菌液喷洒。作物

施用植物酵酶风味素后，苗期可防病、促根生长，后期可控蔓促花籽，使叶内营养向籽粒转移。

三、栽培技术

(一)品种选择

选择"三高三低"品种，即含油量高、油酸及亚油酸含量高、蛋白质含量高，芥酸、亚麻酸、硫苷含量低。福建地区宜选用闽杂油6号、浙江72；安徽地区主选皖油22、德油6号、油研7号；湖北地区多选用中双6号、中双7号、华杂4号、中油杂2号及4号等，直播品种为中双9号、华油杂6号及10号。

(二)连片种植

一个品种种植一片及一域，可防止品种间互相授粉杂乱，保持优良种性，便于单打单收，防止不良串粉。

(三)适期育苗

苗床宽1.3米，沟宽15~18厘米，牛粪、土杂肥拌细阳土（1:2）施入，喷洒500倍液碳能复合益生菌液消毒，浇4厘米左右深的水，待水渗完时，撒一层细土，赶平畦面积水处，撒籽覆土，盖薄膜。

育苗床1亩可供栽5~6亩地，即每100米^{2}左右苗床可供1亩地栽苗，亩播籽0.5千克，以稀为好。

油菜苗3叶1心时，叶面喷1次1 200倍液的那氏齐齐发植物诱导剂，即取原粉50克，用500毫升沸水冲开，放24~48小时，兑水60升，可喷2~4亩苗圃，能控秧促根，提高油菜秧抗逆性，培育矮壮苗，防止高脚秧。及时疏苗，防止"堆子苗"，定植时苗高控制在7~9厘米。

(四)施肥

亩产300千克油菜籽，需施干秸秆、稻壳、干杂草1 000千克，在碳能复合益生菌液作用下，每千克碳可供产油菜籽0.5千克，要多施土壤缓冲量的50%左右。若用含水分、杂质50%左右的畜禽粪，需增加1倍用量。施50%天然硫酸钾20千克左右，每千克可供产油菜籽16.6千克，若土壤中碳、钾含量丰富，可适当少施，以降低成本。在碳能复合益生菌液的作用下，如有机肥充足，一般不再施其他中微量元素，也不大考虑病虫害。

(五)适时稀植

安徽无为市在9月中旬前后栽秧；福建莆田在10月中旬至11月上旬定植，苗体具6~7片叶、20~23厘米高时，提前1天浇或撒施碳能复合益生菌液，起苗。能打开植物次生代谢功能，缓苗快。以绿紫厚叶为好苗，大小苗分级栽，剔除弱细苗，淘汰深红色不育苗。肥力高的地块亩栽6 000~8 000株，肥力差者栽1万株左右，弱小苗多浇1次碳能复合益生菌液促长，即亩随水冲入2千克，为赶苗水。以适当早播早栽大苗为好，便于及早通过春化阶段，早开花结籽，早分枝，多结籽。徒长秧或冬前叶面喷1次800倍液植物诱导剂，可提高叶片光效率，控叶促根，提高分枝量，提高越冬抗逆性。

(六)越冬前管理

随水冲入复合益生菌液1~2千克，充分分解田间有机肥，提高地温1~2℃，防止地裂缝及死秧。有害虫时，叶面喷碳能复合益生菌液 300 倍液，使蚜虫、菜青虫不能产生脱壳素窒息而死；同时以菌克菌，防治低温引起的菌核病。

亩随水冲入硼砂 0.5 千克，用 40℃温水化开，防止皱叶和来年花蕾不饱满。开花期叶面喷 1～2 次植物酵酶风味素，每粒 6 克，兑水 14 升，能打破植物顶端生长优势，激活叶片沉睡的细胞，控制蔓秧生长，使营养向籽粒转移，防止秧秆因干热风减产，可提高产量 50% 以上。

（七）适时收获

人工收获应在油菜蜡熟期进行，摊晒 2～3 天脱粒。机械一次性收获应在黄熟期进行。

四、典型案例

案例 1　湖南省常德市临澧县油菜研究协会会长沈昌健，研究出沈油杂 202 良种，亩产菜籽 235.5 千克。2022 年应用有机农业优质高效栽培技术成果，亩产达320 余千克。

案例 2　湖北黄冈武穴市万丈湖农场，用生物技术种植油菜，菜籽大面积亩产 223.6 千克，个别地块高达 350 余千克。

第七节　有机花生优质高效栽培技术方案

一、土壤营养普遍现状、亩产量、要求

我国黄河下游为花生主产区，土壤有机质含量在 1.5%～2.0%，速效钾含量在 100～150 毫克/千克，亩产在 300～400 千克。采用生物集成技术，土壤有机质含量达 2.5%～3.0%，有效钾含量在 240～340 毫克/千克时，可以实现亩产 500～900 千克的目标，增产 1～2 倍。

土壤要求具体如下：①土壤有机质含量为 2.8%～3.0%。②土壤有效钾含量为 240～340 毫克/千克。③土壤电导率在 200 微西/厘米以下。④土壤耕层深度达 35 厘米以上。⑤土壤 pH 为 6.1～8.2。⑥土壤固氮酶活性为 600 纳摩尔/（千克·天）。

二、备料及投入

以河南金雀公司驻马店市区取土样化验报告为例，2021 年该地土壤有机质含量为 1.3%～3.0%；有效磷含量为 10～67 毫克/千克；速效钾含量为 106～256 毫克/千克；水解氮含量为 91～124 毫克/千克。此类土壤如采用生物技术，磷有效性可提高 1 倍左右，有机肥亩施 1 500 千克左右，每千克鲜土壤中固氮酶活性可达 500 纳摩尔/（千克·天），按 50% 的天然钾每千克可供产花生 16.6 千克补充投入即可。过去 3 年采用化学技术，即亩施 51% 天然钾肥 16 千克，磷酸氢二铵 15 千克，亩产 410～450 千克。从土壤营养含量和农田投入肥料及产量情况看，如按有机技术五要素进行管理，尚有 1 倍的增产空间。

三、生物技术优质高效栽培技术

（一）种子选择与处理

黑龙江省绥棱县大面积种植的品种有四粒红、中四粒、白沙 285。带壳晒果。将花生

摊开 5～6 厘米厚，翻动力求均匀，晒 1～2 天。晒后手工去壳，防止碰破种皮，去掉小粒、瘪粒和发霉带菌种子。使用复合益生菌剂充分搅动均匀，可保证出苗率。

（二）整地

播前用碳能复合益生菌液 2～3 千克，防治花生根腐病、茎腐病、线虫病、青枯病，抗旱、防冻、保证苗齐苗壮。

要选择土层深厚、土壤肥沃、地势平整、保水保肥的沙壤土或黑钙土种植，不选择低洼易涝、碱性大、风剥地或土壤黏重的地块。前茬以玉米、小麦为宜，不能在种植过甜菜、向日葵、白菜等地种植，不怕重茬和连作障碍。

花生是地上开花、地下结果的作物，根系发达，要求土层深厚，上松下实，要在冬前或早春适当深耕深刨。对于黏性土壤，可以加适量细沙，改善土层的通透性。对沙层过厚的地深翻，在犁底下压 10～15 厘米厚的黏土，创造蓄水保肥的土层。整地要求平整。

（三）施肥

一次性施足基肥，以满足全生育期对肥料的需求。亩基施腐熟的农家肥 2 000～3 000 千克、碳能复合益生菌液 2～3 千克、50％天然钾 40 千克（每千克可供产花生干品 16.6 千克）、硼肥 1 千克。硼肥严禁施入播种沟内，避免烧种苗。

（四）播种密植

5 月 8—10 日即可播种，如覆膜，可在 4 月 25 日播种。垄上淹播，淹距 15 厘米，行距 60 厘米，每公顷保苗 11 万～12 万墩，如覆膜，每畦双行，行距 37～40 厘米，每公顷保苗 11 万～12 万墩。

（五）查田补苗

幼苗没有自行破膜时，应及时人工引苗，中耕除草、喷施微肥。苗齐 15 天左右，中耕第 1 次，随后喷施碳能复合益生菌液 500 倍液，叶面喷洒或灌根。苗齐 30 天左右，中耕第 2 次，株高 40～45 厘米，用植物诱导剂 800 倍液叶面喷洒或灌根，控根促果。中耕第 3 次要求穿土不伤果针，培土不压蔓，要清除田间大草。中耕结束后，细浇 1 遍透水。在大量果针入土时，喷 1 次植物酵素风味素。生长期短的作物亩备植物酵素风味素 5～6 粒或吉山动力水溶肥 200 克。一般采用"蹲苗、晒花、湿针、润果"抗旱排涝，即出苗后 15 天内不灌水，在初花期晒花，盛花期保持土壤湿润，从花生形成至饱果期，施 50％天然钾。

（六）利用沼气工程

每 30～40 米³ 的沼气池，放入猪毛、猪粪或牛粪、鲜作物秸秆，再放入碳能复合益生菌 2 千克，沤制 50～60 天，将其中的氨基酸、益生菌、可溶性有机质和矿物元素随浇水冲入田间，可起到增强植物抗逆性、抑虫防病、提高产量和品质的效果。

（七）防治草害

施碳能复合益生菌液促萌除草。未定植及播种前 25～30 天，亩冲施复合益生菌液 2 千克，促使杂草种子早萌发，3～5 天后，杂草种子全萌发且高 2～3 厘米时，耙晾灭草。气温干燥时用火焰枪烫伤除草。低凹地可浇水（深 3～4 厘米）淹没，缺氧除草。高温时覆盖透明膜，使地面温度达 65℃以上除草，人工拔草。

（八）适时收获

鲜销在六成熟时（7月中下旬）就可及时收挖上市，可获得最大经济效益。干花生应在九成熟时（9月20日）收获，摘果洗净，用晒席、簸箕由厚到薄晾晒（不能在水泥地、三合土、石板上晾晒）。干燥冷却后装进麻袋、布袋或编织袋，放入干燥通风仓房内，秋天晴好时再翻晒1~2次。

四、典型案例

山东省东平县王志甲，在该省平邑县花生上推广生物集成技术，5月14日播种，9月9日收获，亩备籽20千克，行距65~80厘米，株距20~30厘米，每穴2粒籽，亩产花生达900千克，较化学技术增产1~2倍。

第八节　有机向日葵优质高效栽培技术方案

一、生长特性、土壤生态环境优势与生物技术五要素对接

（一）生长特性

向日葵耐盐碱、喜光、抗旱。在阿根廷、俄罗斯、乌克兰、中国等少数国家和地区生产，我国只有华北、东北部分地区适宜种植。据统计，中国的向日葵种植面积为118万公顷，向日葵籽产量为172万吨。其中内蒙古向日葵籽产量占到全国的36.9%。此外，内蒙古自治区自然环境优越，具备纯天然绿色向日葵的生产条件。

（二）土壤现状

内蒙古自治区生产基地土壤现状：全氮含量为100克~120毫克/千克，全磷含量为0.77克/千克，全钾含量为212~400克/千克，有效磷含量为72.1毫克/千克，速效钾含量为174~300毫克/千克，缓效钾含量为400~983毫克/千克，有机质含量为1.31%~3.60%。

（三）高产标准要求

全国各地反馈，应用中国式有机农业优质高效栽培技术成果，作物产量较过去用化学技术提高0.5~2.0倍，产品当年当茬达有机食品国际要求，土壤营养主要成分保持在有机质含量为1.5~2.0克/千克、氮含量为100~120毫克/千克、有效磷含量为40毫克/千克左右、速效钾含量为240~330毫克/千克，pH为6.5~8.0。

内蒙古土壤中有机质、磷含量充足，在复合益生菌的作用下，钾的有效性提高0.10~1.18倍，只在结籽前施少量钾就可满足高产需求；有机质需按产量目标施高出50%以上的碳能有机肥，每亩至少补充2 000千克，在益生菌的作用下，碳能有机肥利用率可提高1~3倍，氮元素利用率也可自然提高0.26~1.66倍，从而达到有机向日葵优质高产的需求。

（四）五要素用量

1. 碳能有机肥　按每千克菇渣、秸秆、畜粪干品可供产杂粮干品0.5千克、鲜果5千克、全食性蔬菜10千克投入。

2. 碳能复合益生菌液　每克含20亿~40亿个菌落，大田及生长期短的作物亩用

2 次，每次 2 千克；设施高产作物每次 2～3 千克，亩备 15～20 千克。

3. 植物诱导剂 大田及叶菜作物亩备 1～2 袋（50～100 克），高产蔓生作物及大冠形树亩备 3～4 袋（150～200 克）。

4. 植物酵酶风味素 生长期短的作物亩备 5～6 粒，生长期长的作物备 10～20 粒，或选用吉山动力水溶肥，亩备 200 克。

5. 天然钾 50％天然钾每千克可供产干品粮 16.6 千克、鲜果 100 千克、叶菜 160 千克。

（五）五要素用法

1. 碳能有机肥 秸秆、木梢、禽粪、猪羊粪，用碳能复合益生菌液 2 千克沤制碳能有机肥 5～10 吨，13～15 天即可入田。菇渣、牛粪、腐烂秸秆或半干秸秆、鲜秸秆粉碎入田，不必沤制，亩冲施或喷洒碳能复合益生菌液 2～3 千克即可。

2. 碳能复合益生菌液 随水冲施、漫浇、滴灌，或拌粪肥浇施，或兑水用 500 倍液灌根，或用 200～300 倍液喷施叶面，可防病抑虫，提高土壤矿物质有效性 0.15～5.00 倍，可代替化肥。

3. 植物诱导剂 选瓷盆或塑料盒，将 50 克原粉放入，兑 500 毫升沸水，放 1～2 天。4 叶及幼苗期兑水 60 升；定植时及大苗期兑水 40 升。在温度 20℃左右时叶面喷洒。如果当天高温干燥，喷后再补喷 1 次清水，以防秧苗僵化。如有僵化秧苗，再用 2 000 倍液喷 1 次解症。可提高光能利用率 0.5～4.9 倍，控秧促根，控蔓促果，防治作物病毒病及提高抗逆性。

4. 植物酵酶风味素 每瓶 200 克，兑水 100～150 升；每粒兑水 15 升，叶面喷洒。可防治病虫害，修复病虫伤口，使叶片营养向果实转移，打破顶端生长优势，打开植物次生代谢功能，释放化感素和风味素，产品含糖度增加 2％～4％，代替化学农药。

5. 天然钾 随水冲施或下雨前后撒施，或冲开滴灌。如浇水间隔短，每次施 8～24 千克；间隔时间长，可每次施 50 千克左右。

二、优质高效栽培技术要点

（一）品种选择

食用向日葵（食葵）常规品种主要有三道眉、星火花葵、星火黑大片和美二花葵等；杂交品种主要有进口 DK119、国产 DK119 及 RH118、RH3148、RH3708、RH3138、美葵 138 等。油用向日葵（油葵）的主要品种有 S33（澳 33）、S47、G101、KWS303、KWS203、康地 102 等。

（二）选地、整地

一般耕地及荒地均可种植，pH 为 8.7～9.0 的地块不宜种植。杂交种应种植于较好耕地上，对产量、品质影响尤其明显，产出比大，收入颇丰，有条件的农户尽可能选择好地种植。向日葵为深根系作物，因此应在秋季用大中型拖拉机深耕，深度要达到 30 厘米左右，浇好秋水。

（三）种子处理

用复合益生菌液兑水喷拌种子，待种子晾至七成干后即可播种。

（四）播种期

向日葵一般在 10 厘米土层温度连续 5 天达到 8～10℃时即可播种。一般常规品种适宜播种期为 4 月下旬。杂交品种生育期大于 105 天，一般播期为 5 月 10 日左右；生育期小于 105 天，一般播期为 5 月下旬。

（五）播种方法

向日葵种植以单种为好，最好集中连片种植，但也可以在地埂及沟沿上种植。播种一般采用玉米点播器点播，也可用锄头开沟或铲子点播，播种深度以 3～5 厘米为宜。

（六）种植密度

常规品种采用大小行种植，覆膜种植大行距 100 厘米，小行距 66 厘米，株距 40 厘米，亩留苗 2 000 株；不覆膜种植大行距 95 厘米，小行距 45 厘米，株距 1.3 米，亩留苗 2 198 株。食葵杂交种采用大小行覆膜种植，大行距 85 厘米，小行距 40 厘米，株距 40 厘米，亩留苗 2 770 株。油葵杂交种采用大小行种植，大行距 85 厘米，小行距 33 厘米，早熟品种如 G101、S33 等株距 10 厘米，亩留苗 3 900 株左右，晚熟种如 S47、S40 等株距 33 厘米，亩留苗 3 500 株。

（七）间苗定苗

向日葵苗期生长快，发育早，为防止幼苗拥挤、徒长，当幼苗出现 1 对真叶时即应间苗，2 对真叶时定苗。病虫害严重或易受碱害的地方，定苗可稍晚些，但最晚也不宜在 3 对真叶出现之后。

（八）中耕除草

向日葵田一般中耕锄草 3 次。第 1 次结合间苗进行除草；第 2 次结合定苗进行铲锄；第 3 次中耕在封垄之前进行。中耕应进行培土，以防倒伏。

（九）浇水

向日葵耐旱，苗期一般不需浇水，现蕾期前浇头水，开花期浇二水，灌浆期浇三水，整个生育期浇 3 次水即可。后期浇水注意防风、防倒伏。若遇连雨或持续高温干旱，应酌情少浇水，同时进行叶面喷水。注意开花以后不可缺水。

（十）打杈和人工授粉

分枝一出现，及时打掉。向日葵主要靠蜜蜂传粉。养蜂授粉既可减少向日葵空壳率，又可采收蜂蜜，一举两得。在蜂源缺乏的地方，需进行人工辅助授粉，以提高结实率。人工授粉可在上午 9—11 时进行。

（十一）施肥

一般亩施有机肥 1 500～2 000 千克。施复合益生菌液 1～2 千克，兑水喷拌，条施、深施和埋施。向日葵需在现蕾期亩施含量 51% 的硫酸钾，每次施 8～24 千克。

（十二）害虫防治

由于向日葵的抗逆性较强，只有在开花期和结荚期会发生虫害，可用复合生物菌液进行防治。①叶面喷施复合生物菌液 200 倍液，蚜虫和中期的棉铃虫、钻心虫、豆荚螟、豆天蛾害虫沾到复合益生菌液后不能产生脱壳素，会窒息死亡，并能除臭化卵。②叶面喷洒植物酵酶风味素愈合伤口。③田间施含硅肥避虫，如稻壳灰、土壤调理剂等。④室内挂黄板诱杀，棚南设防虫网。⑤把 2.5 千克麦麸炒香，拌敌百虫、醋、糖各 500 克，傍晚分几堆放在田间地头诱杀地老虎、蝼蛄。

（十三）草害防治

播后20天和来年早春草害严重，需要在每年下种前浇水，使杂草种子萌发，然后中耕除掉，在田间杂草结籽前将其拔掉，这样草会越来越少。

（十四）病害防治

3—4月易发生白粉病，首先用益生菌配酵酶风味素进行叶面喷洒，提高抗病性，用300倍液的食用小苏打粉防治；褐斑病、黑斑病、菌核病、锈病、黄萎病、灰腐烂病、露菌病和浅灰腐烂病严重时，叶面喷硫酸铜加碳酸氢铵400倍液。初夏高温季节时叶片枯萎，发病初期喷1∶1∶150波尔多液防治叶斑病。叶面喷200倍液复合益生菌，每15千克菌液中放入1粒植物酵酶风味素或者20克北京金山丰产动力素，防治因缺素引起的生理和真菌、细菌病害。

（十五）轮作

向日葵连作会使土壤养分特别是钾过度消耗，地力难以恢复。向日葵常见病害有菌核病、锈病、褐斑病、霜霉病、叶枯病，常见虫害有葵螟、蛴螬、小地老虎等，都会因连作而加剧危害，但采用中国式有机农业优质高效栽培技术可连作。

第九节　棉花优质高产标准化栽培技术方案

新疆生产建设兵团第一师三团，2018年棉花种植面积为7 623公顷，平均亩产皮棉132千克，每千克折籽棉2.5～3.0千克。所产棉花纤维长，弹性强，色白，保温、透气性好。

一、土壤要求

土壤有机质含量在1%左右，亩施3 000千克有机肥可使土壤有机质含量提高1%。近年来采用常规栽培技术，籽棉亩产250～260千克，土壤有机质含量在2%～3%时，采用生物集成技术，籽棉亩产可追求500～550千克。

土壤要求具体如下：①土壤有机质含量达2.5%左右。②有效钾含量保持240毫克/千克。③电导率在500微西/厘米以下。④土壤耕层深度达35厘米以上。⑤土壤pH为6.5～8.2。⑥土壤固氮酶活性为600纳摩尔/（千克·天）。

二、备料及投入

1. 有机肥　亩投入有机肥干品2 000～3 000千克，以蘑菇渣、中药渣、牛粪、秸秆、饼肥、堆沤肥、猪牛栏肥、土杂肥、塘泥等为好。

2. 土壤调理肥　亩备土壤调理肥25千克，配合碳能复合益生菌液喷洒。

3. 碳能益生菌液　亩备碳能复合益生菌液5千克。

4. 植物诱导剂　亩备那氏齐齐发植物诱导剂50～75克。

5. 钾肥　亩备51%硫酸钾10～20千克，根据土壤中的钾素含量酌情定量施用。

6. 植物酵酶风味素　亩备植物酵酶风味素3～4粒，配合碳能复合益生菌液喷洒。

三、栽培技术

（一）备肥、深松整地

在 1 月 25 日前用双刀片秸秆粉碎机粉碎秸秆。捡回残膜，春灌，储备农资。亩基施土壤调理肥 50 千克，稻壳、玉米干秸秆 1 000 千克左右，再拌鸡、牛粪各 1 000～2 000 千克。畜禽粪按含水及杂质 40% 计算，每千克可供产籽棉 0.4 千克，并提前 15 天用复合益生菌或生物土壤调理肥拌和发酵。如采用生物技术，耕作层中硫酸钾和过磷酸钙用量较传统用量减 1/2 或 2/3，因碳能复合益生菌液可将土肥粪中营养利用率提高 1～3 倍，可从空气中吸收二氧化碳和氮气。

用悬挂五铧犁，耕幅不超过 2.2 米，四铧犁不超过 1.8 米。深松 30～60 厘米，适墒犁整地。播种前平整土地。下肥均匀，到两个横头起落线处要及时关闭施肥箱，严禁重复施肥。

晾墒整地，及时播种，耙地深度 14～16 厘米，土壤表层不许有隆起的土堆、土条和明显的凹坑，上实下虚，田内不留轮印。

（二）施碳能复合益生菌液

用碳能复合益生菌液或那氏齐齐发植物诱导剂拌种，棉株不易染病，可选用丰产稳产的新陆中 49。生育期在 135～138 天，新陆中 49 增产潜力大、上铃快、铃重大（5.0～5.5 克），衣分较高、结铃性强，品质较好、抗逆性强、叶片大小适中。

沤肥浇施或幼苗期随水亩冲施碳能复合益生菌液 2 千克，防止黄萎病引起死秧。定植时随水亩冲施碳能复合益生菌液 2 千克，改善棉花根际环境，让其种性得到充分发挥，提高有机营养利用率。叶面喷洒用 1 千克碳能复合益生菌液兑水 100～500 升，喷 2～3 次。

（三）施钾

长桃期随水亩施 51% 硫酸钾 10～20 千克，按理论数每千克可供产籽棉 16.6 千克投入，田间施入碳能复合益生菌液可提高土壤有效钾利用率 1.5 倍左右。如果当地当季土壤钾含量在 240 毫克/千克以上，不再补钾；据新疆生产建设兵团第一师三团基地化验报告，土壤钾含量在 80 毫克/千克左右，按此土壤钾含量标准酌情补钾。

（四）施那氏齐齐发植物诱导剂

取原粉 50 克，用沸水冲开，放 48 小时，兑水配成 1 000 倍液，在幼苗 4～5 片叶时叶面喷洒 1 次，定植时按 800 倍液叶面喷洒或滴灌根 1 次，亩用原粉 50～75 克。不再喷施甲哌鎓等使作物整株矮化的化控物质。棉花植株沾上那氏齐齐发植物诱导剂，可增加根系 70% 以上，提高叶片光合速率 0.5～4.9 倍，控制茎秆徒长，棉花枝多，桃繁，个大，抗病虫。

（五）施植物酵酶风味素

掐尖打顶后，在棉桃膨大期，植物酵酶风味素 1 粒兑水 15～25 升，叶面喷 1～2 次，可防病虫，愈合叶面病虫害斑点，能激活叶片沉睡的细胞，打破顶端生长优势，使叶片营养向棉桃转移，促炸桃，早收获。

（六）自制生物有机肥、生物沼液和降解化学残留及除草剂液、防病虫害液

参见第二章第一节有机水稻优质高效栽培技术方案。

（七）防治虫害

①蚜虫防治。叶面喷施碳能复合益生菌液，不生虫，还能吸收二氧化碳；可选吡虫啉，每亩 10 克左右喷雾，或 80％的敌敌畏 150～200 克兑水 4 升，稀释后拌细沙土 20 千克或用稻糠、干麦草拌敌百虫，制成毒沙封闭，撒放烟雾熏蒸 1～2 天。②红蜘蛛防治。在植物上喷碳能复合益生菌液 300 倍液，1 次即可。③棉铃虫防治。在 2 月下旬至 3 月初，铲埂除蛹，喷洒碳能复合益生菌液，害虫因不能产生脱壳素会窒息而死。

（八）选种、晒种、除草、播种

选健籽率 98％以上种子。晒种为气温在 20℃以上进行 7 天以上，厚度不超过 2 厘米，要翻晒。亩用二甲戊灵 150～180 克兑水 30 升，混土深度 6～8 厘米，喷药与混土间隔不能超过 4 个小时，遇三级以上风停止此工作。

行株距 [66 厘米＋10 厘米（宽窄行）]×9.5 厘米。肥力中等以上棉田，亩保持理论株数 1.76 万株，收获株数 1.4 万株；肥力较低、盐碱较重的棉田，理论株数 1.84 万株，收获株数 1.5 万株。

当 5 厘米膜下温度连续 5 天稳定在 12℃时即可播种，先播常规种，后播杂交种，在 4 月 8—15 日播完。

铺膜压实，无浮籽，覆土与种孔对应，镇压准确，确保膜上透光面清晰。地头加种，提高边缘增产效应。地膜机下铺垫布，并随时带小筛，垫布收集落种，过筛备用。

常规棉种亩用 1.8～2.0 千克，杂交棉种亩用 1.5 千克；播种机速度 2.5～3.0 千米/小时；要求 50 米长度内直线偏差不大于 8 厘米，连接行与规定偏差不超过 1 厘米；空穴率控制在 2％以下，1 籽率 93％以上。播深 2.5～3.0 厘米，膜孔覆土 0.5～1.0 厘米。

用生物菌抑制出草，火耕技术灭草，或中耕与人工除草，如用除草剂，需在除草后用碳能复合益生菌喷洒 2 次解农残。

（九）滴水出苗

不冬灌不春灌，于第 2 年直接铺膜播种，播后 1～2 天内铺设地面管道滴水。播种机鸭子嘴长度要小于或等于 2.5 厘米，播种过深，出苗率降低；滴管带采用 2.2 升/小时或 2.4 升/小时的流量，缓解渗水慢形成的局部水量大或地表径流水等现象；播种时浅埋滴管带，苗与苗接受水分均匀。盐碱地、沙地水量要大，如新疆生产建设兵团第一师三团三连荒地，滴水 13 小时，一膜三带的水量达到 70 米^3，防止种孔出水后出现盐碱圈。沙子地浇水要充足，以防风灾；壤土中亩滴水 10 米^3 左右。一膜三带方式和土壤偏黏重条件下，中行滴水后易出现土壤板结，影响棉苗顶土，造成烂种、烂芽或是出苗不全、不齐等现象。棉花滴水出苗一定要结合当地天气，利于种苗随时破土出苗。

（十）科学施肥

1. 施肥原则 每生产 100 千克皮棉，需纯氮（N_2）15 千克、五氧化二磷（P_2O_5）3.5 千克、氧化钾（K_2O）14 千克。棉花在全生育期内需肥呈现明显的动态变化规律，即 4 月 15 日至 6 月 1 日（出苗至现蕾期）需肥少；6 月 1 日至 7 月 1 日（现蕾至开花期）需肥迅速增加；7 月 1 日至 8 月 5 日（开花至成铃期）需肥达到最高峰；8 月下旬以后（吐絮至收获期）需肥逐渐减少。根据养分平衡法测算，目标产量籽棉 500～600 千克，用化学技术亩需尿素 71.6 千克、磷肥 25.6 千克、硫酸钾 17.8 千克。生物技术只考虑有机质碳和钾，因复合生物菌可将肥中、土中元素利用率提高 0.15～3.00 倍。

2. 施肥计算方法 采用化学技术，尿素施用量＝(目标产量所需养分总量－土壤供肥量)/(肥料中养分含量×肥料当季利用率)＝(15×1.6－64.70×0.15)/(0.46×0.434)＝71.6 千克。

磷肥施用量＝(目标产量所需养分总量－土壤供肥量)/(肥料中养分含量×肥料当季利用率)＝(3.5×1.6－17.74×0.15)/(0.46×0.25)＝25.6(千克)。

硫酸钾施用量＝(目标产量所需养分总量－土壤供肥量)/(肥料中养分含量×肥料当季利用率)＝(14×1.6－125.59×0.15)/(0.4×0.5)＝17.8(千克)。

3. 不同地施肥量 新疆生产建设兵团第一师三团棉田全部安装了滴灌系统，大多数棉田土壤偏沙性，保水保肥性差，所以肥料的投入向后期偏移，有利于人为控制肥料的使用效果。

采用传统技术，生育期滴肥量占全期总肥料量的 54%。氮磷钾比例为 38：3：18。另加磷酸锰 600 克，根据微量元素测定结果推荐使用量，硼肥 200 克，微量元素建议采用叶面喷施，可避免土壤的吸附和固定。

根据新疆石河子大学教授危常州计算，亩产 450 千克籽棉，合 150 千克左右皮棉。需要吸收纯氮 30 千克，纯磷 10 千克，纯钾 29 千克。新疆土壤大约普遍可供纯氮 11 千克，纯磷 6 千克，纯钾 22 千克，尚需滴灌补充肥料，滴灌 11 次。如果土壤有机质含量在 2.5%～3.0%，在第 1、3 和 7 次，每次亩滴入 2 千克碳能复合益生菌液，根据中国农科院微生物研究所博士孙建光和农业资源与农业区划研究所副研究员梁鸣早化验取证，土壤固氮酶活性达 600 纳摩尔/(千克·天)以上，土壤有效磷和钾利用率提高 1.0～1.5 倍，不需要再施氮、磷、钾肥，或者少施 50%，仍有较大的增产空间。

4. 滴水滴肥促早技术 播种至 6 月 20 日前主要是差别式管理，即苗情分类。6 月 20 日以后苗期控制茎秆徒长，棉花已进入初花盛蕾阶段，约 88% 的产量在花期的前 3 周就已基本形成。6 月下旬至 7 月中下旬滴水、滴肥不间断加量，前期 3～5 天，中后期 2～4 天为一个轮灌期，生育期共滴水 18 次。

5. "两高一低"肥水运筹具体操作 在 6 月下旬至 8 月 20 日高频率施肥，3～5 天 1 次轮灌；高强度施肥，增加肥料施用；低流量施肥，每次 15～18 米^3/亩。具体操作如下：6 月 16—20 日，亩随水滴灌硫酸锰 300 克，氮、磷、钾肥或碳能复合益生菌液 2 千克，分 2～3 次滴入。6 月 20—25 日施初花肥，硫酸锰约 300 克/亩，滴灌肥约 7 千克/亩。7 月 1—15 日施花铃肥，每天施滴灌肥约 1.3 千克/亩，共计约 20 千克/亩；硼肥约 100 克。7 月 15—31 日施花铃肥，每天施滴灌肥 0.9 千克/亩，共计 13 千克/亩；硼肥 100 克。8 月 1—15 日施盖顶肥，每天施滴灌肥 0.9 千克/亩，共计 13 千克/亩。8 月 15—25 日施膨大肥，每天施肥 0.9 千克/亩，共计滴灌肥 5 千克/亩。8 月 25 日后对具有高产潜力的条田，增施滴灌肥 5 千克/亩，以防止早衰。

6. 灌溉制度 节水灌溉的增产机理关键在于匀水匀肥，需要进一步加强各种灌溉方式的灌溉周期、灌溉量的管理(表 2-4)。新疆生产建设兵团第一师三团开灌时间一般为 6 月上中旬，特殊情况下可以提前到 5 月下旬；而对于生长正常或旺长棉田仍要坚持不旱不灌，对弱棉田可以提早灌头水。节水灌溉和保证质量在于坚持灌水不见水，严禁淹灌和漏灌，做到均匀水肥。

表 2-4 加压滴灌的灌溉制度表

灌溉方式	头水时间	灌溉周期（天）	每次灌溉量（米³/亩）	总次数（次）	灌溉量（米³/亩）	停水时间
加压滴灌	6月15日	3～5	15～20	15	225～300	9月5日

（十一）收获

脱叶前要求机械各部件技术性能完好。为提高脱叶剂喷施效果，应使用高架拖拉机（最小离地间隙高度不小于75厘米）配套悬挂喷雾器，自走式作业。拖拉机行走或悬挂喷药机喷施脱叶剂，行走轮必须安装分禾器。机采棉条田要求其过道、桥梁宽度不小于4米、高度不低于4.5米，且能承载17吨的采棉机通过。机采棉条田较规整、面积要大，一般在250亩以上，利于采棉机工作。将棉田内外的残膜和残留的滴灌带清除干净，减少机械故障。棉田内的埂、引渠头彻底铲除和填平，以利于采棉机正常运行，提高作业效率和采净率。采棉机进地前，人工将地头15米长的棉花拾净并砍除棉秆带出田外，且棉茬高度不得超过3厘米，利于采棉机地头操作。

1. 脱叶剂配方及用量 80%噻苯隆可湿性粉剂（20～25克/亩）＋乙烯利（70～100毫升/亩）。正常棉田用量偏少，按配方下限施；过旺棉田用量偏多，按配方上限施；早熟品种用量偏少，按配方下限施；晚熟品种用量偏多，按配方上限施；喷期早的用量偏少，按配方下限施；晚的用量偏多，按配方上限施；产量低、密度稀的棉田用量偏少，按配方下限施；超高密度棉田用量偏多，按配方上限施。

2. 脱叶时间 机采棉脱叶剂要求在机采前10～20天开始喷施，棉田自然吐絮率不低于30%，以降低脱叶催熟剂对棉花产量和品质的影响。外界平均气温连续7～10天在20℃以上，最低气温不低于12℃时喷施脱叶剂效果最好。根据新疆生产建设兵团第一师三团阿克苏区天气情况和顶部棉铃的生长期，9月5日开始喷施脱叶剂，9月15日结束。

3. 采收标准 采收时棉田的棉株脱叶率达到90%以上，吐絮率达到95%以上，方可进行机械适时采收。

4. 机采棉采收质量要求 作业速度要控制在4千米/小时以内，采摘损失率要小于4.5%，含杂率不高于10%，含水率低于14%。及时调整好采棉机，使采净率在95%以上。

四、典型案例

案例1 2016年，新疆生产建设兵团第一师三团开始推广生物集成高产优质技术。平均亩产皮棉180千克，合籽棉500千克以上，霜前开花率92%；棉花长度达3厘米，马克隆值达一级标准。按理论种植密度17 587株/亩，收获密度15 000株/亩，单株结铃6个，单铃重5克，衣分40%，应合理稀植些。

案例2 2016年，新疆阿克苏农一师一团白艳丽采用秸秆还田，基施含氮18%、含磷10%、含钾20%的复合肥50千克，追施氮、钾二元复合肥30千克，复合益生菌3千克，亩产籽棉440千克。

案例 3 陕西大荔县杨西海，2016 年用国欣 4 号品种，用生物土壤调理肥 80 千克或碳能复合益生菌液 2 千克，赛众土壤调理剂 25 千克，蕾铃期追施碳能复合益生菌液 2 千克和 45%硫酸钾 15 千克，亩产籽棉 413 千克。

案例 4 2013—2015 年，新疆阿克苏第一师畜科所毛传勤，应用生物技术，畜禽粪肥 2 000 千克左右＋碳能复合益生菌液 4～5 千克＋天然矿物钾 20～30 千克＋那氏齐齐发植物诱导剂 75 克＋植物酵酶风味素 6 粒＋土壤调理剂 50 千克等，亩产籽棉 510 千克。

案例 5 山东德州临邑天辰启岳生态农业种植专业合作社寇衍峰，2006 年应用生物技术，棉花单株桃数达 78 个。

案例 6 新疆精河县刘力，2018 年用创杂棉 610 棉花品种，亩用种子 1.7 千克，亩保苗株数 13 000 株，用生物集成技术，收获时株高 85 厘米，平均单株棉桃数 52 个，54 亩收籽棉 22.6 吨，亩产合 419 千克。

案例 7 新疆生产建设兵团第十师二十九团十连王克选，2017 年用传统技术，棉花亩产 280 千克，2019 年在同块地用生物集成技术，亩产达 550 千克，增产 96.4%。

第十节 有机茶叶优质高效栽培技术方案

茶叶中的茶色素有抑菌灭菌，防止（延缓）物体氧化，清除自由基作用，广泛用于食品保鲜防腐及稳定食品的各种营养成分。茶色素是无毒、无副作用的人用医药保健品，从茶叶中提取，动植物应用后能疏通脉道，防止有毒物滞留引起动植物体病变。茶水中含有茶多酚氧化聚合物，即生物活性物茶黄素、茶红素、茶褐素。

一、土壤要求

土壤有机质含量在 1%左右，亩施 3 000 千克有机肥可使土壤有机质含量提高 1%。近年来采用常规栽培技术，土壤有机质含量在 2%左右时，茶叶亩产 3～4 千克，土壤有机质含量为 2%～3%时，采用生物集成技术，有机茶叶生产亩产可追求 5～6 千克，这也是目前有机高产目标。

土壤要求具体如下：①土壤有机质含量达 2.5%左右。②有效钾含量保持 240 毫克/千克。③电导率在 400 微西/厘米以下。④土壤耕层深度达 55 厘米以上。⑤土壤 pH 为 4.5～6.5。⑥土壤固氮酶活性为 500 纳摩尔/（千克·天）。

二、备料及投入

1. 有机肥 每亩投入有机肥干品 2 000～3 000 千克，有机肥以蘑菇渣、中药渣、牛粪、秸秆、饼肥、堆沤肥、猪牛栏肥、土杂肥、塘泥等为好。

2. 土壤调理肥 亩备土壤调理肥 50 千克，其中基施 40 千克，生长期醋泡浸出液叶面喷洒 10 千克。

3. 碳能益生菌液 亩备碳能复合益生菌液 5 千克，早春或沤肥浇 2 千克，采叶期与花芽分化期随水或雨前喷 2 千克，叶面喷洒 1 千克，兑 1 000 升水，喷 2～3 次。

4. 植物诱导剂 亩备那氏齐齐发植物诱导剂 1 袋，早春茶叶 1 厘米左右时用 1 200 倍液喷 1～2 次，光合强度增加 50%～491%。

5. 钾肥 亩备 51% 水洗天然硫酸钾 10～15 千克。根据土壤中的钾素含量酌情定量施用。

6. 植物酵酶风味素 亩备植物酵酶风味素 10 粒，配合碳能复合益生菌液喷洒。可防病虫，增加糖度 2%～4%，愈合茶叶叶面病虫害斑点和裂口，打开植物次生代谢功能，释放化感素和风味素。

三、栽培技术

（一）茶叶特点

海拔 600 米以上地区所产茶叶称为高山茶。以其品质优、无污染、低残留等日益深入人心，是广大消费者首选茶叶。茶叶起源于我国云贵高原地带，在其发育中形成了喜荫好湿、喜漫射光特性。高海拔地区植被茂盛、云雾多，湿度大、散射光时间长，利于茶树生长发育。高山茶区土层深厚、肥沃、有机质含量高，昼夜温差较大，利于茶树光合物质的积累转化。但高山地区日照时数少，热量条件较差，茶树生长时间较短，易受霜冻危害，降水量较大，易发生水土流失，有时夜温较低，不利制作好茶。为此要选用生物集成技术，提高光利用率和抗逆性及品质。

（二）连片种植

有机茶叶是在无污染的自然环境条件下生长，茶园应在远离污染源的丘陵或半山区，以免粉尘、废水、废气、废渣以及人类农事活动给茶叶带来污染。以土质疏松、透气性良好、呈酸性或微酸性的沙壤或黏壤为好。尽量在土壤中砷、汞、镉、铬、铜等有害重金属含量不超标，符合国家有机茶叶产地环境条件规定标准的地方种植。

（三）施基肥

茶园长远规划要符合机械化、良种化、园林化、梯田化、水利化的作业要求。坡度 10°～20° 的缓坡地，建立高垄条植或宽幅梯田；20°～25° 的陡坡地，建立窄幅梯田茶园，但不小于 1.6 米，梯田要外高内低。采用双行双株种植，开挖深、宽均为 50～60 厘米种植沟，两沟中心距离 1.5 米，开沟时注意表土、心土分别堆放，做到表土全部回沟。

亩施农家肥 2 000～3 000 千克，饼肥 500 千克，碳能复合益生菌液 2 千克。与表土拌匀后施入种植沟即可。根据当地气候情况，栽植宜选在 1—3 月，利于成活。采用双行双株种植，间距为 30 厘米，呈"品"字形，亩栽 5 000～6 000 株。移栽时，先用黄泥、益生菌浆蘸根（带土移栽的不用蘸根），然后分级把茶苗分放在穴中，根系要舒展，一边分放一边种植，茶苗根离基肥 10 厘米以上，种植后淋足定根碳能益生菌水，然后在根部四周再撒上一层细土，有条件的可以铺草保湿，减少土壤水分蒸发。种植后 1 个月内要加强浇水，补齐缺苗。

（四）幼树修剪

茶树修剪分 3 次完成。第 1 次是待茶树茎粗超过 0.3 厘米，高 25～30 厘米，有 1～2 个分枝时剪去主枝。第 2 次在茶树高 35～40 厘米时，在第 1 次剪口的上方 10～15 厘米处修剪，修剪时注意留外向芽或枝。第 3 次是在第 2 次修剪后 1 年进行，修剪高度是在第

2 次剪口的基础上再提高 10 厘米，促成高产采摘面的形成，可按高度要求平剪。

（五）修剪浅耕

轻修剪一般在每年或隔年采茶季结束后于 11—12 月进行，高度在上年剪口的基础上提高 3～5 厘米。深修剪是在茶树经几年轻修剪后，分枝过于密集而细弱，产量和质量下降时进行，一般 3～5 年进行 1 次，方法是剪去树冠上绿叶层的 1/2，为 10～15 厘米，剪后要重施基肥，浇喷碳能益生菌，使树冠得到快速复壮。浅耕培土一般每年 2～8 厘米，总厚度 10 厘米左右；深耕培土 1 年 1 次，在 10—12 月完成，深度 20～30 厘米；深翻改土 5 年左右 1 次，冬季进行，方法是在茶行间开 40～50 厘米的沟，施入大量的有机肥拌碳能复合益生菌 2 千克。每次耕锄要结合除草。

（六）施冬肥

按照有机茶树生长要求，宜多施优质、养分齐全、无污染的有机肥或以腐熟的有机生物肥为主，合理配施钾肥。重施冬肥，亩施饼肥 500 千克或猪、鸡粪肥 2 000 千克，碳能复合益生菌液 1～2 千克，混合拌匀后开深沟施下覆土，施肥时期以秋茶刚结束的 10—11 月最好。

（七）施追肥

追肥在春、夏、秋三季茶萌发前 15～30 天施下。春茶追肥提早到 2 月下旬，用量为全年的 40%，成龄茶园每次用碳能复合益生菌液 2～3 千克，幼龄茶园用量为 2 千克，开深 15 厘米沟施下。产量较高的茶园在夏茶期间加施 1 次碳能复合生物菌液，以增加产量。

（八）幼年树采摘茶

主要以培养树冠，加速成园为目的。第 1 次修剪前严禁采摘，第 2 次修剪后 2～3 年，可根据长势适当打顶采摘。

（九）良种密植

选用丰产、优质、抗性好的品种，如福云 6 号、福鼎大白、福安大白茶等。采摘方法为提采，不宜抓采、扭采，要采匀、采净，不要伤及芽叶。要用清洁、通风性好的竹篓盛装鲜叶，并及时摊晾以免变质。

（十）自制生物有机肥、生物沼液和降解化学残留及除草剂液、防病虫害液

参见第二章第一节有机水稻优质高效栽培技术方案。

四、加工包装

选卫生整洁、无污染环境，禁止使用色素、防腐剂、品质改良剂等化学添加剂，杜绝有害金属包括铅、锡、锰、镉等材料作为加工工具，选用阻氧、无味无毒、无污染的包装材料，在包装贮运及其他流通过程中除了不能接触以上金属外，汞、砷、铜等也要杜绝，同时要严格监测有害细菌如大肠杆菌和其他致病菌、黄曲霉毒素等的发生，使之完全符合有机绿色茶叶的检测标准。

五、典型案例

案例 1　越南太原省大慈县福顺乡第四组阮氏秋香（万财股份有限公司经理），在中

国微生物研究员张全的指导下，2008 年在茶叶上喷施 500 倍液的碳能复合益生菌，1 月采 1 茬茶叶，采完后喷 1 次碳能复合益生菌液，鲜叶增产 28%，由对照的 5 千克鲜叶烤 1 千克茶叶提高到 4.3 千克烤 1 千克，干物质总产提高 45%，其产品经日本化验，达有机茶叶标准要求，口感好，价格较普通茶叶高 10 倍。据日本小野化验，生物技术产品维生素 C 含量达 477.5 毫克，较对照 381.0 毫克增加 96.5 毫克；较头茬茶叶平均含量 317 毫克多 160.5 毫克；涩味素由对照的 4.33 毫克降低到 3.68 毫克；苦味素由 2.12 毫克降低到 1.92 毫克；咖啡因由 2.7 毫克降低到 2.46 毫克；整体品质明显好，产量增加 0.5 倍以上。

案例 2　2015 年，云南文山市用碳能复合益生菌 500 倍液配那氏齐齐发植物诱导剂 2 000 倍液喷普洱茶 2 次，多采收 1 茬，增产 33%。广西昭平县是一个"九山半水半分田"的山区县，境内山清水秀、土壤肥沃、气候温暖、雨量充沛，适宜茶叶生长。近年来，昭平县把发展生物有机茶叶作为增加农民收入的主要产业之一，面积已发展到 3 333 公顷，年产干茶叶 3 000 多吨，产值达 1.5 亿元，已成为昭平的特色产业，主要品牌有将军峰银杉、大脑山毛尖、象棋山茶和凝香翠茗等。昭平县无公害茶叶生产有严格的技术要求。

案例 3　杨山虎有机农场用生物技术种植茶叶，亩产有机茶达 6 千克，增产 2 千克，售价每千克高达 2 万元。

案例 4　2008—2009 年，云南农业大学在茶叶上应用那氏齐齐发植物诱导剂后，开采时间提前了 12～17 天，增产 32.49%～41.97%，茶多酚增加 24.5%，茶氨酸增加 29.2%，叶绿素 a 增加 100.9%，组氨酸增加 38.4%，胡萝卜素增加 91.6%，提高了茶叶保健功能。

案例 5　河南省信阳市毛尖茶叶基地 2017 年在茶树上喷了 1 次碳能复合益生菌，亩产提高 1 千克，产品达有机标准要求，每千克售价为 1.4 万元。

第十一节　有机烤烟优质高效栽培技术方案

一、国际对烟叶的定位

亩产 150 千克左右，钾离子含量大于等于 2%，淀粉含量在 3.5% 以下，优等叶达 60%～70%。

目前烟草质量存在三大问题：一是焦油含量过高。二是淀粉含量过高。三是钾含量过低。应用生物成果技术试验后，检测证明三项问题均得到解决，产品达到国际标准要求。优等叶达 80%，钾离子含量达 2%，亩产值达 6 600 余元，较对照 4 900 余元增效 1 700 余元。

生产上不用或少用化学氮肥，增施钾肥或施碳能复合益生菌液使土壤有效钾含量提高，再用那氏齐齐发植物诱导剂防旺长与抗病毒病，提高内含有益物。那氏齐齐发植物诱导剂、植物酶风味素和碳能复合益生菌液等均有打开次生代谢功能作用，烟叶薄而劲，味香而纯，各项指标趋好。

二、土壤要求

近年来采用常规栽培技术，土壤有机质含量在 1.2％左右时，烤烟亩产 150～160 千克，土壤有机质含量为 2％～3％时，采用生物集成技术，有机烟叶生产亩产可追求 300～360 千克。

土壤要求具体如下：①土壤有机质含量达 2.5％左右。②有效钾含量保持 240 毫克/千克。③电导率在 400 微西/厘米以下。④土壤耕层深度达 55 厘米以上。⑤土壤 pH 为 4.5～6.5。⑥土壤固氮酶活性为 600 纳摩尔/（千克·天）。

三、备料及投入

1. 有机肥　每亩投入有机肥干品 2 000～3 000 千克，有机肥以蘑菇渣、中药渣、牛粪、秸秆、饼肥、堆沤肥、猪牛栏肥、土杂肥、塘泥等为好。

2. 土壤调理肥　亩备土壤调理肥 50 千克，其中基施 40 千克，生长期醋泡浸出液叶面喷洒 10 千克。

3. 碳能益生菌液　亩备碳能复合益生菌液 5 千克，早春或沤肥浇 2 千克，长叶期随水或雨前喷 2 千克，叶面喷洒 1 千克，兑水 100～500 升，喷 2～3 次。

4. 植物诱导剂　亩备那氏齐齐发植物诱导剂 1 袋，早春叶片 1 厘米左右时用 1 200 倍液喷 1～2 次，光合强度增加 50％～491％，有益营养提高。

5. 钾肥　亩备 51％水洗天然硫酸钾 10～15 千克。根据土壤中的钾素含量酌情定量施用。

6. 植物酵酶风味素　亩备植物酵酶风味素 2 粒，配合碳能复合益生菌液喷洒，可防病虫，愈合叶面病虫害斑点和裂口，打开植物次生代谢功能，释放化感素和风味素。

四、栽培技术

（一）连片种植

有机烤烟叶是在无污染的自然环境条件下生长，烤烟园应在远离污染源的丘陵或半山区，以免粉尘、废水、废气、废渣以及人类农事活动给烤烟叶带来污染。以土质疏松、透气性良好、呈酸性或微酸性的沙壤或黏壤为好。尽量在土壤中砷、汞、镉、铬、铜等有害重金属含量不超标，符合国家有机烤烟叶产地环境条件规定标准的地方种植。

烤烟园长远规划要符合机械化、良种化、园林化、梯田化、水利化的作业要求。用生物技术要求合理稀植 10％～15％，定植株数少于品种说明要求。

（二）施碳能益生菌液

用碳能复合益生菌液 1 千克兑水 20～100 升浸拌种或喷洒种子。亩施基肥 3 000 千克，才能保证碳能菌中的益生菌繁殖生存对肥的需求。早春在下雨前后喷洒，每千克兑水 15～25 升或随水冲施碳能复合益生菌液 2～3 千克。重茬、病虫害严重时，可一次用 5 千克碳能复合益生菌液。

（三）施植物诱导剂

秧苗高 15～20 厘米时，取塑料盆或瓷盆，每袋（50 克）那氏齐齐发植物诱导剂原粉用 500 毫升沸水冲开，放置 2 天，兑水 60～70 升，灌根或叶面喷洒。株高 12～25 厘米时，如有徒长现象，那氏齐齐发植物诱导剂按上述做法制成母液，兑水 40～50 升再喷施 1 次，使收获前株高控制在 2 米，比一般常规管理矮 1/5 即可，还可提高光合强度和抗逆性，增加有益成分及维生素。

（四）施植物酵酶风味素

植物酵酶风味素 1 粒兑水 30 升，叶面喷洒 2 次，可防病害，提高品质及营养含量。叶面喷北京金山稀土火山岩水溶肥或植物酵酶风味素，可充分释放烤烟中的芳香味。

（五）施钾肥

在前期及早施入 51% 天然水洗钾，按每千克可供产干品 36 千克投入，亩用 10～15 千克，随水冲施或待下雨前后撒施。

（六）自制生物有机肥、生物沼液和降解化学残留及除草剂液、防病虫害液

参见第二章第一节有机水稻优质高效栽培技术方案。

第三章

有机果品优质高效栽培技术

农业农村部 2019 年 2 月 21 日发布的《2019 年种植业工作要点》第 3 条提出的集成推广轻简优质高效栽培技术模式与中国式有机农业优质高效栽培技术成果理念一致。

此成果在新疆生产建设兵团青年团苹果上应用，含糖度达 23%；在山西临猗县张跃明、焦红民果园应用，苹果含糖度达 18.2%，适口性好，自 2016 年开始，连续 3 年经诺安实力可商品检验（青岛）有限公司化验 191～202 项农残，达国际第三方认可标准，2018 年网上销价 24～36 元/千克。辽宁绥中县有苹果树 2 亿株，2016—2018 年应用此技术亩产万斤，191 项农残化验符合国际第三方认可标准，由原价 4 元/千克提高到 12～18 元/千克，销往各地养老院，中央办公厅食堂等。更令人深思的是产品销售到苹果产区运城市。近几年，运城市干部热心于召开推介博览会，热心于出口创汇，获得一些销量和荣誉，忽略了国内大市场销量空间与价值。增加经济收入与提高产量品质和提升广大果农收入关系甚远，传统化学技术在产量品质上难以进步，面临困境。

在果树上，应用此成果对解决油桃根腐病、流胶病、黄叶、落叶效果显著。产量提高 15%～50%。山西省榆次区程东豪，按牛粪、蚯蚓粪＋复合益生菌技术作业，到 2017 年 6 月 11 日观察，一棵 7 龄核桃树上结了 1 305 个果，折合亩产达 415 千克，较过去 100 千克左右增产 3 倍。

制造沼液是动物粪便、植物残体等含碳有机物质在微生物的发酵作用下，固态物分解成液态小分子物，作物根系可以直接吸收利用的一项生物技术，也称为生态技术或微生物环保技术。稳定的沼液营养物是其中芽孢杆菌好气性发酵作用的产物，具有纳米技术性质。产品无污染，无残毒，无抗药性，又系碳源速效性肥料。

沼液渣中含有机质 30%～50%，其中含碳元素 25%～45%，含腐殖酸 10%～20%，含氮 0.8%～2.0%，含磷 0.4%～1.2%，含钾 0.6%～2.0%。沼液指池中上中层较清的液体物，含氨基酸、蛋白质、维生素、赤霉素、吲哚乙酸、核酸、抗生素、葡萄糖、果糖、脂肪酸及碳、氢、氧、氮、磷、钾等 16 种以上作物所需养分，是作物生长中的综合利用物资。沼液中含腐殖酸 10.1%～24.6%，全氮 0.78%～1.61%，全磷 0.35%～0.71%，全钾 0.61%～1.30%。沼液发酵能保氮 97.4%，有机质有效性提高 2～3 倍，矿物质有效性提高 0.15～5.00 倍，是目前化肥利用率的 10 倍左右，生产上完全可以代替化学肥料。

单用沼液可提高粮食产量 15%～50%，油菜产量 127.63%，中药材产量 130% 左右，能使作物体可溶性糖含量提高 36%，增强抗冻性，对小叶病、缺素引起的生理性病有特效。

沼液过滤后按 1：1 兑水叶面喷洒，不仅使作物抗病增产，还对蚜虫、食心虫、菜青虫、棉铃虫等大多数害虫有抑制与驱避作用，特别是红蜘蛛、蚂蚁、蜗牛等呼吸功能封闭，对根结线虫，真菌、细菌及病毒引起的多种病害均有预防效果，可谓生物有机农药。

作物用沼液，可促进花芽分化，保花稳果，膨大正形，色艳美味，酸甜适口，耐储运。田间施入沼液，能提高地温和阳光利用率，延长光合作用时间和效能。

每 10 吨沼液在用前加 2~4 千克碳能复合益生菌，可抑制杂菌感染，还能保护和吸附碳元素，提高增产效能。在定植期叶面喷植物诱导剂控秧促根促果，喷稀土元素打开植物次生代谢功能，使叶片内营养向果实转移，将化感素和风味素释放出来，产品甜香宜人。再在结果期施膨果营养，作物产量比化学技术提高 0.5~2.0 倍。

沼液每次在保护地内可用 200~1 000 千克，露地用 3 000~4 000 千克，并按 1∶1 兑水冲入。发酵时间在池罐内以 3 月为佳。勿与草木灰、石灰和消毒水、杀菌剂同施；不要一次用量过多，以防作物徒长减产；沼渣要沟穴施，用后浇水。一般建一个 10 米³ 的沼池，可存 16~20 吨沼液，供 2~6 亩地用，相当于 50 千克硫酸铵，40 千克过磷酸钙，15 千克含钾 50% 的硫酸钾，可减少施用化肥，减少农药开支千元左右。

故建议：一是应关注《生物产业发展规划》及其相应实施意见；关注中央对农业发展和人们健康的指示指向和新要求。二是把应用中国式有机农业优质高效栽培技术成果放在第一位，试验示范推广，纠正农业化学技术理念，打破化学物资供应体系，借国家有机肥替代化肥政策要求，主攻生物有机集成技术。三是调查搜集，表扬引导有机绿色先进公司，专业合作社与用户，认定先进技术成果，将地方区域果品高产优质高效栽培技术与经验推广开来，打造先进市区新模式。四是将品种项目核心，即融资＋高产优质技术成果＋机械化＝新农业样板模式总结出来；将项目优势，即自然条件优势、环境优势、技术成果优势、人脉团队优势、生产技术及销售渠道优势打造开发出来。将项目投入产出和利润分配明细，农业机械投入政府补助，土地流转与政府补助农业科技成果推广普及资金，管理投入成本与收益及前景预测规划制定出来，给予果农和农技人员应用推广动力。

第一节 有机荔枝优质高效栽培技术方案

荔枝、龙眼、香蕉、菠萝是常见水果，一起被称为"南方四大果品"。2019 年 1 月 2 日至 3 月 20 日，笔者受邀前往海南考察，3 月 15 日，笔者亲临海南省海口市琼山区三门坡镇红明农场荔枝田间调查，亩栽 33 株，树龄 11 年，树体较小，亩产果实 1 000 千克左右。株施有机肥 15 千克，钾 0.5 千克，复合化肥 1.0~1.5 千克，无病害，虫害多，常用吡虫·噻嗪酮、高效氯氰菊酯、苏云金杆菌防虫。5 月上市，售价 6 元/千克，一般株产 30 千克，高者 40 千克。施肥后土壤含钾 120 毫克/千克，有机质 1% 左右。

一、土壤要求

近年来采用常规栽培技术，土壤有机质含量在 3% 左右时，荔枝、龙眼、香蕉、菠萝亩产 2 000~3 000 千克，采用生物集成技术，亩产可追求 3 400~4 000 千克。

土壤要求具体如下：①土壤有机质含量达 3% 左右。②有效钾含量保持 240~300 毫克/千克。③电导率在 600 微西/厘米以下。④土壤耕层深度达 55 厘米以上。⑤土壤 pH 为 6.1~8.2。⑥土壤固氮酶活性为 600 纳摩尔/(千克·天)。

二、备料及投入

1. 有机肥 按每千克有机肥干品可供产果 5 千克计算，每亩投入有机肥干品 3 000～4 000 千克，有机肥以蘑菇渣、中药渣、牛粪、秸秆为好。

2. 土壤调理肥 亩备土壤调理肥 50 千克，其中基施 40 千克，生长期醋泡浸出液叶面喷洒 10 千克。

3. 碳能益生菌液 亩备碳能复合益生菌液 5 千克，早春或沤肥浇 2 千克，结果期与花芽分化期水冲 2 千克，叶喷洒 1 千克，喷 2～3 次。

4. 植物诱导剂 亩备那氏齐齐发植物诱导剂 4 袋，其中早春生叶开花前用 800 倍液喷 1 次，约需 2 袋，枝抽 10 厘米左右时用 500 倍液喷 1 次，约需 2 袋，那氏齐齐发植物诱导剂可使作物光合强度增加 50%～491%。

5. 钾肥 亩备 51% 水洗天然硫酸钾（增果）25～30 千克。根据土壤中的钾素含量酌情施用，按每 100 千克可供产 1 万千克果施用。

6. 植物酵酶风味素 亩备植物酵酶风味素 10 粒，配合碳能复合益生菌液喷洒，花蕾期可防病保果，中后期控枝抽出，使叶内营养向果实转移，增加糖度 2%～4%，愈合果面病虫害斑点和裂口，使果实释放化感素和风味素。

三、有机栽培技术

（一）施有机肥

有机肥亩需根部穴施 3 000 千克左右，以保证高产所需的碳物质基本营养（占 45%）。在早春土壤解冻和夏、秋季花芽分化前各施 1 次，与碳能复合益生菌配合。

（二）施碳能益生菌液

碳能高解钾复合益生菌液含有效活性菌 30 亿～40 亿个/克，在早春萌叶开花期，亩根部穴施 2 千克，兑水 1 000 升，灌施或拌有机肥施。以解决根腐病、死棵烂皮、缺钙曲叶、缺硼锌授粉坐果不良、挂果不均匀、病草害问题。地上发现病虫害，用 300 倍液的碳能高解钾复合益生菌液叶面喷洒防治。同时吸收空气中二氧化碳和氮营养，提高土壤中矿物营养利用率 0.15～5.00 倍。不需要再施化学氮、磷、钙肥和化学杀虫杀菌剂。

（三）施钾肥

含量 51% 天然钾需在早春亩穴施 10 千克，在果膨大期施 20 千克，保证果繁、果大、果实固形物多。解决果肉松软、含水量多、易破裂等问题。如土壤含钾达 300～400 毫克/千克，就不需要再施钾肥。

（四）施植物诱导剂

根据树冠大小，亩用 100～200 克那氏齐齐发植物诱导剂原粉，放塑料盆中，按每 50 克原粉用 500 毫升沸水冲开，存放 2～3 天，兑水配成 800 倍液，在早春叶片长大时喷洒 1 次即可，还可控制抽枝徒长，防治病毒病引起的小叶、花叶、黄叶、疯病，可代替多效唑和矮壮素。

(五) 施植物酵酶风味素

用植物酵酶风味素 10 粒或动力素 1 瓶，在果着生膨大期，固体每粒兑水 25～30 升，液体 15～20 克兑水 15 升，叶面喷洒。以解决落花落果，并修复果面病虫害斑点，使叶片营养向果转移，增加含糖度 25%～4%，提高品质和商品卖相，如与碳能高解钾复合益生菌液混用，效果更好。如用维生素 C 3 000 倍液进行叶面喷施，可使果实变短变粗，肉质变厚。早春喷洒，还可防止冻害造成的损失。

(六) 自制生物有机肥、生物沼液和降解化学残留及除草剂液、防病虫害液

参见第二章第一节有机水稻优质高效栽培技术方案。

荔枝病害主要是炭疽病和果腐病，虫害主要是果蝇、金龟子、介壳虫，果实对农药较敏感。用碳能复合益生菌可防害虫，如钻心虫、红蜘蛛、蚂蚁等，可代替化学农药。应用生物集成技术，尚有 1～2 倍增产空间，且品质口感提升。

(七) 栽后管理

花芽分化期亩穴施有机肥 1 000 千克左右，拌 30 亿个/克的复合益生菌 1 千克，促进花芽饱满。早春叶片萌发前，穴施有机肥 1 500～2 000 千克，拌施复合益生菌 2 千克。在生长中期酌情亩冲入 1～2 千克复合益生菌，可提高有机肥利用率 2～3 倍和矿物质利用率 0.15～5.00 倍。

荔枝在树的主枝条和主干上环割两个深度达木质部的圈，两个圈的距离大概为 4 厘米，环割要保留 1/3 连接，不完全切断。对于幼龄树，冬梢长出 5～10 厘米时，用人工方法修剪，在冬梢的基部留下 1～2 个嫩芽，这样利于短花穗的形成，可以使开花期延长。经过种植实践证明，这种修剪措施有利于当年的坐果。对于成年树，当冬梢长出 5～10 厘米时，可以用竹竿将新长出的冬梢折断。可以通过培养短壮丛花穗的方法使开花时间推迟，这样能够让雌花避开阴雨和低温等不良天气，提高授粉率，提升坐果率，还可以通过人工授粉的方式提高坐果率。

栽后 1～3 年树，要对枝条进行一定的修剪。在距离主干约 40 厘米的地方留 3～4 个生长粗壮、分布比较均匀的枝条，让主枝条自然地生长，当枝叶过于茂密时，要及时修剪，保证营养不被过多地浪费，确保树能够正常结果。

种草可改善果园生态，在栽种果园中合理种植一些良性的草种，保证园区从初春季节到深冬时节都有草覆盖地面，这样能够有效避免水土流失，保证园区土壤有机质的含量，促进荔枝的生长。种草时还要注意避免杂草疯长，要及时清理园区中的杂草，保留有益的草种，避免杂草抢夺树的营养。要依据不同生长时期果树对水分的不同需求合理控制水分，做好灌溉管理工作。树开花以前，要尽量使园区的土壤保持干燥，从开花到秋季抽梢时期，要保证园区的土壤湿润，及时灌溉。同时，还要依据园区的具体情况决定排灌。干旱时期需要通过灌溉为土壤补充适量的水分，阴雨连绵的天气需要及时排水，防止土壤含水量过多造成园区的涝害。

果区防雨棚，即树上盖网眼塑料棚，可防雨水传染病菌，可使直射光、短波段紫外光转换成散射光和长波段红外光，保持良好小生态环境，减轻风灾害。机械喷水罐技术，即在小型拖拉机上装一水罐，把喷头立体装在罐车尾部，一人开车操作，可在生长期叶面喷碳能复合益生菌液、植物酵酶风味素、硒等营养液和控秧素，提高工作效率和果实品质。

第二节 有机琼中绿橙优质高效栽培技术方案

琼中绿橙又称幸福果，以形色味俱佳令人所喜爱。采用生物集成技术，产量较现代常规技术提高 0.5 倍以上。191 项农残达国际第三方认可标准。产品达到国家绿色有机认证标准，当茬可办理有机认证手续。

一、土壤要求

亩施 3 470 千克有机肥可使土壤有机质含量提高 1%。采用生物集成技术，土壤有机质含量达 3% 时，有机生产可以实现亩产 5 000 千克的目标。

土壤要求具体如下：①土壤有机质含量达 3% 左右。②有效钾含量保持 240～300 毫克/千克。③电导率在 500 微西/厘米以下。④土壤耕层深度达 45 厘米以上。⑤土壤 pH 为 6.1～8.0。⑥土壤固氮酶活性为 600 纳摩尔/（千克·天）。

二、备料及投入

1. 有机肥 按每千克有机肥干品可供产琼中绿橙 5 千克计算，每亩投入有机肥干品 2 000～3 000 千克，有机肥以蘑菇渣、中药渣、牛粪、秸秆、饼肥、堆沤肥、猪牛栏肥、土杂肥、塘泥等为好。

2. 土壤调理肥 亩备赛众土壤调理剂 50 千克，其中早春基施 40 千克，生长期醋泡浸出液叶面喷洒 10 千克。

3. 碳能益生菌液 亩备碳能复合益生菌液 4～6 千克，堆肥用 1～2 千克，兑水冲浇 3～4 千克，叶面喷洒用 0.5 千克。

4. 植物诱导剂 亩备那氏齐齐发植物诱导剂 5 袋，其中早春用 800 倍液喷 1 次，约需 2 袋，枝抽出用 400 倍液喷 1 次，约需 3 袋。那氏齐齐发植物诱导剂使作物光合强度增加 50%～491%。用塑料盒，勿用铁器，每袋 50 克用 500 毫升沸水化开，存放 2 天，兑水 35～40 升，叶面喷洒。

5. 钾肥 亩备 51% 水洗天然钾 30～50 千克，按每千克可供产果 100 千克投入。根据土壤中的钾素含量酌情施用钾肥，每次浇水 20～25 千克。

6. 植物酵酶风味素 亩备植物酵酶风味素 10 粒，配合碳能复合益生菌液喷洒，苗期可防病促根，中后期控抽枝促出果，使叶内营养向果实转移。

三、栽培操作步骤

用生物集成技术解决六大疑难，一是施氮、磷过多琼中绿橙易软腐，保质期差。二是施化学农药和化肥过重，琼中绿橙口味极差。三是琼中绿橙病虫害斑点果严重，卖相差。四是没发酵鸡粪施过多死树或不施有机肥，果小肉薄。五是不注重施纯钾肥，果品质差。六是投入过大，收益产出差。

（一）自制生物有机肥、生物沼液和降解化学残留及除草剂液、防病虫害液

参见第二章第一节有机水稻优质高效栽培技术方案。

（二）施植物诱导剂

在叶片直径 2 厘米，长 3 厘米时，取塑料盆或瓷盆，每 50 克原粉用 500 毫升沸水冲开，放置 2～3 天，兑水 50 升，20℃左右时喷施 1 次，如有徒长和有病虫害，用 700～800 倍液再喷施 1 次。控叶促果，控枝抽出，提高植物抗逆性。

如发现新枝抽出，用那氏齐齐发植物诱导剂 400 倍液，对准新芽生长点喷洒，控制生长，尽量避开功能叶片和花叶，以代替多效唑控枝。细胞活跃量提高 30% 左右，半休眠性细胞减少 20%～30%，从而使作物超量吸氧，氧利用率提高 1～3 倍，这样就可减少氮肥投入，再配合施用生物菌吸收空气中氮和有机肥中的氮，基本可满足 80% 左右的氮供应。施用那氏齐齐发植物诱导剂后，酪氨酸含量增加 43%，蛋白质增加 25%，维生素增加 28% 以上，能达到不增加投入而提高作物产量和品质的效果。

植物喷施那氏齐齐发植物诱导剂液体后，花芽和生长点不易受冻。因光合速率提高，植物体休眠的细胞减少，作物整体活动增强，土壤营养利用率提高，浓度下降，使作物耐碱、耐盐、耐涝、耐旱、耐热、耐冻。光合作用强、氧交换能量大，高氧能抑菌灭菌，使花蕾饱满，成果率提高，果实正、叶秆壮而不肥。

（三）施钾肥

土壤含钾量在 150 毫克/千克以下时，按含量 50% 的天然钾每千克可供产 100 千克果投入，沟施、下雨前后撒施或随水冲施。在生长前期，如果植株下部叶片发黄，用碳能高解钾复合益生菌液 300 倍液配红糖 300 倍液，叶面喷洒；如整株发黄，亩施天然钾镁肥 15 千克；整个生长周期不用化学合成肥料、化学农药和化学除草剂。

（四）施植物酵酶风味素

琼中绿橙膨大期亩用植物酵酶风味素 3～5 粒，每粒兑水 40 升，叶面喷洒 2～3 次，打破顶端生长优势，使品种原本化感素和风味素充分释放出来，提高和保证口感品质。也可用碳能复合益生菌液 200 倍液，每 15 千克水液中投入植物酵酶风味素 1 粒，喷 1～2 次，增加果实甜度和丰满度。

（五）防治病虫害

防治食心虫、菜青虫、红蜘蛛、蚜虫、果蝇、金龟子、介壳虫等，一旦发现虫害及时用苏云金杆菌或除虫菊，以上产品均属有机农产品准用物资。田间悬挂黄板、蓝板诱杀飞虫，视板面黏度及时更换。在琼中绿橙生长期及早喷洒复合益生菌 300 倍液预防。

琼中绿橙致命的黄龙病是一种韧皮部细菌性病害。碳能复合益生菌液对炭疽病、腐烂病也有很好的预防效果。重施基肥就是早春在树冠边缘开沟深施，每棵用 3～4 千克微生物肥即可，可保树早发芽，生长茂盛。当发现叶片出现黄梢、黄斑、皱缩，喷施碳能高解钾复合益生菌液＋氨基酸液肥＋北京金山吉山乐生稀土水溶肥或植物酵酶风味素，还能起到防治落花落果的效果。冬季做好整枝工作，调整好果枝关系。

（六）整形

琼中绿橙的枝条可分为春梢、夏梢和秋梢，有时也把夏梢和秋梢统称为夏秋梢。春梢从 3 月中旬至 4 月上旬萌芽，一直生长到 5 月底。春梢的长度从 2～3 厘米至 30 厘米不等，5～15 厘米长的枝条结果较好。夏梢一般在 6—7 月抽生，从较强的春梢或者枝条的弯曲部位发生，夏梢的生长对幼年树扩大树冠有益，同时夏梢也是良好的接穗材料。秋梢主要在8月中旬至9月抽生，一般从春梢或者夏梢的顶端抽生，到10月时由于气温的下降，停止伸长。

1. 树体结构与树形 树体的结构一般分为主干、主枝、侧枝和枝组等（图3-1）。主干是自地面根颈以上到第1主枝分枝点的部分，主干的高度称为干高，主干矮，树冠形成快，主干高，树冠易高大，投产较晚；主枝是在中心主干上选育配备的大枝，从下向上依次排列，分别称为第1主枝、第2主枝……，是树冠形成的主要骨架枝；副主枝是选育配置在主枝上的大枝，每个主枝上配置2~4个，也是树冠的骨架枝；侧枝是着生在副主枝上的大枝或主枝上暂时留用的大枝，侧枝起支撑枝组和叶片、花果的作用，形成树冠绿叶层的骨架枝；小枝组是着生在侧枝上5年生以内的各级小枝，组成枝组（又称枝序、枝群），是树冠绿叶层的组成部分。

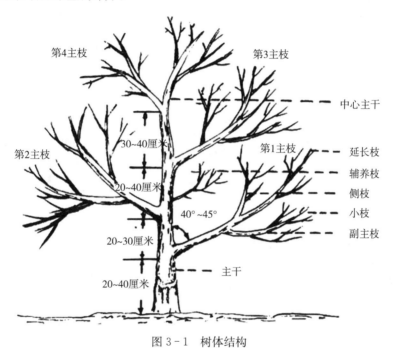

图3-1 树体结构

自然开心形通常是3个主枝，无中心主干，树干开张而不露干，整形工作分3年进行（图3-2）。第1年定干，选配主枝，摘心、抹芽、除萌。第2年、第3年短截主枝延长枝，选配副主枝，摘心、抹芽、除萌，疏除花蕾。

自然圆头形是最接近自然的整形（图3-3），苗木定植后，定干高30~40厘米，由主干上自然分生2~3个强壮大枝，大枝之间相距10~15厘米，各向一个方向发展；第2年或第3年再留1~2个枝，上下之间不重叠，各主枝基角约40°，斜向四方发展，共有主枝3~5个，根据其空间，再留1~3个副主枝，各骨干枝上再留大、中、小型枝组，数年后即可成形。

变则主干形是有中心主干的树形（图3-4），苗木定植后，定干高30~40厘米，留先端生长强的枝条1个，于生长期缚于主支柱上，使其直立向上延伸，为中心主干；其下选生长强健的1~2个枝为主枝。中心主干继续向上，下年再适当短剪，其先端抽生强的枝，仍选一个为中心主干，相距 30～40 厘米，然后再向上选留第 3 层；全树有 4～6 个主枝，分 3～4 层；在最后一个主枝上，对中心主干短截，不再引缚向上。在主枝上留副主枝、枝组，均匀排列，树形基本形成。

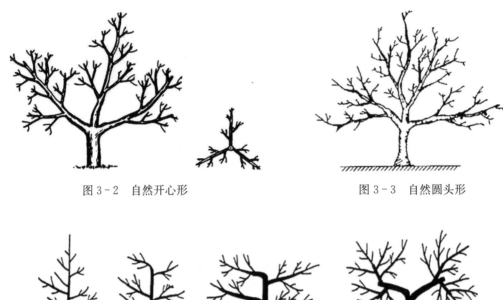

图 3-2　自然开心形　　　　　　　　　　　　图 3-3　自然圆头形

图 3-4　变则主干形

疏散分层形是在变则主干形的基础上加以修改（图 3-5），即将第 1～3 个主枝集中为第 1 层；将第 4～6 个主枝集中为第 2 层。而将第 1 层与第 2 层之间的距离拉大为 80～100 厘米，使阳光可以从第 2 层射入。当第 2 层尚未培养成功时，在层间距内可留辅养枝或大中型枝组。

从几种主要树形来看，在整形时要记住以下几点：幼树开始整形，离地面 40 厘米开始定干，3 个主枝，每个主枝有 3 个侧枝，均匀配置枝条。

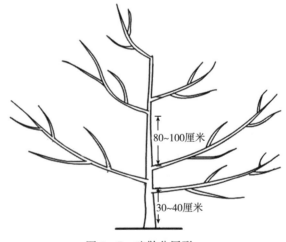

80～100厘米

30～40厘米

图 3-5　疏散分层形

2. 整形修剪的基本方法如下　树冠小空不大空，左右不挤，上下不重叠，通风透光。以达到树冠丰满、枝叶茂盛、立体结果、减少病虫滋生、便利树冠管理、延长结果年限的目的。剪吊不剪翘，剪刺不剪叶，剪阴不剪阳，剪横不剪顺，剪干枯病虫枝，见空不剪，适当短截。先修剪大枝后修剪小枝，先修剪树冠外围的枝条后修剪树冠内部的枝条，先修剪树冠上部的枝条后修剪树冠下部的枝条。

幼树期以轻剪为主，培养骨干枝，主干高 20～30 厘米为宜，一般从小苗 30～40 厘米处修剪。除适当疏删过密枝梢外，避免过多的疏剪和重短剪，剪除所有晚秋梢。继续选择培养和短剪各级骨干枝的延长枝，抹除顶部夏梢，促发健壮秋梢。过长的营养枝留 8～10 片叶摘心，回缩或短剪结果后的枝组。保持生长与结果的相对平衡，树高一般控制在 2.5 米以下，绿叶层厚度 1 米左右，树冠覆盖率 75%～85%。缩剪结果枝组、衰退枝组；疏剪树冠郁闭严重的骨干枝，短剪或疏剪部分夏秋梢，调节翌年产量，防止大小年结果。剪除所有晚秋梢。

盛果期最常使用的是开天窗式修剪法。在比较郁蔽的园内，采果后剪除副主枝或侧枝，使光照透入树冠内部，可使植株继续丰产稳产。结果期间除短截延长枝外，不应对未结果的夏秋梢作短截处理，待结果后再短截，且在现蕾与蕾期摘除春梢营养枝。

当年结果为大年的树，注重夏季的疏果，也可以短截部分结果枝，促使其抽发新梢，秋季通过控水、促花等措施增加来年花量，当年冬季尽量少短截，可以对部分结果枝回缩更新。当年结果为小年的树，除了做好保花保果外，可通过梳理弱枝、短截强枝、留中等枝的措施，减少来年花量，促抽营养枝。对稳产树（即开花和抽梢适中的树）采用疏剪和短截相结合，同时注意培育健壮枝梢作第 2 年的结果母枝。

对强壮树（即生长旺盛、发枝力强的树），采用疏除和短截相结合，适当回缩。即回缩外部长枝和部分强枝，培育内膛枝组，疏除密弱枝，短截结果母枝。这样修剪可以防止树体外密内空、上强下弱、枯枝增多的现象出现，促使其通风透光，上下不叠、左右不挤。对长势弱的树（即衰退枝多、花量大而坐果率低的树）应尽可能减少花量和恢复树势。对长势中等的树，要注意疏除密弱枝，回缩更新结果后的枝组。树衰老后，枝梢枯弱，结果很少，必须进行更新复壮。更新方法应根据树的衰老程度决定。若衰老树只有部分枝条衰退，部分枝条还可结果，可将 3～4 年生侧枝上的衰退枝条进行短截，在 2～3 年内逐步更新全部树冠。若树衰老严重，建议全部短截更新。

四、典型案例

案例 1 云南省永胜县期纳大沟村黄建国，在 7 年龄温州蜜橘田，每亩栽 60 株，12 月 23 日第 1 次株施生物肥 3 千克拌花生壳 1.5 千克，盖薄土；翌年 4 月 2 日第 2 次株施生物土壤调理肥 1.7 千克；6 月 22 日施第 3 次肥，株施生物菌 600 倍液 5 千克，50% 硫酸钾 0.8 千克。每亩产蜜橘 2 613.4 千克。同样用上述措施，早春在叶面上喷 2 次 1 200 倍液的那氏齐齐发植物诱导剂，产量达 2 780.1 千克，比喷清水百果增重 14.6%。产品丰满，达有机标准要求，如果再增施碳素有机肥、钾，还有增产空间。

案例 2 广西壮族自治区桂林市阳朔县葡萄镇乌龙村阳文龙，亩用碳能高解钾复合益生菌液 15 千克，那氏齐齐发植物诱导剂 50 克，植物酵素风味素 5 粒，长势好，病虫害轻，其中在砂糖橘上应用，亩栽 100 株，7 年树龄亩产达 5 100 千克，较传统技术亩产 2 500 千克左右增产 1 倍左右。

案例 3 广东省东莞市桥头镇大洲桥社区陶春，2016 年在柑橘上应用生物技术，即有机肥＋碳能高解钾复合益生菌液＋那氏齐齐发植物诱导剂＋天然钾＋植物酵素风味素，亩产达 5 000 千克，果树病虫害少，果丰满，糖度高，增产明显。

第三节　有机莲雾优质高效栽培技术方案

莲雾是一种海南特产鲜果，老幼皆宜，营养价值和医疗价值均高，被越来越多的人称为瘦身必备品。

2019 年 1 月 3 日，马新立赴海口三江茄芮湖莲雾种养专业合作社调查，亩栽 23 株，株产 130 千克左右，亩产 2 600～3 000 千克，品种为台湾红宝石莲雾、墨金刚莲雾、中国红莲雾等。土壤有机质含量预测在 2% 左右，有效钾含量为 99 毫克/千克，株施有机肥 50 千克左右，51% 天然钾 0.25 千克。

目前存在的问题：一是阴雨天后落果严重，可用碳能复合益生菌液 300 倍，每 30 千克液中再加火山岩风味素 1 粒，叶面喷洒；二是裂果严重，可在根穴部灌碳能复合益生菌 300～500 倍液，提高土壤有效钙移动性 5 倍左右，特别在膨果前期和高温干燥时；三是不耐存耐运，可在叶片生长早期喷那氏齐齐发植物诱导剂 800 倍液，提高果实固形物（40% 左右）以及各种维生素和矿物质。

产品适口性较好，甜酸但缺厚重感；果肉有点松，脆度好。特按中国式有机农业优质高效栽培技术国内领先成果五要素制定实施方案，再予提升。

一、土壤要求

土壤有机质含量在 2%～3% 时，采用生物集成技术，有机生产亩产可追求 3 500～4 000 千克，这也是目前高产目标。

土壤要求具体如下：①土壤有机质含量达 2.5%～6.0%。②有效钾含量保持 240～300 毫克/千克。③电导率在 400 微西/厘米以下。④土壤耕层深度达 45 厘米以上。⑤土壤 pH 为 6.5～8.0。⑥土壤固氮酶活性为 600 纳摩尔/（千克·天）。

二、备料及投入

1. 有机肥　按每千克有机肥干品可供产莲雾 5 千克计算，每亩投入有机肥干品 2 000～3 000 千克，有机肥以蘑菇渣、中药渣、牛粪、秸秆为好。

2. 土壤调理肥　亩备土壤调理肥 25 千克，其中基施 20 千克，生长期醋泡浸出液叶面喷洒用 5 千克。

3. 碳能益生菌液　亩备碳能复合益生菌液 5 千克，早春或沤肥浇 2 千克，结果期与花芽分化期水冲 2 千克，叶片喷施用 1 千克，喷 2～3 次。

4. 植物诱导剂　每亩备那氏齐齐发植物诱导剂 5 袋，其中早春生叶开花前用 800 倍液喷 1 次，约需 2 袋，枝抽 10 厘米左右时用 500 倍液喷 1 次，约需 3 袋。那氏齐齐发植物诱导剂使作物光合强度增加 50%～491%。

5. 钾肥　亩备 51% 水洗天然硫酸钾（增果）15～20 千克。根据土壤中的钾素含量酌情施用，按每千克可供产莲雾 100 千克施用。

6. 植物酵酶风味素　亩备植物酵酶风味素 10 粒，配合碳能复合益生菌液喷洒，花蕾期可防病保果，中后期可控枝抽出，使叶内营养向果实转移，增加糖度 2%～4%，愈合果面病虫害斑点和裂口，释放果实化感素和风味素。

三、栽培技术及分析

（一）投资增值分析

亩栽莲雾树 23 株，过去每株分 3 次施生物肥 10 千克左右，三元复合肥 12～15 千克，亩肥料投资 520 元左右，化学农药投资 150 元，腐烂病果、虫伤果、次品果严重，有些地块死株率达 30% 以上。采用生物集成技术管理莲雾，2 500 千克有机肥中含 50% 钾 20 千克，可供产果 2 000 千克，株施含钾 8% 和含硅 42% 的赛众土壤调理肥 0.75 千克，亩施含钾 51% 的天然矿物钾肥 25 千克，可满足产莲雾果 5 000 千克对钾素的需求。

亩冲碳能复合益生菌液 4 千克，连年亩产均在 4 500 千克左右，一级商品果由过去的 75% 提高到 90%，2019 年海口三江茄茋湖莲雾种养专业合作社，生产基地及产品获得有机认证，海口超市有机产品价格为 36 元/千克，较化学技术产品价格 13 元/千克约高出 2 倍。生长期不用任何化学肥料和化学农药，几乎不考虑病虫害防治，果实丰满，脆甜。

（二）自制生物有机肥、生物沼液和降解化学残留及除草剂液、防病虫害液

参见第二章第一节有机水稻优质高效栽培技术方案。

（三）定植、整形

莲雾宜在春季定植，株行距 4 米×5 米。挖大穴、下大肥、种大苗。穴长、宽、深均为 1 米，土杂肥每穴施 50 千克。苗木要求一级苗，以后逐渐疏伐。定植后留一主干，在离地面 60 厘米处剪去上端，在离地 25 厘米以上的主干处，选留生长势强、分布均匀、相距 10 厘米左右的新梢 3～4 条为主体，其余除少数作辅养枝外，全部除去。同时立杆绑缚主枝，按 45°角，自然开心形进行整形。第 2 年春节发芽前，将新留主枝适当短剪细弱部分，待发春梢后，在先端选一强冠为块扩大。整形修剪的目的除了选好树形，还要通风透气，这在进入初产期后尤为重要。如果要生产冬春果，则必须在每年的 2 月进行短截，将植株上的叶片以及病枝、枯枝、过密枝、徒长枝全部剪除，仅留下 2 年生枝条。沿海的部分地区，土壤含盐量过高，可引用淡水洗盐，降低土壤含盐量，促进植株正常生长结果。

（四）栽培管理

基肥中可加入碳能高解钾复合益生菌液 2 千克。追肥主要施钾肥，每年进行 1～2 次。开花着果期、花芽分化期、果实膨大期施碳能高解钾复合益生菌液 1～2 千克，防病虫，打开植物次生代谢功能。莲雾花果量大，5 年生树正常的花穗一般在 2 000 穗以上，每穗的花蕊数一般在 11～21 个，而经济栽培生产商品的果实仅需要 200 穗左右，且每穗的花蕊数只需留 6～8 个。为加速果实发育，增大果实，提高品质，宜选留结果部位良好的花穗，以避免擦伤、日晒，并去除果质劣的果实。选留时，首先除去向上生长的花穗，摘除长枝条顶端的花穗，尽量留横向生长的大干上的花穗，避免将来果实长大时，果梗或短梢因负荷过重而折断。选留花穗后，再就这些留存花穗除去不必要的花蕊或果实。同时要用细网绳把果穗吊在、拉在棚架上。在花后约 20 天的幼果期（吊钟期），要进行套袋。套袋前，全园须彻底防治 1 次病虫害。若果蝇密度太高，套袋采购提前，即在谢花后进行。为适应市场需求，可进行催花等处理，使莲雾从营养生长转入生殖生长，将产期调至 12 月

至翌年 4 月，常用办法有灌水法、断根法、环剥法、曲枝法等。

（五）控叶促花果管理

幼树促花技术，生长正常或过旺的树除春刻芽、夏环剥和秋拉枝外，可用那氏齐齐发植物诱导剂控叶保花，即 50 克原粉用 500 毫升沸水冲开，放 1～2 天，兑水 40 升，在新梢旺长初期、中期及秋梢生长期控枝。喷植物酵酶风味素，每粒兑水 50 升叶面喷洒。同时可有效地抑制植株旺长，促花保蕾。也可在新梢开始旺长时叶面喷施那氏齐齐发植物诱导剂 800 溶液，同样对促花有效，能防止春寒花蕾受冻害。在气候不良和花少的年份，在盛花初期进行人工授粉或放蜂，确保坐果。

（六）防治病虫害

莲雾的病害主要是炭疽病和果腐病，虫害主要是果蝇、金龟子、介壳虫。莲雾果实对农药较敏感。可用碳能复合益生菌液 200 倍液，每 15 千克水液中投入植物酵酶风味素 1 粒，喷 1～2 次，打破顶端生长优势，使叶片内营养往果实转移，增加果实甜度和丰满度。代替使用代森锌、多菌灵、甲基硫菌灵和氰戊菊酯等农药。

第四节　有机芒果优质高效栽培技术方案

海南三亚市海棠区海丰村游泽锦建立芒果小镇，芒果为 30 多年树龄，树体老化，叶干厚，亩产 2 000 千克，一年两收，总产 4 000 千克。芒果树于 1983 年开始种植，6 000 多亩，特按中国式有机农业优质高效栽培技术国内领先成果五要素制定实施方案，再予提升。

一、土壤要求

近年来采用常规栽培技术，土壤有机质含量在 2% 左右，有效钾含量保持 90～100 毫克/千克时，芒果亩产 2 500 千克。采用生物集成技术，有机芒果生产可追求亩产 4 000 千克。

土壤要求具体如下：①土壤有机质含量达 2.5%～3.0%。②有效钾含量保持 240～400 毫克/千克。③电导率在 600 微西/厘米以下。④土壤耕层深度达 45 厘米以上。⑤土壤 pH 为 6.5～7.5。⑥土壤固氮酶活性为 1 000 纳摩尔/（千克·天）。

二、备料及投入

1. 有机肥　按每千克有机肥干品可供产果 5 千克计算，每亩施有机肥干品 2 000～3 000 千克，有机肥以蘑菇渣、中药渣、牛粪、秸秆为好。

2. 土壤调理肥　亩备土壤调理肥 45 千克，基施 40 千克，生长期醋泡浸出液叶面喷洒 5 千克。

3. 碳能益生菌液　亩备碳能复合益生菌液 5 千克，早春或沤肥浇 2 千克，结果期与花芽分化期水冲 2 千克，叶喷洒用 1 千克，喷 2～3 次。

4. 植物诱导剂　每亩备那氏齐齐发植物诱导剂 5 袋，其中早春生叶开花前用 800 倍液喷 1 次，约需 2 袋，枝抽 10 厘米左右时用 500 倍液喷 1 次，约需 3 袋。那氏齐齐发植物诱导剂使作物光合强度增加 50%～491%。

5. 钾肥　亩备 51％水洗天然硫酸钾（增果）25～30 千克。根据土壤中的钾素含量酌情施用，按每千克可供产果 100 千克施用。

6. 植物酵酶风味素　亩备植物酵酶风味素 10 粒，配合碳能复合益生菌液喷洒，花蕾期可防病保果，中后期控枝抽出，使叶内营养向果实转移，增加糖度 2％～4％，愈合果面病虫害斑点和裂口，释放果实化感素和风味素。

三、栽培技术及分析

海南农业科学院农业环境与土壤研究所分析检测中心，2019 年 3 月对海南三亚市海棠湾海丰村取土化验，结果为有机质含量为 1.29％～1.54％，高产优质田应是 2.5％～3.0％；氮含量为 128～168 毫克/千克，高产优质田是 50～120 毫克/千克，不需施氮；有效磷含量为 20.8～146.0 毫克/千克，高产优质田是 40～80 毫克/千克，用碳能复合益生菌，有效性可提高 1 倍以上，不需再施磷；有效钾含量为 122～166 毫克/千克，高产优质田需 240～400 毫克/千克，不知该地缓效钾含量，尚需亩补 51％天然水洗钾 20～50 千克，即每株在结果前穴施 0.5 千克，按每千克可供产鲜果 100 千克施用；pH 为 6.4，沙石土，透气性好，根深，海拔 600 米左右，宜长果；天然水，有机质碳、氮丰富。加上施有机肥，益生菌提高钾有效性，达到连年株产 100 千克，亩产 5 000 千克左右。

种植前按照 2 米×2 米的定植行株距进行定点拉线，并挖长、宽、深各 0.4 米的定植坑，亩植 165 株左右（或 2.0 米×2.5 米，亩植 130 株）。

（一）投资增值分析

过去用常规栽培技术，5 月每株施 25 千克有机肥，3 月中旬收第 1 次果后施 1 次尿素，每株 0.5 千克（长芽），每株施复合肥 1.5 千克（长果），化学农药投资 150 元，合 750 元，腐烂病果、虫伤果、次品果严重。

采用生物集成技术管理芒果，亩施 2 500 千克有机肥中钾含量相当于 50％钾肥 20 千克，可供产芒果 2 000 千克；株施生物土壤调理肥 0.5 千克，含钾 51％的天然矿物钾肥 0.2 千克，可满足产芒果 5 000 千克对钾素的需求。亩冲施碳能高解钾复合益生菌液 4～5 千克，生长期不用任何化学肥料和化学农药。

（二）自制生物有机肥、生物沼液和降解化学残留及除草剂液、防病虫害液

参见第二章第一节有机水稻优质高效栽培技术方案。

（三）整形和修剪

半矮化树和短枝型树多推广小冠疏层形和自由纺锤形。幼树期的修剪以选留培养骨干枝为主，同时掌握轻剪多留辅养枝，增加枝叶量，使地上部和根系的生长早趋平衡，促进成花结果。人为创伤植物可打开植物次生代谢功能，增强树体抗冻性，使果实能充分释放出风味素和化感素，提高品质。

（四）施肥

每年芒果园亩需施入腐熟基肥 2 000～2 500 千克。为提高并延长晚秋芒果叶片的光合能力，基肥中可加入碳能高解钾复合益生菌液 2 千克。追肥主要施钾肥，每年进行 1～2 次。开花着果期可施碳能高解钾复合益生菌液 1～2 千克，花芽分化期施碳能复合益生菌液 1～2 千克，果实膨大期施复合益生菌液 1～2 千克，防病虫，打开植物次生代谢功能。

（五）控叶促花果管理

生长正常或过旺的树除春刻芽、夏环剥和秋拉枝外，还可应用那氏齐齐发植物诱导剂保花；在新梢旺长初期、中期及秋梢生长期控枝。喷植物酵酶风味素，每粒兑水 50 升，叶面喷洒。可有效地抑制植株旺长，促花保蕾。也可在新梢开始旺长时叶面喷施那氏齐齐发植物诱导剂 800 液，同样对促花有效，能防止花蕾受冻害。在气候不良和花少的年份，在芒果盛花初期进行人工授粉或放蜂，确保坐果。

（六）施碳能益生菌液

用碳能复合益生菌液 200 倍液，每 15 千克水液中投入植物酵酶风味素 1 粒，喷 1～2 次，打破顶端生长优势，使叶内营养往果实转移，增加果实甜度和丰满度。

（七）防治病虫害

用阿维菌素防治白粉虱、蓟马、蚜虫；用灭蝇胺·杀虫单防治斑潜蝇；用复合益生菌液防治红蜘蛛或钻心虫，弄蝶、蝗虫、卷叶虫、象鼻虫等害虫的防治方法是及时摘除叶上虫苞。把 2.5 千克麦麸炒香，拌糖、醋、敌百虫各 0.5 千克，傍晚置田间地头诱杀，也可用黄板粘杀飞虫，田间施稻壳、赛众土壤调理肥等含硅物，喷铜制剂避虫。

四、典型案例

案例　海南省乐东黎族自治县，2018 年在芒果上用中药叶面肥 600 倍液 4 次，代替 10 多次化学农药，用生物技术种植的芒果，产品 202 项农残经上海英格尔检测全部过关。

第五节　有机木瓜优质高效栽培技术方案

木瓜酵素可帮助人体分解肉类蛋白质，饭后吃点木瓜，可使肠道难以消化的物质较快分解消化，能预防胃溃疡、肠胃炎、消化不良等肠胃疾病。世界卫生组织 2013 年将木瓜列为第一位营养水果。

一、土壤要求

采用常规栽培技术，土壤有机质含量在 2% 左右时，木瓜亩产 2 500 千克，土壤有机质含量在 3% 时，采用生物集成技术，亩产 3 500 千克左右。

土壤要求具体如下：①土壤有机质含量达 3% 左右。②有效钾含量保持 240～300 毫克/千克。③电导率在 500 微西/厘米以下。④土壤耕层深度达 55 厘米以上。⑤土壤 pH 为 6.1～8.2。⑥土壤固氮酶活性为 800 纳摩尔/（千克·天）。

二、备料及投入

1. 有机肥　按每千克有机肥干品可供产木瓜 4 千克计算，每亩施有机肥干品 3 000 千克，有机肥以蘑菇渣、中药渣、牛粪、秸秆为好。

2. 土壤调理肥　亩备赛众土壤调理剂 50 千克，其中基施 40 千克，生长期醋泡浸出液叶面喷洒 10 千克。

3. 碳能益生菌液　亩备碳能复合益生菌液 5～7 千克，每水冲浇 2 千克（分 2～3 次进行），叶面喷洒用 0.5 千克，喷 1～2 次。

4. 植物诱导剂　亩备那氏齐齐发植物诱导剂 4～5 袋，生长中后期用 600～700 倍液喷 1～2 次叶面，施用那氏齐齐发植物诱导剂后，光合强度增加 50％～491％。

5. 钾肥　亩备 51％天然硫酸钾（壮秆增果）30～40 千克。根据土壤中的钾素含量酌情施用钾肥，按每千克可供产 100 千克果施用，每一次浇水施 51％天然硫酸钾 15～20 千克。

6. 植物酵酶风味素　亩备植物酵酶风味素 10 粒，配合碳能复合益生菌液喷洒。苗期可防病、促根生长，后期可控蔓促花，使叶内营养向果实转移。

三、有机木瓜栽培技术

（一）对环境条件的要求

木瓜喜温暖湿润气候，对土壤要求不严，在我国南方较温暖的地方均可栽种，要求土壤湿润。

（二）选地与整地

选地势向阳、土质肥沃、湿润而排水良好的土地栽培。成片栽培可按行距约 1.5 米，穴距约 1 米开穴，每穴种 1 株。种时每穴可放 5～10 千克堆肥或厩肥，同泥土混合后作基肥。施天然生物有机肥 40～80 千克。

（三）繁殖方法

用分株繁殖。木瓜入土浅，分蘖力强，每年从根部长出许多幼株，在 3 月前后，可将幼株从根部掘起并连带须根移栽，这样繁殖开花结果早，方法简单，成活率高。

（四）自制生物有机肥、生物沼液和降解化学残留及除草剂液、防病虫害液

参见第二章第一节有机水稻优质高效栽培技术方案。

（五）田间管理

1. 中耕除草　移栽成活后，每年春、秋季结合施肥中耕除草两次，锄松土壤，铲除四周杂草。冬季松土时要培土，以防冻保暖。

2. 追肥　春季开花前施肥 1 次，先在树周开环沟，每株施入焦泥灰和土杂肥各 5 千克左右，也可施人粪 10 千克左右，复合益生菌液 0.1 千克，以促进枝叶生长，有利于开花结果。

3. 整枝　整枝可以提高木瓜产量，12 月至翌年 3 月进行，成年树每年整枝 1 次，剪去病枝、枯枝、衰老枝及过密的幼枝，使树形内空外圆，以利多开花、多结果。也可将老树砍去，让老根长出幼苗，培育成新株，进行更新。

4. 喷植物诱导剂　木瓜用那氏齐齐发植物诱导剂 800 倍液灌根，能增加根系 70％～100％，矮化植物，使营养向果实积累。因根系发达，吸收和平衡营养能力强，果实丰满漂亮。生长中后期用 600～800 倍液喷洒叶面控秧。作物过于矮化时，可用 2 000 倍液喷洒叶面解症。

应用方法：取 50 克那氏齐齐发植物诱导剂原粉，放入瓷盆或塑料盆，勿用金属盆，用 500 毫升沸水冲开，放 24～48 小时，兑水 30～60 升，灌根或叶面喷施。气温在 20℃左右时应用为好，那氏齐齐发植物诱导剂不宜与其他化学农药混用。

（六）病虫害防治

常年均有发生，以 7—8 月较重。发病初期，叶片出现褐色病斑，逐渐扩大成黑褐色，严重时病斑密布全叶，致使叶片枯死。防治方法：冬季清洁园地，减少越冬菌源；发病初期可喷 1∶1∶100 的波尔多液防治。经常浇施或叶面喷碳能生物菌液，可以防死秧、根结线虫、地面飞虫和红蜘蛛、蜗牛、蚂蚁及地下害虫（蛴螬、蝼蛄、地老虎等）等。在大棚通风口或南边栽一行芹菜可防治白粉虱。

（七）采收

在 7 月至 8 月上旬，木瓜外皮呈青黄色时采收。采摘过早，折干率低；采摘过迟，品质较差。采收时应选晴天，摘时不要使果实受伤或坠地。

四、典型案例

河南省驻马店市驿城区诸市乡相元村沈富强在海南承包了 100 多亩地种植木瓜，2015 年用生物技术种植 100 多亩，架下养鸡吃草吃虫，用化学技术种植的木瓜售价 2.4 元/千克，用生物技术种植的木瓜口感好，售价 6 元/千克，亩产 3 000 千克，100 多亩地总收入 180 万元以上，纯收入超 75 万元。

第六节　有机百香果优质高效栽培技术方案

百香果果实圆形，外皮红色或深红色，有很多卵样包裹着的黑色种子，可食用，是一种营养价值很高的水果。百香果原产于巴西，我国南方早有种植。果实含有 17 种氨基酸和多种维生素，有提神醒脑、抗衰老与疲劳、提高免疫力作用；含有黄酮、超氧化物歧化酶，具有促进新陈代谢、消炎调肠、排便健胃、安神助眠、除烦降躁作用。

百香果属于热带水果，生长过程必须保证每天有 8.5 个小时的光照，较长时间 23～35℃温度。由于对光照和温度要求相对较高，我国有很多地方无法种植。

一、土壤要求

采用常规栽培技术，土壤有机质含量在 2%～3% 时，百香果亩产 1 300～2 500 千克；采用生物集成技术，有机百香果亩产可达 2 600～3 000 千克，这也是目前高产目标。

土壤要求具体如下：①土壤有机质含量达 3% 左右。②有效钾含量保持 240～300 毫克/千克。③电导率在 400 微西/厘米以下。④土壤耕层深度达 55 厘米以上。⑤土壤 pH 为 6.1～8.2。⑥每千克鲜土壤固氮酶活性为 500 纳摩尔/（千克·天）。

二、备料及投入

1. 有机肥　按每千克有机肥干品可供产百香果 5 千克计算，每亩投入有机肥干品 2 000～3 000 千克，有机肥以蘑菇渣、中药渣、牛粪、秸秆为好。

2. 土壤调理肥　亩备土壤调理肥 50 千克，其中基施 40 千克，生长期醋泡浸出液叶面喷洒 10 千克。

3. 碳能益生菌液　亩备碳能复合益生菌液 5 千克，早春或沤肥浇 2 千克，结果期与花芽分化期水冲 2 千克，叶喷洒用 1 千克（2～3 次）。

4. 植物诱导剂　亩备那氏齐齐发植物诱导剂 4 袋，其中生叶开花前用 800 倍液喷 1 次，约需 2 袋，枝抽 10 厘米左右时用 500 倍液喷 1 次，约需 2 袋。那氏齐齐发植物诱导剂使作物光合强度增加 50%～491%。

5. 钾肥　亩备 51% 水洗天然硫酸钾 25～30 千克。根据土壤中的钾素含量酌情施用，按每千克可供产百香果 100 千克施用。

6. 植物酶酶风味素　亩备植物酶酶风味素 10 粒，配合碳能复合益生菌液喷洒。花蕾期可防病保果，中后期可控枝抽出，使叶内营养向果实转移，增加糖度 2%～4%，愈合果面病虫害斑点和裂口，释放果实化感素和风味素。

三、栽培技术

（一）种植及管理

百香果是蔓性果树，直接种植树苗较简单。买种子应选完整果实，取出种子，然后用碳能复合益生菌液 200 倍液浸泡种子，以提高种子的抗性。将种子的尖端倒置放入土壤中，然后用一层 5 厘米的薄土覆盖种子。选择种植的地方阳光要充足，在完成播种后每隔 8 个小时浇碳能复合益生菌液 300 倍液，正常情况下半个月左右就会有萌芽，长出幼苗。

当枝蔓开始伸长就要架棚，行距 3.5 米，株距 3.5～4.0 米，亩种 75 棵左右。单线篱笆式栽培，行距在 1.7～1.9 米，株距在 3.5～4.5 米，亩种植 110 棵左右。按预定种植行距和株距，挖宽 65 厘米，深 20～35 厘米沟，然后把土杂堆肥放进去，起墩栽植，每株用碳能复合益生菌液 300 倍液 5～6 千克，成活后及时去掉长出的腋芽，只需留主蔓上顶芽，把蔓藤都绑在柱子上，帮助植株沿着棚架攀爬生长。

为方便管理和采摘，搭建以水平式棚架与单线篱笆式架为主。篱笆式柱子高 2.5 米，柱子间距 35 厘米左右，每根柱子拉两条线。幼苗期要检查上柱情况，引蔓爬上棚架。主蔓长到 1 米时把顶上的芽剪掉，促使长出侧蔓向两侧生长，侧蔓长 2 米时把顶芽剪掉，再次长侧蔓。水平式棚架在栽培的时候，要等主蔓爬到棚架上，留侧蔓向周围生长，也不要过度修剪。果实采摘后，侧蔓进行短截，留下 3～4 个节，助长出新的侧蔓。把过密的枝条和下垂到地面的枝条剪去，疏剪后增强植株的通风和采光。正常种植年限是在 4～5 年，到了第 5 年进行采摘以后，就要把老株砍掉，进行更新，连茬数年很易受病毒的危害，结果质量和产量都会有影响。要想让百香果树少受病毒的侵害，应栽植健康的没有病毒的树苗。

（二）施有机肥

亩需根部穴施有机肥 2 000 千克左右，以保证高产所需的碳物质基本营养。在早春土壤解冻后和夏、秋季花芽分化前各施 1 次，与碳能复合益生菌配合，一定不要多施氮肥。栽后 7 天，喷 2 次含有效活性菌 20 亿～40 亿个/克的碳能复合益生菌 300 倍液，在萌叶开花期，亩根部穴浇施 2 千克液，兑水 1 000 升，灌施或拌有机肥施，以解决根腐病，死棵烂皮，缺钙曲叶，缺硼、锌授粉坐果不良，挂果不均匀，病草害问题。发现地上病虫害，用碳能复合益生菌 300 倍液喷洒叶面防治。同时吸收空气中二氧化碳和氮营养，提高土壤中矿物营养利用率 0.15～5.00 倍。不需再施化学氮、磷、钙肥和化学杀虫杀菌剂。

（三）施植物诱导剂

亩用 100～150 克那氏齐齐发植物诱导剂原粉，放塑料盆里，每 50 克原粉用 500 毫升沸水冲开，存放 2～3 天，兑水配成 800 倍液，在早春叶片长大时喷洒 1 次即可，可提高阳光利用效率，还可控制抽枝徒长，防治病毒病引起的小叶、花叶、黄叶，可代替多效唑和矮壮素。

（四）施钾肥

按含量 51% 天然硫酸钾每千克可供产鲜果 100 千克施用，需在早春亩穴施 10 千克，在膨大期施 20 千克，保证果繁、果大、果实固形物多，解决果肉松软、含水量多、易破裂等问题。土壤含钾达 300～400 毫克/千克，就不需要再施钾肥。

（五）施植物酵酶风味素

亩备植物酵酶风味素 10 粒或动力素 1 瓶，在果着生膨大期，固体每粒兑水 25～30升，液体 15～20 克兑水 15 升，叶面喷洒，以解决百香果落花落果，并修复果面病虫害斑点，使叶片营养向果实转移，增加含糖度 2%～4%，提高品质和商品卖相，与碳能复合益生菌混用效果更好。如早春叶面喷洒维生素 C 3 000 倍液，百香果可变短变粗，肉质变厚，还可防止冻害造成的损失。

（六）自制生物有机肥、生物沼液和降解化学残留及除草剂液、防治病虫害液

参见第二章第一节有机水稻优质高效栽培技术方案。

（七）搭防雨棚

防雨棚可防雨水传染病菌，可使直射光、短波段紫外光转为散射光和长波段红外光，保持良好小生态环境，减轻风灾和冬害。机械喷水罐技术即在小型拖拉机上装一水罐，把喷头立体装在罐车尾部，一人开车操作，可在生长期叶面喷洒那氏齐齐发植物诱导剂、植物酵酶风味素或动力素等营养液和控秧素，提高工作效率和果实品质。

第七节　有机牛油果优质高效栽培技术方案

2010 年中国进口 2 吨牛油果，2017 年销量高达 32 100 吨。牛油果含胡萝卜素 61%，是苹果中胡萝卜素含量的 3 倍。牛油果 1 000 克干品中含钾 599 克，是苹果的 5 倍；含维生素 8%，是苹果的 2 倍；含脂肪 15.3%，比猪肉还高。

牛油果属于热带水果，生长过程必须保证每天有 8.5 个小时的光照，较长时间 23～35℃ 温度。由于对光照和温度要求相对较高，我国有很多地方无法种植。牛油果的生长周期相对较长，一般种植 5 年内不结果，管理不善会出现不结果情况。

一、土壤要求

土壤有机质含量在 3% 左右时，牛油果亩产 1 000～1 500 千克，采用生物集成技术，亩产可达 2 000～2 500 千克。

土壤要求具体如下：①土壤有机质含量达 3% 左右。②有效钾含量保持 240～300 毫克/千克。③电导率在 500 微西/厘米以下。④土壤耕层深度达 55 厘米以上。⑤土壤 pH 为 6.1～8.2。⑥土壤固氮酶活性为 1 000 纳摩尔/（千克·天）。

二、备料及投入

1. 有机肥　按每千克有机肥干品可供产牛油果 5 千克计算，每亩施有机肥干品 3 000～4 000 千克，有机肥以蘑菇渣、中药渣、牛粪、秸秆为好。

2. 土壤调理肥　亩备土壤调理肥 50 千克，其中基施 40 千克，生长期醋泡浸出液叶面喷洒 10 千克。

3. 碳能益生菌液　亩备碳能复合益生菌液 6～7 千克，早春或沤肥浇 2 千克，结果期与花芽分化期水冲 2 千克，叶喷施 1 次用 1 千克，喷 2～3 次。

4. 植物诱导剂　亩备那氏齐齐发植物诱导剂 4 袋，其中早春生叶开花前用 800 倍液喷 1 次，约需 2 袋，枝抽 10 厘米左右时用 500 倍液喷 1 次，约需 2 袋。那氏齐齐发植物诱导剂使作物光合强度增加 50％～491％。

5. 钾肥　亩备 51％水洗天然硫酸钾（增果）25～30 千克。根据土壤中的钾素含量酌情施用，按每千克可供产 100 千克果施用。

6. 植物酵酶风味素　亩备植物酵酶风味素 10 粒，配合碳能复合益生菌液喷洒。花蕾期可防病保果，中后期控枝抽出，使叶内营养向果实转移，增加糖度 2％～4％，愈合果面病虫害斑点和裂口，释放果实化感素和风味素。

三、有机栽培技术

（一）施有机肥

有机肥按每千克干秸秆、干畜禽粪可供产牛油果 5 千克施用，亩需根部穴施 3 000 千克左右，以保证高产所需的碳物质基本营养（占 45％）。在早春土壤解冻后和夏、秋季花芽分化前各施 1 次，与碳能复合益生菌配合。当牛油果幼苗生长到约 40 厘米时就可移栽。以株距 4.0～4.5 米，行距 2～4 米挖洞。在移栽后立即浇碳能复合益生菌液 2 千克，配成 400～500 倍液，以确保土壤中的水分充足。

（二）施碳能益生菌液

因为牛油果幼苗对氮肥非常敏感，不能施用过多氮肥。牛油果属喜水植物，要经常浇水，以确保土壤水分达到 60％以上，提高植物吸收养分的能力，松土要结合施肥与浇水一起进行。

含有效活性菌 20 亿～40 亿个/克的碳能复合益生菌液，在萌叶开花期，亩根部穴施 2 千克，兑水 1 000 升，灌施或拌有机肥施，以解决根腐病，死棵烂皮，缺钙曲叶，缺硼、锌授粉坐果不良，挂果不均匀，病草害问题。发现地上病虫害，用碳能复合益生菌 300 倍液喷洒叶面防治。同时吸收空气中二氧化碳和氮营养，提高土壤中矿物营养利用率 0.15～5.00 倍。不需再施化学氮、磷、钙肥和化学杀虫杀菌剂。

（三）施钾肥

按含量 51％天然硫酸钾每千克可供产鲜牛油果 100 千克施用，需在早春亩穴施 10 千克，在膨大期施 20 千克，保证果繁、果大、果实固形物多，解决果肉松软、含水量多、易破裂等问题。如土壤含钾达 300～400 毫克/千克，就不需要再施钾肥。

（四）施植物诱导剂

为了使枝叶得到充足的光照，对于那些生长旺盛的枝叶及时进行修剪。根据树冠大小，亩备 100～200 克植物诱导剂原粉，放塑料盆里，每 50 克原粉用 500 毫升沸水冲开即为母液，存放 2～3 天，在早春叶片直径 3 厘米左右时喷洒 1 次 500 倍液，可控制抽枝徒长，防治病毒病引起的小叶、花叶、黄叶，可代替多效唑和矮壮素。

（五）施植物酵酶风味素

为了解决落花落果，修复果面病虫害斑点，使叶片营养向果实转移，增加含糖度 2%～4%，提高品质和商品卖相，亩用植物酵酶风味素 10 粒或动力素 1 瓶，在果实着生膨大期，固体每粒兑水 25～30 升，液体 15～20 克兑水 15 升，叶面喷洒。如与复合益生菌混用，效果更好。如早春叶面喷洒维生素 C 3 000 倍液，牛油果可变短变粗，肉质变厚，还可防止冻害造成的损失。

（六）自制生物有机肥、生物沼液和降解化学残留及除草剂液、防病虫害液

参见第二章第一节有机水稻优质高效栽培技术方案。

（七）搭防雨棚

防雨棚可防雨水传染病菌，可使直射光、短波段紫外光转为散射光和长波段红外光，保持良好小生态环境，减轻风灾和冬害。机械喷水罐技术即在小型拖拉机上装一水罐，把喷头立体装在罐车尾部，一人开车操作，可在生长期叶面喷洒营养液和控秧素，提高工作效率和牛油果品质。

第八节　有机胡椒优质高效栽培技术方案

胡椒使用范围广，近些年行情不错，原产于东南亚，我国云南、广东、福建等地区均有栽培。胡椒生长比较缓慢，但是耐寒、耐旱、耐热、耐风等，不耐涝。种植胡椒的土壤以肥沃疏松的沙质土壤为宜。

一、土壤要求

土壤有机质含量在 3% 左右时，胡椒亩产 80～100 千克。采用生物集成技术，可以实现胡椒亩产 110～150 千克的目标。

土壤要求具体如下：①土壤有机质含量为 2.5%～3.5%。②土壤有效钾含量为 240～340 毫克/千克。③土壤电导率在 600 微西/厘米以下。④土壤耕层深度达 35 厘米以上。⑤土壤 pH 为 6.1～8.2。⑥土壤固氮酶活性为 600 纳摩尔/（千克·天）。

二、备料及投入

以海南省为例，雨量充沛，年平均降水量为 1 639 毫米，有明显的多雨季和少雨季，每年 5—10 月是多雨季，总降水量达 1 500 毫米左右，占全年总降水量的 70%～90%，雨源主要有锋面雨、热雷雨和台风雨，每年 11 月至翌年 4 月为少雨季，仅占全年降水量的 10%～30%，少雨季常常发生干旱。

1. 有机肥　土壤有机质含量为 0.6%，高产要求 3% 以上。按每千克有机肥干品可供

产 0.5 千克胡椒计算，亩施有机肥干品 1 000～1 500 千克，有机肥以蘑菇渣、中药渣、秸秆、畜禽粪为佳。

2. 土壤调理肥　亩备土壤调理肥 25～50 千克，20～45 千克栽前基施于田间，生长期每亩叶面喷洒土壤调理肥醋泡浸出液 5 千克。

3. 碳能益生菌液　土壤水解氮含量为 66.86 毫克/千克，高产要求 110 毫克/千克。每亩施碳能复合益生菌液 5～7 千克，堆肥施入 1.5 千克，每次浇水冲施 1.5 千克，浇水 2～3 次。土壤固氮酶活性为 1 000 纳摩尔/(千克·天)，不再考虑补充氮肥。

4. 钾肥　土壤钾含量为 99 毫克/千克，高产要求 240～340 毫克/千克。含量 51% 以上的天然钾按每千克可供产胡椒 16.6 千克施用，每亩需补充 51% 天然硫酸钾 20～30 千克。

5. 植物诱导剂　亩备那氏齐齐发植物诱导剂 1 袋，灌根或叶面喷洒。胡椒施用那氏齐齐发植物诱导剂后，其光合强度可增加 50% 以上。

6. 植物酵酶风味素　亩备植物酵酶风味素 4 粒，每粒兑水 14～25 升，配合碳能复合益生菌液喷洒。苗期可防病促根，后期可控蔓促米，打破顶端生长优势，使叶片营养向果实转移；打开次生代谢功能，使品种原本化感素和风味素充分释放出来，提高和保证口感品质。

三、操作步骤

(一) 品种选择

红胡椒原产地在巴西等地，主要被当作遮阴植物和装饰品等。黑胡椒在我国的广西、海南、云南等地均有栽培，味道辛辣，是使用较广的香料。白胡椒外表是白色或者米黄色，带芳香。绿胡椒辣度很低，多用于鸭肉菜肴中，主产地在马来西亚、泰国、巴西等。生物技术要求稀植 10% 左右，选择晴天晒种，用碳能复合益生菌液 30～100 倍液拌种。

(二) 种植管理

种植前 20 天亩施碳能复合益生菌液 1.5 千克，有机肥 1 500 千克，土壤调理肥 20～45 千克，促使杂草萌发后，耕耱除草，防止病虫害发生。在生长中期亩冲碳能复合益生菌液 1～2 千克，可提高有机肥利用率 2～3 倍和矿物质利用率 0.15～5.00 倍。

胡椒种植可选择种子育苗和扦插种植。要选择有光泽、颗粒饱满的种子，在胡椒树苗长到 40 厘米左右时进行移栽，树苗上带泥土，按行距 3 米，株距 2 米栽种，定植后及时亩冲碳能复合益生菌液 1～2 千克，保证胡椒苗的成活率。

每 10 吨牛粪喷洒碳能复合益生菌液 2 千克，或提前将粪撒在田间，深耕后待下雨喷洒菌液。越早越均匀越好，益生菌每 6～20 分钟繁殖一代，粪中含碳能复合益生菌越多越好。活性生命物每亩宜达 450 千克左右。粪湿度较大时，用益生菌原液喷；较干燥时，视干燥程度以菌水比 1：(30～300) 喷，使粪含水量达 30%～40%。不要用喷过除草剂的喷雾器，接触过杀菌剂的器具要清洗一下，避免用消毒自来水。将拌过菌的牛粪均匀撒在田间，及早耙耕，与土壤充分结合，以深为好。避免益生菌原液长时间留在地表暴晒，尽可能耙耱，使粪土均匀。

(三) 施植物诱导剂

在胡椒定植后的 10～15 天，每株施有机肥 15 千克。将植物诱导剂倒入塑料盆或瓷盆，每50克植物诱导剂原粉用500毫升沸水冲开，放置2～3天，兑水40～50升，在20℃左右喷1次叶面，控秧促根，控秆促粒。

（四）强化坐果率

胡椒的枝叶生长发育速度较快，要定期进行修剪。胡椒采收后将病枝、虫枝等剪除。亩备植物酵酶风味素4粒或吉山乐生水溶肥1瓶（200克），固体1粒兑水15～25升，或每15升水加入25～30克原液，长果期叶面喷洒1～2次，能强化胡椒生理机能，提高受精、灌浆质量，增加千粒重、坐果率，使籽实饱满。定苗后和抽穗期，分别喷洒"富硒王"1次，每次用原液20克，兑水30升。

（五）施钾肥

土壤含钾量在150毫克/千克以下时，沟施、下雨前后撒施或随水冲施含量51%以上的天然钾，亩需20～40千克。在生长前期，如果植株下部叶片发黄，用碳能复合益生菌液配红糖300倍液，叶面喷洒；如整株发黄，亩施天然钾镁肥15千克。

（六）自制生物有机肥、生物沼液和降解化学残留及除草剂液、防病虫害液

参见第二章第一节有机水稻优质高效栽培技术方案。

第九节　有机可可树优质高效栽培技术方案

可可是巧克力的原料，可可、咖啡和茶叶是世界三大饮料。可可原产于南美洲，热带地方多有栽培。我国台湾于1922年引入试种，获得良好的结果。1954年，海南兴隆华侨农场开始引试种并取得成功。在海南的琼海、三亚等也有少量种植，生长好。

可可属梧桐科，是小乔木。根为圆锥根系，在一般耕作条件下，成龄树根系入土3～6米，侧根多分布在土壤表层到50厘米处，向旁延伸达5米。茎高4～10米，实生树主茎长到一定高度后，即长出3条几乎不等的主枝，以后靠直立枝生长增加高度。叶长卵圆形，长7～30厘米，宽3～10厘米，全缘，暗绿色，革质，能做倾斜运动，以减少受光量和蒸发量；嫩叶则极柔软，自叶柄下垂。花为聚伞花序，在树干和比较老的枝条上长出，花小，粉红色或红色，正常雄蕊5枚，雌蕊1枚。浆果，长20～30厘米。成熟的果实呈橙黄、红或黄色。果实中有20～40粒种子排列成5列，每一种子为果肉所包围。可可的种子称为可可豆，椭圆形，蚕豆般大小。

一、土壤要求

采用常规栽培技术，土壤有机质含量在3%左右时，可可亩产25～50千克。采用生物集成技术，可以实现可可亩产60～80千克的目标。

土壤要求具体如下：①土壤有机质含量为2.5%～3.5%。②土壤有效钾含量为240～340毫克/千克。③土壤电导率在600微西/厘米以下。④土壤耕层深度达35厘米以上。⑤土壤pH为6.1～8.2。⑥土壤固氮酶活性为600纳摩尔/（千克·天）。

二、备料及投入

以海南兴隆华侨农场为例，海南省雨量充沛，年平均降水量为1 639毫米，有明显的多雨季和少雨季。每年的 5—10 月是多雨季，总降水量达 1 500 毫米左右，占全年总降水量的 70%～90%，雨源主要有锋面雨、热雷雨和台风雨，每年 11 月至翌年 4 月为少雨季，仅占全年降水量的 10%～30%，少雨季常常发生干旱。据海南兴隆华侨农场观测，落果率为 0.92%，落果原因是阴雨天多，高湿弱光，授粉不良。一般来说，在受精后 15 天以内落果，多是由于受精不良、病虫害和不良气候因子的影响，后期落果多是营养生长和生殖生长不平衡及病虫害所致。

可可对温度、雨量、湿度的要求均较高。海拔一般要在 300～500 米。一般在年平均气温 24～28℃、最低与最高气温 17～35℃ 的地区生长比较好。温度降低到 15℃ 以下时，对可可树的生长就有影响。年降水量以 1 500～2 000 毫米且均匀分布为适宜。可可树的主根很长，所以最适于种植在深厚、疏松、肥沃、富含腐殖质而排水性能良好的土壤里。生长过程中需要轻度荫蔽和防止强风侵袭，一般与刺桐等进行混植。

1. 有机肥　土壤有机质含量为 0.6%，高产要求 3% 以上。按每千克有机肥干品可供产 0.5 千克果实计算，亩施有机肥干品 1 000～1 500 千克，有机肥以蘑菇渣、中药渣、秸秆、畜禽粪为佳。

2. 土壤调理肥　亩备土壤调理肥 25～50 千克，基施 20～45 千克，生长期每亩叶面喷洒醋泡浸出液 5 千克。

3. 碳能益生菌液　土壤水解氮含量为 66.86 毫克/千克，高产要求 110 毫克/千克。每亩施碳能复合益生菌液 3 千克，堆肥施入 1.5 千克，随水冲施 1.5 千克。每千克鲜土壤固氮酶活性为 83.3 纳摩尔/（千克·天），不再考虑补充氮肥。

4. 钾肥　土壤钾含量为 98 毫克/千克，高产要求 240～340 毫克/千克。含量 50% 以上的天然钾按每千克可供产 16.6 千克果实施用，每亩需补充 51% 天然硫酸钾 20～30 千克。

5. 植物诱导剂　亩备那氏齐齐发植物诱导剂 1 袋，灌根或叶面喷洒。可可施用那氏齐齐发植物诱导剂后，其光合强度可增加 50% 以上。

6. 植物酵酶风味素　亩备植物酵酶风味素 2 粒，每粒兑水 14～15 升，配合碳能复合益生菌液喷洒。苗期可防病促根，后期可控蔓促米，打破顶端生长优势，使叶片营养向果实转移；打开次生代谢功能，使品种原本化感素和风味素充分释放出来，提高和保证口感品质。

三、操作步骤

（一）品种选择

厚皮类果壳为红色或红黄色，也有紫色，果皮厚，种子大而且多，近圆形。厚皮类可可树生长健壮，产量较高。薄皮类果实比较小，果壳薄，红色，内有近似球状的种子，通常多带白色。薄皮类品种品质好，价值高，但植株比较娇弱，适应性比较差，不容易栽培，产量也较低。选择晴天晒种，用碳能复合益生菌液 30～100 倍液拌种。

（二）繁殖方法

可可多采用种子繁殖。播种后，约经 3 个星期便可发芽。幼苗生长很快，经 6～9 个月苗高达 33 厘米左右时，即可定植。一般株、行距各为 3.3 米左右，即每亩栽 60 株左右，可可需要适当的荫蔽，特别是幼龄期尤为重要。因此，通常在 1～3 年幼苗期和香蕉、玉米等间作，这样有利于在短期内获得收益，还可以使可可树在幼苗期间得到临时的荫蔽，有利于生长发育。另外，还有花生或绿肥作为覆盖作物，可以抑制杂草的生长和保持水土。

种植前 20 天亩用碳能复合益生菌液 1.5 千克，与有机肥 2 000 千克，土壤调理肥 20～45 千克浇施，促使杂草萌发后，耕耱除草，防止病虫害发生。在生长中期亩冲碳能复合益生菌液 1 千克，提高有机肥利用率 2～3 倍和矿物质利用率 0.15～5.00 倍。树苗长到 40 厘米左右时进行移栽，使树苗上携带苗地的泥土，按行距 3 米，株距 2 米进行栽种，定植后及时浇水，保证苗的成活率。

每 10 吨牛粪喷洒 2 千克碳能复合益生菌液，或提前将粪撒在田间，深耕后待下雨喷洒菌液。越早越均匀越好，益生菌每 6～20 分钟繁殖一代，粪中含碳能复合益生菌液越多越好。活性生命物每亩宜达 450 千克左右。粪湿度较大时，用益生菌原液喷；较干燥时，视干燥程度以菌水比 1：（1～300）喷，使粪含水量达 30%～40%。不要用喷过除草剂的喷雾器，接触过杀菌剂的器具要清洗一下，避免用消毒自来水。将拌过菌的牛粪均匀撒在田间，及早耙耕，与土壤充分结合，以深为好。避免菌肥长时间留在地表暴晒，尽可能耙耱，使粪土均匀。

（三）整枝

可可树应在 1 年中进行 2～3 次轻度整枝。在树幼小时期，应该促使它从 1 个主干发育成为 3 个或 4 个主枝，再从主枝上生第 2 轮枝条和第 3 轮枝条，以便阳光容易透入树冠中部，并且使树形整齐。

（四）施肥

亩备植物酵酶风味素 2 粒或吉山乐生水溶肥 1 瓶（200 克），固体 1 粒兑水 15 升，或每 15 升水加入 25～30 克原液，于长果期叶面喷洒 1～2 次，能强化生理机能，提高受精、灌浆质量，增加千粒重、坐果率，使籽实饱满，达到产量提高。

土壤含钾量在 150 毫克/千克以下时，沟施、下雨前后撒施或随水冲施含量 50% 以上的天然钾，亩需 20～40 千克。在生长前期，如果植株下部叶片发黄，用碳能复合益生菌液配红糖 300 倍液，叶面喷洒；如整株发黄，亩施天然钾镁肥 15 千克。

（五）自制生物有机肥、生物沼液和降解化学残留及除草剂液、防病虫害液

参见第二章第一节有机水稻优质高效栽培技术方案。

（六）收获

在定植后 3～5 年开始结果，旺产期在 10 年以后，可继收 20～30 年，以后果便逐年减少。主要收获期为当年 10 月到翌年 1 月，在 5—7 月收获不多。通常 20 多个果荚就可以制出 500 克左右干可可豆。在收获时将果荚割下去壳后，将种子放入木箱内发酵 3～5 天（薄皮类）或 5～8 天（厚皮类）。发酵时要翻动种子，然后将种子洗涤 1 次，经过人工或日光干燥，即成为商品可可豆。

第十节　有机樱桃优质高效栽培技术方案

一、土壤要求

土壤有机质含量在 2% 左右时，5～9 年树龄樱桃亩产 1 400 千克，土壤有机质含量为

2%～3%时，采用生物集成技术，有机樱桃生产亩产可达 1 500～2 200 千克，每千克 30 元，亩收入 4 万～5 万元。

土壤要求具体如下：①土壤有机质含量达 3%左右。②有效钾含量保持 240～300 毫克/千克。③电导率在 600 微西/厘米以下。④土壤耕层深度达 55 厘米以上。⑤土壤 pH 为 6.1～8.2。⑥土壤固氮酶活性为 1 000 纳摩尔/(千克·天)。

二、备料及投入

1. 有机肥 按每千克有机肥干品可供产樱桃 5 千克计算，每亩施有机肥干品 2 000～3 000 千克，有机肥以蘑菇渣、中药渣、牛粪、秸秆、羊粪为好。

2. 土壤调理肥 亩备土壤调理肥 50 千克，其中基施 40 千克，生长期醋泡浸出液叶面喷洒 10 千克。

3. 碳能益生菌液 亩备碳能复合益生菌液 6 千克，早春或沤肥浇 2 千克，结果期与花芽分化期水冲 2 千克，叶喷施洒用 2 千克，喷 2～3 次。

4. 植物诱导剂 亩备那氏齐齐发植物诱导剂 5 袋，其中早春生叶开花前用 800 倍液喷 1 次，约需 2 袋，枝抽 10 厘米左右时用 500 倍液喷 1 次，约需 3 袋。那氏齐齐发植物诱导剂使作物光合强度增加 50%～491%。

5. 钾肥 亩备 51%水洗天然硫酸钾 20 千克。根据土壤中的钾素含量酌情施用，按每千克可供产樱桃 100 千克施用。

6. 植物酵酶风味素 亩备植物酵酶风味素 8 粒，配合碳能复合益生菌液喷洒。花蕾期可防病保果，中后期控枝抽出，使叶内营养向果实转移，增加糖度 2%～4%，愈合果面病虫害斑点和裂口，释放果实化感素和风味素。

三、栽培技术

(一) 品种选择

红灯是大连市农业科学研究所于 1963 年杂交育成的大樱桃品种，由于其具有早熟、个大、色艳丽特性，成为全国各地发展最快的品种之一。那翁又名黄樱桃、黄洋樱桃，为欧洲原产的一个古老品种，1880 年前后，从韩国仁川引入我国，目前是我国烟台、大连等地的主要品种。先锋由加拿大的不列颠哥伦比亚省育成，1983 年，中国农业科学院郑州果树研究所从美国引进，成熟期在 6 月中下旬。意大利早红樱桃是由中国科学院植物研究所 1989 年从意大利引进的，果实浓红色、艳丽、果柄较短，单果重与红灯相似，也是一个早熟优良品种。

(二) 选地

樱桃怕旱、怕涝、怕风、怕黏、怕盐、怕碱。大樱桃的根系分布在 5～30 厘米土层中，主根不发达，由侧根向斜侧方向发展。叶片较大。土壤中的含水量超过 25%会发生烂根、流胶等现象，甚至会导致树体死亡。选樱桃园不能选择涝洼地。樱桃根系浅，主根少，遇大风能吹折吹倒。大樱桃树喜欢土层深厚、质地疏松、肥力较高的粒质壤土、沙壤土、壤土和轻质土壤，不喜欢黏质土，在黏性土壤中根系发育不良。土壤中的含盐量超过 0.1%，樱桃树就易出现黄叶病，缺硼、缺铁、缺钙等综合缺素症。适合种植在年平均气温 7~14℃的地区，一年中日平均气温高于 10℃的时间为 150~200 天，冬季最低气温不能低于－20℃。当土壤中有机质含量达到 3％以上时，3 年就进入结果期，4 年达到丰产期，亩产可以达到 2 000 千克以上，当土地中有机质含量低于 1％时，果个小、味道差、产量低。

（三）建园定植

一般每亩施有机肥 2 000~3 000 千克，施天然生物有机碳肥 80~120 千克，施肥后深翻改土，使全部园地都达到有 40 厘米厚的活土层。

当春暖花开的时候选购健壮的苗木，要选择两个以上品种的苗木。大樱桃自花结实率低，建园时必须配置授粉树，可以采取同一地块 2~3 个品种同时栽植，就能解决授粉的问题，要选择亲和力好的品种。苗木最好选用两年生的嫁接苗，苗高 80~100 厘米，苗木的根系越发达越好，毛细根多而密，在嫁接口上面 1 厘米的位置测量苗木的粗度，必须达到 1~2 厘米，还要挑选枝条上芽眼饱满、无虫无病的苗木。

（四）起垄整地

土壤条件好的坡地，栽植密度宜小些，株行距以 3 米×4 米或 4 米×5 米为宜，每亩栽 33~55 株。为防止内涝，可进行起垄栽培，垄面的宽度一般为 2~3 米，垄底沟高 20~30 厘米，培土高 20 厘米，栽苗的深度跟原来起苗的深度一样，20~45 厘米，栽后踏实。沿着栽苗的行中间挖一条浅浅的排水沟，在排水沟里大水漫灌 1 次，让树苗吸收足够的水分。待灌溉的水渗透之后，填埋排水沟，再次修补垄面，把垄的两侧用锨拍实。在树苗两边铺设地膜保墒，一般铺设地膜后，春季不再浇水，省水、省工，还可提高地温 5℃左右，促进根系活动，确保成活率，使幼苗提早发芽生长。

（五）施有机肥

有机肥按每千克干秸秆、干畜禽粪可供产樱桃 4 千克施用，亩需根部穴施 2 000 千克左右，以保证樱桃高产所需的碳物质基本营养（占 45％）。在早春土壤解冻前和夏、秋季花芽分化前各施 1 次有机肥，与碳能复合益生菌配合。

（六）施碳能益生菌液

亩备含有效活性菌 20 亿~100 亿个/克的碳能复合益生菌液 4~6 千克，在早春萌叶开花期，亩根部穴浇 2 千克，兑水 1 000 升，灌施或拌有机肥施。之后浇水、盖土。以解决根腐病，死棵烂皮，缺钙曲叶，缺硼、锌授粉坐果不良，挂果不均匀，病草害问题。发现地上病虫害，用 300 倍液的复合益生菌液叶面喷洒防治。同时吸收空气中二氧化碳和氮营养，提高土壤中矿物营养利用率 0.15~5.00 倍。不需再施化学氮、磷、钙肥和化学杀虫杀菌剂。

（七）施钾肥

按含量 51％天然硫酸钾每千克可供产鲜果 80 千克投入，需在早春亩穴施 10 千克，在樱桃膨大期施 10~20 千克，保证果繁、果大、果实固形物多，解决果肉松软、含水量多、易破裂等问题。如土壤含钾达 300~400 毫克/千克，就不需要再施钾肥。

（八）施植物诱导剂

根据树冠大小亩备 100~200 克那氏齐齐发植物诱导剂原粉，放塑料盆里，每 50 克原粉用 500 毫升沸水冲开，存放 2~3 天，兑水配成 800 倍液，在早春叶片长大时喷洒 1 次即可，可提高光合速率 50％～491％，还可控制抽枝徒长，防止病毒病引起的小叶、花叶、黄叶，可代替多效唑和矮壮素。

（九）施植物酵酶风味素

亩备植物酵酶风味素 15 粒或动力素 1 瓶。在樱桃着生膨大期，固体每粒兑水 8～10 升，液体 15～20 克兑水 15 升，叶面喷洒，以解决樱桃落花落果问题，并修复樱桃果面病虫害斑点，使叶片营养向果转移，增加含糖度 2～4 波美度，提高品质和商品卖相，如与复合益生菌混用，效果更好。早春喷洒还可防止冻害造成的损失。

（十）树体培养

栽株后，土层深厚、水肥好，树高控制在 50～60 厘米；水肥条件不是很好，树高控制在 30～40 厘米。栽后为了防止剪口脱水干缩，可用凡士林等油脂涂抹，封伤口。刻芽就是在树苗芽上面 0.5 厘米处，用刀刻浅浅的一道，使营养不再往树体上方输送，集中在芽上，会很快萌发出新的枝条。

（十一）树体管理

定植头 3 年植株以营养生长为主，不结果或少结果，第 1 年保证土壤中有足够的水分，雨量少时每两个月浇 1 次水，到土壤封冻前为止，保证土壤中含水量在 15％左右。

第 2 年是树体管理。大樱桃树体强，枝条顶端优势强，易造成疯长，要用拉枝控制它的旺长。植物诱导剂是由多种有特异功能的植物体整合而成的生物制剂，可于早春叶片长大时喷施 1 次。第 2 年春天，在大樱桃枝芽萌发前做好拉枝整形工作。拉枝就是将地锚系上绳埋入地下，将枝条拉到相应的角度，用稍宽的布条系紧并固定。幼树期拉枝的原则是在地面 50 厘米以上，选择 3～4 个主枝，分别拉向不同方向，使其分布均匀。主枝张开的角度一定要大，一般掌握主枝和主干的夹角在 80°左右，主枝张开角度大，可以削弱顶端优势，促进开花结果。拉枝的时候，如果枝条比较硬，不能硬拉，要先将枝条揉软，然后逐渐向水平方向拉，避免将枝条拉断。除了选择 3～4 个主枝，还需要选择 1 个直立向上的枝条作为大樱桃的主干，培养第 2 层主枝。选好了主干将其梢部剪去，以促进第 2 层主枝的萌发。在主干和主枝都处理好之后，树体上多余的枝条可以一一疏除。拉枝和疏枝结束后，下一步就是刻芽，这次是在主枝上刻芽，目的是让主枝条萌发侧枝。在主枝上刻哪几个芽是非常重要的，一般主枝上向上、向下的芽都不刻，而要刻主枝两侧饱满的芽，这样以后长出来的侧枝呈水平分布，不会垂直向上或向下，扰乱树形。

大樱桃定植后第 3 年，第 2 层主枝也萌发出来。同第 1 年拉枝的方法一样，把第 2 层主枝也拉开，让第 1 层主枝和第 2 层主枝在空间里错开生长、分布均匀，达到枝不磨、梢不碰、日照树冠没花影的效果。大樱桃定植后的第 4 年，进入丰产期，管理重点还是整形修剪，在这个时期内大樱桃树的第 1 层主枝上已经布满了侧枝，第 2 层主枝也已经形成，主要任务是疏枝和短截。疏除主枝上的侧枝，侧枝在主枝上的分布最好呈对称的鱼翅形，水平地向两侧伸展。侧枝之间的距离是 15～20 厘米，垂直向上和垂直向下的侧枝可以疏除，间隔太近的侧枝也需要疏除。如有的主枝上没有着生足够的侧枝，继续采用刻芽促进侧枝的形成，如有一个主枝的侧枝着生的比较稀，有比较明显的空缺，应找个侧面生长的芽，同幼树期刻芽一样在主枝上继续刻芽，促使抽生侧枝。萌芽前的整形可使樱桃树的枝条分布比较均匀，通风透光。6 月以后，还可以采取摘心削弱枝条的顶端优势，促使它增加分枝，扩大树冠。摘心就是将新梢摘去 10 厘米左右，一般 5 月、6 月各做 1 次。环剥的最佳时期是花后 15 天左右，在主枝靠近树干的地方割一个圆环，宽度 2 厘米左右。环剥后营养聚集在枝条上，促进果实的发育。

（十二）花期管理

大樱桃开花早，少不了遭受冻害、霜害，如果刚刚开花就遇到了冻害，全园灌 1 次水，可以推迟花期 3 天，开花晚了利于避开冻害。根据天气预报，在霜降来临之前，采取果园生火熏烟的办法，也能减轻冻害。喷施植物酵酶风味素，可激活植物细胞，促进分裂与扩大，愈伤植物组织，快速恢复生机；使细胞体积横向膨大，茎节加粗，且有膨果、壮株之功效，诱导和促进芽的分化，促进植物根系和枝干侧芽萌发生长，打破顶端优势，增加花数和优质果数；使植物营养向果实转移；抑制植物叶、花、果实等器官离层形成，延缓器官脱落、抗早衰，对死苗、烂根、卷叶、黄叶、小叶、花叶、重茬、落叶、落花、落果、裂果、缩果、果斑等病害症状有明显特效。使用本品无需担心残留超标，是生产绿色有机食品的理想天然矿物物质。可与一切农用物资混用，并可相互增效 1 倍。

植物酵酶风味素适用于各种植物，平均增产 20％以上，提前上市，保鲜期长，糖度增加 2％，口感鲜香，果大色艳，耐贮运。

为了补充更多的养分，盛花期喷施复合益生菌液、0.2％的硼砂或者磷酸二氢钾 600 倍液，可有效提高坐果率，增加产量。

（十三）鸟害防治

5 月下旬至 6 月上旬是大樱桃的成熟期，可架设防虫网。先采摘外围的果实，后采里面的果实；先采下面的果实，再采上面的果实。采收后需要装在透气的容器里及时上市。

（十四）自制生物有机肥、生物沼液和降解化学残留及除草剂液、防病虫害液

参见第二章第一节有机水稻优质高效栽培技术方案。

四、典型案例

案例 1　山西省绛县史村樱桃专业合作社，2013 年用生物技术，亩产 1 880 千克。

案例 2　山西省侯马市 2017 年樱桃使用有机碳素肥＋碳能高解钾复合益生菌液＋那氏齐齐发植物诱导剂＋钾＋植物酵酶风味素技术，株产 100 千克果，1 千克 30 元，亩收入达 2.8 万元。

案例 3　山西省临猗县北辛乡北杨村李跃明，2014 年用生物集成技术种植樱桃，品种为红灯，树龄 10 年，亩栽 41 株，株施 15 千克生物土壤调理肥拌钾镁肥，分两次施碳能复合益生菌液 5 千克，叶面用 200 倍液喷 3 次。喷 1 次那氏齐齐发植物诱导剂，即用原粉 150 克配成 700 倍液。结果期喷植物酵酶风味素 2 次。没有用过化肥和化学农药。5 月 16 日上市，开花到成熟期 54 天。生物技术平均单果重 9 克，肉核比 8：1，肉厚色艳红，味甜；化学技术单果平均重 6 克，肉核比 5：1，色暗红，肉薄，适口性也差。生物技术较化学技术从果肉上就高 30％，且连体果、双胞胎果多 15％左右，坐果率高 45％，株产达 55 千克，较化学技术 29 千克左右，增产 26 千克，增产 0.9 倍。2015 年 5 月 22 日送至侯马进出口检疫检测中心检测，结果 7 项指标均达国际有机食品标准要求。

案例 4　辽宁大连瓦房店市复州城镇于凤甲，2018 年在北京听完中医农业大讲堂的

课，按马新立成果技术生产温室大樱桃，12月初开花，较传统方法早22天，春节前可上市，每千克预计可售400元。

第十一节 有机葡萄优质高效栽培技术方案

一、土壤要求

近年来，采用常规栽培技术，土壤有机质含量在2‰～3‰时，葡萄亩产1 200～1 500千克，采用生物集成技术，有机葡萄生产亩产可追求2 000～3 000千克，这也是目前高产目标。

土壤要求具体如下：①土壤有机质含量达3‰左右。②有效钾含量保持240～300毫克/千克。③电导率在500微西/厘米以下。④土壤耕层深度达55厘米以上。⑤土壤pH为6.1～8.2。⑥土壤固氮酶活性为600～1 200纳摩尔/（千克·天）。

二、备料及投入

1. 有机肥 按每千克有机肥干品可供产葡萄5千克计算，每亩需施有机肥干品2 000～3 000千克，有机肥以蘑菇渣、中药渣、牛粪、秸秆为好。

2. 土壤调理肥 亩备土壤调理肥50千克，其中基施40千克，生长期醋泡浸出液叶面喷洒10千克。

3. 碳能益生菌液 亩备碳能复合益生菌液5千克，早春或沤肥浇2千克，结果期与花芽分化期水冲2千克，叶喷施1千克，喷2～3次。

4. 植物诱导剂 每亩备那氏齐齐发植物诱导剂4袋，其中早春生叶开花前用800倍液喷1次，约需2袋，枝抽10厘米左右时用500倍液喷1次，约需2袋。那氏齐齐发植物诱导剂使作物光合强度增加50%～491%。

5. 钾肥 亩备51%水洗天然硫酸钾25～30千克。根据土壤中的钾素含量酌情施用，按每千克可供产葡萄1 000千克施用。

6. 植物酵酶风味素 亩备植物酵酶风味素10粒，配合碳能复合益生菌液喷洒。花蕾期可防病保果，中后期可控枝抽出，使叶内营养向果实转移，增加糖度2%～4%，愈合果面病虫害斑点和裂口，释放果实化感素和风味素。

三、栽培技术

（一）品种选择
选择树势旺、结果性强、抗病、粒大、质优、高产的中熟品种，如巨峰、京亚等。

（二）架式与整形
宜采用改良式双篱架，扇形整枝，定植行距1.65米，株距1.50米。为实现早期丰产，每2株之间定植1株临时株，3～4年后间伐。每株培养2～3个健壮主蔓，使主蔓分布在两侧的篱架上；每个主蔓留6个结果母枝，结果母枝以长梢修剪为主，水平绑缚。

（三）覆薄膜
12月至翌年1月上旬开始覆盖薄膜，覆盖时要浇足水。覆盖后1周内，保持室温白天在 15～20℃，夜间在 6～10℃，相对湿度 80%～90%。为打破葡萄休眠，促进发芽整齐一致，可用 5 倍石灰氮澄清液或复合益生菌液喷洒（或涂抹）结果母枝。覆盖后 30～40 天即可发芽。

（四）萌芽至开花前

保持室温白天在 25～28℃，夜间在 16～18℃。发芽至 5 叶前保持室内相对湿度在60%～70%，5～6 片叶展开后保持在 50% 左右。在展叶初期、5～6 片展叶期和坐果之后均须进行抹芽，要抹掉距地面 30 厘米以内的萌芽和同一节位的副芽，每枝只留 1 个健壮主芽。当新梢长到 40 厘米长时进行引缚。要去掉多余的营养枝及发育不良的枝。长势弱的果枝只留 1 个果穗枝。开花前 1 周整理果穗，去掉副穗并打去穗尖 1/3。为抑制新梢生长，7 片叶展开以后坐果良好的葡萄树可喷复合益生菌液，发芽后灌水要谨慎。喷那氏齐齐发植物诱导剂或北京金山吉山乐生稀土水溶肥或植物酶风味素，以防徒长和发生病害。

（五）开花期

保持室温白天在 25～28℃，夜间在 17～18℃，相对湿度 50%。此期应控制浇水。在初花期进行摘心，花序以上留 4～5 片叶，花序以下副梢全部抹掉，花序以上副梢留 1～2 片叶反复摘心。适当早揭晚盖草苫，增加室内光照。

（六）结果期

保持室温白天在 25～28℃，夜间在 18～20℃，相对湿度 50%～60%。坐果后及时疏果、整穗，保持穗形整齐。果粒如大豆大小时，亩施复合益生菌溶液 2 千克，硫酸钾50 千克。果实膨大期应及时灌溉。

（七）着色至采收期

5 月下旬葡萄进入着色期，6 月下旬即可开始采收。此期保持室内温度白天在 25～28℃，夜间在 15～20℃，相对湿度为 50%～60%。5 月下旬揭掉薄膜。进入采收期一般不灌水，喷北京金山吉山乐生稀土水溶肥或植物酶风味素，以免裂果，提高果实糖度1.5～2.0 波美度。采收前 1 个月，北京金山吉山乐生稀土水溶肥或植物酶风味素兑水叶面喷施，以早晚 20℃ 左右时喷施效果好。

（八）采收后的管理

重点是追肥和抗旱防涝，促使结果母枝花芽生长发育饱满，为翌年丰收奠定基础。一般每亩施优质土杂肥 2 000～3 000 千克或干秸秆 550 千克，复合益生菌液 2 千克。

（九）生物集成技术五要素应用

有机肥需根部穴施 2 000 千克左右，以保证高产所需的碳物质基本营养。在早春土壤解冻前和夏、秋季花芽分化前各施 1 次，与碳能复合益生菌配合。

亩备含有效活性菌 20 亿～40 亿个/克的碳能复合益生菌液 4～5 千克，在早春萌叶开花期，亩根部穴浇 2 千克，兑水 1 000 升，灌施或拌有机肥施，之后浇水、盖土，以解决根腐病，死棵烂皮，缺钙曲叶，缺硼、锌授粉坐果不良，挂果不均匀，病草害问题。发现地上病虫害，用 300 倍液的复合益生菌液喷洒叶面防治。同时吸收空气中二氧化碳和氮营养，提高土壤中矿物营养利用率 0.15～5.00 倍。不需再施化学氮、磷、钙肥和化学杀虫杀菌剂。

按含量51％天然硫酸钾每千克可供产鲜果100千克投入，需在早春亩穴施10千克，在膨大期施20千克，保证果繁、果大、果实固形物多，解决果肉松软、含水量多、易破裂等问题。如像乌鲁木齐、锡林浩特少数地区，土壤含钾达300～400毫克/千克，就不需要再施钾肥。

根据树冠大小亩备100～200克那氏齐齐发植物诱导剂原粉，放塑料盆里，每50克原粉用500毫升沸水冲开，存放2～3天，兑水配成800倍液，在早春叶片长大时喷洒1次即可，提高阳光效率，还可控制抽枝徒长，防止病毒病引起的小叶、花叶、黄叶，可代替多效唑和矮壮素。

亩备植物酵酶风味素10粒或动力素1瓶，在葡萄着色膨大期，固体每粒兑水25～30升，液体15～20克兑水15升，叶面喷洒，以解决葡萄落花落果问题，修复果面病虫害斑点，使叶片营养向果转移，增加含糖度2％～4％，提高品质和商品卖相。如与复合益生菌混用，效果更好。如早春叶面喷洒维生素C 3 000倍液，葡萄肉质变厚，还可防止冻害造成的损失。

（十）自制生物有机肥、生物沼液和降解化学残留及除草剂液、防病虫害液

参见第二章第一节有机水稻优质高效栽培技术方案。

（十一）搭防雨棚

葡萄上盖网眼塑料棚可防雨水传染病菌，可使直射光、短波段紫外光转为散射光和长波段红外光，保持良好小生态环境，减轻风灾和冬害。机械喷水罐技术即在小型拖拉机上装一水罐，把喷头立体装在罐车尾部，一人开车操作，可在生长期叶面喷洒营养液和控秧素，提高工作效率和果实品质。

四、典型案例

案例1 2013年，山西运城市盐湖区侯家卓村侯朝伟，使用生物技术种植葡萄，亩产2 550千克。

案例2 新疆哈密市五堡乡支边农场村刘善义，2015年开始用生物技术管理葡萄，亩产2 600千克，较过去用化学技术管理（亩产1 200千克），增产1.2倍左右。

案例3 甘肃兰州农作物良种试验站孙忠强，2016年上半年用生物集成技术种植多种葡萄，8月产品经检测，191项农残留不超标，达国际有机标准要求。

案例4 陕西杨凌锦因果蔬专业合作社李海平，2009年9月1日成立合作社，用化学技术种植各种瓜果蔬菜，到2012年共赔了170万元。2013年开始用生物集成技术，在土壤5项重金属指标超标的情况下，产品通过农业部检测中心检测5项全部合格，葡萄亩产2 600～3 000千克，每千克80～120元，3年赚回前几年赔进去的170万元，被评为省级百强社，中央电视台给予报道。

案例5 山东寿光市春澳农业发展有限公司张金铃，2014—2018年用生物技术种植葡萄，在当地水质化验合格，土壤中8项含量超标的情况下，用生物技术种植的葡萄等作物产品通过青岛检测公司化验全部合格，葡萄含糖度达25％，亩收入10万余元，全市检测评比第一，这是由于复合生物菌对重金属的钝化作用。

五、高产投物分析

现在普遍认为作物三大元素是氮、磷、钾，其实氮在植物体内只占 1.5%、磷占 0.2%、钾占 1%，合计是 2.7%，而碳占 45%，氢占 6%，氧占 45%。

植物体内含水 90% 左右，那么 10 千克湿秸秆大约可供产 1 千克干秸秆，1 千克干秸秆在水和生物菌的作用可供产 10～12 千克可全部食用的蔬菜和 5～6 千克瓜果，所以提出了作物三大元素是碳、氢、氧理论。

传统观念认为作物主要靠光合作用合成有机物，不知道有益菌可将有机残体分解成氮、碳、氢、氧菌丝体，直接通过根系进入新生植物体，其利用有机质和合成有机物速度是光合作用的 3 倍。有益菌与秸秆等含碳物结合，一是能大量繁殖有益菌，占领生态位，清除病菌、杂菌。二是能保护有机肥中的营养。杂菌能使有机体产生臭味，是快速释放能量、伤作物根的过程（发热），有益菌使残体产生酸香味，是有机物分解并固定、慢慢释放利用的过程（发酵）。三是能吸收空气中的二氧化碳、氮。四是能平衡土壤和植物营养，使作物不缺素、不染病，可连荐生产一种或一类蔬菜。五是可分解碳素物，把长链纤维分解成短链，田间不生虫。六是因臭味淡，不易招飞虫在此产卵，还可化卵等。

秸秆本身是营养复合体，各种元素都很充足，因钾是质量元素，补钾就能高产，1 千克氧化钾可供产瓜果 120～170 千克（国际认定）。

作物最大的两个生产问题一是连作障碍（死秧），用含氮、磷少的牛粪、秸秆就可连作，不会因土壤盐类浓度大而造成植物根系反渗透死秧或氮多烧根，磷多土壤板结，使作物缺氧生长不良。用有益菌分解净化土壤可连作不死秧。二是因湿度大、温度高，植物易徒长，用那氏齐齐发植物诱导剂灌根 1 次，所制造的营养不侧重长茎秆叶片，而流向果实，所以控制植株徒长，能高产优质，而且那氏齐齐发植物诱导剂可增根 70%～100%，光合强度提高 50%～491%，植物根蘖力和光的利用率增大，也是作物增产的潜在根源之一。

不施化肥农药庄稼也能增产，让植物利用天然气、臭氧层中的二氧化碳、氮，但单位面积上利用率不足 1%，而将生物菌浇在田间，利用率可提高 1～3 倍。

第十二节　有机冬枣优质高效栽培技术方案

冬枣具有养血活络、强筋康体作用。枣属干果林类，又是绿化作物，2015 年 5 月，笔者受邀赴新疆三团考察，近年来一个团发展枣 3.8 万余亩，这里有 176 个团，适宜推广有机枣干果业，且枣不裂果、肉厚、含糖度高、清甜适口。2016 年 8 月 4 日，笔者受晋中市林业局邀请，前去该市 6 处进行考察，了解到榆次区庄子乡井峪村与郝都村千亩枣，2014 年 6 月 5 日被山西出入境检验检疫局登记为准出口生产基地。晋中多为丘陵山坡地带，空气、水、土质优良，昼夜温差较大，干旱少雨，适宜发展枣业。但土质瘠薄，有机质含量在 1% 以下，钾含量在 64 毫克/千克左右，而高产田分别要求在 2% 和 250 毫克/千克以上。5 年左右树龄亩产只有 500 千克左右。山西稷山县 2017 年板枣面积突破 15 万亩，亩产突破 1 650 千克。2018 年 10 月 26 日，笔者受临猗县相关领导邀请前去讲授生物技术理论与实践，得到群众认可，特制订此方案给予示范。

一、土壤要求

采用常规栽培技术，土壤有机质含量在 2％ 左右时，冬枣亩产 1 000～1 200 千克，土壤有机质含量在 2％～3％ 时，采用生物集成技术，有机冬枣生产亩产可达 1 500～2 200 千克，这也是目前高产目标。

土壤要求具体如下：①土壤有机质含量达 2.5％ 左右。②有效钾含量保持 240～300 毫克/千克。③电导率在 300 微西/厘米以下。④土壤耕层深度达 55 厘米以上。⑤土壤 pH 为 6.1～8.2。⑥土壤固氮酶活性为 1 000 纳摩尔/(千克·天)。

二、备料及投入

1. 有机肥 按每千克有机肥干品可供产冬枣 5 千克计算，每亩施有机肥干品 2 000～3 000 千克，有机肥以蘑菇渣、中药渣、牛粪、秸秆、羊粪为好。

2. 土壤调理肥 亩备土壤调理肥 50 千克，其中基施 40 千克，生长期醋泡浸出液叶面喷洒 10 千克。

3. 碳能益生菌液 亩备碳能复合益生菌液 6 千克，早春或沤肥浇 2 千克，结果期与花芽分化期水冲 2 千克，叶喷施 2 千克，喷 2～3 次。

4. 植物诱导剂 亩备那氏齐齐发植物诱导剂 5 袋，其中早春生叶开花前用 800 倍液喷 1 次，约需 2 袋，枝抽 10 厘米左右时用 500 倍液喷 1 次，约需 3 袋。那氏齐齐发植物诱导剂使作物光合强度增加 50％～491％。

5. 钾肥 亩备 51％ 水洗天然硫酸钾 10 千克。根据土壤中的钾素含量酌情施用，按每千克可供产冬枣 100 千克施用。

6. 植物酵酶风味素 亩备植物酵酶风味素 8 粒，配合碳能复合益生菌液喷洒。花蕾期可防病保果，中后期可控枝抽出，使叶内营养向果实转移，增加糖度 2～4 波美度，愈合果面病虫害斑点和裂口，释放果实化感素和风味素。

三、栽培技术

（一）施有机肥

有机肥按每千克干秸秆、干畜禽粪可供产鲜枣 4 千克施用，亩需根部穴施 1 000 千克左右，以保证枣高产所需的碳物质基本营养（占 45％）。在早春土壤解冻前和夏、秋季花芽分化前各施 1 次，与碳能复合益生菌配合施用。

（二）施碳能益生菌液

备碳能复合益生菌液 4～5 千克，在早春萌叶开花期，亩根部穴浇 2 千克，兑水 1 000 升，灌施或拌有机肥施，之后浇水、盖土，以解决根腐病，死棵烂皮，缺钙曲叶，缺硼、锌授粉坐果不良，挂果不均匀，病草害问题。发现地上病虫害，用 300 倍液的复合益生菌液叶面喷洒防治。同时吸收空气中二氧化碳和氮营养，提高土壤中矿物营养利用率 0.15～5.00 倍。不需再施化学氮、磷、钙肥和化学杀虫杀菌剂。

（三）施钾肥

按含量51％天然硫酸钾1千克可供产鲜果80千克施用，需在早春亩穴施10千克，在枣膨大期施10～20千克，保证果繁、果大、果实固形物多，解决枣肉松软、含水量多、易破裂等问题。如像乌鲁木齐、锡林浩特少数地区，土壤含钾达300～400毫克/千克，就不需要再施钾肥。

（四）施植物诱导剂

根据树冠大小亩备100～200克那氏齐齐发植物诱导剂原粉，放塑料盆里，每50克原粉用500毫升沸水冲开，存放2～3天，兑水配成800倍液，在早春叶片长大时喷洒1次即可，提高阳光效率0.50～4.91倍，还可控制抽枝徒长，防治病毒病引起的小叶、花叶、黄叶，可代替多效唑和矮壮素。

（五）施植物酵酶风味素

亩备植物酵酶风味素15粒或动力素1瓶，在枣着色膨大期，固体每粒兑水8～10升，液体15～20克兑水15升，叶面喷洒，以解决枣落花落果问题，并修复枣面病虫害斑点，使叶片营养向果转移，增加含糖度2～4波美度，提高品质和商品卖相。如与复合益生菌混用，效果更好。如早春叶面喷洒维生素C 3 000倍液，枣可变短变粗，肉质变厚，还可防止冻害造成的损失。

（六）自制生物有机肥、生物沼液和降解化学残留及除草剂液、防病虫害液

参见第二章第一节有机水稻优质高效栽培技术方案。

（七）搭防雨棚

枣树上盖网眼塑料棚可防雨水传染病，可使直射光、短波段紫外光转为散射光和长波段红外光，保持良好小生态环境，减轻风灾和冬害。机械喷水罐技术即在小型拖拉机上装一水罐，把喷头立体装在罐车尾部，一人开车操作，可在生长期叶面喷洒营养液和控秧素，提高工作效率和枣品质。

四、典型案例

案例1 2010年，山西省新绛县三泉镇马怀柱，在栽植冬枣的第8年，按有机产品生产技术操作，亩产1 520千克。

案例2 山西省襄汾县新城镇邓曲村任鸿，2010年在梨枣树间挖壕，放入牛粪、猪粪拌玉米秸秆，撒上碳能高解钾复合益生菌液。秋季冬枣抗裂，果面亮艳，个大，单果重达35～50克，亩产1 540千克，较对照增产30％～60％。

案例3 新疆阿克苏市张保雨，用生物集成技术指导种植4万亩枣，120亩核桃，成本低，病虫害少，产量高，品质好。

案例4 山西汇农生物科技有限公司张志州，2019年早春开始在冬枣上应用生物集成技术，8月20日采收，一般栽培含糖12～18波美度，有机农业优质高效栽培技术五要素栽培达29.5波美度，个大10％左右，产量高30％。认证公司4次定向抽检，全部达国际第三方认可标准要求。当年办理了有机认证与出口手续，被评为全国红枣优秀产品。临猗县庙上乡有8万余亩枣树，用生物集成技术，年产鲜枣1.75亿千克。

案例5 安徽六安市技术员路顺奎，连续多年来应用生物集成技术，选用棚丰1号一

年两熟枣密植，亩栽 600 株，第 2 年株产 2.5 千克，第 3 年第 1 茬亩产 1 500 千克左右，第 2 茬亩产 1 000 千克左右。无病虫害，品质特好，每千克以 20 元批发。

第十三节 有机草莓优质高效栽培技术方案

一、土壤要求

土壤有机质含量在 1％左右时，亩施 3 000 千克有机肥可使土壤有机质含量提高 1％。近年来，采用常规栽培技术，土壤有机质含量在 2％左右时，草莓亩产 1 000～2 000 千克，土壤有机质含量在 2％～3％时，采用生物集成技术，有机草莓生产亩产可达 2 500～4 000 千克，这也是目前高产目标。

土壤要求具体如下：①土壤有机质含量达 2.5％左右。②有效钾含量保持 240～300 毫克/千克。③电导率在 200 微西/厘米以下。④土壤耕层深度达 55 厘米以上。⑤土壤 pH 为 6.1～8.2。⑥土壤固氮酶活性为 1 000 纳摩尔/(千克·天)。

二、备料及投入

1. 有机肥 按每千克有机肥干品可供产草莓 5 千克计算，每亩施有机肥干品 2 000～3 000 千克，有机肥以蘑菇渣、中药渣、牛粪、秸秆为好。

2. 土壤调理肥 亩备土壤调理肥 50 千克，其中基施 40 千克，生长期醋泡浸出液叶面喷洒 10 千克。

3. 碳能益生菌液 亩备碳能复合益生菌液 7～10 千克，沤肥浇 2 千克，苗圃喷浇 1～2 次，每次冲浇 2～3 千克。叶面喷洒用 0.5 千克，喷 3～4 次。

4. 植物诱导剂 亩备那氏齐齐发植物诱导剂 2 袋，其中苗圃用 1 000 倍液喷 1 次，约需 0.5 袋，定植后用 800 倍液灌根 1 次，约需 1.5 袋。那氏齐齐发植物诱导剂使作物光合强度增加 50％～491％。

5. 钾肥 亩备 51％水洗天然硫酸钾（增果）25～50 千克。根据土壤中的钾素含量酌情施用，按每千克可供产草莓 100 千克施用。

6. 植物酵酶风味素 亩备植物酵酶风味素 20 粒，配合碳能复合益生菌液喷洒。花蕾期可防病保果，中后期可控枝抽出，使叶内营养向果实转移，增加糖度 2％～4％，愈合果面病虫害斑点和裂口，释放果实化感素和风味素。

三、操作步骤

(一) 品种选择

选大粒色艳品种，如选用的是森研 99 草莓，抗冻叶旺，单果能长 50 克左右，亩产达 1 750 千克以上。如选红实美、公四莓、草莓王子、以色列甜查理，单果 30～50 克，按生物集成技术种植，产量均可比常规技术、品种介绍产量高 50％～100％。

(二) 施肥

按亩产 5 000 千克草莓施肥，每千克牛粪（含水量 40％左右，含碳大约 20％）可供产草莓 2 千克，每千克鸡、鸭、鹅粪（含碳 25％左右）可供产草莓 2.5 千克，秸秆含碳

45％左右，每千克可供产草莓 4.5 千克左右。

土壤含钾量低于 240 毫克/千克时，按 50％天然硫酸钾每千克可供产草莓 80 千克投入，自然有机肥中钾含量也应考虑进去，即玉米干秸秆中含钾 0.82％～1.42％，干稻草含钾 1.2％～1.7％，麦秸含钾 1.3％～2.1％，油菜秆含钾 0.8％～1.1％，畜禽粪含钾 0.5％左右，且与生物复合菌结合，土壤有效钾利用率可提高 1 倍。虽然土壤钾丰富也能提高产量，但土壤含钾量不宜高到 600 毫克/千克。在有机肥和益生菌液充足的情况下，钾以外其他矿物营养不必投入就能满足作物高产需要。

（三）生物集成管理技术

定植后亩随水冲入碳能高解钾复合益生菌液 2 千克，以后每次随水冲入 1～2 千克，使幼苗营养平衡，益生菌占领生态位，不怕重茬连作，真菌、细菌病害与虫害不会大发生。待株与株外叶接近时，亩取那氏齐齐发植物诱导剂 50 克，兑水 40 升叶面喷洒，提高植株抗冻、抗逆性，前期可控秧促根，后期控蔓促果，提高阳光效率，预防病毒病发生。膨果期如土壤钾不足，每次随水冲入 50％硫酸钾 15～18 千克，与生物菌交替冲施。在生长中后期的 90 天结果期，每隔 20 天左右，叶面喷 1 次植物酶风味素，每粒兑水 40 升，果实糖度可增加 1.5％～4％，激活沉睡的叶片细胞，使叶片营养向果实转移，愈合果面病虫害伤口，果实丰满色艳。

（四）自制生物有机肥、生物沼液和降解化学残留及除草剂液、防病虫害液

参见第二章第一节有机水稻优质高效栽培技术方案。

（五）生物防治

经常浇施或叶面喷碳能生物菌液，可以防死秧、根结线虫、地面飞虫、红蜘蛛、蜗牛、蚂蚁及地下害虫蛴螬、蝼蛄、地老虎等。在大棚通风口或南边栽一行芹菜防治白粉虱。草莓整株叶发黄，系缺镁现象，可叶面喷有机镁；下部叶片发黄系缺氮，取生物菌 50～100 克，叶面喷洒，使叶面产生大量固氮菌补氮；发现有轻度真菌、细菌病时，用碳能复合益生菌液 100 克、植物酶风味素 1 粒，兑 15 升水，叶面喷洒防治。

四、典型案例

案例 1 吉林省梅河口市青篮蔬菜种植专业合作社周宝琦，2013 年在东港用生物集成技术种植草莓，品种为森研 99，亩栽 7 000 株，单果重 62 克左右，按牛粪、生物菌、那氏齐齐发植物诱导剂、钾、植物酶风味素五要素栽培，土壤含有机质达 20.4％，氮 32 毫克/千克，磷 70 毫克/千克，钾 590 毫克/千克，到 2014 年 5 月 10 日，亩产 2 250 千克，每千克批发价 60 元。2016 年下半年开始按照生物集成技术作业，不用化肥和化学农药，温室内种植草莓，亩产达 2 750 千克。

案例 2 江苏省南通市海门区三和镇三圩村张洪祥，自 2010 年应用生物集成技术作业，2015 年黄瓜、草莓、茄子、叶菜均较化学技术增产 0.5～2.0 倍，产品达有机食品标准要求。

案例 3 辽宁省天赐农庄王春香，2015 年选"久久"草莓品种，用中药渣＋牛粪＋复合益生菌＋苦参碱等增碳防病虫害生物技术作业，温室草莓在春节前后上市，亩产 3 300 千克左右，16 个棚年纯收入 100 万元，2017 年 2 月 25 日辽宁电视台给予报道。

案例4　辽宁省大连市庄河市于庆富，2016—2017年，选用幸香草莓品种，再用牛粪＋碳能复合益生菌＋钾等生物技术，垄底高50厘米，沟宽20厘米，亩产达4 100千克。

第十四节　有机桃优质高效栽培技术方案

一、种苗要求和目标效果

选择适合山西省新绛县阳王镇、万安镇土壤和气候条件的非转基因品种。

①实现亩产4 000千克。②191项农残达国际第三方认可标准要求。③产品达到国家绿色有机认证标准。④当茬办理有机认证手续。

二、土壤要求

①土壤有机质含量达3％左右。②有效钾含量保持240～400毫克/千克。③电导率在800微西/厘米以下。④土壤耕层深度达45厘米以上。⑤土壤pH为6.1～8.0。⑥土壤固氮酶活性为800纳摩尔/（千克·天）。

三、备料及投入

1. 有机肥　按每千克有机肥干品可供产桃5千克计算，每亩施有机肥干品4 000～5 000千克，有机肥以蘑菇渣、中药渣、牛粪、秸秆、饼肥、堆沤肥、猪牛栏肥、土杂肥、塘泥等为好。

2. 土壤调理肥　亩备赛众土壤调理剂125千克，其中早春基施115千克，生长期醋泡浸出液叶面喷洒10千克。

3. 碳能益生菌液　亩备碳能复合益生菌液7～9千克，堆肥1千克，兑水冲浇5～7千克（2～3次），叶面喷洒1千克。

4. 植物诱导剂　亩备那氏齐齐发植物诱导剂5袋，其中早春用800倍液喷1次，约需2袋，枝抽出后用400倍液灌根1次，约需3袋。植物诱导剂使作物光合强度增加50％～491％。用塑料盒盛放，勿用铁器，每袋50克用500毫升沸水化开，存放2天，兑水20～40升，灌根或叶面喷洒。

5. 钾肥　亩备51％水洗天然钾25千克，按每千克产果100千克施用。根据土壤中的钾含量酌情施钾肥，每次浇水15～25升。

6. 植物酵酶风味素　亩备丰产动力素1.6千克，植物酵酶风味素备10粒，配合碳能复合益生菌液喷洒。苗期可防病促根，后中期控枝抽出、促果，使叶内营养向果实转移。

7. 海藻肥　亩备海藻肥5千克，黄腐酸钾10千克。

四、目前存在的问题

①施氮、磷过多桃易软腐，保质期差。②施化学农药和化肥过重，口味极差。③裂果、病虫害斑点果严重，卖相差。④施未发酵鸡粪过多死树，不施有机肥果小肉薄。⑤不注重施纯钾肥，果品质差。⑥投入过大，收益产出差。

五、操作步骤

(一) 土肥水管理

9月下旬至落叶施足基肥。施厩肥5～10吨/亩，生物有机肥200千克/亩，钙镁磷肥100千克/亩，硫酸钾25千克/亩，同时施土壤调理剂115千克/亩，丰产动力素0.5千克/亩，复合益生菌液3千克/亩。

施肥方法：将厩肥均匀撒于地面，同时将土壤调理剂、有机肥逐一撒在其上，然后再喷洒丰产动力素与碳能菌剂稀释液。两小时后旋耕2～3次，以使厩肥等与土壤搅拌均匀。

(二) 自制生物有机肥

将当地价廉动物粪便、植物秸秆堆在一起，宽1米多，高80厘米，长不限，10吨左右取碳能益生菌2千克，兑水多少视肥粪含水量而定，一般50～500倍均可，以喷后地面不流水为度，盖旧塑料薄膜防雨淋，一般鲜秸秆沤制7天，干秸秆和禽类粪沤15天，牛粪和磨碎秸秆沤3～5天，即可施入果树根际周围，成本比商品生物有机肥低50%～70%。

建一个10米³的沼池，可存16～20吨沼液，供2～6亩地用。将粪、秸秆放入沼池加水，自然沤烂产生沼液，用之浇地养地保果效果佳。发酵时间在沼池内以3月为佳。每10吨沼液在用前加2～4千克碳能复合益生菌，抑制杂菌。

沼液每次用1 000～2 000千克，并与水以1：1比例混匀。用后浇水。相当于50千克硫酸铵，40千克过磷酸钙，15千克含钾50%的硫酸钾效果，亩可减少化肥、农药开支千元左右。

(三) 开花前期管理, 1 (大棚) ～3月 (大田)

在叶片直径2厘米时，用植物诱导剂700～800倍液再喷施1次。控叶促果，控枝抽出，提高植物抗逆性。5月，如发现新枝抽出，用那氏齐齐发诱导剂400倍液对准新芽生长点喷洒，控制生长，尽量避开功能叶片和花叶，以代替多效唑控枝。

施黄腐酸钾10千克/亩，丰产动力素0.5千克/亩，地力旺复合益生菌液2千克/亩，随水冲入。

(四) 硬核期管理

用非农药杀菌器喷雾1次。喷葡萄糖酸钙、硫酸钾镁各100毫升/亩。黄腐酸钾10千克/亩，丰产动力素0.5千克/亩，碳能复合益生菌液2千克/亩，随水冲施。10天后重复喷1次。

(五) 膨大期管理

每亩地用注肥器将500升水配高钾水溶肥15千克注入树冠下。土壤含钾量在150毫克/千克以下，按含量50%的天然钾1千克可供产鲜桃100千克施用，沟施、下雨前后撒施或随水冲施。

亩用植物酵酶风味素3～5粒，每粒兑水40升，叶面喷洒2～3次，打破顶端生长优势，使叶片营养向果实转移，使品种原本化感素和风味素充分释放出来，提高和保证口感品质。

（六）转红期管理

用非农药杀菌器配丰产动力素 200 毫升、海藻肥 5 千克进行喷雾，2 次，每周 1 次。所有桃园用水均使用小分子水。在鲜桃收获后、花芽分化期，亩穴施有机肥 2 000 千克左右，拌复合益生菌 1 千克，促进花芽饱满。

（七）病虫害防治

1. 农业防治 冬季修剪时剪去在枝干上潜伏越冬的病菌、虫卵和其他越冬害虫，清扫枯枝落叶，深埋或高温处理。秋末冬初，把树周围 30 厘米深的土壤翻开，形成一个圆形的树盘，将地表的枯枝落叶埋于地下，把越冬的害虫翻于地表，减少害虫发生。树干大枝涂白，消灭病菌虫卵，防止日灼，减少天牛产卵。

树下铺黑色膜或地布，降低果园小环境内的空气湿度，提高土壤湿度的稳定性，减少裂果和病虫害发生。早春铺膜，使土中的越冬害虫不能出蛰。硫黄高温闷棚。

2. 物理防治 用频振式杀虫灯诱杀金龟子、桃蛀虫、卷叶蛾、食心虫、舟形毛虫、大青叶蝉等成虫。用糖醋液诱杀桃蛀虫、卷叶蛾、红颈天牛、蝶类等。用粘虫板诱杀，每亩定量放黄板、蓝板粘虫板各 20 张，诱杀蚜虫、粉虱、潜叶蝇、蓟马等。

人工采摘虫叶，杀死舟形毛虫，夏季捕杀静卧树上的红颈天牛。人工摘除桃缩叶病、褐腐病等病叶深埋。对越冬期介壳虫，用钢刷刷掉，或用强力喷水泵冲刷树干，或初冬将降温时，向树干喷水，结冰后用木棍敲击树干，振落虫体或冬季用火把快速烧死介壳虫。天牛、豹纹木蠹蛾，用挖、刺的方法消灭虫道内的幼虫。

3. 生物或药物防治 用非农药杀菌器喷雾，每亩 100 升水配地力旺复合益生菌液剂 1 千克，丰产动力素 500 毫升。温棚内喷雾，喷至棚膜、树干、树枝、地面。在幼桃生长期及早喷洒复合益生菌 300 倍液，预防桃小食心虫、菜青虫、蚜虫等害虫，果园一旦发现红蜘蛛虫害及时用苏云金杆菌或除虫菊，以上产品均属有机农产品准用物资。脱萼期用非农药杀菌剂喷雾，配丰产动力素200～300 毫升，菌剂 0.5～1.0 千克。边或行间种大蒜、韭菜、芹菜、艾草等植物，驱避蚜虫、钻心虫、桃小食心虫、螨虫、白粉虱、蓟马等。

六、管理与溯源

有机油桃生产者应根据国家有机生产标准要求建立管理体系，并按照管理体系进行管理，对有机油桃整个生产过程进行全程记录，有机油桃产品应能通过批号或二维码追踪溯源。

七、典型案例

案例 1 甘肃省敦煌市厚德生态农业科技有限公司高鹏渊，2000 年开始应用有机油桃生产技术规程，种植的永不软露地油桃 3 年树亩产果 3 000 千克，每千克售价 10 元，亩产值 3 万余元。他先后被评为首届敦煌市十大杰出青年农民和酒泉市十大杰出青年农民。

案例 2 山西省新绛县阳王镇苏阳村吴开立，2018 年用有机油桃生产技术规程种植温室油桃，亩产 4 500 千克，每千克批发价 14 元，亩收入 6 万余元。同年 4 月 7 日，华北地区出现－4℃晚霜，多数果树花蕾受冻害（70%～90%），而他用有机油桃生产技术规程种植的露地桃花蕾几乎无损失，证明了本技术可提高花蕾抗冻性 2℃，可提高地温 1℃左右。

案例 3 山西新绛县万安镇柏壁村曾四龙，近年来在桃园管理上，采取杀虫灯、粘虫胶板、防虫网等方式防治害虫，采用碳能复合益生菌液、苦参碱、大蒜油、凹凸棒调理肥防治病害，油桃高产优质。2016 年 4 月 23 日用复合益生菌液浇灌油桃，亩用 2 千克，配成 500 倍液随水冲入。解决桃树烂根、流胶病及土壤养分浓度过大引起的落叶、黄叶、皱叶，2 天见效。露地早熟桃 3 年树亩产 3 750 千克，中、晚熟亩产 5 000 千克。他被新绛县人民政府评为劳动模范，产量和收益双增。

案例 4 山西新绛县万安村黄丛丛，亩用植物诱导剂 2 袋，兑水 95 升，代替多效唑控叶，效果又好又省钱，产品无污染，1.4 亩大棚桃亩收入 2.4 万余元。

案例 5 河北省深州市辰时镇西周堡村潘登山，2017 年用有机油桃生产技术规程种植京美玉 15，早凤王。7 月 1 日开始上市，果皮肉脆甘，肉心疏甜，肉丝粗嫩，肉汁黄润，桃味芳香。单果重 200 克，含糖达 20% 左右，亩产达 3 300 千克左右。

案例 6 2017 年 4 月下旬，河北省深州市辰时镇北小营村刘丽霞、穆村乡西马庄村李宗权对蜜桃田进行试验，当时已施过 1 次三元肥，喷过 1 次多效唑化学农药，之后才转为使用有机油桃生产技术规程。到 8 月下旬蜜桃上市，与往年相比呈现 8 个不同：一是叶色始终油亮，大小适中、健康；二是桃子含糖高达 19.5%，较化学技术产品 15%～17% 提高 2.5%～4.5%；三是口感好，酸甜适中，氨基酸和维生素含量丰富；四是产量提高，亩均增果 750 个；五是果实阴沟黑斑减少，这是植物酵素风味素形成动力因子激活细胞修复的效果；六是僵果减少，这是复合益生菌疏松土壤的效果；七是果色红白诱人，绿皮现象明显减少，这是少施和不施化学氮肥的效果；八是 30 龄老树被感染的腐皮烂根用生物益生菌后，2 个月内接近愈合。以上仅仅是半程使用生物集成技术的明显成效。

案例 7 山西省新绛县西马村邓东民，2018 年用有机油桃生产技术规程种植油桃，亩施羊粪 6 000 千克，钾肥 20 千克，中药肥共用 3 次，前期生根肥 20 千克，后期每次 10 千克高钾肥，2 千克碳能复合益生菌液，巧克力水溶肥 40 千克，施 2 次。2019 年 5 月 10 日摘收，一茬亩产 4 200 千克，5 月 17 日二茬亩产 4 000 千克，每千克 11.4 元。

案例 8 山西新绛县东马村杨红学、赵村王秦明用有机油桃生产技术规程种植油桃，个增大 20%，增产 30%，价格高 10% 左右。电商邮购每箱 2.5 千克，60 元，即每千克 24 元。

第十五节 有机哈密瓜、西瓜优质高效栽培技术方案

一、土壤要求

亩施 3 000 千克有机肥可使土壤有机质含量提高 1%。近年来，采用常规栽培技术，土壤有机质含量在 2% 左右时，哈密瓜、西瓜亩产 3 000 千克，土壤有机质含量在 3%～4% 时，采用生物集成技术，亩产 6 000～7 500 千克。

土壤要求具体如下：①土壤有机质含量达 6% 左右。②有效钾含量保持 400～500 毫克/千克。③电导率在 500 微西/厘米以下。④土壤耕层深度达 55 厘米以上。⑤土壤 pH 为 7.1～8.2。⑥土壤固氮酶活性为 1 000 纳摩尔/(千克·天)。

二、备料及投入

1. 有机肥　按每千克有机肥干品可供产瓜 5 千克计算，每亩施有机肥干品 3 000～9 000 千克，有机肥以蘑菇渣、中药渣、牛粪、秸秆为好。

2. 土壤调理肥　亩备赛众土壤调理剂 100～200 千克，其中基施 80～180 千克，生长期醋泡浸出液叶面喷洒 20 千克。

3. 碳能益生菌液　亩备碳能复合益生菌液 8～10 千克，苗圃喷浇 1～2 次。隔 1 次浇水冲碳能菌 2～3 千克（分 2～3 次进行），下次随水施钾肥，叶面喷洒亩用 0.5 千克，喷 3～4 次。

4. 植物诱导剂　亩备那氏齐齐发植物诱导剂 3～4 袋，其中苗圃用 1 200 倍液喷 1 次，约需 0.5 袋，定植后用 800 倍液灌根 1 次，约需 1.5 袋，生长中后期用 600～700 倍液叶面喷 1～2 次，每次 1 袋。施用那氏齐齐发植物诱导剂后，作物光合强度增加 50%～491%。

5. 钾肥　亩备 51% 天然硫酸钾（壮秆增果）60～70 千克。根据土壤中的钾素含量酌情施用钾肥，按每千克可供产瓜 1 000 千克施用，每间隔一次浇水施钾肥 20～30 千克。

6. 植物酵酶风味素　亩备植物酵酶风味素 10 粒，配合碳能复合益生菌液喷洒。苗期可防病、促根生长，后期可控蔓促花，使叶内营养向果实转移。

三、操作步骤

（一）品种选择

用生物技术栽培，碳、钾元素充足，碳能高解钾复合益生菌液可平衡土壤和植物营养，打开植物次生代谢功能，能将品种种性充分表达出来。不论什么品种，在什么区域，都比过去用化肥、化学农药的产量高，品质好，可对接国际市场。

一般情况下，在一个区域就地生产销售，主要考虑选择地方市场习惯消费的品种，以形状、大小、色泽、口感为准。

因品种、密度，管理方法不一样。亩需种 50～75 克，将种子放入瓦盆，倒入 55℃温水，边倒水边搅拌，水温下降到 25～30℃时，浸泡 4 小时，然后用干净湿纱布包好，放在 30℃处催芽，20～24 小时后露白即可播种。

（二）苗床土配制播种

每亩需 25～30 米² 育苗床，床土配制为腐殖酸有机肥 40%、阳土 40%、牛粪（七八成腐熟）20%。300 倍液的碳能益生菌液与粪肥拌匀整平。种子用碳能复合益生菌液 20～50 倍液浸泡消毒。播前浇足水，深 4 厘米，积水处撒细土将畦面赶平。播后覆土 0.5 厘米厚。盖地膜保温保湿，幼苗出土后逐渐放风炼苗。出齐前一般不再浇水。

用有机生物技术不嫁接完全可以高产优质。出苗 60% 时揭膜放湿，子叶展开按长、宽 2～3 厘米疏苗，3 片真叶时按长、宽 8～10 厘米分苗，分苗时用碳能生物菌液 300 倍液灌根。

移栽前 10 天，用碳能生物菌液 100 克兑水 15 升喷洒幼苗，喷后保持 2～3 天较高湿度，使益生菌大量繁殖，以菌克菌，抑制和杀灭有害菌。苗期茎秆过高时，用 1 200 倍液那氏齐齐发植物诱导剂喷雾控制，还可提高抗逆性。

（三）施肥

根据当地当时土壤有机质含量定投肥，高产要求土壤有机质含量达 5％左右，每千克干品有机肥可供产果 5 千克。可考虑做 2 种配方试验：一是牛粪为主的有机肥，牛粪60％～70％，菇药渣 30％～40％。二是菇药渣为主的有机肥，菇药渣 60％～70％，牛粪30％～40％。垄宽 80 厘米，高 10 厘米。定植两行在垄沿边缘。较化学技术管理及品种介绍少栽 15％左右，即行距不变，株距加大。有机瓜栽培要保持田间通风，透光良好，亩栽 800～1 200 株，一畦两行，畦边略高，秧苗栽在畦边高处。

栽后结合灌水施碳能益生菌，每亩 2～3 千克。缓苗后用 800 倍那氏齐齐发植物诱导剂灌根茎部，即取 1 个塑料盒，放入 50 克原粉，用 500 毫升沸水冲开，存放 2 天，再兑水 40 升，均匀灌根，可控秧壮根，增根 70％左右，以 20℃左右施用为准。

（四）自制生物有机肥、生物沼液和降解化学残留及除草剂液、防病虫害液

参见第二章第一节有机水稻优质高效栽培技术方案。

（五）管理

1. 矮化植株　使植株高低一致，瓜秧高保持 1.7 米左右，老叶、黄叶早摘。用那氏齐齐发植物诱导剂控秆防高，50 克兑水 40 升，灌根和叶面喷洒，提高叶面光和强度 0.5～4.9 倍，每个节长掌握在 15 厘米以内，茎粗 1.3 厘米左右。管理中常配合天气情况，白天保持 3 天左右低温弱光分生幼瓜和 4 天左右高温较强光膨大中小瓜；缺幼瓜时遮阳降温，迟揭早盖草苫，晚间点燃少量柴草造成轻度烟雾，增加幼瓜数量，不疏瓜，1 个节可留长 4～5 个瓜，能长大。

2. 温度管理　授粉之前白天温度控制在 35℃左右，不能高于 38℃，不低于 30℃；授粉时白天温度控制在 35℃左右；授粉后白天温度控制在 37℃左右，不能高于 40℃，不低于 34℃。三沟棚宽 11～12 米；四沟棚宽 12.5 米。管理温度比两沟种植的低 3℃，夜温要稍高。

中耕 2～3 次，深 2～5 厘米。结合中耕除草浇 3～8 次水，保持小水勤浇，地面见干见湿，结合灌水每次亩施碳能复合益生菌液 2 千克。每间隔 1 次浇水施 51％天然钾 20～30 千克，保持果实生长膨大的营养供应。中间可补充沼液。白天保持 22～32℃，前半夜18～15℃，后半夜授粉期 12～13℃，长瓜期 8～11℃。蔓不疯长，产量高。谨防温度高于35℃和低于 8℃。用复合益生菌液 500 倍液喷洒叶面，减轻药害。用那氏齐齐发植物诱导剂 50 克兑水 40 升喷洒，可保花保果，增强叶片的光合作用。

授粉后到定瓜期湿度太大、夜晚温度过高（超过 30℃）。土壤营养失衡、中微量元素拮抗，会引起落花落瓜或瓜长不大。叶面施用北京金山吉山乐生稀土水溶肥或植物酶风味素 1 粒兑水 15 升可防止裂瓜。

因瓜根系生长快且易老化，适宜在长、宽均 10 厘米的营养钵中育苗，营养土为 20％腐殖酸肥，30％腐熟牛粪，50％阳土。每平方米基质营养土加入 0.1 千克磷酸二氢钾，搅匀装入育苗钵七八成高，种芽向下，覆湿润营养土 1.0～1.5 厘米，浇水至渗透到种子处。白天温度 25～32℃，夜间 18～20℃，2～3 天出苗后，昼夜温度下降 5℃，防止高温徒长。幼苗 3～4 片真叶，苗龄 35 天左右时定植。

当土壤 10 厘米温度稳定在 15℃ 以上时移栽，每亩施牛粪 3 000 千克，鸡粪 2 500 千克，腐殖酸磷肥 80 千克，硫酸钾 30 千克，50％ 撒施，50％ 穴施、条施。棚内按 60 厘米行距整畦，株距 35～40 厘米，每亩栽 1 800～2 000 株。两膜一苫采用吊立式栽培。

从成熟度上可看出外皮变化，便于杜绝生瓜上市与误购。采收前 1 个月，将植物酵素风味素胶囊旋转打开，将其中粉末倒入水中，每粒兑水 30 升叶面喷施，以早晚 20℃ 左右时喷施效果为好。

生长过程保证钾肥充足。过量施氮素肥，不仅可萌生过多侧枝，分散营养，影响膨瓜，而且会降低含糖量。在有机肥施足，瘠薄地可增施标准用量 50％ 的前提下，叶面积结构以互不拥挤、田间散射光充足、地面可见直射光 5％ 左右为准，不追施或结瓜期禁施氮素化肥。

钾是瓜膨大的主要营养，结瓜期按每千克 50％ 硫酸钾产瓜 80 千克施钾，可大幅度提高产量，增加含糖 0.8％ 左右。每亩施 50 千克芝麻或大豆饼肥时味更佳。

保证昼夜温差。春秋两作宜建设鸟翼形大棚，保证结瓜期昼夜温差在 10℃ 以上，即白天 28℃，夜间 12～15℃。冬至前后室内最低温度在 12℃ 以上，白天 30℃ 左右。保证光合强度、营养运转和积累。

禁止大水漫灌。甜瓜根系浅而密集、持水耐旱，不需大水漫灌，否则易积水沤根，影响光合产物的积累，使瓜小质劣，可装备滴管或铺沙降湿栽培。

盐碱地平栽盖地膜。pH 超过 7.5 的水土地块，为防止地面土含碱过重，可采取平畦栽植。11 月至翌年 4 月铺地膜保墒保温，控湿控碱。

4～5 片叶时将主蔓摘心，促生侧蔓，选两个壮侧芽引蔓上架。单蔓整枝留 1 芽，其余子孙侧蔓全部摘除。一般留瓜多在 10～14 节处，如苗期喷灌那氏齐齐发植物诱导剂，光合作用提高 1～4 倍，可在 8～10 叶处留 1 个瓜，还可在 14～16 叶时再留 1 个瓜。植株短化，增产明显。当瓜 250 克左右时，用网兜吊起，高度一致，便于管理。

瓜必须授粉，无昆虫传粉须进行人工授粉，即在上午 9—10 时，将当天新开雄花摘下，将散粉雄花花冠摘除，露出雄蕊，涂抹雌花柱头，1 朵雄花可涂 3～4 朵花，经昆虫或人工授粉的瓜风味纯正。用防落素蘸花，瓜畸形，有异味。膨瓜期追施 50％ 硫酸钾 50 千克，可供产瓜 5 000 千克左右，粪肥中的钾可供产瓜 3 000 千克左右，叶面施用植物酵素风味素，1 粒兑水 15 升，提高含糖 1.5％～2.0％，果面光滑，使叶面营养往果实转移，产量可达 6 000 千克以上。

（六）病害防治

防病用北京金山吉山乐生稀土水溶肥或植物酵素风味素，配复合益生菌液，或硫酸铜配碳酸氢铵，叶面喷洒，防治晚疫病等细菌性病害；用可口可乐饮料 100 倍液叶面喷洒可防治真菌性病害。用复合益生菌液 500 倍液叶面喷洒可防治蔓枯病、猝倒病、霜霉病。

（七）虫害防治

蚜虫、二十八星瓢虫的防治：赛众调理剂 5 千克原粉，用 1 千克醋、15 升水拌匀，放 48 小时，兑水 30 升取其浸出液，在幼苗期或在生长嫩芽处叶面喷洒，利用其中的硅元素避虫，利用中微量及稀土元素增强作物皮质厚度防治病害。

经常浇施或叶面喷碳能生物菌液可以防死秧、根结线虫、地面飞虫、红蜘蛛、蜗牛、蚂蚁和地下害虫（蛴螬、蝼蛄、地老虎）等。在大棚通风口或南边栽一行芹菜防治白粉虱。

用米糠、玉米粉拌复合益生菌液防治根结线虫等地下害虫，冬季地下害虫活动较弱，是杀灭的好机会。亩取小米糠 30 千克，玉米面粉 20 千克，复合益生菌 2 千克混合拌匀装入塑料袋内，放置 20～30℃环境中，发酵 3～4 天，分两次冲入田间，间隔 15 天左右，可有效地清除地下害虫，特别是根结线虫，还能防止土壤连作障碍，使耕地能连续高产优质的栽培。

四、典型案例

案例 1 陕西蒲城苏坊农技推广站连增亲，1998 年用生物技术在当地 pH 为 8.2 的水土环境下种植甜瓜，当年每亩两作，产瓜 7 000 千克，收入 7 万余元。4 年发展 200 公顷甜瓜，一茬亩产 5 200 千克。

案例 2 云南省临沧市耿马傣族佤族自治县孟定镇赵树云，2015 年选用台湾碧秀西瓜品种，亩栽 100 株，4 月下种，4 月定植，亩施牛粪 5 000 千克，碳能高解钾复合益生菌液 5 千克，那氏齐齐发植物诱导剂 50 克（800 倍液），5 月底上市，11 月上旬结束，亩产 5 500 千克，平均 2.8 元/千克出售，收入 1.54 万元，品质优良，单瓜 500 克左右，比化学技术亩产 3 000 千克左右增产 0.8 倍，较化学技术亩节省农药 2 400 元，节省工费 1 000 元。

案例 3 北京海淀区台头村华日农庄董尚云、王齐功，2012 年以来，应用生物集成技术种植西瓜，被北京市评为先进集体。

案例 4 甘肃省酒泉市肃州区东文化街 35 号张立堂，2012 年早春在国家农业综合开发戈壁滩基地温室里种植凌玉 3 号甜瓜，用秸秆、牛粪各 5 吨，鸡粪 2 吨，分 6 次施复合益生菌液 8 千克。施那氏齐齐发植物诱导剂 50 克，兑水 80 升，苗期喷 1 次。施赛众钾 25 千克，甜瓜脆甘。一般栽培株留 3 个侧枝，结 6 个瓜，每个瓜 0.5 千克。用生物技术种植秧苗后劲足，每株结瓜 12 个左右，增产近 1 倍，每亩栽 1 350 株，产瓜 7 500 千克（品种介绍产量为 3 000～4 500 千克），每千克批发价为 60 元。

案例 5 山西新绛县南梁村付虎子，2009 年种植了 7 个大棚的西瓜，品种为京欣，亩栽 800 株左右，3 月亩施鸡粪 6 000 千克，三元复合肥 100 千克，造成土壤养分浓度大，20 天植株僵化不长，亩冲入复合益生菌液 2 千克，3 天恢复生机，之后增产明显，效果优异。而留的两行对照仍处于僵化状态。后来又用北京金山吉山乐生稀土水溶肥或植物酵酶风味素喷洒叶面，45% 硫酸钾每次施 24 千克，瓜甜、瓤脆、皮薄。5 月初收获第 1 茬瓜，每个瓜 5 千克左右，产瓜 3 800 千克，之后又结出第 2 茬瓜，每个瓜 3 千克左右，20% 达 6 千克左右，续产 3 000 千克，总产 6 800 千克。

案例 6 内蒙古巴彦淖尔市乌拉特前旗乌拉山镇王建功，2013 年 11 月 22 日在温室里下种栽培越冬西瓜，品种为台湾农友公司"新西兰"品种，他租赁的地属黏性土，板结严重，前茬亩施鸡粪 1.2 万千克，种西瓜时没有施有机肥，在定植穴内施入 40 千克谷糠拌益生菌液 2 千克。亩栽 1 500 株，之后分 6 次追水，施入益生菌液 8 千克；定植后叶面喷过 1 次那氏齐齐发植物诱导剂 800 倍液控秧，提高光合效率；喷过 3 次北京金山吉山乐生稀土水溶肥或植物酵酶风味素，增加瓜甜度和美观度；发现叶茎有轻微病害时，用植物酵酶风味素1粒，加生物菌液100克，兑水15升防治。较化学技术亩花费农药3 000元左右节省2 800余元。在膨瓜期分4次随水施入50％硫酸钾100千克，吊蔓管理，每株留2头，各长1个瓜，较化学技术每株长1个瓜增产1倍左右，单瓜平均重2.2千克，较品种介绍单瓜重1.5千克增重0.7千克，重者高达5.5千克。4月初至5月初上市，亩产5 440千克，每千克批发价为14元，亩产值7.6万余元。用生物集成技术种植，地松软，瓜沙甜，管理中几乎无病虫危害。

案例7　陕西省大荔县葫芦庄村刘社长，2010年在温室种植吊秧西瓜，合亩产7 200千克，收入10万元。具体做法为1 000米²施牛粪1.2吨，鸡粪700千克，用复合益生菌液1千克分解有机肥，拌50％硫酸钾25千克，定植3 200株，栽后用那氏齐齐发植物诱导剂1 000倍液灌根，双蔓整枝，主蔓在8～9叶处留1个瓜，4月30日开始采摘，5月10日结束，采收后剪去主蔓，让次蔓再长1个瓜，追施50％硫酸钾50千克，复合益生菌液菌液2千克。叶面喷1次1 000倍液的那氏齐齐发植物诱导剂，每15千克液中放植物酵酶风味素1粒，每株长两个瓜，单瓜重1.5～2.5千克，4个瓜1盒，主蔓瓜1盒售价100元，次蔓瓜一盒售价40元。平均每盒70元，总收入11.2万元。折合亩产瓜4 000个左右，产量7 200千克，收入7万余元。

第十六节　有机香蕉优质高效栽培技术方案

一、土壤要求

2019年2月到海南省澄迈县永发镇取土化验，结果为有机质含量为1.29％～1.54％，高产优质田应是2.5％～6.0％；氮含量为128～168毫克/千克，高产优质田是50～120毫克/千克，不需施氮肥；有效磷含量为20.8～146.0毫克/千克，高产优质田是40～80毫克/千克，用碳能复合益生菌，磷有效性可提高1倍以上，不需再施磷肥；有效钾含量为122～166毫克/千克，高产优质需240～500毫克/千克，不知该地缓效钾数值，尚需亩补51％天然水洗钾20～30千克，即每株在结果前穴施0.5千克，按每千克可供产鲜果100千克施用；pH 6.4，沙石土，透气性好，根深，海拔600米左右，宜长果；天然水，有机质碳、氮丰富。加上施有机肥，益生菌分解提高钾有效性，连年株产100千克，亩产4 000千克左右。

采用常规栽培技术，香蕉亩产2 000千克，土壤有机质含量在2％～3％时，采用生物集成技术，有机生产亩产可达4 000千克。

土壤要求具体如下：①土壤有机质含量达2.5％～3.0％。②有效钾含量保持240～330毫克/千克。③电导率在500微西/厘米以下。④土壤耕层深度达45厘米以上。⑤土壤pH为6.5～8.0。⑥土壤固氮酶活性为600纳摩尔/（千克·天）。

二、备料及投入

1. 有机肥　按每千克有机肥干品可供产香蕉5千克计算，每亩施有机肥干品2 000～3 000千克，有机肥以蘑菇渣、中药渣、牛粪、秸秆为好。

2. 土壤调理肥　亩备土壤调理肥50千克，其中基施40千克，生长期醋泡浸出液叶面喷洒 10 千克。

3. 碳能益生菌液 亩备碳能复合益生菌液 5 千克，早春或沤肥浇 2 千克，结果期与花芽分化期水冲 2 千克，叶喷洒 1 千克，喷 2~3 次。

4. 植物诱导剂 亩备那氏齐齐发植物诱导剂 5 袋，其中早春生叶开花前用 800 倍液喷 1 次，约需 2 袋；枝抽 10 厘米左右时用 500 倍液喷 1 次，约需 3 袋。植物诱导剂使作物光合强度增加 50%~491%。

5. 钾肥 亩备 51% 水洗天然硫酸钾（增果）25~30 千克。根据土壤中的钾素含量酌情施用，按每千克可供产香蕉 100 千克施用。

6. 植物酵酶风味素 亩备植物酵酶风味素 10 粒，配合碳能复合益生菌液喷洒。花蕾期可防病保果，中后期可控枝抽出，使叶内营养向果实转移，糖度增加 2%~4%，愈合果面病虫害斑点和裂口，释放果实化感素和风味素。

三、栽培技术

传统技术每株分 3 次施生物有机肥 10 千克左右，三元复合肥 12~15 千克，亩肥料投资 520 元左右，化学农药投资 150 元，腐烂病果、虫伤果、次品果严重，有些地块死株率达 30% 以上。采用生物集成技术管理，2 500 千克有机肥中含 50% 钾 20 千克，可供产 2 000 千克果，株施含钾 8% 和含硅 42% 的赛众调理肥 0.75 千克，亩施含钾 51% 的天然矿物钾肥 25 千克，可满足产果 5 000 千克对钾素的需求。亩冲复合益生菌液 4 千克，生长期不用任何化学肥料和化学农药，土层内固氮酶活性达 600 纳摩尔/（千克·天）以上，流胶病、腐烂病基本消失。

（一）备肥

在种植前 2 个月，用复合益生菌液 2 千克配制成 50~500 倍液，喷洒在猪牛粪、塘泥、草皮泥上，加适量复合肥一起堆沤，腐熟后每坑施 10 千克作为定植基肥使用。

（二）自制生物有机肥和沼液肥

将当地价廉动物粪便、植物秸秆堆在一起，宽 4 米多，高 80 厘米，长不限，每 10 吨左右取碳能益生菌 2 千克，兑水多少视粪肥含水量而定，一般 50~500 倍均可，以喷后地面不流水为度，盖旧塑料薄膜防雨淋，一般鲜秸秆沤制 7 天，干秸秆和禽类粪沤制 15 天，牛粪和磨碎秸秆沤制 3~5 天，即可施入果树根际周围。成本比商品生物有机肥降低 50%~70%。挖一坑或建一池，将粪、秸秆放入加水，自然沤烂产生沼液，用之浇地养地保果，效果尤佳。

（三）整地

在种植前对蕉园进行二犁二耙，为根系的生长创造一个疏松的土壤条件。

（四）定植

种植前按照 2 米×2 米的定植株行距进行定点拉线，并挖长、宽、深各 0.4 米的定植坑。亩植 165 株左右（或 2.0 米×2.5 米，亩植 130 株）。先将 10 千克的腐熟基肥放在定植坑底，后盖土，高出地面 10~20 厘米，防止定植后下陷引起积水。选择叶片浓绿、根系发达、高 15~20 厘米、具有 5~6 片新叶、无病虫害的苗。春植在 2 月中下旬，秋植在 9 月，两个时期均可定植。将蕉苗按大小分级、分区定植，可方便管理。种时在定植坑的中央开一小穴，将苗轻放于坑内，深度为土埋蕉头 10 厘米左右，种苗的切口朝向一边，栽后稍加踩实，淋足定植水，盖好稻草。

（五）田间管理

第 1 次施肥在 3—4 月，每株用益生菌腐熟肥 3～5 千克，施后盖薄土。第 2 次在 6—7 月，在蕉畦铺施肥料，每株施土杂肥 50 千克，花生麸 0.2 千克，施后浅培土。第 3 次在 8 月上中旬，每株施土杂肥 25 千克、农家肥 5 千克、麸肥 0.2 千克。另外，在小叶期每隔 7～10 天追施 1 次腐熟粪水，在大叶期每隔 10 天追施 1 次经沤制的花生麸水。香蕉小叶期、抽蕾前后、小果期用植物诱导剂 1 200 倍液、喷施宝 120 倍液、0.3％磷酸二氢钾喷施。采收前 1 个月，将植物酵酶风味素胶囊旋转打开，将其中粉末倒入水中，每粒兑水 30 升叶面喷施，以早晚 20℃左右时喷施效果为好。

（六）排灌、除草

蕉田要高畦深沟，以利排水和降低地下水位，又能灌溉。旺盛生长期间，要经常保持畦沟浅水层，以便旱季早晚淋水，做好蕉畦覆盖。蕉是浅根生植物，除草时应用手拔除，不要踩上畦面或锄伤根群。

（七）留芽除芽

割除头路芽，待二路芽或三路芽抽生后留用适合的 1～2 个芽，其余芽全部去掉。

（八）断蕾

蕉抽蕾后，注意田间检查，当蕉轴顶端 1～2 梳不结实时，于晴天下午进行断蕾，减少树液流失，待伤口不流树液时，用多菌灵 500 倍液等杀菌剂涂刷伤口。

（九）控叶促花果管理

生长正常或过旺的树可用植物诱导剂保花，在新梢旺长初期、中期及秋梢生长期控枝。喷植物酵酶风味素，每粒兑水 15 升，叶面喷洒，同时可有效抑制植株旺长，促花保蕾。也可在新梢开始旺长时叶面喷施植物诱导剂 800 液，同样对促花有效，能防止春寒花蕾受冻害。在气候不良和花少的年份，在香蕉盛花初期进行人工授粉或放蜂，确保坐果。

（十）病虫害防治

1. 病害防治　发现叶僵缺钙、花蕾矮小，花蕾喷洒生物菌 1 000 倍液。高温、低温期发现叶脉曲缺硼、干缘缺钙，叶面喷施食母生片或过磷酸钙配食醋 300 倍液。发现叶片黄，叶面喷施益生菌液＋红糖 300 倍液。发现花蕾凋萎，控秧、控湿、施钾，蕾果上喷益生菌液 1 000 倍液。发现真菌、细菌病害，即叶斑病，花叶心腐病，可用硫酸铜配碳酸氢铵 300 倍液，叶面喷洒防治。

2. 虫害防治　用阿维菌素防治白粉虱、蓟马、蚜虫。用灭蝇胺·杀虫单防治斑潜蝇。用复合益生菌液防治红蜘蛛或钻心虫。弄蝶、蝗虫、卷叶虫、象鼻虫等害虫的防治方法是及时摘除叶上虫苞。炒香 2.5 千克麦麸，拌糖、醋、敌百虫各 0.5 千克，傍晚置田间地头诱杀，也可用黄板粘杀飞虫，田间施稻壳（其中硅元素丰富，可抑制虫害发生）。

四、典型案例

案例 1　广西壮族自治区南宁市武鸣区罗波镇翟富爱，2012 年承包 4 公顷地种植香蕉，在 4 月中旬地面遮阴率达 90％左右时，施生物菌肥 80 千克（合 160 元），到 10 月收获，较采用化学技术早上市 10 天左右，每千克售价高 0.4 元，每串平均重达 45 千克，较没用生物菌者 35 千克增产 10 千克，增产加早熟增收，投入增产比 1：23.7。用生物技术种植的香蕉比传统化学技术增产 26％以上，亩产 3 000 千克左右，多收入 3 800 余元。

案例 2 海南省澄迈县永发镇何云海，2017 年用生物集成技术种植香蕉，在有机肥充足的情况下，用生物菌灌根和喷洒那氏齐齐发植物诱导剂后，产量比对照增加 0.8 倍，连年亩产香蕉均在 4 000 千克左右，一级商品果由过去的 65％提高到 90％，产品价格由 2015 年的 3 元/千克提高到 6 元/千克，增值 5 000～10 000 元，几乎不考虑病虫害防治，果实丰满，润甜。

第十七节　有机苹果优质高效栽培技术方案

苹果是一种常用的大宗鲜果，老幼皆宜，营养价值和医疗价值均高，被越来越多的人称为"大夫第一药"。许多人把苹果作为瘦身必备品。

辽宁是我国三大优质苹果生产基地之一，西部一带有近两亿株 7～13 年树龄的各类品种苹果树。2016 年，秦皇岛酵德一家生物科技有限公司侯维真，立足用生物技术生产苹果，初见成效，受到广大农户和食用者的赞许。马新立于 2018 年 10 月 5 日亲临调查该果树，叶面积较小，果个大，亩产已达 5 000 千克左右，产品适口性较好，较一般果甜酸，芳香味大，果肉有点松，故特按中国式有机农业优质高效栽培技术成果五要素制订实施方案，再予提升。2018 年 10 月 19 日，202 项农药残毒和 5 项重金属经诺安实力可商品检验（青岛）有限公司化验全部达国际第三方认证要求。

一、土壤要求

采用常规栽培技术，土壤有机质含量在 2％左右时，苹果亩产 3 000 千克，土壤有机质含量在 2％～3％时，采用生物集成技术，有机苹果生产亩产可达 5 000 千克，这也是目前高产目标。

土壤要求具体如下：①土壤有机质含量达 2.5％～4.0％。②有效钾含量保持 240～400 毫克/千克。③电导率在 200 微西/厘米以下。④土壤耕层深度达 45 厘米以上。⑤土壤 pH 为 6.5～8.0。⑥土壤固氮酶活性为 600 纳摩尔/（千克·天）。

全国各地果园土壤有机质与钾含量见表 3-1。

表 3-1　果园土壤有机质与钾含量及产量分析

项　目	海南海口市	贵州山青水秀农业开发公司（六枝特区）	甘肃省合水县板桥镇王保友苹果田	河北省满城区曹三大苹果田	山西临猗李耀明苹果田
有机质含量（％）	1.25	1.39	1.31	3.40	6.30
有效钾含量（毫克/千克）	28.0	33.0	106.2	236.0	564.0
碱解氮含量（毫克/千克）	76.0	78.9	114.3	357.0	49.0

（续）

项　　目	海南海口市	贵州山青水秀农业开发公司（六枝特区）	甘肃省合水县板桥镇王保友苹果田	河北省满城区曹三大苹果田	山西临猗李耀明苹果田
有效磷含量（毫克/千克）	0.5	67.0	29.0	138.0	40.0
批发价			191项农药残毒全部达国际第三方认证要求，12～14元/千克	191项农药残毒和5项重金属全部达国际第三方认证要求，20～24元/千克	
产量（千克/亩）	248	376	4 500	4 400	4 200

中国科学院沈阳应用生态研究所农产品安全与环境质量检测中心崔玉华、王瑜，2016年2月至2018年7月，对辽宁省绥中县高岭镇张浩苹果田取土化验，结果为有机质含量为1.29%～1.54%，高产优质田应是2.5%～6.0%；氮含量为128～168毫克/千克，高产优质田是50～120毫克/千克，不需施氮肥；有效磷含量为20.8～146.0毫克/千克，高产优质田是40～80毫克/千克，用碳能复合益生菌，磷有效性可提高1倍以上，不需再施磷肥；有效钾含量为122～166毫克/千克，高产优质田需340～500毫克/千克，不知该地缓效钾数值，尚需亩补51%天然水洗钾20～50千克，即每株在结果前穴施0.5千克，按每千克可供产鲜果100千克施用；pH为6.4，沙石土，透气性好，根深，海拔600米左右，宜长果；天然水，有机质碳、氮丰富。加上施有机肥，益生菌分解提高钾有效性，连年株产100千克，亩产5 000千克左右。

二、备料及投入

1. 有机肥　按每千克有机肥干品可供产苹果5千克计算，每亩施有机肥干品2 000～3 000千克，有机肥以蘑菇渣、中药渣、牛粪、秸秆为好。

2. 土壤调理肥　亩备土壤调理肥50千克，其中基施40千克，生长期醋泡浸出液叶面喷洒10千克。

3. 碳能益生菌液　亩备碳能复合益生菌液5千克，早春或沤肥浇2千克，结果期与花芽分化期水冲2千克，叶喷洒1千克，喷2～3次。

4. 植物诱导剂　亩备那氏齐齐发植物诱导剂5袋，其中早春生叶开花前用800倍液喷1次，约需2袋；枝抽10厘米左右时用500倍液喷1次，约需3袋。植物诱导剂使作物光合强度增加50%～491%。

5. 钾肥　亩备51%水洗天然硫酸钾（增果）25～50千克。根据土壤中的钾素含量酌情施用，按每千克可供产苹果100千克施用。

6. 植物酶酶风味素　亩备植物酶酶风味素10粒，配合碳能复合益生菌液喷洒。花蕾期可防病保果，中后期可控枝抽出，使叶内营养向果实转移，糖度增加2%～4%，愈合果面病虫害斑点和裂口，释放果实化感素和风味素。

三、栽培技术

传统技术亩栽苹果树 50 株，每株分 3 次施生物有机肥 10 千克左右，三元复合肥 12～15 千克，亩肥料投资 520 元左右，化学农药投资 150 元，腐烂病果、虫伤果、次品果严重，有些地块死株率达 30% 以上。采用生物集成技术管理苹果，2 500 千克有机肥中含 50% 钾 20 千克，可供产苹果 2 000 千克，株施含钾 8% 和含硅 42% 的赛众调理肥 0.75 千克，亩施含钾 51% 的天然矿物钾肥 25 千克，可满足产苹果 5 000 千克对钾素的需求。亩冲复合益生菌液 4 千克，生长期不用任何化学肥料和化学农药，土层内固氮酶活性达 600 纳摩尔/(千克·天) 以上，流胶病、腐烂病基本消失，连年亩产苹果均在 5 000 千克左右，一级商品果由过去的 65% 提高到 90%，产品价格由 3 元/千克提高到 6 元/千克，增值 5 000～10 000 元，几乎不考虑病虫害防治，果实丰满，脆甜。

（一）自制生物有机肥、生物沼液和降解化学残留及除草剂液、防病虫害液

参见第二章第一节有机水稻优质高效栽培技术方案。

（二）整形和修剪，打开植物次生代谢功能

半矮化树和短枝型树多推广小冠疏层形和自由纺锤形。冬季修剪的基本方法有短截、回缩和疏枝。夏季修剪包括摘心、抹芽、疏梢、扭梢、拿枝、拉枝、环剥等基本方法。苹果幼树期的修剪以选留培养骨干枝为主，同时掌握轻剪多留辅养枝，增加枝叶量，使地上部和根系的生长早趋平衡，促进成花结果。人为创伤植株可打开植物次生代谢功能，增强树体抗冻性，使果实能充分释放出风味素和化感素，提高品质。

（三）肥水管理

每年苹果园亩需施入腐熟基肥 2 000～2 500 千克。为提高并延长晚秋苹果叶片的光合能力，基肥中可加入复合益生菌液 2 千克。追肥主要施钾肥，每年进行 1～2 次。开花着果期可施复合益生菌液 1～2 千克，花芽分化期施碳能复合益生菌液 1～2 千克，果实膨大期施复合益生菌液 1～2 千克，防病虫，打开植物次生代谢功能。

（四）控叶促花果管理

生长正常或过旺的树除春刻芽、夏环剥和秋拉枝外，还可应用植物诱导剂保花，在新梢旺长初期、中期及秋梢生长期控枝。喷植物酵素风味素，每粒兑水 50 升，叶面喷洒，同时可有效抑制植株旺长，促花保蕾。也可在新梢开始旺长时叶面喷施植物诱导剂 800 倍液，同样对促花有效，能防止花蕾受冻害。在气候不良和花少的年份，在苹果盛花初期进行人工授粉或放蜂，确保坐果。

四、典型案例

案例 1 山西吉县吉昌镇谢悉村虞林森，2010—2020 年苹果丰满，没有大小年。特别是 2018 年早春果树开花期，因下雪多数树出现冻害，伤叶落花，而用生物技术管理的果树没受到冻害。在苹果田覆盖 50 厘米厚玉米秸秆，取 1 千克复合益生菌液，兑 50 升水喷洒在玉米秸秆上，土壤疏松保水，团粒结构良好，果树根深叶厚，花芽粗壮耐冻，果丰满端正，落叶迟 15 天左右。每年都亩产果 5 000～6 000 千克。

案例 2　甘肃省庆阳市合水县板桥镇薛保忠、王保友，2012—2018 年在 10～18 年树龄的富士品种苹果田，施有机肥（株施羊杂粪 50 千克）＋生物有机肥（株施 250 克）或生物菌液（株施 40～50 克，兑水 50 升）＋植物诱导剂（亩用 100～150 克，配成 800 倍液）＋钾（含量 50％天然钾，株施 2.5 千克）＋植物酵酶风味素（亩施 10 粒，每粒兑水 30 升）＋赛众调理肥（株施 1～2 千克），连年亩产苹果 4 000～5 000 千克，含糖达 18％，销往香港、台湾，果单个售价 4.5～20.0 元，亩产值 2.5 万～5.0 万余元。

案例 3　山西临猗孙吉镇李耀明，用生物技术种植苹果，完全不用化肥农药，苹果亩产控制在 4 000 千克，口感好，含糖达 18.4％。2017 年下半年，每千克批发价 28～36 元。2018 年 4 月 7 日，华北遇－4℃低温，苹果普遍受冻害，而他的苹果花蕾几乎无损失。2015—2016 年，191 项农药残毒和 5 项重金属经检测全部达国际第三方认证要求。2017 年，产品经检测，202 项农药残毒、5 项重金属全部达有机食品标准要求。2017 年 10 月 22 日，苹果田取土化验结果如下：含有机质 6.3％，氮 49 毫克/千克，有效钾 564 毫克/千克，pH 为 6.4。

案例 4　河北省满城区曹三大苹果田，2018 年 4 月 20 日化验情况为土壤含有机质 2.2％，有效钾 236.4 毫克/千克。连年亩产达 5 000 千克左右。

第十八节　有机花椒优质高效栽培技术方案

花椒属落叶灌木或小乔木，在我国种植历史悠久，用途广泛，除叶与果作厨房常见的调味料外，其果皮、根茎、种子均可入药，具有较高的栽培价值。用生物集成方法种植，一是能提前 1～2 年进入高产期，产量提高 0.2～0.5 倍。二是产品可达国际第三方认可标准。三是可办理有机认证手续。

一、花椒品种与生物学特性

花椒主要品种有韩城大红袍、韩城云刺花椒。3 月下旬萌动，4 月初发芽，5 月初为盛花期，早熟种 8 月中旬成熟，晚熟种 9 月上中旬成熟，10 月下旬落叶，生长期190 天左右。

花椒的花芽为混合芽，一般定植 3 年后即可开花结果，5～8 年进入盛果期。结果初期营养生长旺盛，以中、长果枝结果为主。进入盛果期后，成花能力很强，生长中庸的营养枝的侧芽，中、长结果母枝的顶芽及以下 1～3 个侧芽能形成混合芽。

花椒为浅根性树种。苗期主根明显，定植后主根生长减弱，侧根发达，须根尤多。一年中有 3 次生长高峰，第 1 次在萌芽前半个月，第 2 次在谢花后，第 3 次在果实采收后。

二、对环境的需求

花椒耐贫瘠，对土壤要求不严格，一般 pH 6.5～8.0 都能种植，但以 pH7.0～7.5 为最好。

花椒耐寒，能耐－21℃的低温，年均气温为 8～10℃的地区均能栽培。

喜光照，一般要求年日照时数不少于 1 800 个小时。

宜在山地栽培，平原也可，其根系耐水性差，低洼易涝地不宜种植。

三、有机花椒栽培技术

（一）园地选择

栽培园地应选地势开阔且向阳的山坡地，尽量选择土层深厚疏松、排水良好的沙质土或石灰质土。

（二）整地

平地栽培整地可分为块状、带状，块状需要挖出长、宽、深均为 50～60 厘米的栽植穴。而带状整地的深度同样，还需挖出宽度 1.0～2.5 米的沟。山地栽培整地以带状为主，但沟的方向必须与等高线平行，以免造成水土流失。

（三）苗木选择

种子用碳能菌浸泡半小时，晾干后均匀地撒在畦中，亩浇 2 千克碳能菌，盖膜保湿保温，防热防干，促发芽出土。

花椒苗应确保茎干通直粗壮，高矮匀称，幼苗枝梢已经充分木质化。为了提高成活率，应该保证根系足够发达，同时要求主根短而粗，侧根和须根尽可能多，还要确保顶芽饱满，幼苗没有受到病虫侵害，也没有受到任何机械损伤。注重施赛众调理肥和生物有机肥。

（四）适时栽植

春季栽植起苗时间应选择在芽开始萌动时进行。如果秋季栽植，起苗时间则应选在落叶前或者落叶后进行。雨季栽植，随时随地都能起栽。

（五）栽植方法

栽植前定干截梢，为防止叶面水分蒸发，可适当剪去部分枝叶，这样有利于在栽植后成活。根据栽植密度确定栽植点，主要采取按点挖穴的办法。要求每个栽植穴的深度约为 70 厘米，直径约为 60 厘米。挖穴时应将表层 30 厘米以内的土壤和深层土壤分开堆放，并与农家肥 1～2 吨，碳能复合益生菌液 2 千克，或生物有机肥 40 千克进行混合处理（每亩肥用量），在穴土中不要混入化肥和未腐熟有机肥，以免烧坏幼苗的根系。

（六）栽植

定植时先将少许土与肥入穴踩实，然后将苗木放到穴中，确保根系舒展，再将处理的表层土覆盖在幼苗根部，对幼苗进行轻轻提抖。

栽植深度为挖穴埋土比在苗圃时深 2～3 厘米，还要确保每行的苗木都处于同一条直线上。如果栽植地区并不具备灌溉条件，在秋季栽植时，可采用苗木根系蘸碳能菌浆水，栽完后还要采取平茬、培土，浇施或叶面喷 1 000 倍液的植物诱导剂，提高植物的防寒抗热性和光合利用率，有效提高成活率；如果选择春季进行栽植，可在前一年秋季就做好挖穴、施肥和回填等措施，待到来年春季进行栽植时，可以在原穴上挖一个比苗木稍微大点的穴，并倒入适量的碳能菌 500 倍液，再放入苗木做好填土处理。

（七）施肥管理

在进行施肥管理时，主要可以分为基肥和追肥。

花椒摘取完毕之后到来年春季花椒发芽时，都是施用基肥的最佳时期，通常在采椒完成之后就要施用基肥。主要以腐熟生物有机肥为主,配合施用磷钾肥及中微量元素肥。

追肥以碳能菌液和钾肥为主,一年 2～3 次,即花前花后肥、壮果采果肥,在树冠周围环状沟施即可。

根外追肥于发芽期、谢花期、挂果期叶面喷施碳能生物菌 800 倍液,配少许钾肥,可提升树体营养,保证花椒的产量和品质。

(八) 水分管理

花椒对水分的需求量不大,但仍需在每年的花期、秋季施肥期、封冻期前以及发芽期前分别浇 1 次水。

此外,在平地栽培园中,积水会影响花椒树的正常生长以及根茎健康,因此,平地栽培园应在雨季做好排水工作。

(九) 整形修剪

修剪成自然开心形或者丛状形。修剪可分为冬剪和夏剪。花椒树徒长枝、过密枝、重叠枝或者病虫害枝条,都应做剪除处理。

必须坚持整形和结果并重的基本原则。对于刚开始结果的花椒树,应该以疏除为主,特别是那些大中小各类结果枝组。对于正处于茂盛生长期的果树,应采用疏除和修剪并用的办法,这样能够使树枝生长得更加均衡,同时还要对主侧枝以及其他枝组等长势加以调节,如果遇到大枝过多、树形紊乱的情形,可以对部分大枝进行疏除处理。对于新抽营养枝,可以先将木质部分剪去,对于徒长枝,如果内膛有空间,就可以培养成枝组,否则就对其进行疏除处理。同时还要密切注意结果枝组的回缩复壮,从而使花椒树的盛果期得到延长。

对于生长比较健壮的树,只能进行简单修剪,对于长势不是很好,但结果数比较多的枝条,应当做重点修剪。在对衰老树进行修剪时,应充分考虑如何有效改善树木的光照条件。具体做法是促进回缩的主侧枝更新复壮,并对背上旺枝加以合理控制,同时对于隐芽萌发出的中外围长枝,可将其作为主侧枝的更新枝,还要对内膛的徒长枝作短截处理,使之长成结果枝组,还要及时将膛内细弱枝疏除,这样能够使花椒衰老期来得晚一点。

夏剪是在冬剪的前提之下,既要做好整形工作,又要注意不影响花椒结果。在花椒生长季节,可以将树干基部 30～50 厘米的枝条进行疏除,留下主枝和侧枝,还要通过各种方法对主枝角度进行调节,为 60°～70°。如果遇到主侧枝生长过旺的情况,可以进行全面摘心处理,以促进分枝生长。对于细弱主枝的延长头,可以将枝头角度进行适当抬高,以促进花椒生长。在旺盛期可用植物诱导剂 700 倍液控枝,防止徒长。

在 6 月初,应对背上弱枝进行摘心处理,对于强枝过多的情况,要进行摘除,以促进枝组生长。在 8 月上旬之前,需要再次对新梢进行摘心处理,对于主干基部萌发的徒长枝、内膛枝以及重叠枝和病虫枝,应当做疏除处理。

另外,还要对主枝和侧枝开张角度进行控制,以抑制其生长,如果遇到主枝方位角不合理的情况,则需要对可拉枝进行调整,从而使得主枝分布更加均匀,将其向外进行拉伸,这样能够充分利用空间和光照。

(十) 花果管理

一般在 3 月下旬萌芽,4 月中旬显蕾,5 月上旬盛开,5 月中旬开始凋谢。若此时管理跟不上，会发生大量的落花落果现象，可以采用下列措施保花保果。盛花期叶面喷植物酵酶风味素，每粒兑水 15～20 升。在果生长期叶面喷 1～2 次植物酵酶风味素，使叶片营养向果转移，充分释放化感素和风味素，提高产量和品质。盛花期、中花期喷碳能复合益生菌配酵酶风味素 300 倍液。落花后每隔 10 天喷磷酸二氢钾 800 倍液，喷 2～3 次。

（十一）病虫防控

花椒常见病虫害有根腐病、锈病、膏药病、虎天牛、蚜虫、跳甲等，用生物集成技术均可预防，病虫害不会大发生。

四、典型案例

案例 1 山西省稷山县西社镇范家庄村张德奎，在贾喜平的带领下，选用大红袍品种。2019 年 9 月 15 日，一年挂果，亩产 45 千克，3 年树龄亩产干品可达 100 千克左右。该村种植 2 800 亩。

案例 2 山西新绛县泽掌镇张家庄张狗文，在山坡地种植 50 亩花椒，3 年后已进入高产期，2019 年每千克 160 元，全家年收入 70 余万元。

案例 3 山西省新绛县泽掌镇涧西村樊巧云、横桥镇翟家庄村张三马种植百亩左右花椒，一般亩产干品 50 千克，每千克净品 160 元，亩产值 8 000 余元。有机栽培亩产 65 千克，每千克售价 200～240 元，亩产值 1.3 万～1.5 万余元。

第四章

有机蔬菜优质高效栽培技术

2019 年 2 月 24 日,中共中央办公厅、国务院办公厅出台《地方党政领导干部食品安全责任制规定》,我国有机肥替代化肥开展两年多以来,各地行政科技管理部门也做了一些试验示范推广工作,有些农资店开始注重经营生物土壤调理肥和生物农药,以便提高农产品的质量和效益。如山西新绛县供销社农资供应中心南苏村经营部张丽英,组织农资大户采购中药有机肥和碳能复合益生菌液,2018 年在龙兴镇桥东村山药上推广,亩产达 3 900 多千克,产品销往上海,产量、价值均提高三成以上。玉米试验结果为基本无病虫害,亩产达 1 000 千克,较施化肥增产 150 多千克,效果良好。

安徽六安市金寨县茶叶局任国钧介绍,该县在茶叶上已停止经营与应用化肥和化学农药。改变了群众认识,并提高了农产品的质量与效益,产值提高 1 倍,由亩收入 6 000 元提高到 12 500 元左右,效果显著。

海南省委、省政府决定,要求海南省农业农村厅 2019 年从 2 300 万亩果菜上着手,全面解决有机肥代替化肥问题,有机肥替代化肥 27 万吨,建设绿色海南岛。

河北雄安市委、市政府决定,从果菜茶入手,全面推行有机肥替代化肥事业。从质量上提高效益,保证食品安全,完成国家安排的任务。

目前,我国有机肥替代化肥还没有形成全面态势,普及尚不深入,食品安全仍存在一定隐患,各级政府应从解决新鲜食品类别食品安全问题,逐步向粮食中药材方面全面推进。

故建议,各地各级政府及管理部门,一是要争取国家有机肥代替化肥的政策补助,同地方设法从鲜食农产品上着手落实。二是大力宣传生物土壤调理肥产品的系列应用报道,以引导示范,扩大有机肥供应范围。三是推广山西新绛县科技人员研究的中国式有机农业优质高效栽培技术成果,保证产量提高、品质达标、有机认证和生态保护。四是在地方市县组织一场有机肥替代化肥的大型活动,首先从科技人员和农资经营者入手。五是制定有机肥替代化肥方案和实施办法,首先在果菜茶上落实,让农资经营者将有机绿色农资经营工作活跃起来,促进地方在果菜茶上实施有机肥替代化肥农药工作,对接中央精神和人民食品安全生产问题。

第一节　有机番茄优质高效栽培技术方案

2018 年 4 月 20 日,经中国农科院土壤肥料研究所化验,山西省新绛县北燕村段春龙温室田土壤含有机质 5.5%,有机优质高效栽培技术标准要求 5%~6%,刚好;土壤碱解氮含量为 142.6 毫克/千克，标准要求 120～140 毫克/千克，刚好；有效磷含量为 63.4 毫克/千克，标准要求 40～80 毫克/千克，刚好；速效钾含量为 529.8 毫克/千克，标准要求 400～500 毫克/千克，刚好；有效钙含量为 2 516.2 毫克/千克，刚好；硼 10.2 毫克/千克，刚好。

一、土壤标准要求

亩施 3 000 千克有机肥可使土壤有机质含量提高 1%。近年来，采用常规栽培技术，土壤有机质含量在 2%～3% 时，番茄亩产 4 000～5 000 千克。采用生物集成技术，土壤有机质含量达 3% 时，有机番茄生产可以实现亩产 7 000～8 000 千克的目标；土壤有机质含量达 4% 时，可以实现亩产 1.5 万千克的目标；土壤有机质含量达 5%～6% 时，可以实现番茄亩产 3.0 万～3.5 万千克的目标。

各地番茄地土壤有机质与钾含量见表 4-1。

表 4-1　番茄地土壤有机质与钾含量及产量分析

项　目	山西省新绛县北杜坞村段成农田	山西新绛北杜坞村段永奎农田（用生物技术）	山西省新绛县北燕村段春龙农田	山西省新绛县西行庄村光立虎农田	重庆市阿陀利生态农业有限责任公司基地
有机质含量（%）	2.2	4.0	4.1	5.7	5.8
有效钾含量（毫克/千克）	951.0	1 212.0	529.8	503.0	508.0
碱解氮含量（毫克/千克）	68	138	642	674	340
有效磷含量（毫克/千克）	205	206	288	104	113
pH	7.8	7.8	7.8	7.8	
产量（千克/亩）	7 300	13 000	19 800	26 800	32 000

土壤要求具体如下：①土壤有机质含量达 5%～6%。②有效钾含量保持 450～500 毫克/千克。③电导率在 1 000 微西/厘米以下。④土壤耕层深度达 55 厘米以上。⑤土壤 pH 为 6.5～8.2。⑥土壤固氮酶活性为 1 200 纳摩尔/(千克·天)。

二、备料及投入

1. 有机肥　按每千克有机肥干品可供产番茄 5 千克计算，每亩施有机肥干品 6 000～10 000 千克，所有动物粪便和植物秸秆、果壳、谷壳均可，以蘑菇渣、中药渣、牛粪、秸秆为好。

2. 土壤调理肥　亩备赛众土壤调理剂 100～125 千克，其中基施 80～105 千克，生长期醋泡浸出液叶面喷洒 20 千克。

3. 碳能益生菌液　亩备碳能复合益生菌液 15～20 千克，苗圃喷浇 1～2 次，田间管理每次随水冲浇 2 千克，下次随水冲施钾肥，交替进行。碳能复合益生菌分 4～6 次冲施，钾肥分 3～4 次冲施。叶面喷洒 1～2 千克，喷 4～8 次。

4. 植物诱导剂　亩备那氏齐齐发植物诱导剂 4～5 袋，其中苗圃用 1 200 倍液喷 1 次，约需 0.5 袋；定植后用 800 倍液灌根 1 次，约需 1.5 袋；生长中后期用 600～700 倍液叶面喷 2～3 次，每次 1 袋。施用那氏齐齐发植物诱导剂后，植物光合强度增加 50%～491%。

5. 钾肥　亩备 51% 天然硫酸钾（壮秆增果）100～225 千克。根据土壤中的钾素含量酌情施用，按每千克可供产番茄 100 千克施用，每间隔 1 次浇水 30 升左右。

6. 植物酵酶风味素　亩备植物酵酶风味素 15～30 粒（0.6 克/粒），配合碳能复合益生菌液（200 毫升/瓶）喷洒。苗期可防病促根生长，后期可控蔓促花，使叶内营养向果实转移。

三、操作步骤

（一）品种选择

用生物技术栽培番茄，碳、钾元素要充足，碳能高解钾复合益生菌液可平衡土壤和植物营养，打开植物次生代谢功能，能将品种种性充分表达出来。不论什么品种、在什么区域，都比过去用化肥、化学农药的产量高，品质好，就番茄而言，优良品种可对接国际市场。一般情况下，在一个区域就地生产销售，主要考虑选择地方市场习惯消费的品种，以形状、大小、色泽、口感为准。

（二）育苗

每亩需 25～30 米² 育苗床，床土配制为腐殖酸有机肥 40%、阳土 40%、牛粪（七八成腐熟）20%。碳能生物菌液 300 倍液与粪肥拌匀整平。将碳素有机基质装入营养钵内，或用牛粪拌风化煤或泥炭做成基质，浇入复合益生菌液，每亩苗床用 2 千克。在幼苗期叶面喷 1 次 1 200 倍液的植物诱导剂，既保证根系无病、发达，又可及早预防病毒病和真菌、细菌病害，使植株抗热、抗冻、抗虫。

（三）种子处理

种子用碳能复合益生菌液 20～50 倍液浸泡消毒。根据当地气温变化情况决定留穗多少和目标产量，晋南越冬茬在 8 月下旬播籽，9 月下旬至 10 月上旬定植，留 13 层果，3 月亩产 2 万千克。播前浇 1 次足水，深 4 厘米，积水处撒细土将畦面赶平。播后覆土 0.5 厘米厚。盖地膜保温保湿，幼苗出土后逐渐放风炼苗。出齐前一般不再浇水。番茄田每行设一滴灌管，每株茎基部设一猫眼滴水。在田间施足碳素有机肥和复合益生菌液。叶面喷洒植物诱导剂，在植株抗旱、抗冻、抗热的情况下，在结果期通过滴灌管浇水施入复合益生菌液 2～4 千克和 50% 天然硫酸钾 24 千克。空气湿度小，利于番茄深扎根、授粉坐果和果实膨大、着色一致。

（四）苗期管理

出苗 60% 时揭膜放湿，子叶展开按长、宽均为 2～3 厘米疏苗，3 片真叶时按长、宽均为 8～10 厘米分苗，分苗时用碳能生物菌液 300 倍液灌根。

移栽前 10 天，用碳能生物菌液 100 克兑水 15 升喷洒幼苗，喷后保持 2～3 天较高湿度，使益生菌大量繁殖，以菌克菌，抑制和杀灭有害菌。苗期茎秆过高时，用 1 200 倍液那氏齐齐发植物诱导剂喷雾控制与提高抗逆性，空气湿度保持在 65% 左右，利于扎深根、授粉受精、坐果着色。幼苗期和定植后喷 1～2 次植物诱导剂 800 倍液。

（五）定植

根据当地当时土壤有机质含量定投肥，可考虑做2种配方试验：一是牛粪为主的有机肥，牛粪60%～70%，菇药渣30%～40%。二是菇药渣为主的有机肥，菇药渣60%～70%，牛粪30%～40%。垄宽70厘米，高10厘米。定植两行在垄沿边缘。较化学技术管理及品种介绍少栽15%左右，即行距不变，株距加大。有机番茄栽培要保持田间通风，透光良好，合理稀植行株距为90厘米×40厘米，宽行1.0～1.2米，亩栽1800～2200株，两行一畦，畦边略高，秧苗栽在畦边高处。

（六）定植后管理

栽后结合灌水施碳能益生菌，每亩2～4千克。缓苗后用800倍那氏齐齐发植物诱导剂灌根，即取一塑料盒，每50克原粉用500毫升沸水冲开，存放2天，再兑水40升，均匀灌根，控秧壮根，可增根70%左右。以20℃左右施用为好。亩冲施50%天然硫酸钾25～50千克或复合益生菌液2～5千克，钾肥和生物菌液交替冲入。

矮化植株，分次打顶，使植株高低一致，株高控制在1.9～2.0米，7～12层果，每层产2500千克左右，老叶、黄叶早摘。

在番茄花有部分开放，多数为花蕾时，用复合益生菌液700倍液在花序上喷一下，使花蕾柱头伸长伸出，因柱头四周紧靠花粉囊，只要柱头伸长，即可授粉坐果，比用2,4-D抹花效果好。但前提是在苗期用过植物诱导剂，根系发达，叶面光合强度大，植株不徒长。

一般大型果，每株留7～12层果，每层可产2500～3000千克果；小型果留8～10层果，在不考虑后茬定植的情况下，可留13层果，用植物诱导剂800倍液或植物酵酶风味素（每粒兑水14升）进行叶面喷洒，使茎秆间距保持在10～14厘米。用锄疏松表土，可保持土壤水分，称为锄头底下有水；促进表土中有益菌活动，分解有机质肥，称为锄头底下有肥；保持土壤水分，保持地温，称为锄头底下有温；适当伤根，可打开和促进作物次生代谢，提高植物免疫力和生长势，增产突出。

一般植株生长到1.7～1.8米，可长6～8层果，而要亩产2万千克，需留9～13层果。可在3～5层果间留2～3个腋芽，每个腋芽长2～3穗果摘头，即可达到每株12～13穗果，又称为换头整枝。也可在前期留4～5层果，于2～4层果间留1个侧芽，待最上层果收获后（亩产1万千克左右），剪去侧芽以上老株，使新芽生长3～4层果，续产1万千克左右。

基施碳素肥充足，一茬目标产量在2万～3万千克，留9～14层果。大型果（每颗果在250克左右）每穗留5～6颗果，中型果（每颗果在170～200克）留7～12颗果，小型果（每颗果在5～50克）留12～16颗果。有机肥与钾充足，根系与叶色好，节间长，叶片大小适中，不徒长，适当多留1～2层果；否则，少留果，有效商品果多而丰满，并在结果期注重施矿物硫酸钾和复合益生菌液促果。

用那氏齐齐发植物诱导剂控秆防高，每个节长掌握在15厘米以内，茎粗（直径）2.5厘米左右，不疏果，早摘畸形果。中耕2～3次，深2～5厘米。结合中耕除草。

番茄一生灌水6～10次，保持地面干燥，定植时灌透水，以后控水、控叶，促根系深扎。秧苗生长期不灌水，结果期少次适量灌水。地面和空气保持干燥，根深，易授粉、着果，果大、着色均匀，不易染病。

碳能复合益生菌液总共要施 30 千克，结合灌水，每次亩施 4 千克。每间隔 1 次施 51％天然钾，按每次 40～60 千克施用，保持果实生长膨大营养供应。中间可补充适量沼液。

温度白天控制在 22～32℃，前半夜 15～18℃，后半夜授粉期 12～13℃，长果期 8～11℃。授粉受精良好，果型正，蔓不疯长，产量高。谨防温度高于 35℃和低于 8℃。覆盖草苫 20 分钟后测试温度，低于 8℃早放草苫，高于 35℃迟放草苫；后半夜温度控制在 9～11℃，过高通风降温，过低早点盖草苫保护温度；昼夜温差控制在 18～20℃，利于积累营养，产量高，果实丰满。

高温期（高于 35℃）或低温期（低于 5℃）钙素移动性很差，易出现大脐果。解决办法是叶面喷复合益生菌液 300 倍液加植物酵酶风味素（每粒兑水 15 升）修复果面，或食母生片每 15 升水放 30 粒，平衡植物体营养，或供给过磷酸钙（含钙 40％）泡米醋 300 倍浸出液，叶面喷洒补钙。防止温度过高过低、缺钙和硼引起的脐腐果和高温干旱、缺钙引起的裂果。

叶面喷植物诱导剂控制秧蔓生长，将原粉放入塑料盆或瓷盆，每 50 克用 500 毫升沸水冲开，溶化均匀，存放两天，待性能稳定后再兑水使用。兑水 30～50 升，在室温达 20～25℃时叶面喷洒，不仅能控秧徒长，还可防治病毒、真菌、细菌危害，提高叶面光合强度 50％～491％，增加根系数目 70％以上。

土壤内肥料充足，在杂菌的作用下，只能利用 20％～24％，番茄叶小、上卷，看上去僵硬，生长不良。施复合益生菌液 2～4 千克，可从空气中吸收氮和二氧化碳，分解有机肥中的其他元素，益生菌液施 1～2 次，灌水施入 51％的天然硫酸钾 25～50 千克，就能改变现状。

土壤养分浓度大于 8 000 毫克/千克，温度高于 37℃，土壤中杂菌多，根系生长慢。亩冲施复合益生菌液 2 千克，第 2 天就会长出粗壮的毛细根，植株会挺拔生长。

（七）自制生物有机肥、生物沼液和降解化学残留及除草剂液、防病虫害液

参见第二章第一节有机水稻优质高效栽培技术方案。

浇施或叶面喷碳能益生菌液，可以防死秧、根结线虫、地面飞虫、红蜘蛛、蜗牛、蚂蚁及地下害虫（蛴螬、蝼蛄、地老虎）等。在大棚通风口或南边栽一行芹菜防治白粉虱。

（八）果实采收及收购标准

果实采收由下而上进行，待每穗果轮廓形成后，个别果开始着色，将本穗果以下叶片全部摘掉，防止叶片衰老时产生乙烯使果实钾等营养向叶片转移，防果变软变轻减产，避免不耐运。果实收购标准为果实色泽一致，无虫眼，无脐腐；果实直径有 5.5 厘米、6.5厘米、7.5 厘米、8.5 厘米 4 个等级；果实丰满，符合区域消费品种特性，无损伤，无病斑，不空洞；果实切开无明显流水现象。

四、典型案例

案例 1 山西新绛县北燕村段春龙，2018 年在温室用生物技术种植圣女果，每棚 1.2亩，品种为粉珍珠小番茄。根据当地气温变化情况决定留穗多少和目标产量，越冬茬 8 月下旬播籽，9 月下旬移栽，留 13 层果，3 月亩产 2.3 万千克，收入 12 万余元；第 2 茬夏秋丝瓜亩产 2.25 万千克，收入 8 万元左右。山西出入境检验检疫局检验检疫技术中心检验表明，各项指标符合国家标准要求。

案例 2 湖南常德市汉寿县，用生物技术种植番茄，不用任何农药杀虫剂，亩产 1.24 万千克，运到深圳每千克 10 元。深圳出入境检验检疫局食品检验检疫技术中心检验表明，各项指标符合日本、美国、欧洲所有发达国家的标准要求。

案例 3 重庆市阿陀利生态农业有限责任公司曾济天，用生物集成技术原则栽培番茄，亩产 3.62 万千克。亩施黄腐酸有机肥＋蘑菇渣 8 吨；每次用复合益生菌 5 千克，共用 6 次；分 3 次施那氏齐齐发植物诱导剂粉剂 200 克；植物酵酶风味素亩备 30 粒，从幼苗期至生产末期喷 10 次；施 51% 天然硫酸钾 250 千克；叶面喷硒元素，产品含硒达 200～300 微克/千克。单果重 250 克，每穗留 4～6 颗果，亩定植 2 200 株，留 14 层果，结果期 5 个月，株产 17 千克左右。

案例 4 辽宁省生命科学学会李贵树，春夏茬番茄用生物集成技术种植，秸秆、牛粪＋益生菌＋那氏齐齐发植物诱导剂＋植物酵酶风味素＋钾，不疏果，留 10 层果，亩产达 2.55 万千克。

案例 5 吉林德惠市夏家店街道马春双，2016 年早春用生物集成技术种植番茄，留 3 层果，不疏果，株成果达 20 颗，单果 250～300 克，平均株产 5.5 千克，亩产达 1.1 万千克，不少果穗权被压坏。建议下茬提前施入 15～20 千克天然钾，提高枝权承压力。

案例 6 山西新绛县北张镇北燕村齐世勇，2014 年用生物技术种植番茄，留 4 层果，亩产 1.1 万千克，老株再生 3 层果，亩续产 7 500 千克，第 2 茬留 6 层果，亩产 1.2 万千克，一种两收，亩产达 3.05 万千克。产品经检测，191 项农残与 5 项重金属达国际第三方认可标准。

第二节　温室秋冬番茄续春夏丝瓜优质高效栽培技术方案

用生物集成技术栽培的番茄，番茄红素较化学技术提高 75.33%，固形物提高 42%，维生素及糖含量提高 2%～4%，生食、熟食口味俱佳，可预防人体生殖系统病症。

丝瓜嫩绿诱人，营养丰富，去皮和籽蘸芝麻酱，清心爽腹。丝瓜与鸡蛋炒食，柔软宜口，可减肥养颜，缓解三高（高血脂、高血压、高血糖）症状。

2017 年 7 月 2 日，河北省石家庄农贸市场丝瓜零售价每千克 8 元。2018 年 11 月 12 日，山西新绛有机丝瓜批发价每千克 4 元，化学技术产品每千克 1.4 元。

一、目标效果

①产量较现代常规技术提高 1 倍以上。②202 项农残达国际第三方认可要求。③产品达到国家绿色有机认证标准，当茬办理有机认证手续。

二、土壤要求

①土壤有机质达 5% 左右。②有效钾含量保持 440 毫克/千克以上。③电导率在 500 微西/厘米以下。④土壤耕作层深度达 45 厘米以上。

三、操作步骤

第一步 选用品种抗病,坐果多,果形好,后力足,色泽好,粉色,甜酸适口,肉质沙的品种。亩备籽 2 500 粒,9 月中下旬下籽,10 月下旬定植,包衣种子用净水冲洗过后,再用碳能复合益生菌 150 倍液浸泡 20 分钟消毒。

第二步 育苗圃基质选用专用肥或牛粪,不施化肥。下籽后,喷洒 1～2 次含量 30 亿个/克、300 倍液的碳能复合益生菌液,防治真菌、细菌病害和虫害。4 叶 1 心时喷 1 次 1 200 倍液的那氏齐齐发植物诱导剂控秧,提高秧苗抗冻抗热性,促进根系生长,预防病毒病。

第三步 亩基施赛众土壤调理肥 125 千克,52％天然钾水溶肥 25 千克。地整平,按垄底宽 30 厘米,高 20 厘米起垄,窄行 60 厘米,宽行 80 厘米,株距 33 厘米,亩栽 2 200 株左右,栽完随水亩冲入碳能复合益生菌液 2～3 千克。

第四步 缓苗后,即 5～6 片叶,株高 20 厘米左右时,叶面喷 1 次 800 倍液的那氏齐齐发植物诱导剂,使茎节控制在 20 厘米左右。留 4～5 层果,不授粉不点花,只疏畸形果,每穗可留果 10 颗左右,地面保持干燥,少浇水;温度白天控制在 20～40℃,夜间最低 8℃以上。

第五步 在生长中及早取赛众调理肥 25 千克,加 5 千克人工发酵酿造柿子醋,5 千克红糖,再兑水 150 升,浸泡 24 小时。每 15 升水中加 1 千克配好的液,再加磷酸二氢钾和碳能复合益生菌各 100 克,叶面喷洒。赛众调理肥重复浸水利用 3 次。可防治真菌、细菌病害及多种虫害,代替使用代森锌、多菌灵、甲基硫菌灵和氰戊菊酯等农药。整个生长周期不用化学农药和化学除草剂。

第六步 碳素有机肥中的天然钾在碳能复合益生菌作用下分解释放,能满足亩产 6 000 千克左右的钾供应;结果期还需亩追施 52％天然钾(水溶肥)100 千克左右,分次施入,可供果 1 万千克,满足亩产 1.6 万千克的钾肥需求。

第七步 亩备碳能复合益生菌 15 千克,深耕时、沤肥中、定植后亩施 6 千克左右,生长中后期随水分次再冲入 9 千克,保证土壤生命物即蚯蚓与益生菌等亩达 450 千克左右。

第八步 管理中后期,叶面喷 2～3 次植物酵酶风味素或吉山乐生稀土营养液,可防病虫,使叶片营养向果实转移,增加果实甜度 2～4 波美度,果面丰满漂亮,可释放食品的原始风味素,保证口感。

第九步 待第 4～5 穗,即最后一层番茄果轮廓长成后,在架下垄上定植丝瓜,大约在 6 月下旬,亩栽 2 300 株左右,番茄收完后将吊绳移到丝瓜处,秧蔓落到地面,喷碳能复合益生菌 2～3 千克,衰败秧经 5～7 天自然分解后转变成生物有机质肥,不用担心连作重茬病。

第十步 丝瓜定植后,亩撒施土壤调理肥 125 千克,碳能复合益生菌 2 千克,52％天然钾(膨果水溶肥)20 千克。按目标亩产 2.5 万千克,需每克含量 30 亿～100 亿个的碳能复合益生菌 20 千克,亩施 52％天然钾(膨果水溶肥)200 千克。

第十一步 蔓高 20 厘米左右时,叶面喷 1 次植物诱导剂 800 倍液,还要喷其他植物营养液，参见第五步。

第十二步　管理上，一是早摘掉卷须，减少营养浪费。二是每节都着瓜，视大瓜摘存情况留小瓜，每7～8节摘5个幼瓜，连留3个瓜。三是从生长点落蔓，1.3米高。四是幼弯瓜在花与瓜头连接处捆一细绳拉直。定植后40天采瓜，到11月结束，蔓长可达50～55米。

第十三步　10月天气转冷，准备栽下茬秋冬番茄，将塑料吊绳抽出，挂在上方横钢丝上。丝瓜茎叶堆在一起，喷碳能复合益生菌液2千克，7天左右分解，用旋耕机打平，与土壤充分结合。一个周期完成，再施肥整地待种。

四、典型案例

山西新绛县北燕村段春龙，2016—2021年连续5年用生物技术种植温室蔬菜，每棚1.2亩，头茬越冬番茄亩产1.6万千克左右，收入6万余元，第2茬夏秋丝瓜亩产2.25万千克，收入8万元左右。一年经营3个棚，年收入40万元左右。

第三节　有机黄瓜优质高效栽培技术方案

一、土壤要求

近年来，采用常规栽培技术，土壤有机质含量在2%左右时，黄瓜亩产4 000千克，土壤有机质含量在3%～4%时，亩产8 000千克左右。采用生物集成技术，土壤有机质含量达4%时，有机黄瓜生产可以实现亩产1.8万千克的目标，土壤有机质含量达4.5%时，可以实现亩产2.5万千克的目标，土壤有机质含量达5%～6%时，可以实现亩产3.0万～3.5万千克的目标。

土壤要求具体如下：①土壤有机质含量达6%左右。②有效钾含量保持450～500毫克/千克。③电导率在500微西/厘米以下。④土壤耕层深度达55厘米以上。⑤土壤pH为6.1～8.2。⑥土壤固氮酶活性为1 200纳摩尔/（千克·天）。

二、备料及投入

1. 有机肥　按每千克有机肥干品可供产黄瓜5千克计算，每亩施有机肥干品8 000～10 000千克，有机肥以蘑菇渣、中药渣、牛粪、秸秆为好。

2. 土壤调理肥　亩备赛众土壤调理剂100～200千克，其中基施80～180千克，生长期醋泡浸出液叶面喷洒20千克。

3. 碳能益生菌液　亩备碳能复合益生菌液20～30千克，苗圃喷浇1～2次。每次兑水冲浇3～5千克（分5～6次进行），每隔一水冲4千克，叶面喷洒0.5千克，喷7～8次。

4. 植物诱导剂　亩备那氏齐齐发植物诱导剂4～5袋，其中苗圃用1 200倍液喷1次，约需0.5袋，定植后用800倍液灌根1次，约需1.5袋，生长中后期用600～700倍液叶面喷2～3次，每次1袋。施用植物诱导剂后，光合强度增加50%～491%。

5. 钾肥　亩备51%天然硫酸钾（壮秆增果）200～400千克。根据土壤中的钾素含量酌情施用钾肥，按每千克可供产黄瓜 100 千克施用，每间隔 1 次浇水施 20～30 千克。

6. 植物酵酶风味素　亩备植物酵酶风味素 30 粒，配合碳能复合益生菌液喷洒。苗期可防病促根生长，后期可控蔓促花，使叶内营养向果实转移。

各地黄瓜地土壤有机质与钾含量见表 4-2。

表 4-2　黄瓜地土壤有机质与钾含量及产量分析

项　目	山西省 运城市	江西省萍乡市 芦溪县 周义萍农田	山西省曲沃县 王村陈永庆农田	山西新绛县 南熟汾村 尚竹林农田	山东省临沂市 沂南县苏村镇 仕子口村和林海农田
有机质含量（％）	1.85	3.60	4.02	5.53	6.40
有效钾含量（毫克/千克）	244	357	622	1 297	660
碱解氮含量（毫克/千克）	102	180	450	292	234
有效磷含量（毫克/千克）	14.4	40.0	191.0	10.4	160.0
pH	8.4	7.6	8.1	8.0	
产量（千克/亩）	7 700	15 400	24 000	24 200	36 426

三、操作步骤

（一）品种选择

用生物技术栽培黄瓜，碳、钾元素要充足。复合益生菌液可平衡土壤和植物营养，打开植物次生代谢功能，能将品种种性充分表达出来，不论什么品种、在什么区域都比过去用化肥、化学农药的产量高，品质好。就黄瓜而言，无刺小黄瓜以荷兰、我国天津品种系列为佳，有刺小黄瓜以津优 35 为佳，可对接国际市场。

一般情况下，在一个区域就地生产销售，主要考虑选择地方市场习惯消费的品种，以形状、大小、色泽、口感为准。

（二）苗床土配制播种

每亩需 25～30 米² 育苗床，床土配制为腐殖酸有机肥 40％、阳土 40％、牛粪（七八成腐熟）20％。300 倍液的碳能生物菌液与粪肥拌匀整平。种子用碳能复合益生菌液 20～50 倍液浸泡消毒。播前浇 1 次足水，深 4 厘米，积水处撒细土将畦面赶平。播后覆土 0.5 厘米厚。盖地膜保温保湿，幼苗出土后逐渐放风炼苗。出齐前一般不再浇水。

（三）嫁接技术

利用同属同科野生植物的根壮、抗病、抗逆特性，在野生植物上嫁接形状、品质优良的黄瓜品种，达到抗病、增产、高效益目的。

靠接法是将砧木茎由下向上呈 45°斜切 1/3～1/2，将接穗由上向下呈 45°斜切 1/2，将茬口对插，用嫁接夹在侧面夹牢，喷复合益生菌液 300 倍液或植物酵酶风味素（每粒兑水15 升），4～5 天保持 20℃左右温度，85％湿度即可。插接是用竹片将砧木苗心挖出，将接穗生长点剪下插入的技术。用有机生物技术，不用嫁接植物就可高产优质。

出苗 60％时揭膜降湿，子叶展开按长、宽均为 2～3 厘米疏苗，3 片真叶时按长、宽均为 8～10 厘米分苗，分苗时用碳能生物菌液 300 倍液灌根。

移栽前 10 天，用碳能生物菌液 100 克兑水 15 升喷洒幼苗，喷后保持 2～3 天较高湿度，使益生菌大量繁殖，以菌克菌，抑制和杀灭有害菌。苗期茎秆过高时，用 1 200 倍液那氏齐齐发植物诱导剂喷雾控制，还可提高抗逆性。

（四）施肥

根据当地当时土壤有机质含量定投肥，标准高产要求达 5％左右，每千克干品有机肥可供产果 5 千克。可考虑做 2 种配方试验：一是牛粪为主的有机肥，牛粪 60％～70％，菇药渣 30％～40％。二是菇药渣为主的有机肥，菇药渣 60％～70％，牛粪 30％～40％。垄宽 80 厘米，高 10 厘米。定植两行在垄沿边缘。较化学技术管理及品种介绍少栽 15％左右，即行距不变，株距加大。有机黄瓜栽培要保持田间通风，透光良好，行株距 80 厘米×23 厘米，宽行 1.0～1.1 米，亩栽 2 800～3 500 株，一畦两行，畦边略高，秧苗栽在畦边高处。

栽后结合灌水施碳能益生菌，每亩 2～4 千克。缓苗后用 800 倍植物诱导剂灌根，即取一塑料盆，每 50 克原粉用 500 毫升沸水冲开，存放 2 天，再兑水 40 升，均匀灌根，控秧壮根，可增根 70％左右，以 20℃左右施用为好。

（五）田间管理

矮化植株，使植株高低一致，黄瓜秧高保持 1.7 米，落蔓拉秧前达 18 米长左右，老叶、黄叶早摘。

用那氏齐齐发植物诱导剂控秆防高，每个节长掌握在 15 厘米以内，茎粗 1.3 厘米左右。管理中常配合天气情况，白天保持 3 天左右低温弱光分生幼瓜和 4 天左右高温较强光膨大中小瓜；缺幼瓜时遮阳降温，迟揭早盖草苫，晚间点燃少量柴草造成轻度烟雾，增加幼瓜数量，不疏瓜，一节可留 4～5 瓜，能长大。

中耕 2～3 次，深 2～5 厘米。结合中耕除草浇水。黄瓜一生浇 30～40 次水，每 5～9 天 1 次，保持小水勤浇，地面见干见湿，不易染病。结合灌水每次亩施碳能复合益生菌液 4 千克。每间隔 1 次施 51％天然钾 20～30 千克，保持果实生长膨大营养供应。中间可补充沼液。白天温度 22～32℃，前半夜 18～15℃，后半夜授粉期 12～13℃，长果期 8～11℃，蔓不疯长，产量高。谨防温度高于 35℃和低于 8℃。黄瓜不授粉也能结果。

取赛众调理肥 25 千克加 5 千克人工发酵酿造柿子醋，5 千克红糖，再兑水 150 升，浸泡 24 小时。每 15 升水中加 1 千克配好的液，再加磷酸二氢钾和碳能复合益生菌各 100 克，叶面喷洒。赛众调理肥重复浸水利用 3 次。可防治真菌、细菌病害及多种虫害，代替使用代森锌、多菌灵、甲基硫菌灵和氰戊菊酯等农药。整个生长周期不用化学农药和化学除草剂，作物健康生长。也可用碳能复合益生菌液 200 倍液，每 15 千克水液中投入植物酶风味素 1 粒，喷 1～2 次，打破顶端生长优势，使叶片内营养往果实转移，增加果实甜度和丰满度。

经常浇施或叶面喷碳能生物菌液，可以防死秧、根结线虫、地面飞虫、红蜘蛛、蜗牛、蚂蚁及地下害虫（蛴螬、蝼蛄、地老虎）等。在大棚通风口或南边栽一行芹菜防治白粉虱。

（六）自制生物有机肥、生物沼液和降解化学残留及除草剂液、防病虫害液

参见第二章第一节有机水稻优质高效栽培技术方案。

四、典型案例

案例 1 山东省临沂市沂南县苏村镇仕子口村和林海，2015 年 11 月上旬下种，12 月 25 日栽植，到 2016 年 1 月中旬上市，温室黄瓜用生物集成技术，亩产达 36 426 千克。用秸秆还田，亩施优质有机农家肥 5 000 千克，生物肥 100 千克（含钾 8%），土壤调理肥 500 千克，50% 纯钾 200 千克，植物诱导剂 100 克（增光），亩栽 4 100 株，取得此效果。

案例 2 山东省烟台市李先章，2008 年开始按牛粪＋复合益生菌液＋钾等生物集成技术栽培温室黄瓜，品种为硕丰 9 号，亩栽 3 000 株，基施牛粪 14 吨，生物有机碳系列肥 150 千克，一生用碳能复合益生菌液 15 千克，施 50% 硫酸钾 25 千克，之后随水每隔 1 次冲入含钾 40% 的液体肥 15 千克。秧蔓有疯长现象时喷 1 次 800 倍液植物诱导剂；有轻度病虫害时用植物酵酶风味素 1 粒拌复合益生菌液 50～100 克，兑水 15 升，叶面喷 1 次。连续 5 年亩一茬产瓜均在 2.5 万千克左右，2013 年达 3 万千克。

案例 3 台湾新北市万里区周良杰，2012 年选用台湾无刺小黄瓜"秀丽"品种，按牛粪＋复合益生菌液＋植物诱导剂＋植物酵酶风味素＋硫酸钾生物集成技术栽培，亩产瓜 2 万千克，较化学技术亩产不足 6 500 千克增产 2 倍多。瓜长 23 厘米，重 200 克左右时采摘，平均批发价为每千克 25 元，亩产值 52 万余元（台币）。不用嫁接，口感好，检测农药残留不超标，符合国际有机标准要求。2013 年黄瓜扩种为 4 亩。

案例 4 山西省新绛县马首官庄村李天水、李东奎、李小虎、赵龙龙，近年来用生物集成技术，亩产黄瓜 2 万～3 万千克。

南熟汾村尚竹林，2014 年用生物技术种植夏黄瓜，到 10 月 11 日，蔓长达 15 米，亩产瓜 24 200 千克，拔秧时根系生长健壮，又留一侧芽继续生长，到 11 月 10 日续产 7 000 千克，亩收入达 6 万余元。

第四节　毛节瓜、有棱丝瓜优质高效栽培技术方案

一、土壤要求

亩施 3 470 千克有机肥可使土壤有机质含量提高 1%。近年来，采用常规栽培技术，土壤有机质含量在 2% 左右时，毛节瓜、有棱丝瓜亩产 4 000 千克。采用生物集成技术，土壤有机质含量达 4%，有效钾含量达 300～400 毫克/千克时，可以实现亩产 1 万千克的目标。

土壤要求具体如下：①土壤有机质含量达 5% 左右。②有效钾含量保持 300～400 毫克/千克。③电导率在 500 微西/厘米以下。④土壤耕层深度达 55 厘米以上。⑤土壤 pH 为 6.1～8.2。⑥土壤固氮酶活性为 1 200 纳摩尔/（千克·天）。

二、备料及投入

1. 有机肥 按每千克有机肥干品可供产瓜 5 千克计算，每亩施有机肥干品 8 000～

10 000 千克，有机肥以蘑菇渣、中药渣、牛粪、秸秆为好。

2. 土壤调理肥 亩备赛众土壤调理剂 50～100 千克，其中基施 30～80 千克，生长期醋泡浸出液叶面喷洒 20 千克。

3. 碳能益生菌液 亩备碳能复合益生菌液 10～20 千克，苗圃喷浇 1～2 次。每次兑水冲浇 3～5 千克（分 5～6 次进行），每隔一水冲 4 千克，叶面喷洒 0.5 千克，喷7～8 次。

4. 植物诱导剂 亩备那氏齐齐发植物诱导剂 4～5 袋，其中苗圃用 1 200 倍液喷 1 次，约需 0.5 袋；定植后用 800 倍液灌根 1 次，约需 1.5 袋；生长中后期用 600～700 倍液叶面喷2～3 次，每次 1 袋。施用那氏齐齐发植物诱导剂后，植物光合强度增加 50%～491%。

5. 钾肥 亩备 51% 天然硫酸钾（壮秆增果）60～100 千克。根据土壤中的钾素含量酌情施用钾肥，按每千克可供产瓜 100 千克施用，每间隔 1 次浇水 20～30 千克。

6. 植物酵酶风味素 亩备植物酵酶风味素 10～30 粒，配合碳能复合益生菌液喷洒。苗期可防病促根生长，后期可控蔓促花，使叶内营养向果实转移。

三、操作步骤

（一）品种选择

用生物技术栽培瓜，碳、钾元素要充足。复合益生菌液可平衡土壤和植物营养，打开植物次生代谢功能，能将品种种性充分表达出来，不论什么品种、在什么区域都比过去用化肥、化学农药的产量高，品质好。

一般情况下，在一个区域就地生产销售，主要考虑选择地方市场习惯消费的品种，以形状、大小、色泽、口感为准。

（二）田间管理

参考第四章第三节有机黄瓜优质高效栽培技术方案，露地管理投肥与产量比温室少1～2 倍，但又比化学技术增产 1 倍左右。

四、典型案例

案例 1 山西新绛县北燕村段春龙，2014—2020 年用生物技术种植夏丝瓜，蔓长达11 米，亩产瓜 22 200 千克，亩收入达 6 万余元。

案例 2 海南省澄迈县永发镇何云海，2010 年用生物集成技术种植露地毛节瓜，用生物菌灌根和那氏齐齐发植物诱导剂喷洒叶面后，结瓜期延长 60 天，亩产量是对照的 2 倍。2018 年有棱丝瓜亩产达 3 500 千克，较化学技术增产 0.5～2.0 倍。

第五节 有机辣椒、茄子优质高效栽培技术方案

一、土壤要求

采用常规栽培技术，土壤有机质含量在 3% 左右时，辣椒、茄子亩产 4 000～5 000 千克。土壤有机质含量在 3%～5%，有效钾含量在 340～500 毫克/千克时，采用生物集成技术，有机辣椒、茄子生产亩产可达 1.3 万～2.0 万千克，这也是目前有机高产目标。

土壤要求具体如下：①土壤有机质含量达 5% 左右。②有效钾含量保持 340～500 毫克/千克。③电导率在 400 微西/厘米以下。④土壤耕层深度达 55 厘米以上。⑤土壤 pH 为 4.5～6.5。⑥土壤固氮酶活性为 600 纳摩尔/（千克·天）。

举例说明目前一些地方土样营养情况与高产标准要求，如深圳市能源电力服务有限公司蔬菜生产基地惠阳土壤，2018 年 3 月 5 日经温雪群、黄文彪化验，有机质含量为 1.39%～1.90%，高产标准要求 3% 以上；水解氮含量为 167～173 毫克/千克，生产叶菜类足够，生产瓜果菜类过多，高产标准要求 120 毫克/千克；有效磷含量为 2 028～2 439 毫克/千克，高产标准要求 40～80 毫克/千克，超量，应停止施用；有效钾含量为 152～228 毫克/千克，叶菜类高产标准要求 240 毫克/千克，瓜果菜类高产标准要求 400 毫克/千克，不够；钙含量为 3 498～4 326 毫克/千克，足够；镁含量为 171～222 毫克/千克，足够；镉含量为 0.37～0.40 毫克/千克，铅含量为 24.74～26.88 毫克/千克，铬含量为 10.71～14.99 毫克/千克，属重金属污染土地，用碳能复合益生菌液可钝化和包裹土壤重金属，使作物不能吸取；pH 为 7.20～7.48，属中性弱偏碱土壤，碱性土壤病害少，可用有益微生物集成技术调节。

二、备料及投入

1. 有机肥 按每千克有机肥干品可供产辣椒、茄子 5 千克计算，每亩施有机肥干品 8 000～10 000 千克，有机肥以蘑菇渣、中药渣、牛粪、秸秆为好。

2. 土壤调理肥 亩备赛众土壤调理剂 100～200 千克，其中基施 80～180 千克，生长期醋泡浸出液叶面喷洒 20 千克。

3. 碳能益生菌液 亩备碳能复合益生菌液 20～30 千克，苗圃喷浇 1～2 次。每次浇水冲 3～5 千克（分 8～9 次进行），每隔一水冲 2～4 千克，叶面喷洒 0.5 千克，喷 7～8 次。

4. 植物诱导剂 亩备那氏齐齐发植物诱导剂 4～5 袋，其中苗圃用 1 200 倍液喷 1 次，约需 0.5 袋；定植后用 800 倍液灌根 1 次，约需 1.5 袋；生长中后期用 600～700 倍液叶面喷 2～3 次，每次 1 袋。施用那氏齐齐发植物诱导剂后，植物光合强度增加 50%～491%。

5. 钾肥 亩备 51% 天然硫酸钾（壮秆增果）150～200 千克。根据土壤中的钾素含量酌情施用钾肥，按每千克可供产 100 千克果施用，每间隔 1 次浇水 30～40 升。

6. 植物酵酶风味素 亩备植物酵酶风味素 20 粒，配合碳能复合益生菌液喷洒。苗期可防病促根，后期可控蔓促花，使叶内营养向果实转移。

三、栽培技术

（一）整地移栽

亩施固体土壤调理肥 100 千克，每年在 7 月把上茬辣椒秸秆用机械打碎回田，再施发酵好的鸡粪或鸭粪（干）4 000～8 000 千克，撒开，用旋耕机耕 25～30 厘米。经 1 周，地温达 50℃以上，有害菌被杀死。

取生物土壤调理肥 100 千克，开定植沟撒入，小行 60 厘米，大行 80 厘米，亩栽 2 000～3 000 棵，据品种、叶片大小而定。做成大畦和小畦，定植在小畦里，栽后随水浇碳能益生菌液 2 千克，同时长出来的杂草会在管理中被铲除，只浇小行，不浇大行。定植时注意苗要在一个水平线上，辣椒不适合种太深，把苗土坨埋上就可，过深易染茎腐病。选择根好的，这样缓苗的时间容易一致。定植后 3～5 天，新根长到 2～3 厘米，就用那氏齐齐发植物诱导剂，每 50 克原粉用 500 毫升沸水化开，放置 2 天，再兑入 150～200 升水，均匀地灌在 1 800～2 000 株苗根茎部。不用化学生根剂而促进根系生长，同时也能抑制小苗的徒长，防治病毒病，还能促使小苗生根，可以提高辣椒的抗逆能力，病害会明显减少。

（二）早期划锄胁迫

缓苗 1 周后开始划锄 1 遍，深 5 厘米左右，不要动苗坨，10 天左右需要再次浇水，沙土 2～3 天、黏土 3～4 天后再次划锄，可深一点。苗期根据土壤墒情还可浇 1 次水，划锄 1 遍，这是划断部分浅根的胁迫做法，同时地表层失水，诱导根系下扎，因在 8 月底和 9 月初，湿度、温度适宜，茎叶长得快，到了后期低温时期，不划锄的辣椒、茄子根系多生长在地表层，对增产不利。通过划锄促 10 厘米以下的深根下扎，冬天地表温度和 10 厘米以下的地温是不一样的，低温时可保果。幼苗高 25 厘米时开始从小垄往两边培土形成垄，苗坨压稳。培土后浇水要加肥料，碳能复合微生物菌和腐殖酸类沼液肥料配合用。温度不高时可用地膜铺垄，撑起来比铺到地上的效果好。

（三）营养和生殖生长期管理

增温、保墒、通气。迅速恢复根系的吸收能力，增加光合作用强度，栽培管理上要突出前期控秧促根，中后期控株促果。当营养生长过盛时，可据苗情调控那氏齐齐发植物诱导剂浓度进行控制。生长中后期可喷氨基酸、黄腐酸钾、多糖多肽类物质，只要病虫害不大发展就行，直到生长后期拉秧，不能放弃管理，这样下茬作物棚舍干净，病害少。生长的每个关键期进行胁迫加营养管理。

（四）温度调控管理

在辣椒、茄子苗期，白天保持棚内温度在 23～28℃，夜间温度 15℃左右，地温保持在 20℃左右。当白天棚温在 25～28℃时要缓慢放风，先小通风后大通风，晴天要早通风、阴天要晚通风。夜间高于 15℃（特别是在 8 月）也要适当放风，加大昼夜温差，提高作物的抗病能力和产量。不要等温度高到 35℃时再通风，以防"闪秧"。

（五）通风

通风排除棚内夜间产生的湿气，调换棚内气体，增加棚内的二氧化碳浓度，湿度白天保持 50%～60%，夜间达到 85%～90%。

（六）水分管理

辣椒、茄子初花期应以中耕、保花、养根为主，保持土壤见干见湿，促进根系向深处扎，尽量减少浇水，防止地上部徒长和落花落果，也不可过于干旱。黏性土壤在第 1 穗果还没有坐果的时候不要浇水，沙性土壤出现干旱可浇水。土壤是否需水的干湿程度的判断方法为地表 5 厘米以下的土壤抓不成团，证明土壤含水量在 10%～15%，是缺水的标志。门椒、对椒坐果后，选择晴天上午浇水。旺盛生长期随浇水施碳能微生物菌剂 2 千克或 51% 水洗天然钾 25 千克左右，坐果后要连续喷碳能菌＋植物酵素风味素或赛众土壤调理肥＋醋浸出液，防治病虫害，每 7～10 天喷 1 次。

（七）留果

辣椒的门椒、对椒据长势、地力而留，为了以后高产，留足四门斗、八面风。坐果前需在气温过高过低时喷 0.7％的硼和锌。辣椒充分通风透光才能生长正常，彩椒一般留 4～5 层果，根系培养不好会影响到顶层果。

（八）整枝

茄子阶梯形整枝即门茄采收后，生长出对茄，为双头，待长出四门斗，每头留 1 果，选留两个粗壮的生长点继续往上长，而将另两个弱生长点捏掉，依此类推整枝，即以上每层留 4 果，长 10 层果，植株高 1.9 米左右，每层可产 4 果（1.4 千克），株产 10 千克以上。此整枝法必须配合充足的碳素有机肥和钾素，需用生物菌分解供应有机物，用那氏齐齐发植物诱导剂控秧防叶蔓徒长。

（九）自制生物有机肥、生物沼液和降解化学残留及除草剂液、防病虫害液

参见第二章第一节有机水稻优质高效栽培技术方案。

四、典型案例

案例 1 山东寿光韩成龙在 2018 年 2 月 8 日反映，用生物集成技术，可做到不用化肥、农药、人工激素和除草剂，产量高、品质优、风味佳。保护地种植彩椒 1 年 1 茬，年年连种，8 月底到 9 月初定植，翌年 6—7 月结束。亩产商品彩椒 11 000～12 500 千克。

案例 2 山东省青州市高柳镇西良孟村朱彩国，2015—2018 年种植 3 亩辣椒，用生物集成技术，连续 3 年温室彩椒亩产达 1.8 万千克左右。选用奥黛丽品种，8 月定植后用生物技术管理，随后分数次追施碳能高解钾复合益生菌液 45 千克，那氏齐齐发植物诱导剂 300 克，植物酵酶风味素 30 粒，亩追施 100 千克 50％硫酸钾，没有施氮、磷化肥，根结线虫逐渐减少。

案例 3 安徽省合肥市包河区道才家庭农场姚中存，选用安徽薄皮微辣长形辣椒品种，6 月 15 日下种，亩施饼肥 250 千克，蘑菇渣干品 5 000 千克，共分 7 次施入碳能高解钾复合益生菌液 15 千克，那氏齐齐发植物诱导剂共用原粉 100 克，小苗时用 1 200 倍液叶面喷洒 1 次，定植时用 800 倍液灌根 1 次，共用植物酵酶风味素 10 粒，分 3 次叶面喷洒，51％硫酸钾 100 千克。产辣椒 1 万千克，每株产 5 千克，较化学技术株产 1.5 千克增产 2.3 倍，平均每千克 5 元，零售价 10 元，收入 5 万余元。到 5 月底续收 9 500 千克，每千克平均 3 元，续收入 2.8 万余元。亩总产 1.95 万千克，收入 7.8 万余元，较化学技术增值 4.7 万余元。

案例 4 湖南省常德市田园蔬菜产业园万欢，2012 年亩施稻壳 3 000 千克，鸡粪 2 000 千克，赛众钾硅肥 25 千克；总用碳能高解钾复合益生菌液 30 千克，第 1 次随水冲入 5 千克，以后每次 2 千克；鸡粪提前 25 天用生物菌稀释液喷洒 1 次，兑水至喷后地面不流水为度；总用 51％天然硫酸钾 200 千克，基施 25 千克，以后随浇水一次冲碳能高解钾复合益生菌液 1～2 千克，另一次冲入钾肥 25 千克；幼苗期在苗圃中用 1 200 倍液那氏齐齐发植物诱导剂叶面喷 1 次，定植时用 800 倍液喷 1 次；结果期用北京金山爱可乐生丰产动力素或者植物酵酶风味素，叶面喷 2 次（间隔 7～10 天）。采用以色列与加拿大系列品种和自选杂交一代，亩栽 2 000 株左右，产辣椒达 2 万千克，并达到有机蔬菜标

准要求。

案例 5 辽宁省鞍山市台安县台东街道刘永福，2003 年用碳能高解钾复合益生菌液＋那氏齐齐发植物诱导剂＋吉山乐生稀土水溶肥＋植物酵酶风味素＋牛粪，茄子亩产达 2 万千克。

案例 6 四川达州赵树方，2014 年在云南省临沧市耿马傣族佤族自治县孟定镇，承包 70 亩土地，用生物集成技术露地种植茄子，亩产达 1.0 万～1.5 万千克，亩收入 3 万元，较化学技术增产增收 1 倍左右。

案例 7 张安德 2010 年按马新立《有机茄子高产栽培流程图说》，在云南西双版纳承包 1 200 亩土地，用生物菌＋植物诱导剂＋钾＋有机肥技术种植紫光圆茄，露地亩产达 1.2 万千克，关键是不染黄萎病，解决了死秧问题，品质好，色泽油亮，果圆肉嫩。

第六节　棚室有机韭菜优质高效栽培技术方案

韭菜喜冷凉怕湿热，适合温室或拱棚栽培。韭菜拱棚栽培，如不覆盖草苫，12 月至翌年 2 月初气温低时，韭菜则不生长或容易冻伤叶片。2 月下旬后，温室墙体白天吸热，晚上保温保湿，昼夜温差小，韭菜生长细弱，易感染灰霉病而软腐，从而影响产量和质量。在低温弱光季节以生产 2～3 茬韭菜为佳。采用生物集成技术，不仅能充分发挥韭菜的生产潜力，还能降低成本，提高生产效益。

一、土壤要求

土壤有机质含量为 2.4%～2.5%时，采用常规栽培技术，韭菜生产亩产一般为 2 400～3 600 千克。而采用生物集成技术，韭菜可实现亩产 5 000～6 000 千克的目标。

土壤要求具体如下：①土壤有机质含量为 2.4%～3.0%。②土壤有效钾含量保持 240～300 毫克/千克。③土壤电导率在 800 微西/厘米以下。④土壤耕层深度达 45 厘米以上。⑤土壤 pH 为 6.1～8.2。⑥土壤固氮酶活性为 1 000 纳摩尔/（千克·天）。

二、栽培要点

1. 选种育苗　可选用马莲韭等品种播种，于 3—4 月育苗，每亩用种子 1.5 千克，需 40 米² 育苗畦。

2. 备肥　每亩用腐熟鸡粪 3 000～4 000 千克，与碳能复合益生菌液 2 千克混合沤制 15 天后施用。

3. 移栽　6 月按行距 18～20 厘米、株距 8～10 厘米移栽，每穴错开栽植 2～3 株，栽植深度为 8 厘米。

4. 温度、湿度调节　白天棚温控制在 21～24℃，夜间 5～8℃，空气相对湿度 75%以下，这样的温度、湿度条件不适于真菌生存繁殖，从而避免病害的发生。

5. 田间管理

（1）施碳能益生菌液。扣棚前，每亩施碳能复合益生菌液 2～3 千克，以促使韭菜萌发。头刀收割前 3～5 天，随水冲施碳能复合益生菌液 2 千克，不仅可以提高该茬韭菜的品质，还有利于伤口愈合。

（2）喷施那氏齐齐发植物诱导剂和植物酵酶风味素。在韭菜7～8厘米高时，叶面喷施那氏齐齐发植物诱导剂800～1 000倍液，不仅可提高韭菜的抗热性和抗冻性，还能促进叶面伤口愈合，使韭叶丰满肥厚，从而提高韭菜的产量和品质。

（3）喷施光碳核肥。通常情况下，韭菜利用空气中的二氧化碳含量不足1%。利用二氧化碳含量提高，韭菜产量也可提高，应用光碳核肥可使韭菜产量提高25%左右。例如，山西省运城市新绛县横桥镇符村王双喜，2012年5月栽植韭菜，2013年早春收割三刀后，即5月24日在韭菜高10厘米左右时叶面喷施光碳核肥稀释液（按150克光碳核肥兑水15升喷施），7天左右见效，韭叶油绿鲜嫩。与未喷施光碳核肥稀释液的对照地块相比，第四刀韭菜比对照早上市6天，亩产量为1 250千克，增产250千克左右。因其品质好，每千克比对照多卖0.2～0.4元。俗话说"六月韭、臭死狗"，而喷施光碳核肥稀释液的韭菜品质好，清香软滑。

（4）病虫害防治。在韭叶高15厘米时，每隔10～15天，每亩用碳能复合益生菌液50～100克、植物酵酶风味素1粒，兑水15升，叶面喷施，可防治真菌、细菌病害。

6. 根蛆防治　韭菜是多年生蔬菜，在长期的生长过程中，所需的营养和水分都是依靠根系来吸收的。但是，韭菜的须根寿命一般只有1年多，每年都有老根的不断衰亡和新根的不断发生。韭菜根系着生在植株鳞茎下的茎盘基部，由于分蘖是在茎盘生长点上位叶腋发生的，因此每次分蘖发生后，茎盘都要向上延续增生，到第2年逐渐形成新的根状茎。新的根系着生在新茎盘之下及根状茎的一侧，这样新根的位置就在老根的位置之上。如此周而复始，年复一年，根系逐年向上增生移动，使根系离地面越来越近，俗称"跳根"。

由于"跳根"现象，使得新生的鳞茎比老鳞茎高出1厘米左右，新生鳞茎至老鳞茎中间重新长出新须根，老鳞茎和老根腐败，继而产生臭味。种蝇嗅到臭味，便选此处产卵生蛆。根蛆在晋南地区3—4月危害严重，可造成缺苗断垄，严重影响产量和质量，可采取以下方法防治根蛆。

（1）生物菌防治根蛆法。在2月下旬至4月，韭菜老鳞茎腐烂前和腐烂中期，每亩用碳能复合益生菌液2千克，拌红糖2千克，兑水20升，存放于20～35℃环境中3～4天，施入田间可防治根蛆。益生菌施入后一是能将韭菜根部臭味转变成酸香味，种蝇便不在此产卵生蛆。二是益生菌可将虫卵分解，使幼虫不能产生脱壳素而死亡。三是益生菌能调节根茎部土壤，增强植株的抗病性和抗虫性。

（2）硅营养防治根蛆法。硅元素能使作物细胞壁加厚、角质层变硬，使作物茎秆挺直，增强透气性，促进叶片进行光合作用。硅元素还有避虫作用，同时能使卵和蛆虫表皮钙质化，使蛆虫活动力弱化，不利于蛆虫的生长发育。韭田每亩冲施5千克赛众土壤调理剂（含约40种中微量元素，其中含有效硅42%、钾素8%），也可起到避蝇防蛆的作用。

（3）物理防治根蛆法。每4公顷菜田挂1盏频振式杀虫灯，在9月种蝇大量活动期，白天关灯晚上开灯，可诱杀种蝇等害虫，起到控制蛆虫危害的作用。

（4）生态防治根蛆法。一是施用有机肥。注重施用腐熟牛粪、秸秆、腐殖酸等有机肥，注意鸡粪施用前要用生物菌分解或者进行烘干处理，这样可减少肥料的臭味（不利于种蝇产卵和蛆虫活动），还能提高耕作层的透气性。有机肥施用后土壤中碳、氢、氧等元素丰富，有利于作物获得高产。二是用蓖麻。每亩取 12~13 千克新鲜蓖麻叶，捣成汁，加水 50 升，浸泡 12 小时，叶面喷洒；或将蓖麻叶晒干后研成粉拌土；或每亩取蓖麻油废渣 6 千克，加水 30 升，搅拌后浸泡 12 小时，晴天早上叶面喷洒，可防治蚜虫、菜青虫、蝇蛆、小菜蛾、地老虎等多种害虫。三是用草木灰。每亩备 50 千克干燥草木灰，放入种植穴内，待播种或定植时再覆上土，可防治蝇蛆等地下害虫；或草木灰过筛后每亩用 2 千克，早上叶面有露水时喷施在害虫危害部位；或每亩取 24 千克草木灰，加 60 升水，浸泡70 小时左右，叶面喷洒过滤液可防治地上害虫。8—9 月雨后，在韭菜田间周围草丛上喷洒菊酯类农药，可杀灭杂草上的韭蝇等飞虫。

三、典型案例

案例 1 广东省湛江市徐闻县南山镇二桥村潘孔二，2010 年掌握生物技术，种植 5 亩韭菜，收入 30 万余元，每 30 天左右收割一茬，亩产量 5 250 千克，主要解决了防治根蛆必用高毒化学农药问题等。韭菜品质好，无病害，虫也少，市场竞争力强。成本比传统化学技术少投资 50%，增产增效 1.5 倍。

案例 2 2004 年以来，浙江省温州市瓯海区南白象街道郭尧勤，采用生物集成技术种植韭菜，不施用化肥农药，韭菜亩产达 5 500 千克。

案例 3 2012 年以来，山西省新绛县横桥镇符村黄金炎，采用生物技术种植韭菜，韭菜亩产达 6 000 千克左右。2002 年以来，山西新绛县横桥镇符村郝宝同、王青元、郝公木，采用生物技术种植韭菜，连年在韭菜地里施用碳能复合益生菌液，韭菜产量高、质量好、虫口少，没有干尖及腐烂叶，头刀韭菜亩产达 3 000 千克左右，二、三、四刀亩产均为 1 500 千克左右，总产量高达 7 500 千克。

第七节 有机青花菜、甘蓝优质高效栽培技术方案

一、土壤要求

土壤有机质含量在 1% 左右，亩施 3 000 千克有机肥可使土壤有机质含量提高 1%。近年来，采用常规栽培技术，土壤有机质含量在 2% 左右时，青花菜、甘蓝亩产 2 000~3 000 千克，土壤有机质含量在 3%~4% 时，亩产 3 000~4 000 千克。采用生物集成技术，土壤有机质含量达 3% 时，有机青花菜、甘蓝生产可以实现亩产 3 500~7 000 千克的目标，这也是目前高产目标。

土壤要求具体如下：①土壤有机质含量达 3% 左右。②有效钾含量保持 240~300 毫克/千克。③电导率在 500 微西/厘米以下。④土壤耕层深度达 55 厘米以上。⑤土壤 pH 为 6.1~8.2。⑥土壤固氮酶活性为 900 纳摩尔/(千克·天)。

二、备料及投入

1. 有机肥 按每千克有机肥干品可供产青花菜、甘蓝 10 千克计算，每亩施有机肥干品 3 000~5 000 千克，有机肥以蘑菇渣、中药渣、牛粪、秸秆、饼肥、堆沤肥、猪牛栏肥、土杂肥、塘泥等为好。

2. 土壤调理剂　亩备赛众土壤调理剂 25 千克,其中定植前施 20 千克,生长期醋泡浸出液叶面喷洒 5 千克。

3. 碳能益生菌液　亩备碳能复合益生菌液 5 千克,堆肥时或者韭菜出土前用 2 千克,随水冲浇 2 千克,叶面喷洒 1 千克。

4. 植物诱导剂　亩备那氏齐齐发植物诱导剂 1 袋,放入塑料盆中,勿用铁器,每 50 克用 500 毫升沸水化开,存放 2 天,兑水 35～40 升,灌根或叶面喷洒。苗高 5 厘米左右时,叶面喷 1 次 800～900 倍液。那氏齐齐发植物诱导剂被作物接触后,光合强度增加 50%～491%。

5. 钾肥　亩备 51% 天然硫酸钾 15～20 千克。根据土壤中的钾素含量酌情施用钾肥,按每千克可供产青花菜、甘蓝 140 千克施用,每次浇水施钾肥 10～15 千克。

6. 植物酵酶风味素　亩备植物酵酶风味素 2 粒,1 粒兑水 14～15 升,防病促叶厚绿,可促使植物释放化感素和风味素。

三、栽培技术

(一) 茬口安排

甘蓝早春拱棚栽培于 11 月中下旬至 12 月初下种。品种宜用 8398。2 月至 5 月下旬上市,亩栽 4 000 株左右,单球重 1～3 千克。生产中谨防下种早、苗龄过大,栽后受冻害。茎粗 0.6 厘米,叶直径达 0.5 厘米,在 10℃ 以下低温时通过春化阶段发育,45 天内不包球便抽薹开花。早春越夏甘蓝,宜选用日本牛心、日本环球。早熟耐热品种,早春在 1 月至 3 月上旬播种,夏秋在 6—8 月播种,单球重 1.2 千克,抗热、耐运,抗黄萎病和黑腐病。

(二) 育苗技术

选择适宜当地人群消费的品种,以大小、色泽、口味等为准,种植密度比品种介绍适当小一些为好。育苗冷床宽 1.5 米,长 5～6 米,深 15 厘米。床土配制为腐殖酸磷肥 30%、阳土 50%、腐熟牛粪 20%。床土整平,灌足底水,渗下后撒一层营养土。营养土用腐殖酸肥或碳能高解钾复合益生菌液 50 克、肥土 20 千克混合均匀制成。播种后再覆 0.5 厘米厚营养土,然后支架盖膜,白天温度 20～25℃,晚上 10～15℃,使苗缓慢生长。营养全,无黑根,苗抗旱、抗寒。不施化学氮肥。幼苗 3 叶 1 心时,按株行距均为 6～8 厘米分苗,然后用复合益生菌液 700 倍液喷施,以平衡土壤营养,增加根系长度。碳能复合益生菌液可分解土壤中钙,作用于根的分生组织和粗度;磷决定数目、锌决定长度。浓度勿过大。有益生物菌剂与中草药杀菌剂不能混用。

(三) 温度、湿度管理

幼苗期白天温度保持 25℃,夜间 18℃;生长中后期白天温度保持 20℃ 左右,莲座叶有丛长现象,夜温降到 12℃ 左右,包球期夜温 7～10℃,昼夜温差 15～18℃。幼苗期停水蹲苗,提地温;结球期不要缺水,降温促包球。植株地上地下平衡,不徒长。幼苗大控温控水;小苗僵化升温,浇 1 次 1 000 倍液碳能复合益生菌,促长赶齐。

(四) 覆土防病

幼苗出土后,覆 2 次营养土,20% 腐殖酸拌碳能复合益生菌液。取硫酸铜 50 克,按病害轻、中、重度，拌肥皂、碳酸氢铵或生石灰50克，兑水14升叶背喷洒，防治效果优异。茎粗，根冠大，抗病耐寒。干燥时浇水后覆土。喷药在20℃时进行。冬前在土未冻时，按株距38厘米、行距44厘米，刨定植穴，经日晒雨淋、冷冻，杀灭杂菌、害虫，活化地表土壤。定植后缓苗快，白天温度不超过30℃。

（五）田间管理

1. 幼苗期保温扩外叶　12月至翌年3月气温低应以保温为主，可叶面喷碳能复合益生菌液。也可在低温期和幼苗扩叶期在植株根部放置内装复合益生菌液和水的黑色塑料袋，白天吸热，晚上保湿，以增强外叶生长。结球期破袋，使菌液流出，分解养分，促进包球生长。用那氏齐齐发植物诱导剂1 000倍液喷施叶片，可增加根系50%左右，光合强度增加0.50～4.91倍，扩大叶面积。莲座期喷施那氏齐齐发植物诱导剂700～800倍液，控叶促球。

2. 结球期早通风控外叶　叶片占地面85%、温度超过23℃时应及早通风。如肥和有益菌剂不足，可在结球期亩施20千克生物钾。选择晴天中午浇碳酸氢铵30千克，升温至38℃时，热害、氨害伤外叶促球。早期叶片皱补钙，叶脉皱补硼，叶色淡补镁、氮，前期护外叶，后期伤外叶，使外叶呈盘状，柄短，叶色深。控制外叶生长，使营养集中供应叶球，防高温使外叶徒长、防阴凉长成簇丛叶不包球，勤浇水降夜温和地温促包球。

3. 防抽薹开花　定植后将保护地温度控制在12～25℃，不能连续60个小时左右低于10℃以下。结球初期掌握低温（13～20℃）、弱光（2万～3万勒克斯）、短日照（每天6～8个小时见光）。整个生长期叶面不补氮、糖。定植后控水蹲苗，深根多，稀植。结球期夜间浇水，将夜温控制在6～8℃，可促进长球。包球前在心叶里喷50%钼酸铵，20克兑水15升，促进包球。采取以上措施保证全部包球而不抽薹开花。定植时淘汰叶直径超过5厘米，茎粗超过0.6厘米的大苗。

4. 防干烧心　结球初期用米醋50克、过磷酸钙50克兑水14升，叶面喷2次。心叶无焦边，不皱叶。

5. 优质产品标准　甘蓝心叶米黄色，单球重1.5～3.0千克，大小均匀，叶色青绿，无黄点、畸形、病虫、花点、麻点。

四、典型案例

案例1　山西新绛县东升庄赵水龙，因用化肥、鸡粪，土壤浓度大，甘蓝心叶软化，外叶干枯。随水亩冲入碳能复合益生菌液2千克，秧苗恢复生长，产量比对照提高70%，亩产6 500千克，品质好。

案例2　山西新绛县新关村薛方伟，2010年种植世农703甘蓝，亩产7 500千克左右，5—7月上市，品质优良，外绿心黄，硬度及脆度好。

第八节　有机白菜优质高效栽培技术方案

有机白菜一年可种1～2茬，提高有机肥利用率，适应能力强，能净化环境，减轻劳动强度，保证食品安全生产供应。

一、品种与目标

白菜选用西由铁根 F_1、铁根 958 品种，9 月上旬播种，常规技术亩产 3 500 千克。生物有机种植追求亩产 5 000 千克左右，产品质量达绿色有机标准，191 项农残与 5 项重金属不超国际国内相关标准要求。

二、土壤现状

2020 年 9 月 24 日，浙江衢州水稻茬田土壤经山西省曲沃县万乡红肥业有限公司化验，含有机质 4.08%，高产要求 4% 以上，不缺；含碱解氮 105.5 毫克/千克，高产要求 120 毫克/千克，基本满足；含有效磷 75.55 毫克/千克，高产要求 40～80 毫克/千克，不缺；含速效钾 282.51 毫克/千克，高产要求 350 毫克/千克左右，缺少许；pH 为 7.28，弱碱性，适宜冲施碳能复合益生菌，改良土壤，使作物高产优质。

三、优质高产土壤要求

土壤有机质含量在 1% 左右时，亩施 3 000 千克有机肥可使土壤有机质含量提高 1%。近年来，采用常规栽培技术，土壤有机质含量在 2% 左右时，白菜亩产 2 000～3 000 千克，土壤有机质含量在 3%～4% 时，亩产 3 000～4 000 千克。采用生物集成技术，有机白菜、娃娃菜生产可实现亩产 5 000～7 000 千克的目标。

土壤要求具体如下：①土壤有机质含量达 4% 左右。②有效钾含量保持 240～300 毫克/千克。③电导率在 500 微西/厘米以下。④土壤耕层深度达 55 厘米以上。⑤土壤 pH 为 6.1～8.2。⑥土壤固氮酶活性为 800 纳摩尔/(千克·天)。

四、备料及投入

1. 有机肥　按每千克有机肥干品可供产白菜 7 千克计算，每亩投入有机肥干品 3 000～4 000 千克，多施 50% 缓冲肥。有机肥以蘑菇渣、中药渣、牛粪、秸秆、饼肥、堆沤肥、猪牛栏肥、土杂肥、塘泥等为好。

2. 土壤调理剂　亩备赛众土壤调理剂 25 千克，其中定植前施 20 千克，生长期醋泡浸出液叶面喷洒 5 千克。

3. 碳能益生菌液　亩备碳能复合益生菌液 5 千克，堆肥时可用 2 千克，每次兑水冲浇 1～2 千克，叶面喷洒 0.5 千克。

4. 植物诱导剂　亩备植物诱导剂 1 袋，放入塑料盆中，勿用铁器，每袋 50 克，用 500 毫升沸水化开，存放 2 天，兑水 35～40 升，灌根或叶面喷洒。苗高 5 厘米左右，叶面喷 1 次 800～900 倍液。植物诱导剂被作物接触后，光合强度增加 50%～491%。

5. 钾肥　亩备 51% 天然硫酸钾 15～20 千克。根据土壤中的钾素含量酌情施用钾肥，按每千克可供产白菜 160 千克施用，每次浇水冲施 10～15 千克。

6. 植物酵酶风味素　亩备植物酵酶风味素 4 粒，1 粒兑水 14～15 升，防病促叶厚绿，可使植物释放化感素和风味素。

五、栽培技术

同第四章第七节有机青花菜、甘蓝优质高效栽培技术方案。过去白菜只在秋季播种，即晋南在 8 月上旬播种，10 月下旬至翌年 4 月供应市场。随着市场需求，现在早春到早夏也在种植，基本做到周年供应。

白菜以直播为主，亩用种 250 克左右，育苗用种 60 克左右。自制生物有机肥、生物沼液和降解化学残留及除草剂液、防病虫害液参见第二章第一节有机水稻优质高效栽培技术方案。

六、典型案例

案例 1　山西新绛县西行庄立虎有机蔬菜专业合作社，用生物技术种植娃娃菜，供应香港，每茬产菜 6 000～7 000 千克，连续供应 6 年，合格率达 99.99%。

案例 2　山西新绛县宋村吉瑞平，2010 年种植白菜，亩产 5 400 千克左右，5—7 月上市，品质优良，外绿心黄，硬度及脆度好。

第九节　有机大蒜优质高效栽培技术方案

中国大蒜的主要产地：山东省济宁市金乡县，兖州的漕河镇，临沂市兰陵县，济南市商河县，东营市广饶县，聊城市茌平，菏泽市成武县，潍坊市的安丘，常年种植 70 万亩，年均产量 80 万吨，产品出口到 160 多个国家和地区。按皮色分，金乡大蒜可分为白皮大蒜和紫皮大蒜。

一、目标效果

①产量较常规化学技术提高 0.5～1.0 倍。②191 项农残达国际第三方认可要求。③产品达到国家绿色有机认证标准，当茬可办理有机认证手续。

二、土壤要求

土壤有机质含量在 1% 左右时，亩施 3 000 千克有机肥可使土壤有机质含量提高 1%。采用常规栽培技术，土壤有机质含量在 2% 左右时，大蒜亩产 750～1 000 千克。采用生物集成技术，土壤有机质含量达 2.5%～3.0% 时，有机生产可以实现亩产 1 500～2 000 千克的目标。

土壤要求具体如下：①土壤有机质含量达 2.8%～3.0%。②土壤有效钾含量为 240～340 毫克/千克。③土壤电导率在 400 微西/厘米以下。④土壤耕层深度达 35 厘米以上。⑤土壤 pH 为 6.1～8.2。⑥土壤固氮酶活性为 500 纳摩尔/(千克·天)。

三、备料及投入

以山东临沂种植大蒜的土壤为例，经过检测，土壤有机质、速效钾和速效磷含量与高产要求存在差距，土壤呈酸性，需调整。根据对土壤的分析，做出如下操作方案。

1. 有机肥　亩投入有机肥干品 2 000 千克左右，按每千克可供产鲜蒜薹 4 千克施用，并多施 25％缓冲肥。有机肥以蘑菇渣、中药渣、牛粪、秸秆为佳。

2. 土壤调理剂　亩备土壤调理剂 25～50 千克，其中基施 20～45 千克，生长期醋泡浸出液叶面喷洒 5 千克。

3. 碳能益生菌液　亩备碳能复合益生菌液 3.5～5.0 千克，随水冲浇 1.5～2.0 千克（2 次），叶面喷洒 0.5 千克，喷 1～2 次。

4. 植物诱导剂　亩备那氏齐齐发植物诱导剂 1 袋，叶长 20 厘米时用 600～700 倍液喷 1～2 次叶面，控叶促蒜头膨大，光合强度增加 50％～491％。

5. 钾肥　亩备 51％水洗天然钾 25 千克，按每千克可供产干蒜头 50 千克施用。

6. 植物酵酶风味素　亩备植物酵酶风味素 2 粒，配合碳能复合益生菌液喷洒。苗期可防病促根，中后期控蔓促果，使叶内营养向果实转移。

四、操作步骤

（一）整地施肥

将含碳 45％左右的蘑菇渣、牛粪、各类有机肥（亩用 2 000 千克）提前半个月用碳能复合益生菌液 30～50 倍液喷洒沤制发酵，以防地下害虫，同时碳素肥为益生菌的繁衍提供食物，上茬种蝇严重地块，随水冲入 5 千克可彻底消灭种蝇。如果上茬作物为玉米，亩可供干秸秆 500～700 千克，可代替少量有机肥。

（二）品种选择

1. 苍山蒲棵大蒜　苍山大蒜产区的主栽品种，生长期 240 天左右，为中晚熟品种，适应性强，较耐寒，生长势较强，品质好，亩产蒜头 1 500 千克左右，蒜薹 400 千克左右。

2. 苍山糙蒜　早熟品种，生长期 230～235 天，抗寒，长势旺，蒜头与蒜薹的产量与蒲棵大蒜相当。

3. 苍山高脚子蒜　苍山大蒜中的一个品种，属晚熟品种，生长期 240 天以上，长势强，较耐寒，蒜头产量高于苍山蒲棵大蒜和苍山糙蒜。

4. 嘉祥大蒜　嘉祥县地方品种，植株生长势强，分蘖力弱，生长期 260 天左右，一般亩产蒜薹 250 千克，蒜头 1 500 千克左右。

5. 苏联大蒜　现各地普遍栽培，植株生长势强，分蘖中等，生长期 230 天左右，抗病性强，产量高，亩产蒜头 1 500～2 000 千克，但其休眠期短，秋季发芽早，辛辣味略淡，宜用于培植青蒜苗。

（三）种蒜处理与定植

用碳能复合益生菌液 100～200 倍液浸种，把晒好的蒜瓣浸泡 24 小时后捞出，晾干后立即播种。定植前后亩冲入碳能复合益生菌液 2 千克，使秸秆、土壤中的上年蒜须根等碳物质充分分解，利用率由自然杂菌的 24％左右提高到 100％以上，除臭化卵，使成虫不能产生脱皮素而窒息死亡。不再施氮化肥，严重缺氮时可施 5 千克尿素，其系碳氮合成物，无残留。大蒜采取定向播种，可减少叶片交叉，提高光合作用，显著提高产量，也便于抽薹等田间管理。以大蒜背腹连线与播种行平行，背向呈南偏西 15°为宜。蒜埂两边两行大蒜因地温低，栽植过深，蒜头较小，并且埂上套种减少实际种植面积，所以生产上要平整好土地。大蒜生长的适宜温度是 15～20℃，持续高温使大蒜生长进入休眠状态，为降低地温，应于立夏前后将大蒜地膜划破，延长生长期，增加产量。传统亩施过磷酸钙（有机生产准用），磷酸氢二铵、硝酸磷（有机生产不准用）等含磷肥料。用生物技术可分解土壤中磷，其有机生物肥和秸秆中的磷已足够，每千克磷可供产蒜头 660 千克，需用量很小，故一般情况下，土壤含磷在 40～80 毫克/千克时，不再考虑施磷。

（四）田间管理

大蒜叶片占地面 70% 左右时，及早喷那氏齐齐发植物诱导剂 600～800 倍液 1～2 次，即取 50 克原粉，用沸水冲开，放 24～48 小时，兑水 30～40 升，叶面喷洒。

在蒜薹、蒜头形成期，亩施 51% 天然水洗硫酸钾 30 千克左右，如该地土壤中含速效钾达 150 毫克/千克，可减半施钾，因高产要求为 240～400 毫克/千克，高钾田仍有增产作用。取植物酵酶风味素 1 粒，兑水 14 升，喷叶，使叶营养向蒜头转移，释放蒜辛辣味。

用碳能复合益生菌液 200 倍液，每 15 千克水液中投入植物酵酶风味素 1 粒，喷 1～2 次，打破顶端生长优势，使叶面内营养往果实转移，增加果实甜度和丰满度。浇施或叶面喷碳能生物菌液，可以防死秧、根结线虫、地面飞虫、红蜘蛛、蜗牛、蚂蚁及地下害虫（蛴螬、蝼蛄、地老虎）等。2.5% 鱼藤酮乳油属植物源杀虫剂，具触杀、胃毒、生长发育抑制和拒食作用。在蛆虫、蚜虫发生初期用 750 倍液喷雾，施药后的安全间隔期为 3 天。

五、典型案例

案例 1 江苏省丰县大蒜种植基地土壤理化性质特点为沙壤土，含有机质 1.3%，全氮 82 克/千克，全磷 1 克/千克，有效磷 31.4 毫克/千克，缓效钾 832 毫克/千克，速效钾 133 毫克/千克，碱解氮 78.32 毫克/千克。用生物技术可产大蒜 2 200 千克左右。

案例 2 山东成武县金乡大蒜产区，栽培多是以施化肥为主，亩产大蒜 1 200 千克左右。2009 年用生物技术栽培，亩产干大蒜 1 890～2 000 千克。

第十节　有机蒜苗优质高效栽培技术方案

蒜苗一般亩产 2 000～2 500 千克，用生物技术栽培，亩产蒜苗 3 000～3 500 千克。省力、提高有机肥利用率，作物适应能力强，能净化环境，减轻劳动强度，保证食品安全生产供应。

一、品种与目标

选用四川紫皮品种，8 月下旬至 9 月下旬播种，常规产品亩产 2 500 千克。生物有机种植追求亩产 3 000 千克以上，产品质量达绿色有机标准，191 项农残与 5 项重金属不超国际国内标准要求，当年当茬可办理有机认证手续。

近年来 8—12 月蒜苗每千克售价稳定在 2～3 元，亩收入高达 6 000～8 000 元。选择蒜头大、蒜瓣大、生长迅速的早熟品种，如春丰早、曹州早、四川紫皮等，这些品种休眠期短、出苗快、生长快、产量高。7 月上旬至 8 月上旬播种，9—10 月收获；8 月中下旬至 9 月上中旬播种，11—12 月收获。

株行距 2 厘米×3 厘米，亩用种蒜 650 千克左右。栽前用碳能菌液 150 倍液将蒜头浸泡一昼夜，除去茎踵及蒜种中间残留。剥去蒜皮，每 100 千克蒜可泡成湿蒜 150 千克。以疏松的土壤为宜，因此栽前要深翻 18～20 厘米，翻耕前撒施腐熟有机肥，然后耧平做成 1.5～2.5 米的平畦。密栽时要把蒜头靠紧，不留空隙。栽植后 3～5 天新根就开始长出，这时应浇 1 次透水，随水冲入碳能菌 2 千克。待苗床稍微呈现干燥时，用木板依次将苗稍加镇压，使新根与土壤密切接触，并促其向下生长。在苗刚出土时，再覆上 1 厘米左右的细沙。在整个生育期应经常注意适量浇水。通常一茬蒜苗共浇水 3～4 次。蒜苗生长适温以白天 20～27℃，夜间 18～21℃为宜，在整个生长期，室温应随蒜苗的生长而略降低，但温度不可低于 15℃，以使其生长充实。蒜栽后 20～25 天，苗高 25～35 厘米时即可收割头茬，而后苗高 30～40 厘米时，可连根收割。

二、土壤现状

2020 年 9 月 24 日，衢州大蒜田经山西省曲沃县万乡红肥业有限公司化验，含有机质 1.8%，高产要求 3.5% 以上，缺 1.7%；碱解氮 39.54 毫克/千克，高产要求 120 毫克/千克，较缺；有效磷 34.36 毫克/千克，高产要求 40～80 毫克/千克，微缺；速效钾 142.36 毫克/千克，高产要求 300 毫克/千克左右，约缺 160 毫克/千克；pH 为 7.31，弱碱性，适宜冲施碳能复合益生菌，以改良土壤，使作物高产优质。

三、优质高产土壤要求

土壤有机质含量在 1% 左右时，亩施 3 000 千克有机肥可使土壤有机质含量提高 1%。采用常规栽培技术，土壤有机质含量在 2% 左右时，蒜苗亩产 2 000 千克。采用生物集成技术，土壤有机质含量达 2.5%～3.0% 时，有机生产可以实现亩产 2 500～3 000 千克的目标。

土壤要求具体如下：①土壤有机质含量达 3.0%～3.5%。②土壤有效钾含量为 240～340 毫克/千克。③土壤电导率在 400 微西/厘米以下。④土壤耕层深度达 35 厘米以上。⑤土壤 pH 为 6.1～8.2。⑥土壤固氮酶活性为 1 000 纳摩尔/(千克·天)。

四、备料及投入

1. 有机肥　亩施有机肥干品 2 000 千克左右，按每千克可供产干蒜头 1.5 千克、鲜蒜薹 4 千克、蒜苗 8 千克施用，并多施 50% 缓冲肥。有机肥以蘑菇渣、中药渣、牛粪、秸秆为佳。

2. 土壤调理肥　亩备土壤调理肥 25～50 千克，基施。

3. 碳能益生菌液　因土壤缺有机质、碱解氮，亩备碳能复合益生菌液 4.5～7 千克，用水冲 2 千克（2～3 次），叶面喷洒 0.5 千克，喷 1～2 次。

4. 植物诱导剂　亩备那氏齐齐发植物诱导剂 1～2 袋，叶长 20 厘米时用 800～900 倍液喷 1～2 次叶面，光合强度增加 50%～491%。

5. 钾肥　因土壤缺有效钾，亩备 51% 水洗天然钾 25 千克，按每千克可供产蒜苗 100 千克施用。

6. 植物酵酶风味素 亩备植物酵酶风味素 2 粒，配合碳能复合益生菌液喷洒。苗期可防病促蒜苗生长。

五、操作步骤

同第四章第九节有机大蒜优质高效栽培技术方案。

六、典型案例

案例 1 江苏省丰县大蒜种植基地，用生物技术亩可产蒜苗 3 400 千克左右。
案例 2 山西省新绛县西曲村冯明乐，用生物技术种植，蒜苗亩产 3 500 千克。
案例 3 山西省曲沃县北董乡盖地膜种植蒜苗，种植面积达 3 万余亩，合亩产 3 300 千克左右。

第十一节　有机生菜等优质高效栽培技术方案

叶菜主要有菠菜、生菜、菜心、油麦菜、芹菜、苦苣菜、芫荽等，以生产 2～6 茬为佳。采用生物集成技术，不仅能充分发挥叶菜的生产潜力，还能降低成本，提高生产效益。

一、土壤要求

土壤有机质含量为 2.4％～2.5％时，采用常规栽培技术，叶菜生产亩产一般为 750～1 000 千克。而采用生物集成技术，可实现亩产 1 500～4 000 千克的目标。

土壤要求具体如下：①土壤有机质含量为 2.4％～3.0％。②土壤有效钾含量保持 240～300 毫克/千克。③土壤电导率在 800 微西/厘米以下。④土壤耕层深度达 45 厘米以上。⑤土壤 pH 为 6.1～8.2。⑥土壤固氮酶活性为 1 000 纳摩尔/(千克·天)。

二、备料及投入

1. 有机肥 按每千克有机肥干品可供产叶菜 8 千克计算，每亩施有机肥干品 3 000～5 000 千克，有机肥以鸡粪、饼肥、堆沤肥、猪牛栏肥、土杂肥、塘泥、蘑菇渣、中药渣、牛粪、秸秆等为好。

2. 土壤调理剂 亩备赛众土壤调理剂 25 千克，其中定植前施 20 千克，生长期醋泡浸出液叶面喷洒 5 千克。

3. 碳能益生菌液 亩备碳能复合益生菌液 3.5～4.5 千克，堆肥时可用 2 千克，随水冲浇 1～2 千克，叶面喷洒 0.5 千克。

4. 植物诱导剂 亩备那氏齐齐发植物诱导剂 1 袋，放入塑料盆中，勿用铁器，每袋 50 克，用 500 毫升沸水化开，存放 2 天，兑水 35～40 升，灌根或叶面喷洒。苗高 5 厘米左右时，叶面喷 1 次 900～1 200 倍液。那氏齐齐发植物诱导剂被作物接触后，光合强度增加 50％～491％。

5. 钾肥 亩备 51％天然硫酸钾 15～20 千克。根据土壤中的钾素含量酌情施用钾肥，按每千克可供产 200 千克叶菜施用，每次浇水冲施 5～8 千克。

6. 植物酵酶风味素 亩备植物酵酶风味素 2 粒，1 粒兑水 14～15 升。可防病促叶内绿，可使植物释放化感素和风味素。

三、栽培要点

(一) 品种选择

1. 结球生菜 美国射手 (101)，本品种喜冷凉气候。种子在 4℃开始发芽，生长适温 15～20℃，结球适温 10～18℃，超过 25℃时叶球生长不良，易先期抽薹，在潮湿、高温环境下易腐烂。在定植前 15 天，亩冲施硫酸铜 600 克，增强植物的抗软腐病能力。选择中性或微酸性、有机质丰富、疏松的沙壤土。

2. 苦苣菜 根据当地气候条件和市场需求选择抗逆性、适应性广、产量高、品质优、株型好的品种，如北京市特种蔬菜种苗公司的细叶苦苣和沈阳市晓春蔬菜种苗商行的菊花苦苣等品种，用生物菌拌种可提前 2～3 天发芽。

(二) 栽后管理

叶菜在 8℃左右受冻害，怕高温，在 36℃以上难发芽，会死秧。高产优质适宜温度白天在 20～25℃，晚上在 10℃左右，故多在早春越冬拱棚和地面覆盖塑料薄膜栽培，越夏或夏秋适当遮阳栽培。生物有机栽培：种子用碳能复合益生菌液 200 倍液浸泡 0.5～1.0 小时，杀灭杂菌，促种萌发。按亩产 3 000 千克左右施肥，施经碳能复合益生菌液处理发酵 15 天左右的禽粪，如含水量 40% 左右的鲜鸡粪，每千克可供产叶菜 8～10 千克，因土壤中需有 50% 缓冲肥，亩施 2 000～3 000 千克较为合适，叶黑绿。施用牛粪、秸秆，不用发酵处理，菜叶生长快，但叶发黄。可用碳能复合益生菌液 1 千克，红糖 50 克，兑水 15 升，叶面喷洒，使叶面产生大量固氮菌，增氮增色。备 50% 天然硫酸钾 10 千克，按每千克可供产鲜果 180 千克施用，每 50 千克 200 元左右。用火山岩稀土水溶肥 200 克 (60 元) 或者植物酵酶风味素 10 粒 (50 元)，保证食品风味素和化感素。由北京生命源泉生物工程技术有限公司最新研究的以硒、钛为主，含海洋生物、野生植物、中草药提取液及复合氨基酸、10% 的复合维生素、活性酶等为一体的富硒王植物营养液，每瓶 200 毫升，可喷 5 亩地，一次可达富硒农产品。用碳能复合益生菌液和植物酵酶风味素防治真菌、细菌病害，用北京金山水溶剂防治缺素症和虫害。

出苗后按时定苗，中耕除草，叶面喷施那氏齐齐发植物诱导剂、赛众土壤调理剂浸出液。壮苗期追肥浇水，亩施 51% 天然钾 10 千克配碳能复合益生菌液 1～2 千克。产品生长初期，叶面喷 700 倍液的硼砂水溶液 (40℃温水化开)，防止茎秆空心。根据雨水多少来确定浇水次数。

在生长期每次随追水冲入碳能复合益生菌液 2 千克左右，防死秧，促长。越冬和越夏栽培，幼苗期往叶片喷 1 次那氏齐齐发植物诱导剂 1 200 倍液，使菜抗热抗冻性增加 2～3℃，控制叶柄生长，使叶绿叶厚。在有病虫伤口时，叶面喷洒植物酵酶风味素 1～2 次，每粒兑水 14 升，高温期田间叶面可喷 2 次光碳核肥，使菜抗热，叶厚绿。

应符合《绿色食品　农药使用准则》，准用苦参碱，允许使用生石灰、少量硫酸铜铵合剂，用生物菌剂化虫，用硅、铜避虫，用防虫网防虫，用黄、蓝板诱杀害虫。

（三）收购标准及规格

1. 菠菜 柄叶总高 25～30 厘米时为收获期，连根拔起，勿捆绑，散装入箱运回，在 0～2℃处冷凉，根朝上喷雾后，装入泡沫箱外销。

2. 菜心 茎长 13～15 厘米（切口至花蕾处），茎粗 1 厘米以上，无空洞（茎秆中心不发白），花蕾多数不开放（限开花 1～3 朵），叶色青绿，茎秆浓绿，无病叶、虫叶和黄叶，鲜嫩无病斑，无开花、抽薹。

3. 生菜 单株 150～200 克，翠绿鲜艳，无虫伤，无病害，无黄叶。大小均匀，无畸形。

4. 油麦菜 茎粗 1.5～3 厘米，单株重 300～500 克，叶长 25～30 厘米，不抽心，无黄叶、花叶、病虫叶。

5. 奶白菜 长 15～17 厘米，重 120～150 克，叶柄奶白色，叶色浓绿，无黄叶、花叶、病虫叶。

6. 芥蓝 切口至花蕾 13～15 厘米，开花 1～3 朵，叶色青绿，无病虫叶、黄叶，茎粗 1～2 厘米，无空心。

7. 小油菜（大青菜） 单株重 120～150 克，长 13～15 厘米，叶色浓绿，无黄叶、病叶、花叶。

四、投入产出分析

通常在没有碳能复合益生菌液的情况下，需多施肥料 1 倍以上。益生菌可使有机碳肥利用率由杂菌条件下的 24% 左右提高达 100%。鸡粪中含钾 0.5% 左右，2 000 千克鸡粪中含纯钾 10 千克，合含 50% 硫酸钾 20 千克，每千克 50% 硫酸钾可供产叶菜 160 千克，可满足亩产 2 500 千克对钾的需求，其他元素在益生菌的作用下完全足够，不必再施入。

五、典型案例

案例 1 山西省新绛县西曲村文根龙，2008 年 9 月 10 日，用生物技术栽培油麦菜，基本无病虫危害，色艳耐存，亩产达 4 000 千克左右，产品达国际出口有机食品标准。

案例 2 山西新绛县西曲村文春英，2014 年开始连续几年用生物菌液浇施叶类蔬菜，防死秧烂棵、干尖，蔬菜不易染病虫害，叶艳，鲜嫩，空心菜亩产达 2 400 千克。

案例 3 山西省新绛县西曲村马林生，2011 年用生物技术种植生菜，亩产达 4 000 千克，供应香港，合格率达 99.99%。

案例 4 广东省湛江市徐闻县南山镇二桥村潘孔二，2012 年开始用生物有机集成栽培技术生产西瓜、甜瓜、尖椒、菜心，应用面积达 2 000 余亩，作物产量提高 0.5～1.2 倍。如菜心用化肥、有机肥技术亩产 750 千克左右，用生物技术亩产 1 500 千克以上，品质达到供应香港、澳门标准要求，口感好，秧绿，不死秧。

案例 5 广东省东莞市常平镇莫忆斌，2015 年用生物有机集成栽培技术，田间作物不生病、不染虫，投入成本低，产量高，品质好。

案例 6 广东省高州市谢观路李华灿，2011 年应用生物有机集成栽培技术，1 月一茬菜心、芥蓝亩产 1 400 千克以上，2 月一茬生菜亩产 3 600～4 000 千克，均比过去应用化学技术产量提高 0.5～2.0 倍。蔬菜无病虫斑，口感好，市场认可度高，生菜每千克批发价 4 元左右，菜心、芥蓝 5 元左右，收入十分可观。

案例 7　广东省深圳市新农田农业技术有限公司阮庭成，2010—2018 年按生物技术生产有机生菜、菜心、芥蓝、菠菜、芹菜、白菜、香菜等 20 余种叶类菜，产量均比过去提高 50%～80%，产品供应深圳，受到广大消费者认可。

第十二节　有机富硒莴笋优质高效栽培技术方案

有机莴笋一年可种 2 茬，省力，可提高有机肥利用率，作物适应能力强，能净化环境，减轻劳动强度，保证食品安全生产供应。

一、品种与目标

莴笋选用永安红莴笋品种，9 月上中旬及早播种，一般常规产品亩产 3 000 千克。生物有机种植追求亩产 5 000 千克左右，产品质量达绿色有机标准，191 项农残与 5 项重金属不超国际国内相关标准要求。

二、土壤现状

我国大多数地区土壤有机质含量在 1% 以下，土壤有效钾含量在 100 毫克/千克以下。每亩耕作层中有益生命物即蚯蚓与益生菌等达 50 千克，阳光利用率很低，含硒量在临界值以下，很难保证作物高产优质。有机富硒作物高产栽培，每亩耕作层中有益生命物应达 430～470 千克，所以要补充碳素有机肥、天然钾、复合益生菌和硒元素，土壤中含量多忽略不计。每亩需施 30 亿/克的复合益生菌 4～5 千克，阳光利用率提高 1%～2%，能使作物产量提高 0.5～2.0 倍，产品达有机标准。

三、优质高产土壤要求

亩施 3 000 千克有机肥可使土壤有机质含量提高 1%。近年来，采用常规栽培技术，土壤有机质含量在 2% 左右时，亩产 3 000 千克。采用生物集成技术，土壤有机质含量在 3%～4% 时，亩产 4 000 千克，可以实现一年亩产 6 000 千克的目标。

土壤要求具体如下：①土壤有机质含量达 3% 左右。②有效钾含量保持 240～400 毫克/千克。③电导率在 500 微西/厘米以下。④土壤耕层深度达 55 厘米以上。⑤土壤 pH 为 6.1～8.2。⑥土壤固氮酶活性为 600 纳摩尔/(千克·天)。

四、备料

1. 有机肥　按每千克有机肥干品可供产莴笋 5 千克计算，每亩施有机肥干品 2 000～3 000 千克，有机肥以蘑菇渣、中药渣、牛粪、秸秆为好。

2. 土壤调理剂　亩备土壤调理剂 25～50 千克，其中基施 20～40 千克，生长期醋泡浸出液叶面喷洒 5～10 千克。

3. 碳能益生菌液　因土壤有机质、碱解氮缺少，亩备碳能复合益生菌液 2.5～6.0 千克，苗期喷浇 1～2 次，每隔一水冲 1～2 千克，叶面喷洒 0.5 千克，喷 3～4 次。

4. 植物诱导剂 亩备那氏齐齐发植物诱导剂 1～2 袋，定植后用 800 倍液灌根 1 次，生长中后期用 600～700 倍液叶面喷 1 次。施用那氏齐齐发植物诱导剂后，光合强度增加 50%～491%。

5. 钾肥 因土壤缺钾，亩备 51% 天然硫酸钾 30～40 千克。根据土壤中的钾素含量酌情施用钾肥，按每千克可供产莴笋 100 千克施用。

6. 植物酵酶风味素 亩备植物酵酶风味素 4 粒，配合碳能复合益生菌液喷洒。苗期可防病、促根生长，后期可壮秆促笋，使叶内营养向果实转移。

五、栽培要点

(一) 播种期

长江流域露地越冬春莴笋，一般于第 1 年秋季 10 月播种，40～50 天当苗具 5～6 片真叶定植，冬季可安全越冬，翌春返青后有充足时间生长叶丛，4—5 月收获。夏秋莴笋选择耐热性强、对日照反应迟钝、不易抽薹的高产品种，如特耐热二白皮莴笋等，6 月下旬播种育苗，苗床选择在地势高燥、土壤肥沃的地方。

(二) 催芽育苗

种子用复合益生菌液浸泡 24 小时，捞出洗净并用纱布包好，置于 18～25℃ 处，经 3～5 天种子 80% 露白即可播种。也可将浸湿的种子吊到水井内（距水面 30 厘米处）催芽。

(三) 育苗移植

苗床选择保肥保水力强、疏松肥沃的壤土，先施腐熟人粪尿翻地作基肥。每 33 米² 苗地播种量为 50～75 克，可栽 1 亩。每亩地施复合益生菌液 2 千克，分解有机肥，防治病虫害，种子出芽后掺少量细沙均匀播种，每平方米播种 2～3 克。播种后盖细土一层，再覆草片保湿，畦面平铺遮阳网，经 7～8 天露芽后，去除草片，补足底水。畦面上方小拱棚架覆盖遮阳网和农膜，遮阳保湿促出苗。出苗后撤去地表遮阳网并撒干细土稳苗。棚架上遮阳网晴天上午 8 时后盖、下午 5 时后揭去；阴天不盖，下大雨天气及时盖上遮阳网和农膜；2 片真叶后逐步减少覆盖时间。苗期用复合益生菌液防治地下及地上害虫与蜗牛，苗龄 22～25 天时移栽。

莴笋子叶平展及 1～2 片真叶时各间苗 1 次，拔苗前一天淋水，避免拔苗伤根。大小苗分开定植，便于大田管理。

(四) 施足基肥

莴笋缺肥易发生先期抽薹现象，产量和品质下降，所以基肥要足。一般亩施腐熟人畜粪或腐熟鸡粪 2 500～3 000 千克，51% 钾肥 20 千克，耕翻整地作畦。莴笋活棵后施 1～2 次稀粪肥，促进幼苗生长。莲座期后肉质茎开始膨大时，结合浇水每亩冲施复合益生菌液 2 千克。

(五) 合理密植

翻地后做成 1.6 米（连沟）畦面。栽植密度因品种与季节而异。早熟种亩栽 2 800～3 000 株，7 月中下旬莴笋苗 4～5 片真叶展开后，选择傍晚或阴天带土移栽，一般行距 33 厘米、株距 30 厘米。注意大小苗分级移栽，栽后浇足活棵水，大棚架上覆盖遮阳网，促进缓苗。

（六）控秧促茎

定植后喷植物诱导剂（为有机认证准用生产物资）1～2次，以防外部叶片徒长。植物沾上该剂能增加根系70%以上，提高光合强度0.50～4.91倍，可起到前期控秧促根，后期控叶促茎效果，使作物抗热、抗冻、抗病、抗虫性大大提高。亩用50克原粉，用500毫升沸水冲开，放24～60小时，兑水60升，在4～6片叶时全株喷1次；在定植后用800倍液再喷1次；如果中期植物徒长，节长叶大，可用650倍液再喷1次。

茎部肥大期地面稍干就浇水，所以施肥可少施、勤施，以防茎部裂口。嫩茎膨大期，亩用植物酵酶风味素4粒，收获前7～10天叶面喷1次，每粒兑水15～30升，使叶片营养向茎秆转移，并打破顶端生长优势。也可用500～1 000毫克/升芸薹素内酯进行叶面喷洒，可抑制抽薹。

（七）施叶面肥

每次随浇水冲入生物菌液1～2千克。高温干旱期叶面喷过磷酸钙米醋浸泡液300倍液或者在傍晚喷复合益生菌液1 000倍液，防治干叶病。若叶片发黄，可取复合益生菌液50～100克，配红糖50克，兑水15升叶面喷洒，使叶面产生固氮菌，叶片黑绿，提高商品性状，释放风味素和化感素。

（八）病虫害防治

莴苣病害主要有霜霉病、菌核病、病毒病、灰霉病，在满足莴苣生长适宜温度（白天不超过24℃，夜间不低于10℃）条件下，尽量加大通风，在湿度偏大的情况下，及时通风散湿，一旦发病，用生物技术防止病情蔓延。

细菌性病害是植物生理缺酶症，田间和叶面施复合益生菌液，可使植物体产生酶与氨基酸，从而提高作物的免疫力，控制细菌性病害的发生、发展。真菌性病害是土壤浓度过大，植物体缺糖引起，在霜霉病潜伏早期，亩冲施复合益生菌2～4千克配红糖4千克就可防治；白粉病的病菌在碱环境中不能生存，用50克碳酸氢钠兑水50升叶面喷洒就可防治。病毒病是高温干旱、缺锌、有虫伤引起，早期作物灌根和叶面喷洒植物诱导剂800～1 200倍液，提高作物抗热抗逆性，增加皮层厚度就可防治；另外亩施复合益生菌液2～4千克，作物根系数目可增加0.7～1.0倍，吸收营养能力和调节力增强，也能起到防病作用。根结线虫是土壤浓度过大，先细菌侵染，后真菌介入，根系腐烂成瘤状，然后诱生线虫，亩用复合益生菌5千克，其中的淡紫拟青霉能化解根结线虫病害，降低土壤浓度。

（九）适期采收

当株茎1.5～2.0千克，5～6片叶，莴笋心与最高叶片尖持平时，即可采收上市。

六、典型案例

山西新绛县南庄村白闰年，2013—2015年用生物技术露地种植莴笋，亩产7 200千克，收入1.2万～1.4万元。

第十三节　有机芹菜优质高效栽培技术方案

芹菜一般亩产2 000～2 500千克，采用生物集成技术，一茬亩产4 000～7 500千克，不仅能充分发挥叶菜的生产潜力，还能降低成本，提高生产效益。

一、品种与目标

春芹菜选用较抗寒、冬性强、抽薹晚、生长势旺、品质好、适于春季栽培的品种。夏秋芹菜选用耐热、抗病品种。越冬芹菜选用耐寒、冬性强、抽薹迟的品种。芹菜选用黄心芹、青芹。

秋芹菜 9 月 20 日前后播种，常规亩产 3 000 千克，生物有机种植追求亩产 4 500 千克以上，产品质量达绿色有机标准，191 项农残与 5 项重金属不超国际国内相关标准要求。

二、土壤现状

2020 年 9 月 24 日，衢州芹菜前茬田土壤经山西省曲沃县万乡红肥业有限公司化验，含有机质 1.79%，高产要求 3.5% 以上，微缺；碱解氮含量为 39.54 毫克/千克，高产标准要求 120 毫克/千克，较缺；有效磷含量为 34.36 毫克/千克，高产要求 40~80 毫克/千克，微缺；速效钾含量为 142.36 毫克/千克，高产要求 300 毫克/千克左右，约缺 160 毫克/千克；pH 7.31，弱碱性，适宜冲施碳能复合益生菌，改良土壤，使作物高产优质。

三、优质高产土壤要求

①土壤有机质含量为 3.4%~3.5%。②土壤有效钾含量保持 240~300 毫克/千克。③土壤电导率在 500 微西/厘米以下。④土壤耕层深度达 45 厘米以上。⑤土壤 pH 为 6.1~8.2。⑥土壤固氮酶活性为 700 纳摩尔/(千克·天)。

四、备料

1. 有机肥　按每千克干品有机肥可供产芹菜 10 千克计算，每亩施有机肥干品 3 000~4 000 千克，多施 50% 缓冲肥。有机肥以鸡粪、饼肥、堆沤肥、猪牛栏粪、土杂肥、塘泥、蘑菇渣、中药渣、牛粪、秸秆等为好。

2. 土壤调理剂　亩备赛众土壤调理剂 25 千克，其中定植前施 20 千克，生长期醋泡浸出液叶面喷洒 5 千克。

3. 碳能益生菌液　因土壤有机质、碱解氮缺少，亩备碳能复合益生菌液 4.5 千克，堆肥时可用 2 千克，兑水冲浇 2 千克，叶面喷洒 0.5 千克。

4. 植物诱导剂　亩备那氏齐齐发植物诱导剂 1 袋，放入塑料盆中，勿用铁器，每袋 50 克，用 500 毫升沸水化开，存放 2 天，兑水 35~40 升，灌根或叶面喷洒。苗高 5 厘米左右时，叶面喷 1 次 900~1 200 倍液。那氏齐齐发植物诱导剂被作物接触后，光合强度增加 50%~491%。

5. 钾肥　因土壤缺钾，亩备 51% 天然硫酸钾 25~30 千克。根据土壤中的钾素含量酌情施用钾肥，按每千克可供产芹菜 200 千克施用。

6. 植物酵酶风味素　亩备植物酵酶风味素 4 粒，1 粒兑水 14~15 升，防病促叶厚绿，可使植物释放化感素和风味素。

五、栽培要点

(一) 育苗

芹菜在 8℃ 左右受冻害，怕高温，在 36℃ 以上难发芽，会死秧。高产优质适宜温度白天为 20～25℃，晚上为 10℃ 左右，故多在早春越冬拱棚和地面覆盖塑料薄膜栽培，越夏或夏秋适当遮阳栽培。采用生物有机栽培，芹菜种子用碳能复合益生菌液 200 倍液浸种 0.5～1.0 小时，杀灭杂菌，促种萌发，浸种催芽时先除掉外壳和瘪籽。浸种后用清水冲洗几次，边洗边搓开表皮，摊开晾种，待种子半干时，用湿布包好埋入盛土的盆内。

苗床准备：选择地势高燥、富含有机质、肥沃、排灌方便土地，深翻，晾晒 3～5 天，选取肥沃细碎园土 6 份，配入充分腐熟猪粪渣 4 份，混合均匀，过筛。播种时先浇透底水，然后将种子均匀地撒播在床面上，覆土厚 0.5 厘米左右。苗床播种量每平方米 3～4 克，大田直播约 1 千克。播后覆盖一层地膜。

芹菜育苗期间夜间温度低时可加小拱棚保温。苗期不要浇水过多，保持床面湿润，见干立即浇水。及时间苗，结合间苗清除杂草。夏秋芹菜播种后采用覆盖秸秆、稻草等遮阳降温，保持畦面湿润，早晚小水勤浇，暴雨过后，可浇井水降温，用催芽的种子播种，播后 2～5 天可出苗。越冬芹菜 9 月前播种气温较高，须遮阳，9 月以后播种不必遮阳。真叶展开后要追肥，追肥后要及时灌水，保持畦面见干见湿，还要间苗 1～2 次，结合间苗拔除杂草。

(二) 施肥

按亩产 3 000～6 000 千克施肥，施经碳能复合益生菌液处理发酵 15 天左右的禽粪，如为含水量 40% 左右的鲜鸡粪，每千克可供产芹菜 8～10 千克，因土壤中需有 50% 缓冲肥，亩施 2 000～3 000 千克较为合适。施用牛粪、秸秆，不用发酵处理，叶生长快，但叶发黄。可用碳能复合益生菌液 1 千克，红糖 50 克，兑水 15 升，叶面喷洒，使叶面产生大量固氮菌，增氮增色。含复合氨基酸、10% 的复合维生素、活性酶、氨基酸等为一体的富硒王植物营养液，每瓶 200 毫升，喷 5 亩地，喷一次可达富硒农产品。用碳能复合益生菌液和植物酶风味素防治真菌、细菌病害。

(三) 定植

春芹菜一般在当地日平均气温稳定在 7℃ 上时露地定植。定植前苗床浇透水。夏秋芹菜，前茬收获后立即深翻，晒茬 3～5 天，耙细整平作畦。在畦上施草木灰后再定植，对活棵和生长有利。越冬芹菜前作收获后立即整地。

(四) 管理

芹菜出苗后按时定苗，中耕除草，叶面喷施植物诱导剂、赛众土壤调理剂浸出液。壮苗期追肥浇水，亩施 51% 天然钾 10 千克配碳能复合益生菌液 1～2 千克。生长初期叶面喷 700 倍液的硼砂水溶液（40℃ 温水化开），防止茎秆空心。根据雨水多少来确定浇水次数。芹菜露地定植初期适当浇水，加强中耕保墒，提高地温。缓苗后浇缓苗水，不要蹲苗。灌水后适时松土，植株高 30 厘时追肥，追肥后应立即灌水。

大、中、小拱棚定植初期要密闭保温，一般不放风，棚内温度在 25℃ 左右，心叶发绿时温度降至 20℃ 左右，超过 25℃ 要放风，随外界气温逐渐升高加大放风量。定植时浇透水，定植后浇 1 次缓苗水。植株高达 33～35 厘米时，要肥水齐攻。追肥时要将塑料薄膜打开，放风，待叶片上露水散去后，每亩撒施腐熟畜粪尿 1 000 千克左右。追肥后浇 1 次水，以后每隔 3～4 天浇 1 次水，保持畦面湿润直至收获。采收前不要施稀粪。

夏秋芹菜从定植到缓苗期，小水勤浇，保持土壤湿润，遇雨天及时排水防涝。缓苗后及时中耕除草，控制浇水，若植株表现缺肥症状，可每亩追施腐熟畜粪尿 500 千克左右。越冬芹菜前期如遇干旱，可在缓苗期覆盖遮阳网，后期天气转凉可露地栽培。若后期遇冰雪天气，要覆盖薄膜防冻。定植后浇定根水，4～5 天后，地表见干、苗见心时浇 1 次水，雨水后中耕松土，冬前浇 1 次防冻水。平均气温回升到 4～5℃时，要去掉黄叶，浇清水，及时中耕培土。旺盛生长期肥水齐攻，每亩施稀薄畜粪 1 000 千克，以后每隔 4～5 天浇 1 次水，采收前 7 天停止浇水。

（五）自制生物有机肥、生物沼液和降解化学残留及除草剂液、防病虫害液

参见第二章第一节有机水稻优质高效栽培技术方案。

（六）收购标准及规格

一般定植 50～60 天后，叶柄长达 45 厘米左右，新抽嫩薹在 10 厘米以下时即可收获。除早秋播种的实行间拔采收外，其他都一次采收完毕。春早熟栽培易先期抽薹，应适当早收。在芹菜价格较高或有先期抽薹现象时，还可擗收。芹菜从田间采收后，即在清洁的水池内淋洗，去掉污泥，整理一遍，分等级扎成小把，整齐地排放在特定的盛器内，随即运送至销售点，保持鲜嫩，及时销售。应配置专门的整理、分级、包装等采后商品化处理场地及必要的设施，长途运输要有预冷处理设施。有条件的地区建立冷链系统，实现商品化处理、运输、销售全程冷藏保鲜。

六、典型案例

案例 1 山西省新绛县西曲村吕红枝，芹菜亩产达 6 500 千克。

案例 2 山西新绛县东升庄村赵水龙，2014 年以来，5 月初春甘蓝收获后种植的芹菜，因温度高极容易引起死秧，随水亩冲入碳能复合益生菌液 2 千克，秧苗恢复生长，产量比对照增产 70%，亩产 6 550 千克，品质好。

案例 3 山西新绛县横桥镇东横桥村贺民河，芹菜亩施 4 吨鸡粪，生物菌发酵，株距 3 厘米，行距 20 厘米，亩产 7 500～10 000 千克。

第十四节　有机菠菜优质高效栽培技术方案

菠菜一年可种 3～4 茬，省力，提高有机肥利用率，作物适应能力强，能净化环境，减轻劳动强度，保证食品安全生产供应。

一、茬口、品种

菠菜选用日本大叶品种，9 月下旬及早播种，常规技术亩产 1 500 千克。生物有机种植追求亩产 2 000 千克以上，产品质量达绿色有机标准，191 项农残与 5 项重金属不超国际国内相关标准要求。

早春茬在 2—3 月播种，选择波菲特、荷兰围迪、商品等品种，亩播种1.2～1.5 千克，4—5 月上市；越夏茬在 5—6 月播种，选择太阳神、绿仙等品种，亩播种 1.5 千克，6—7 月上市；夏秋茬 7—8 月播种，选用抗热王品种，亩播种 1 千克，8—9 月上市；秋冬茬选用墨龙、黑马等品种，10 月播种，12 月上市；越冬茬在 10 月播种，选用返青快的黑龙江双城、黑马、米龙等品种，11 月至翌年 3 月上市。每茬亩产控制在 2 500 千克左右。内地销售选肥厚圆叶品种，供应我国香港地区及中东国家宜用尖叶红根品种。

二、优质高产土壤要求

亩施 3 000 千克有机肥可使土壤有机质含量提高 1%。近年来，采用常规栽培技术，土壤有机质含量在 2% 左右时，亩产 1 500 千克。土壤有机质含量在 3%～4% 时，采用生物集成技术，可以实现一年亩产 2 500 千克的目标。

土壤要求具体如下：①土壤有机质含量达 4% 左右。②有效钾含量保持 300～400 毫克/千克。③电导率在 500 微西/厘米以下。④土壤耕层深度达 55 厘米以上。⑤土壤 pH 为 6.1～8.2。⑥土壤固氮酶活性为 700 纳摩尔/（千克·天）。

三、备料

1. 有机肥　按每千克有机肥干品可供产菠菜 10 千克计算，每亩投入有机肥干品 2 500～3 000 千克，多施 50% 缓冲肥。有机肥以禽粪、蘑菇渣、中药渣、牛粪、秸秆为好。

2. 土壤调理剂　亩备赛众土壤调理剂 25 千克，其中基施 20 千克，生长期醋泡浸出液叶面喷洒 5 千克。

3. 碳能益生菌液　因土壤有机质、碱解氮缺失，亩备碳能复合益生菌液 2.5～4.5 千克。每隔一水冲 2～4 千克，叶面喷洒 0.5 千克，喷 3～4 次。

4. 植物诱导剂　亩备那氏齐齐发植物诱导剂 1 袋，其中苗期用 1 200 倍液喷 1 次，定植后用 800 倍液灌 1 次根。施用那氏齐齐发植物诱导剂后，植物光合强度增加 50%～491%。

5. 钾肥　因土壤缺钾，亩备 51% 天然硫酸钾 20～25 千克。根据土壤中的钾素含量酌情施用钾肥，按每千克可供产 200 千克菠菜施用。

6. 植物酵酶风味素　亩备植物酵酶风味素 4 粒，配合碳能复合益生菌液喷洒。苗期可防病、促根生长，后期可壮秆促叶。

四、栽培特点

（一）菠菜特性

菠菜喜冷冻，在 0℃ 左右被冻坏，怕高温，在 36℃ 以上难发芽，会死秧。高产优质适宜温度白天在 20～25℃，晚上在 10℃ 左右，故多在早春越冬拱棚和地面覆盖塑料薄膜栽培，越夏或夏秋适当遮阳栽培。采用生物有机栽培，亩用种子 1.8 千克，种子用生物菌 500 倍液浸种 2～4 小时，杀灭杂菌，促种萌发；按亩产 3 000 千克左右施肥，经复合益生菌液处理发酵 15 天左右的禽粪，每千克可供产菠菜 10 千克，合含水量 50% 左右的鲜鸡粪 1 000 千克，因土壤中需有 50% 缓冲肥，亩施 2 000 千克较为合适，菠菜叶黑绿。施用牛粪、秸秆，不用发酵处理，菠菜叶生长快，但叶发黄。可用复合益生菌液1千克，红糖50克，兑水15升，叶面喷洒，使叶面产生大量固氮菌，增氮增色。

（二）产品收购标准及规格

叶长25～30厘米，叶色翠绿，不抽心，无黄叶、花叶、病虫叶；留根基1.5厘米，不需捆绑。

（三）自制生物有机肥、生物沼液和降解化学残留及除草剂液、防病虫害液

参见第二章第一节有机水稻优质高效栽培技术方案。

五、典型案例

案例1 山西省新绛县西横桥村芦新新，2013年选用抗热王品种，在38℃能保持生长，5月12日撒播，亩施生物土壤调理剂肥50千克，6月17日叶面喷洒光碳生物菌液肥，每100克兑水14升。6月25日收割，菠菜叶绿而厚实，亩产2 100千克，每千克10元，亩收入2万余元，系良种良法相结合管理的结果。生长过程中曾出现4次36～38℃高温天气，一般情况下菠菜会受热害枯死，在晋南无人敢种菠菜，生物技术可种成的原因：一是那氏齐齐发植物诱导剂能使菠菜抗热性提高，根系增加70%。二是碳能益生菌能改变土壤环境，防止病菌侵入菠菜。

案例2 山西省新绛县西曲村文根龙、文春英，菠菜、生菜、油麦菜用生物技术栽培基本无病虫危害，色艳耐存，亩产达2 000千克左右，产品达国际出口有机食品标准。用生物菌液剂浇施叶类蔬菜，可防死秧烂棵、干尖，菠菜不易感染病虫害，叶艳，鲜嫩。

案例3 山西新绛县横桥镇东横桥村贺民河，春、夏季用华胜品种，亩施土壤调理剂50千克，亩产2 000千克以上；秋季用坤泽、美国大云叶品种，亩产1 500～2 000千克。

案例4 山西新绛县横桥镇西横桥村芦新会，夏季种耐热品种抗热六连冠、夏播王菠菜，亩产1 500千克左右，秋冬茬种植寒冬无霸王、金秋品种，亩产2 000千克左右，春季种植亩产4 000～5 000千克，不易抽薹。

第十五节 有机马铃薯优质高效栽培技术方案

山西岚县位于吕梁市西北一个小盆地，优势是空气湿度高，使丘陵地带土壤不至于干旱绝收，故境内种植马铃薯多不设浇水设施就能丰产丰收；昼夜温差较大，利于营养积累，特别在7—8月马铃薯膨大期，气温凉爽，产品固形物含量及营养丰富，食味佳；岭上与沟间土壤疏松，团粒结构好，所产马铃薯皮色白滑，卖相好；周边无污染工厂，空气清洁，水质优净，符合有机食品对水、气、土壤质地的要求。然而，当地群众缺乏秸秆有机肥利用知识，多嫌玉米秆不便于耕作而将其烧掉，不知道每千克干秸秆在复合益生菌液的作用下可供产5千克马铃薯的科学道理；用吡虫啉等化学剧毒农药杀灭蛴螬等害虫，不知道用生物菌液能分解玉米秸秆而免生害虫和用复合益生菌液能使害虫不能产生脱壳素而窒息死亡，不知道以菌克菌防治晚疫病的原理；知道马铃薯高产需要钾肥，但嫌成本高，舍不得投入，不知道亩施100千克含量50%的纯天然钾肥可供产马铃薯1万千克，也不知道使用生物技术可从空气中吸收氮和二氧化碳，更无田间施复合益生菌液后，土壤矿物质

营养有效性提高 0.15～5.00 倍的科学理念,多习惯用化学氮、磷、钾三元肥,也不知道用那氏齐齐发植物诱导剂可防治病毒病和提高阳光利用率 0.5～4.91 倍,还能控秧促果,习惯用化学控秧技术。虽然生态环境好,但人们没有找到更好的有机生产方法,化学技术生产仍占主导地位。

一、土壤要求

近年来,采用常规栽培技术,土壤有机质含量在 1% 左右时,马铃薯亩产 1 200～2 000 千克,土壤有机质含量在 2.4%,马铃薯亩产 2 500～3 000 千克。采用生物集成技术,土壤有机质含量达 2% 时,有机马铃薯生产可以实现亩产 3 500 千克的目标,土壤有机质含量达 3% 时,可以实现亩产 4 000 千克的目标,土壤有机质含量达 4%～5% 时,可以实现亩产 5 000～8 000 千克的目标。

土壤要求具体如下:①土壤有机质含量达 4.5% 左右。②有效钾含量保持 440～500 毫克/千克。③电导率在 1 000 微西/厘米以下。④土壤耕层深度达 35 厘米以上。⑤土壤 pH 为 6.1～8.2。⑥土壤固氮酶活性为 1 200 纳摩尔/(千克·天)。

二、备料

1. 有机肥 按每千克有机肥干品可供产马铃薯 5 千克计算,每亩施有机肥干品 2 000～3 000 千克,有机肥以蘑菇渣、中药渣、牛粪、秸秆为好。

2. 土壤调理剂 亩备赛众土壤调理剂 50 千克,其中基施 40 千克,生长期醋泡浸出液叶面喷洒 10 千克。

3. 碳能益生菌液 亩施碳能复合益生菌液 4.5 千克,兑水冲浇 4 千克(分 2 次进行),叶面喷洒 0.5 千克(喷 1～2 次)。

4. 植物诱导剂 亩备那氏齐齐发植物诱导剂 2 袋,苗高 15 厘米左右时,叶面喷 1 次 600～700 倍液。施用那氏齐齐发植物诱导剂后,光合强度可增加 50% 以上。

5. 钾肥 根据土壤中的钾素含量酌情施用钾肥,按含量 50% 以上的天然钾每千克可供产马铃薯 100 千克施用,一般每亩施用 52% 天然硫酸钾(壮秆增薯)30～50 千克。

6. 植物酵酶风味素 亩备植物酵酶风味素 6 粒,配合碳能复合益生菌液喷洒。苗期可防病,后期可控蔓促薯,使叶片营养向薯转移。

三、马铃薯高产的三大指标

(一) 土壤有机质含量

我国土壤中有机质含量多在 0.6%～1.0%,高产标准要求 2%～3%,每亩地中含生命物 430～470 千克。河北邢台南便村刘恒生农田中含有机质 0.56%;深泽县白庄乡张昭农田中含有机质 1.8%,差别较大。

(二) 土壤有机质利用率

少数地区土壤中有机质含量达 2.5%～3.0%,在没有复合益生菌作用的情况下,利用率只有 25%,亩施含量 30 亿个/克的复合益生菌 4 千克,利用率可提高到 100%。

（三）土壤中的钾含量

我国多数地区土壤中含钾 23～110 毫克/千克，少数地区达 200～300 毫克/千克，高产标准要求 240～300 毫克/千克。河北省土壤钾含量平均在 31～190 毫克/千克，其中深泽县白庄乡闫一珍农田速效钾含量为 60 毫克/千克，缓效钾含量为 601 毫克/千克，用复合益生菌能提高有效性 1 倍以上。邢台市南便村刘恒生农田含钾 160～180 毫克/千克，土豆亩产 2 500 千克左右，还有 50％的增产空间。河北保定市张和平玉米田含钾 31 毫克/千克，就钾含量而言，增产空间有 8 倍左右。

四、生物集成栽培技术

（一）品种选择

用生物集成技术栽培马铃薯无需考虑重茬连作障碍，无需考虑病虫草害防治，选择当地群众认定的高产优质品种晋薯 16 和克新 1 号，即可丰产丰收。也可引进试验推广国内公认的中薯 1 号、中薯 5 号品种，还可选择一部分荷兰 15，以满足我国南方地区和中东国家的需求。

（二）备肥

马铃薯亩产 5 000 千克，土壤有机质低于 1％，有效性差，必须亩施有机肥 1 500～2 000 千克，提前 10 天撒施碳能复合益生菌液 2 千克，可分解制成生物土壤调理肥，成本低，以利作物产量翻番。

钾含量低于 150 毫克/千克的土壤，至少要补充 50％的天然硫酸钾 25 千克。钾利用率高，在作物体内易移动，收获时马铃薯的钾含量达 90％左右。内蒙古阴山北麓土壤含有机质 1％～3％，含钾 192 毫克/千克，增施 1 千克纯钾，马铃薯可增产 68～84 千克。采用生物集成技术栽培，施含量 50％的硫酸钾 1 千克可增产 84～100 千克，提高产量 1 倍左右，这是碳能复合益生菌把土壤、肥料中的有效钾利用率提高 1 倍左右的效果。

（三）拌种

亩用 120～150 千克马铃薯作为种薯，用含量 30 亿个/克的碳能复合益生菌液 5～10 倍液拌种，喷洒种薯块，再适当晾后播种。最好选择整薯拌种，如切开，需要充分晾晒后拌种。播种后至秧蔓出土 10 厘米高前后，保持土壤干燥，防止积水导致烂棵死秧。

（四）播种

用生物技术，地温较化学技术高 1.0～1.5℃，植物抗冻性提高 1～2℃，幼芽适当受冻有利于打开植物次生代谢功能，可提高产量品质。因此，在五一劳动节前，即较过去提前播种 5～7 天，以延长生长期。

（五）苗期管理

茎秆 10～15 厘米时，叶面喷 1 次 800 倍液的那氏齐齐发植物诱导剂，控秧，提高阳光利用率。

（六）病虫害防治

叶面发生真菌、细菌病害时，用碳能复合益生菌液 300 倍液或配植物酵酶风味素 1 粒，兑 15 升水，叶面喷洒。无须再用化学农药，发生害虫可喷施含硅肥料避虫，如赛众土壤调理肥，也可亩用敌百虫粉 500 克，用少许水化开，再拌炒香的棉籽、菜籽饼、麦麸20千克作为毒饵，于傍晚放入田间，每亩放置5～6处，以诱杀蝼蛄、地老虎和蛴螬等，翌日清晨清除害虫或药物。

五、典型案例

案例1　山东省烟台市周克杰，2013年用生物集成技术种植马铃薯，主施腐殖酸肥，马铃薯亩产4 150千克。

案例2　内蒙古（巴彦淖尔）绿娃农业发展有限公司，2013年用生物集成技术种植马铃薯，亩产达5 000千克。

案例3　山西新绛县吉端平，2015年在只用复合益生菌液拌种的情况下，马铃薯亩产达3 500千克左右。

案例4　内蒙古呼伦贝尔卓洪江，在有机质含量2%、钾含量180毫克/千克的土壤没有施肥的情况下，用生物技术马铃薯亩产4 000千克。

案例5　山西吕梁市岚县牧园农业开发有限公司王凯，2016年4月用生物集成技术种植马铃薯，9月收获。山西临县王缠平，用生物技术五要素种植马铃薯，在死秧30%左右情况下，亩产达6 000千克。产品经检测，191项农残和5项重金属全部达国际第三方认可标准。2017年牵头发展500亩示范田，县政府每亩补助130元，成为全国生物技术有机马铃薯典型。

第十六节　有机豇豆优质高效栽培技术方案

豇豆为餐桌上一道艳丽的绿色食品，其干物质含蛋白质（2.7%）、糖类（4.7%）、胡萝卜素、维生素B、维生素C及钾、锌等营养物质，故人们喜食豇豆。豇豆喜温暖，耐热，各生育期对光照、温度要求高，一茬亩产2 500～3 000千克，一年可种2～3茬。

一、土壤要求

采用常规栽培技术，土壤有机质含量在2%左右时，亩产1 500千克，土壤有机质含量在3%，有效钾含量为400～500毫克/千克时，采用生物集成技术，有机豇豆生产可以实现一年亩产2 500千克的目标。

土壤要求具体如下：①土壤有机质含量达5%左右。②有效钾含量保持400～500毫克/千克。③电导率在500微西/厘米以下。④土壤耕层深度达55厘米以上。⑤土壤pH为6.1～8.2。⑥土壤固氮酶活性为1 000纳摩尔/（千克·天）。

二、备料

1. 有机肥　按每千克有机肥干品可供产豇豆5千克计算，每亩投入有机肥干品5 000～6 000千克，有机肥以蘑菇渣、中药渣、牛粪、秸秆为好。

2. 土壤调理剂　亩备赛众土壤调理剂100～200千克，其中基施80～180千克，生长期醋泡浸出液叶面喷洒20千克。

3. 碳能益生菌液　亩备碳能复合益生菌液10～15千克，苗圃喷浇1～2次。每隔一水冲 2～4 千克，叶面喷洒 0.5 千克，喷 3～4 次。

4. 植物诱导剂　亩备那氏齐齐发植物诱导剂 3 袋，其中苗圃用 1 200 倍液喷 1 次，约需 0.5 袋，定植后用 800 倍液灌 1 次根，约需 1.5 袋，生长中后期用 600～700 倍液喷 1 次叶面，约需 1 袋。施用那氏齐齐发植物诱导剂后，光合强度增加 50%～491%。

5. 钾肥　亩备 51% 天然硫酸钾（壮秆增果）50～60 千克。根据土壤中的钾素含量酌情施用钾肥，按每千克可供产 100 千克豇豆施用。

6. 植物酵酶风味素　亩备植物酵酶风味素 20 粒，配合碳能复合益生菌液喷洒。苗期可防病促根生长，后期可控蔓促花，使叶内营养向果实转移。

三、操作步骤

（一）设施与茬口

豇豆全年可安排 4 个茬口，即秋冬茬，8 月上中旬播种，10—12 月覆盖塑料薄膜采豆；越冬茬 10 月上中旬播种，12 月上旬至翌年 2 月中旬上市，翻花结荚，可延长到 3 月中旬；冬春茬 11 月中下旬播种，翌年 3—4 月上市；早春茬 2 月中下旬播种，4—6 月收获。

华北以北地区以二茬栽培效益为佳，秋延后茬在 8 月至 9 月上旬播种，11 月至元旦前后上市。冬春茬在 12 月播种，翌年 3—4 月上市，可延长到 6—7 月。

（二）品种选择

用生物技术栽培，碳、钾元素充足，碳能高解钾复合益生菌液可平衡土壤和植物营养，打开植物次生代谢功能，能将品种种性充分表达出来，不论什么品种、在什么区域都比过去用化肥、化学农药产量高，品质好，可对接国际市场。一般情况下，在一个区域就地生产销售，主要考虑选择地方市场习惯消费的品种，以形状、大小、色泽、口感为准。近年栽培较常用的品种是张塘豇豆。新选育的优良品种有之豇特早 30（早熟品种，浙江省农业科学院选育）、青豇 80（中熟品种，较之豇 28 - 2 豇豆高产 25%～34%）、翠绿 100（内蒙古自治区开鲁县菜豆良种繁育场选育）。

延秋茬和早春茬早熟栽培可用早中熟品种，生长期短，上市早，产品赶市场供产空档期。越冬和早春栽培，可选用豆荚长在 80～100 厘米、生长期为 90～100 天、亩可产鲜豆荚 4 000 千克左右的张塘豇豆、翠绿 100 等中晚熟品种。

（三）田间管理

豇豆种皮不致密，胚内酶易外渗，所以一般不浸泡种子。多采用干籽播种，浇水至渗透种子处为佳。出苗后控水蹲苗，不是特别干旱不浇水。开花前 10 天浇 1 次水，以利柱头伸出；开花期控水，以防湿度大影响授粉；结荚期不要缺水，地面土保持见干见湿、上松下湿。

苗期喷复合益生菌液 300 倍液或植物酵酶风味素（每粒兑水 15 升），4～5 天保持 20℃ 左右温度，85% 湿度即可出苗。出苗 60% 时揭膜放湿，子叶展开按长、宽均为 2～3 厘米疏苗，3 片真叶时按长、宽均为 8～10 厘米分苗，分苗时用碳能生物菌液 300 倍液灌根。

用碳能生物菌液 100 克兑水 15 升喷洒幼苗，喷后保持 2～3 天较高湿度，使益生菌大量繁殖，以菌克菌，抑制和杀灭有害菌。苗期茎秆过高时，喷施 1 200 倍液那氏齐齐发植物诱导剂，控秧与提高抗逆性。

根据当地当时土壤有机质含量定投肥，高产标准要求达 5% 左右，每千克干品有机肥可供产果 5 千克。可考虑选用 2 种配方：一是牛粪为主的有机肥，牛粪 60%～70%，菇药渣 30%～40%；二是菇药渣为主的有机肥，菇药渣 60%～70%，牛粪 30%～40%。垄宽 80 厘米，高 10 厘米。定植两行在垄沿边缘。较化学技术管理及品种介绍少栽 15% 左右，即行距不变，株距加大。有机栽培要保持田间通风、透光良好，稀植播种，地温稳定在 12℃ 以上时即可直播。延秋茬、越冬茬迟铺地膜，冬春茬和早春茬及时盖膜。行距 55～56 厘米，穴距 40 厘米，每穴 2 粒种子，深 2～3 厘米，出齐后，亩留苗 2 800～3 000 穴，需种子 2.5 千克，稀植时蔓矮壮、茎粗、结荚早而壮。

播后结合灌水施碳能益生菌，每亩 2～4 千克。缓苗后用 800 倍那氏齐齐发植物诱导剂灌根，即取一塑料盆，每 50 克原粉用 500 毫升沸水冲开，存放 2 天，再兑水 40 升，均匀灌根，可控秧壮根，增根 70% 左右，以 20℃ 左右施用为好。

豇豆出苗前白天温度控制在 28～30℃，夜间 18℃；出土后，白天温度 23～28℃，夜间 15℃；定植前白天温度 20～25℃，夜间 13～15℃；结荚期白天温度 28～32℃，夜间 13～15℃。豇豆根系生长的最低温度是 14℃。两膜一苫内豇豆生长期秧弱根黄，主要原因是地温过低。气温在 38℃ 左右，结荚仍良好。

豇豆耐弱光，喜光照，光照下限为 2 000 勒克斯。结荚期光照在 4 万～6 万勒克斯，生长良好，易授粉受精，豆荚生长快。

豇豆幼苗 40 厘米左右时吊绳引蔓，蔓高 1.5～2.0 米时，需人工逆时针引蔓生长，并将过高的生长点弯下，使总高不超过 2.7 米，以防生长点互相缠绕后光线照不到中下部叶蔓。

豇豆每次浇水亩施碳能复合益生菌液 1～2 千克，钾 10～12 千克，亩产豆荚 4 000～5 000 千克。幼苗 6～7 片真叶时，亩施那氏齐齐发植物诱导剂 50 克，用 500 毫升沸水化开，存放 24 小时，兑水 40 升灌根，1 小时后再浇 1 次小水，使植株矮化，根系增加 1.2 倍，光合强度增加 0.50～4.91 倍，产量提高 50% 以上，防治病害。

用那氏齐齐发植物诱导剂控秆防高，每个节长掌握在 15 厘米以内，茎粗 0.6 厘米左右。管理常配合天气情况，白天保持 3 天左右低温弱光分生幼豆角和 4 天左右高温较强光膨大中小豆角；缺幼豆角时遮阳降温，迟揭早盖草苫，夜间点燃少量柴草造成轻度烟雾，增加幼豆角数量，不疏豆角，能长大。

中耕 2～3 次，深 2～5 厘米。结合中耕除草。豇豆一生浇 5～10 次水，每 5～15 天 1 次，地面见干见湿，不易染病。结合灌水每次亩施碳能复合益生菌液 2 千克。每间隔 1 次施 51% 天然钾 10～15 千克，保持果实生长膨大营养供应。中间可补充沼液。白天温度控制在 22～32℃，前半夜 15～18℃，后半夜授粉期 12～13℃，长果期 8～11℃。蔓不疯长，产量高。谨防温度高于 35℃ 和低于 8℃。

用碳能复合益生菌液 200 倍液，每 15 千克水液中投入植物酵酶风味素 1 粒，喷 1～2 次，可打破顶端生长优势，使叶面内营养往果实转移，增加果实甜度和丰满度。经常浇施或叶面喷碳能生物菌液，可以防死秧、根结线虫、地面飞虫、红蜘蛛、蜗牛、蚂蚁及地下害虫（蛴螬、蝼蛄、地老虎）等。在大棚通风口或南边栽一行芹菜防治白粉虱。

发现虫害后，亩取麦麸2.5千克，炒香后，倒入500克白糖、400毫升醋和300克敌敌畏毒杀。沤肥时每3 000千克畜粪可拌碳能高解钾复合益生菌液1千克。

豇豆用生物技术种植比化学技术豆角长20%左右，荚壮色艳。一般于豆荚长70～80厘米时采摘，以防过老内空，影响产量和品质。摘一茬立即浇水，以利幼豆生长，提高总产量和总收入。

四、典型案例

案例1 山西新绛县周武生，用生物技术种植豇豆，一年两茬，每茬亩产3 600～3 800千克，生长期几乎没有病虫害，豆角保质时间长，色泽好。

案例2 山东省滨州市邹平市魏桥镇梁桥村刘素芸，多年来按有机生物技术在大棚内种植豇豆，比别人早上市15天左右，亩产达5 000千克左右，豆角长20%左右，重20%，秧蔓生长健壮，豆角色泽好，耐贮存，不易老化，生长旺季每天摘200千克左右，而传统化学技术每天摘100多千克，连年产值均在3.00万～3.85万元。

案例3 广西柳州鹿寨县平山镇罗祖光，按有机生物技术生产豇豆，豇豆亩产2 500千克左右，成为当地豇豆生产经营大户，带动周边农户发展豇豆产业。

第十七节　有机毛豆优质高效栽培技术方案

一、土壤要求

土壤有机质含量在2%左右时，大豆亩产150～200千克，毛豆亩产700千克。采用生物集成技术，土壤有机质含量达2.5%～3.0%时，有机生产可以实现亩产毛豆1 000～1 200千克的目标。

土壤要求具体如下：①土壤有机质含量在2.8%～3.0%。②土壤有效钾含量为240～340毫克/千克。③土壤电导率在200微西/厘米以下。④土壤耕层深度达35厘米以上。⑤土壤pH为6.1～8.2。⑥土壤固氮酶活性为600纳摩尔/（千克·天）。

二、备料及投入

1. 有机肥　亩施有机肥干品2 000千克左右，按每千克可供产毛豆5千克施用，多施50%缓冲肥。以蘑菇渣、中药渣、牛粪、秸秆为佳。

2. 土壤调理肥　亩备土壤调理肥25～50千克，其中基施20～45千克，生长期醋泡浸出液叶面喷洒5千克。

3. 碳能益生菌液　亩备碳能复合益生菌液2.5千克，每次兑水冲浇1千克，冲2次，叶面喷洒0.5千克，喷1～2次。

4. 植物诱导剂　亩备那氏齐齐发植物诱导剂1袋，叶长30厘米时用700～800倍液喷1～2次叶面，光合强度增加50%～491%。

5. 钾肥　亩备51%水洗天然钾15千克，按每千克可供产毛豆100千克施用。

6. 植物酵酶风味素　亩备植物酵酶风味素4粒，配合碳能复合益生菌液喷洒，苗期可防病促毛豆生长，风味营养佳。

三、操作步骤

同第二章第五节有机大豆优质高效栽培技术方案。

四、典型案例

案例 1　2017 年，吉林长春市榆树市五棵树镇永吉村李宝军，选用黑农 46 高蛋白品种，植株不分杈，用生物集成技术栽培，亩产毛豆 1 220~1 270 千克。

案例 2　2020 年，宋都控股农业科学院用生物集成技术栽培，亩产毛豆 820~1 070 千克。

第十八节　有机豌豆优质高效栽培技术方案

有机豌豆一年可种 2 茬，省力，提高有机肥利用率，能净化环境，保证食品安全生产供应。

一、品种与目标

选用甜豌豆品种，9 月下旬及早播种，常规亩产 200 千克。生物有机种植追求亩产 300 千克左右。用生物技术栽培，碳、钾元素充足，碳能高解钾复合益生菌液可平衡土壤和植物营养，打开植物次生代谢功能，能将品种种性充分表达出来，不论什么品种、在什么区域都比过去用化肥、化学农药的产量高，品质好，可对接国际市场。一般情况下，在一个区域就地生产销售，主要考虑选择地方市场习惯消费的品种，以形状、大小、色泽、口感为准。

二、优质高产土壤要求

采用常规栽培技术，土壤有机质含量在 2% 左右时，亩产 1 500 千克，土壤有机质含量在 3%~4% 时，亩产 2 000 千克。采用生物集成技术，可以实现一年亩产 2 500 千克的目标。

土壤要求具体如下：①土壤有机质含量达 3% 左右。②有效钾含量保持 240~400 毫克/千克。③电导率在 500 微西/厘米以下。④土壤耕层深度达 55 厘米以上。⑤土壤 pH 为 6.1~8.2。⑥土壤固氮酶活性为 600 纳摩尔/(千克·天)。

三、备料及作用

1. 有机肥　按每千克有机肥干品可供产豌豆 5 千克计算，每亩施有机肥干品 2 500~3 000 千克，并多施 50% 缓冲肥。有机肥以蘑菇渣、中药渣、牛粪、秸秆为好。

2. 土壤调理剂　亩备赛众土壤调理剂 25 千克，其中基施 20 千克，生长期醋泡浸出液叶面喷洒 5 千克。

3. 碳能益生菌液　因土壤碱解氮缺少，亩备碳能复合益生菌液 3~4 千克。每隔一水冲 1~2 千克，叶面喷洒 0.5 千克，喷 3~4 次。

4. 植物诱导剂　亩备那氏齐齐发植物诱导剂 85 克，其中苗圃用 10 克，1 200 倍液喷 1 次；定植后用 75 克，800 倍液灌根 1 次。施用那氏齐齐发植物诱导剂后，光合强度增加 50%～491%。

5. 钾肥　因土壤缺钾，亩备 51% 天然硫酸钾（壮秆增豆）25～30 千克。根据土壤中的钾素含量酌情施用钾肥，按每千克可供产 100 千克豌豆施用。

6. 植物酵酶风味素　亩备植物酵酶风味素 4 粒，配合碳能复合益生菌液喷洒。苗期可防病促根生长，后期可控蔓促花，使叶内营养向豆转移。

四、栽培要点

（一）设施与茬口
参考第四章第十六节有机豇豆优质高效栽培技术方案。

华北以北地区豌豆以二茬栽培效益为佳：秋延后茬在 8 月至 9 月上旬播种，11 月至元旦前后上市；冬春茬在 12 月播种，翌年 3—4 月上市，可延长到 6—7 月。

（二）自制生物有机肥、生物沼液和降解化学残留及除草剂液、防病虫害液
参见第二章第一节有机水稻优质高效栽培技术方案。

（三）田间管理
参考第四章第十六节有机豇豆优质高效栽培技术方案。

豌豆角一般在 7～10 厘米时采摘。

五、典型案例

案例 1　甘肃省武威市凉州区新关村郝新平，自 2000 年在豌豆上应用生物技术，亩产达 1 880 千克。

案例 2　贵州省铜仁市万山区大坪侗族土家族苗族乡苏湾村龙锦林，2019 年用生物技术种植豌豆，亩产鲜品达 2 200 千克。

第五章

有机中药材优质高效栽培技术

第一节　有机槟榔优质高效栽培技术方案

槟榔（果实）主要成分为 31.1％的酚类、18.7％的多糖、14.0％的脂肪、10.8％的粗纤维、9.9％的水分、3.0％的灰分和 0.5％的生物碱，还含有 20 多种微量元素，其中 11 种为人体必需的微量元素。槟榔种子含总生物碱 0.3％～0.6％，主要为槟榔碱，并含有少量槟榔次碱、去甲基槟榔碱、异去甲基槟榔次碱、槟榔副碱及高槟榔碱等，均与鞣酸集合存在，还有鞣质、脂肪、甘露醇、半乳糖、蔗糖、儿茶素、表儿茶素、无色花青素、槟榔红色素、皂苷及多种原矢车菊素的二聚体、三聚体、四聚体等。

槟榔属温湿热型阳性植物，喜高温、雨量充沛湿润的气候环境。主要分布在南北纬 28°之间，最适生长气温在 10～36℃，最低温度不低于 10℃、最高温度不高于 40℃。在海拔 0～1 000 米，年降水量 1 700～2 000 毫米的地区均能良好生长。

一、土壤要求

土壤有机质含量在 2％左右时，5 年树龄槟榔亩产 500 千克。土壤有机质含量在 2％～3％时，采用生物集成技术，有机槟榔生产亩产可达 600～1 000 千克。

土壤要求具体如下：①土壤有机质含量达 3％左右。②有效钾含量保持 240～300 毫克/千克。③电导率在 300 微西/厘米以下。④土壤耕层深度达 55 厘米以上。⑤土壤 pH 为 6.1～6.9。⑥土壤固氮酶活性为 500 纳摩尔/（千克·天）。

二、备料及投入

1. 有机肥　按每千克有机肥干品可供产干槟榔 1.5 千克计算，每亩施有机肥干品 2 000～3 000 千克，有机肥以蘑菇渣、中药渣、牛粪、秸秆、羊粪为好。

2. 土壤调理肥　亩备土壤调理肥 50 千克，其中基施 40 千克，生长期醋泡浸出液叶面喷洒 10 千克。

3. 碳能益生菌液　亩备碳能复合益生菌液 6 千克，早春或沤肥用 2 千克，结果期与花芽分化期用水冲 2 千克，叶喷洒 2 千克（喷 2～3 次）。

4. 植物诱导剂　亩备那氏齐齐发植物诱导剂 2～3 袋，其中早春生叶开花前用 800 倍液喷 1 次。那氏齐齐发植物诱导剂被作物接触后，光合强度增加 50％～491％。

5. 钾肥　亩备 51％水洗天然硫酸钾 20 千克。根据土壤中的钾素含量酌情施用，按每千克可供产 80 千克果施用。

6. 植物酵酶风味素　亩备植物酵酶风味素 8 粒，配合碳能复合益生菌液喷洒。花蕾期可防病保果，中后期可控枝抽出，使叶内营养向果实转移，增加糖度 2%～4%，愈合果面病虫害斑点和裂口，释放果实化感素和风味素。

三、有机栽培技术

(一) 选种

一般选树龄 20 年左右的海南本地树留种，以生长健壮、茎干粗壮一致、节间均匀且短、叶片 8 片以上且青绿、叶梢下垂、每年 4 蓬以上果穗、年结果多而稳定为好。果穗宜选择 5—6 月充分成熟、结果大且多、果大小均匀的第 2、第 3 穗。果形以椭圆形、长卵形为佳，严禁从槟榔疫区选种或购进种苗。

(二) 育苗

1. 种子处理　由于槟榔种子有 1 个后熟期，采收后应将槟榔种子摊晒 5～7 天，果皮略干，使其完全成熟后再进行催芽。将晒好的槟榔种子装入编织袋中，放在阴凉处，每天早上或晚上浇水 1 次，连续 15～20 天，待果皮松软，用清水冲洗干净后接着催芽。

2. 催芽　选择荫蔽地，做宽 130 厘米、高 10 厘米的苗床，床底铺 1 层河沙。将清洗好的槟榔果实果蒂向上，按 3 厘米行距排好，表面盖 5 厘米的土层，再盖上稻草等保湿物，每天浇水 1 次。25～30 天后槟榔种子开始萌芽，此时剥开果蒂，发现白色生长点即可育苗。

3. 育苗　用高 20 厘米、宽 15 厘米的营养袋，装入 3/5 细塘泥或营养土（表土、火烧土、土杂肥按 6∶2∶2 混合），然后放进萌芽的槟榔种子，芽点向上，再用细塘泥或营养土将营养袋装满，后在营养袋顶端盖草。用水淋全湿为止。

(三) 定植

1. 园地建设　槟榔属热带雨林作物，对土壤要求并不严格，海南省一般在海拔 300 米以下的山地、边角地、低湿地均可种植。山地备地要在雨季前砍山、除草，在坡度超过 15°的山地，要沿等高线挖 1.5 米向内倾斜 15°左右的环山行。平地备地要除干净草，预留防护林地，尽量创造适合槟榔生长的环境条件。低湿地备地先要起畦，再挖沟排水。

2. 田间定植

选苗：经过 1～2 年的培养，选有 5～6 片浓绿叶片、高 60～100 厘米的健壮苗定植。

定植要求：一般于春季 3—4 月、秋季 8—9 月定植，以 8—9 月雨季定植最佳。行距 2.5～3.0 米，株距 2.0～2.5 米，定植 1 500～1 650 株/公顷。

定植方法：种植前开挖种植穴，山地沿等高线环山行内边挖 80 厘米×80 厘米×45 厘米穴；平地开挖穴的规格是上口 60 厘米、下口 50 厘米、深 40 厘米；低湿地开挖穴应在畦上，不宜太深，12 厘米即可。开挖穴时应注意把表土和心土分开堆放；回土时先回表土，土用过磷酸钙或农家肥混均匀后回入穴中。营养袋育苗在移栽前应将营养袋除去，栽苗后淋足定根水，并用土肥盖根。

(四) 田间管理

1. 除草培土　槟榔植株成活后，要及时把灌木砍除，留下一年生的叶、杂草覆盖地面，保持土壤湿润，有利于槟榔生长。一般每年除草 2～3 次、培土 3～4 次，促进根系的生长。

2. 间种　为抑制杂草的生长，增加土壤有机质和养分，可在槟榔园地中种植绿肥或豆科作物，改善槟榔生长环境。

3. 施肥　幼龄槟榔生长主要是根、茎、叶的营养生长。一般每年施 3 次肥，每次施农家肥或塘泥 5～10 千克/株、过磷酸钙 0.2～0.3 千克/株，施肥前先在槟榔树冠两边开深 30 厘米沟，然后施肥，回土。随着植株的成长，年施肥总量逐年增长，施三元复合肥 0.5～0.6 千克/株，果实收获前 1 年应加大天然硫酸钾的用量，每次施 0.2 千克/株。成龄树槟榔的营养生长和生殖生长同时进行，对钾素的需求较多，故成龄树应以增施天然硫酸钾、过磷酸钙为主，氮肥为辅。一般每年施 3 次肥。第 1 次为花前肥，在 2 月开花前施下，施农家肥或塘泥 15 千克/株、天然硫酸钾 0.15 千克/株。第 2 次为青果肥，此期叶片生长旺盛，果实迅速膨大，需要较多氮素，施农家肥 10～15 千克/株、尿素 0.2 千克/株、天然硫酸钾 0.2 千克/株，或施三元复合肥 0.3 千克/株；第 3 次为越冬肥，以施钾肥为主，在 11 月施农家肥 15 千克/株、磷肥 0.5～1.0 千克/株、天然硫酸钾 0.2 千克/株。

（五）采收管理

海南槟榔采收期一般从 8 月直至翌年 4 月左右。果实达到 24～32 个/千克时即可采收。

（六）病虫害防治

槟榔树易发生的病害有叶斑病、叶枯病、炭疽病、疫病、果穗枯萎病、叶细菌性条斑病、芽腐病、黄化病等。虫害主要有红脉穗螟、叶蝉、蚜虫、粉虱、介壳虫、红蜘蛛、椰心叶甲等。

槟榔病虫害防治，一是喷碳能复合益生菌，以菌克菌，使土壤和植物营养平衡，植株免疫力强，释放氨基酸少，就很少染病；可抑制 107 种软体害虫，还可用硅铜物和栽行芹菜避虫，一般情况下虫害很少。二是早期和外来虫如蚜虫、白粉虱等，用有机准用药物（除虫菊、鱼藤酮、印楝素）防治，甲壳虫类用藜芦碱和苦参碱等喷雾防治。三是特殊病虫害，可用化学农药临时救急，然后喷两遍碳能复合益生菌解残毒即可。

（七）有机栽培措施

按每千克干秸秆、干畜禽粪可供产 4 千克槟榔施用，亩需根部穴施 2 000 千克左右，施生物有机碳肥 80～120 千克，施肥后深翻土，使园地具 40 厘米厚的活土层。

亩施有效活性菌 20 亿～30 亿个/克的碳复合益生菌液 2～3 千克，在早春萌叶开花期根部穴施，兑水 1 000 升灌施或拌有机肥施，以解决根腐病，死棵烂皮，缺钙曲叶，缺硼、锌授粉坐果不良，挂果不均匀，病草害问题。发现地上病虫害时，用 300 倍液的复合益生菌液叶面喷洒防治。同时吸收空气中二氧化碳和氮营养，提高土壤中矿物营养利用率 0.15～5.00 倍。不需再施化学氮、磷、钙肥和化学杀虫杀菌剂。

根据树冠大小亩备 100～150 克那氏齐齐发植物诱导剂原粉，放塑料盆里，每 50 克原粉用 500 毫升沸水冲开，存放 2～3 天，兑水配成 800 倍液，在早春叶片长大时喷洒 1 次即可，提高阳光利用效率 0.5～4.9 倍，还可控制抽枝徒长，防止病毒病引起的小叶、花叶、黄叶、疯病，可代替多效唑和矮壮素化控技术。

按含量51％天然硫酸钾每千克可供产鲜果80千克施用，需在早春亩穴施10千克，在膨大期施10～20千克，保证果繁、果大、果实固形物多。如土壤含钾达300～400毫克/千克，就不需要再施钾肥。花期用苯甲·嘧菌酯10毫升＋螯合钙镁水溶肥20毫升＋植物调节剂5毫升＋甲氨基阿维菌素苯甲酸盐10毫升，兑15升水，喷花穗及叶片。

植物酵素风味素或动力素亩备15粒或1瓶，在槟榔着生膨大期，固体每粒兑水8～10升，液体15～20克兑水15升。叶面喷洒，使叶片营养向果转移，提高品质，如与复合益生菌混用效果更好。喷施北京金山吉山乐生稀土水溶肥或植物酵素风味素，激活植物细胞，促进分裂与扩大，愈伤植物组织，快速恢复生机。使细胞体积横向膨大，茎节加粗，且有膨果、壮株之功效，抑制植物叶、花、果实等器官离层形成，延缓器官脱落，抗早衰，对死苗、烂根、卷叶、黄叶、小叶、花叶、重茬、落叶、落花、落果、裂果、缩果、果斑等病害症状有明显特效。提高根部活力，增强植株对盐、碱、贫瘠地的适应性，促进气孔开放，加速供氧、氮和二氧化碳，增产20％以上。

为了补充更多的养分，盛花期喷施复合益生菌液、0.2％的硼砂或者磷酸二氢钾的600倍液，可有效地提高坐果率，增加产量。

可用碳能复合益生菌液200倍液，每15千克水液中投入植物酵素风味素1粒，喷1～2次，打破顶端生长优势，使叶面内营养往果实转移，增加果实甜度和丰满度。代替使用代森锌、多菌灵、甲基硫菌灵和氰戊菊酯等农药。

（八）自制生物有机肥、生物沼液和降解化学残留及除草剂液、防病虫害液

参见第二章第一节有机水稻优质高效栽培技术方案。

第二节 有机巴戟天优质高效栽培技术方案

巴戟天是中药中的补肾药，通过人为配方炮制的巴戟天称为炙巴戟，可增强药物的疗效。常盐炮制称为盐巴戟，中医认为咸味入肾经。巴戟天有补肾阳、壮筋骨、祛风湿功效，主治阳痿、小腹冷痛、小便不禁、子宫虚冷、风寒湿痹、腰膝酸痛。

一、土壤要求

土壤有机质含量在1％左右时，亩施3 000千克有机肥可使土壤有机质含量提高1％。采用生物集成技术，土壤有机质含量达2.5％时，有机巴戟天生产可以实现亩产400千克的目标，202项农残达国际第三方认可要求。产品有效成分达国家药典标准，当茬办理有机认证手续。

近年来，采用常规栽培技术，土壤有机质含量在1％左右时，亩产100～120千克。只有采用生物集成技才可追求亩产400千克的目标，这也是目前有机巴戟天生产的高产目标。

土壤要求具体如下：①土壤有机质含量达2.5％左右。②有效钾含量保持240～300毫克/千克。③电导率在300微西/厘米以下。④土壤耕层深度达35厘米以上。⑤土壤pH为6.1～7.2。⑥土壤固氮酶活性为600纳摩尔/（千克·天）。

二、备料及投入

1. 有机肥　按每千克有机肥干品可供产巴戟天干品 0.5 千克计算，每亩施有机肥干品 2 000～5 000 千克，有机肥以蘑菇渣、中药渣、牛粪、秸秆为好。

2. 土壤调理剂　亩备赛众土壤调理剂 50 千克，其中基施 40 千克，生长期醋泡浸出液叶面喷洒 10 千克。

3. 碳能益生菌液　每亩施碳能复合益生菌液 4.5 千克，兑水冲浇 4 千克（分 2 次进行），叶面喷洒 0.5 千克（喷 1～2 次）。

4. 植物诱导剂　亩备那氏齐齐发植物诱导剂 1 袋，苗高 15 厘米左右时，叶面喷 1 次 600～700 倍液。施用那氏齐齐发植物诱导剂后，植物光合强度可增加 50% 以上。

5. 钾肥　根据土壤中的钾素含量酌情施用钾肥，按含量 50% 以上的天然钾每千克可供产巴戟天干品 16.6 千克投入，一般每亩施用 52% 天然硫酸钾（壮秆增粒）20～50 千克。

6. 植物酵酶风味素　亩备植物酵酶风味素 4～6 粒，配合碳能复合益生菌液喷洒。苗期可防病促根生长，后期可控蔓促根，使叶片营养向根转移。

三、操作步骤

（一）选地

1. 育苗地　宜选避风向阳、近水源的东向坡地或东南向坡地，以土壤疏松、肥沃、排水良好且有一定遮阴条件，新开垦无污染地段为好。播种前先翻耕土壤，使其充分风化，育苗时，苗床土壤再细碎疏松，做成宽 1 米、高 20 厘米的畦，畦面盖火烧土，再铺一层干稻草，点火烧成灰，有消毒和提高土温的作用。

2. 种植地　宜选择林中空地或坡度为 25°～30° 的山坡中下部腐殖质丰富、土层深厚、质地疏松的黄泥沙质壤土。若为灌木丛生的林地，应在冬季将林木杂草清除烧灰作肥料，也可保留一部分树木遮阴，如遇山鸡椒（山苍子）、樟树等含挥发性物质的树根，要通过深翻土壤拔除干净，因这些树根严重危害巴戟天的生长，容易引起根腐病。翌春再把土块打碎，沿等高线按 1.0～1.2 米的宽度做成梯地，畦面宜外高内低，微倾斜，内侧开设排水沟，然后按株距 30 厘米挖穴，穴内施火烧土和沤熟的过磷酸钙等混合肥。

选用高产优质型品种，用生物技术较传统技术按品种特性要求合理稀植 15% 左右。

（二）繁殖

繁殖方法有扦插、块根和种子繁殖。

1. 扦插繁殖

插条选择和截取：选择 1～2 年生无病虫害、组织充实、茎粗壮的藤茎，从母株剪下后，截成长 5 厘米的单节，或 10～15 厘米具 2～3 节的枝条作插条。插条上端节间不宜留长，应挨节剪，剪平，下端剪成斜口，剪苗时刀口要锋利，切勿将剪口压裂。上端第 1 节保留叶片，其他节的叶片剪除，随即扦插。不能及时插完的插条，要在荫蔽处存放，用草木灰黄泥浆浆根，放在阴湿处假植，以防干燥。如需运输，可用稻草包扎好，并注意保湿，但不宜堆放太厚，要适当通风，保持覆盖物的湿润。

扦插季节：扦插育苗宜在气候温和、雨水均匀的季节进行，一般多以春季雨水前后为宜，此时气温已回升，雨量渐多，插后容易成活。

扦插方法：插枝育苗可按行距 15～20 厘米开沟，然后将插条按 1～2 厘米的株距整齐平行斜放在沟内，扦插深度以接近第 1 节叶柄处为宜，插后覆黄心土或经过消毒的细土，插条稍露出地面，一般插后 20 天即可生根，成活率达 80％以上。为了促进生根和提高成苗率，可将插条每 100 条捆成一把，浸于含生长激素的水中一段时间，但不能用水浸泡。如不经过育苗直接插于生产地，可按株距 40～50 厘米开穴，每穴插 3～5 段插条，深种浅露，露出土面不要超过 2 厘米，以免插条因水分散失过多而干枯。插后压实土壤，浇水，以保插条成活。

2. 块根繁殖

块根选择：选根肥大均匀、根皮不破损、无病虫害的苗木作种苗，截成长 10～15 厘米的小段。或在采收巴戟天时，在不能供作商品药材的小块根中选取。

育苗方法：在整好的苗床上按行距 15～20 厘米开沟，然后将块根按 5 厘米的株距整齐平行斜放在沟内，覆土压实，让块根露出土面 1 厘米左右。块根育苗只在种苗不易得到时进行。

3. 种子繁殖

(1) 选种。选粗壮、无病虫害的植株作留种母株，加强管理，保证多开花结实。巴戟天定植 3 年后开花结果，一般在 9—10 月陆续成熟，当果实由青色转为黄褐色或红色，带甜味时采摘。采回的果实，擦破果皮，把种子浆汁冲洗干净，取出种子，选色红、饱满、无病虫的种子进行播种，或拌湿沙保存到翌年春季播种。也可用层积贮藏催芽法，将采下的果实分层放于透水的箩筐内，一层沙、一层草木灰、一层果实，经常保持湿润，到翌年春季取出播种。切勿把种子放在阳光下晒干贮藏，否则全部失去发芽能力。

(2) 播种。由于种子不宜久藏，最好是随采随播，以 10—11 月为宜。经过层积贮藏的种子，最好在翌年 3～4 月进行播种。点播或撒播均可。点播株行距 3 厘米×3 厘米，撒播密度不宜过大。播种后宜用筛过的黄心土或火烧土覆盖约 1 厘米厚。经 1～2 个月，种子便可出芽，幼苗成活率可达 90％左右。

种子苗生长苗壮，抗病力强，植株根系发达，根块产量高，品质好。种子繁殖是解决种苗不足，防止品种退化和培育优质高产品种的有效途径。

播前 20 天亩用复合益生菌液 2 千克，与有机肥混施，促使杂草萌发后，耕耱除草，防止病虫害发生。在生长中期亩冲入 2 千克左右，提高有机肥利用率 2～3 倍和矿物质利用率 1.5～5.00 倍。

(三) 自制生物有机肥、生物沼液和降解化学残留及除草剂液、防病虫害液

参见第二章第一节有机水稻优质高效栽培技术方案。

(四) 栽培管理

按适种环境选好地块，排水方便、土壤疏松的丘陵坡地施干秸秆或牛粪，按每千克可供产干品 0.5 千克施用，多施 50％缓冲肥，即亩施 3 500～4 000 千克干秸秆或牛粪，土壤调理肥 25 千克，含钾 26％钾镁肥 25 千克，深耕 30 厘米，耙细整平。山西省新绛县 8 月 25 日至 9 月 5 日播种，按 20～25 厘米行距，开 1 厘米深的浅沟，亩用种 3 千克，将种子均匀播在沟内，覆土、轻压、浇复合益生菌液，以后视墒情浇水，半月左右出苗。春、秋两季均可定植，以春季为好。春分前后雨水充足，定植后容易恢复生机。秋季以立秋至秋分前较适宜。起苗前，剪去先端部分，只保留 3～4 节的枝条，叶片也可剪去一半，以减少水分消耗。起苗后用黄泥浆浆根。定植时按株距 30～50 厘米挖穴，每穴栽苗 1～2 株。定植时根系要舒展，栽后压实，插芒萁遮阴。在林下定植可不插芒萁。

扦插后搭设荫棚或插芒萁遮阴，荫蔽度可达 70%～80%。随着苗木生根成活和长大，应逐步增大透光度，育苗后期荫蔽度控制在 30% 左右。保持土壤湿润，淋水最好在早晨或傍晚进行，水要清洁。在苗木生长期间可适当施用石灰、草木灰、火烧土，待苗高 30 厘米时，应将顶芽摘去，以促进分枝，使枝条粗壮，须根发达，并可缩短苗期，提高移栽成活率。播种苗摘顶芽可在苗高 15～20 厘米时进行。块根育苗如抽芽过多，可选留 1～2 个壮芽，其余剪除。在冬季有低温霜冻的地区，应在入冬前做好防寒措施，可在原有荫棚架上加盖稻草，周围设防风障，或采用塑料薄膜，提高土温，但应根据天气变化揭开或覆盖塑料薄膜。

定植后前 2 年，每年除草 2 次，即在 5、10 月各除草 1 次。由于巴戟天根系浅而质脆，用锄头容易伤根，导致植株枯死，因此植株茎基周围的杂草宜用手拔，结合除草进行培土，勿让根露出土面。待苗长出 1～2 对新叶时，可开始施肥，以有机肥为主，如土杂肥、火烧土、腐熟的过磷酸钙、草木灰等混合肥，每亩 1 000～2 000 千克。忌施硫酸铵、氯化铵及猪牛尿。如种植地酸性较大，可适当施用石灰进行调节，每亩 50～60 千克。巴戟天随地蔓生，往往藤蔓过长，尤其 3 年生植株，茎叶过长会影响根系生长和物质积累。可在冬季将已老化呈绿色的茎蔓剪去，保留幼嫩呈红紫色茎蔓，促进植株的生长，使营养集中于根部。也可结合扦插进行，将剪下的藤蔓供作繁殖材料。

待 5 月前后，亩撒施和冲施 50% 天然硫酸钾 20 千克左右。将开花的巴戟天花蕾剪掉。6 月前后叶面喷植物酵素风味素，1 粒兑水 15 升，打破植物顶端生长优势，促进叶片营养往根部转移；打开次生代谢功能，使品种原本化感素和风味素充分释放出来，提高和保证品质。

土壤含钾量在 150 毫克/千克以下时，按含量 50% 的天然钾每千克可供产干品 16.6 千克施用，沟施、下雨前后撒施或随水冲施，按亩产干品 500 千克施用，约需 30 千克。

生长前期，如植株下部叶片发黄，用复合益生菌配红糖 300 倍液，叶面喷洒；如整株发黄，亩施天然钾镁肥 15 千克。

（五）病虫害防治

一是喷碳能复合益生菌，以菌克菌，使土壤和植物营养平衡，植物体免疫力强，释放氨基酸少，就很少染病；可抑制 107 种软体害虫，还可用硅铜物和栽行芹菜避虫，一般情况下虫害很少。二是早期和外来虫如蚜虫、白粉虱等，用有机准用药物（除虫菊、鱼藤酮、印楝素）防治，甲壳虫类用藜芦碱和苦参碱等喷雾防治。三是特殊病虫害，可用化学农药临时救急，然后喷两遍碳能复合益生菌解残毒即可。

苗高 5～6 厘米时间苗，保持株距 2～5 厘米。播后 30 天和 3 月中耕除草，中耕不易过深，以免巴戟天苗根系悬空脱水死秧。生长后期逐步加深中耕深度，中耕 2～3 次。秧苗 10～12 厘米时，取塑料盆或瓷盆，每 50 克那氏齐齐发植物诱导剂原粉用 500 毫升沸水冲开，放置 1～2 天，兑水 50 升左右喷施。苗高 20 厘米左右时，如有徒长和病虫害，用

700～800 倍液再喷施 1 次，控秧促根，提高阳光利用率 0.50～4.91 倍及植物抗逆性，使收获前株高控制在 25 厘米以内。

（六）采收加工

巴戟天定植 3 年才能收获。过早收获，根不够老熟，水分多，肉色黄白，产量低。全年均可进行收获，但以秋、冬季为佳。

起挖后随即抖去泥土。挖取肉质根时尽量避免断根和伤根皮，去掉侧根及芦头，晒至六七成干，待根质柔软时，用木锤轻轻捶扁，但切勿打烂或使皮肉碎裂，按商品要求剪成 10～12 厘米的短节，再按粗细分级后分别晒至足干，即为商品。老产区常用沸水烫泡或蒸约半小时后抽心，晒干，则色更紫，质更软，品质更好。

加工炮制方法的改进：1995 年版《中华人民共和国药典》要求蒸透或煮透后，趁热除去木心。在加工炮制巴戟天时，长期采用手工剥离皮壳，即用锤子或木棒轻轻敲打巴戟天皮部，趁热抽出木心，这种方法费工费时，而且劳动强度大，为了提高工作效率，适应大生产需要，经多次探讨，改用剁刀式切药机除去巴戟天木心的方法，经多次采用，效果比较好。

用麻袋装或木箱装，每件 30 千克左右。贮存于通风干燥处，以温度 30℃以下，相对湿度 70%～80% 为宜，商品安全水分为 12%～14%。如遇发霉，忌水洗，宜在阳光下晒后用毛刷刷霉。入夏为防霉蛀、泛油，可经常检查和晾晒干燥，不宜用硫黄熏，因硫黄熏后易变色，质地发硬，有损品质。本品易虫蛀、发霉、泛油。吸潮品颜色加深，根体返软，断面溢出油样物，散发特殊气味，有的出现霉斑。虫害有药材甲、烟草甲、大理窃蠹、黑毛皮蠹、印度谷螟等，蛀蚀品的蛀洞较小，不易察见，但周围常见碎屑，其中可发现活虫。

贮藏期间应保持环境清洁，发现受潮及轻度霉变、虫蛀，要及时晾晒或翻垛通风；有条件的地方可进行密封抽氧充氮养护。

第三节　有机益智仁优质高效栽培技术方案

益智仁有着较强的药效作用，在我国有一定的种植面积，产量不是很高。益智是一种热带植物，很多地方都不能种植。

一、土壤要求

采用常规栽培技术，土壤有机质含量在 2% 左右时，益智仁亩产 20 千克。土壤有机质含量在 2%～3% 时，采用生物集成技术，有机益智仁生产可追求亩产 30 千克。

土壤要求具体如下：①土壤有机质含量达 2.5% 左右。②有效钾含量保持 240 毫克/千克。③电导率在 400 微西/厘米以下。④土壤耕层深度达 55 厘米以上。⑤土壤 pH 为 4.5～6.5。⑥土壤固氮酶活性为 500 纳摩尔/(千克·天)。

二、备料及投入

1. 有机肥　亩施有机肥干品 2 000～3 000 千克，有机肥以蘑菇渣、中药渣、牛粪、秸秆、饼肥、堆沤肥、猪牛栏肥、土杂肥、塘泥等为好。

2. 土壤调理剂　亩备土壤调理剂 50 千克，其中基施 40 千克，生长期醋泡浸出液叶面喷洒 10 千克。

3. 碳能益生菌液　亩备碳能复合益生菌液 5 千克，早春或沤肥浇 2 千克，采叶期与花芽分化期随水或雨前喷 2 千克，叶喷洒 1 千克，一生喷 2～3 次。

4. 植物诱导剂　亩备那氏齐齐发植物诱导剂 1 袋，早春生叶 3 厘米左右时用 1 200 倍液喷 1～2 次，光合强度增加 50%～491%，有益营养提高。

5. 钾肥　亩备 51% 水洗天然硫酸钾 10～15 千克。根据土壤中的钾素含量酌情定量施用。

6. 植物酵酶风味素　亩备植物酵酶风味素 10 粒，配合碳能复合益生菌液喷洒，可防病虫，愈合益智仁叶面病虫害斑点和裂口，激活植株次生代谢功能，释放化感素和风味素。

三、栽培技术

（一）选地

益智仁的适应能力比较强，野生状态下对土壤的要求不是很严格，除在盐碱地、沙地等极端土壤上无法生长外，在大部分土壤上都可正常发育。但是想要提高益智仁的产量，增强益智仁的生长，还是要选择松软、腐殖质丰富及保水保肥性强的土壤。将土壤 pH 控制在 5 左右，切忌不可选择水土流失严重土地、坑洼地及瘠薄的黏土，对益智仁的生长非常不利。

选用生物集成技术，可提高光利用率和抗逆性及品质。有机连片种植在无污染的自然环境条件下，如远离污染源的丘陵或半山区，以免粉尘、废水、废气、废渣以及人类农事活动给益智仁带来污染。以土质疏松、透气性良好、呈酸性或微酸性的沙壤或黏壤为好。尽量选土壤中砷、汞、镉、铬、铜等有害重金属含量不超标，符合国家有机益智仁产地环境条件规定的标准的地块。

长远规划要符合机械化、良种化、园林化、梯田化、水利化的作业要求。开垦坡度 10°～20° 的缓坡地，建立高条带植或宽幅梯层田；20°～25° 的陡坡地，建立窄幅梯田，但不小于 1.6 米，梯田要外高内低。采用双行双株种植，开挖种植沟，深、宽 50～60 厘米，两沟中心距离 1.5 米，开沟时注意表土、心土分别堆放，做到表土全部回沟。

（二）栽培管理

益智仁是一种喜温作物，种植过程中要保证年平均温度在 20℃ 以上，益智仁的生长才不会受到影响，最好是将温度控制在 25℃ 左右。特别是在开花结果期，如果温度低于 20℃，开花率会大大降低，低于 11℃，会停止开花。在幼果期如果温度过低，会造成大量落果。中后期的果实抗寒能力有所增强，但是如果长时间处在低温环境下，会导致植株死亡甚至是无法萌芽。

益智仁在生长中不宜遭受太阳直射，比较喜阴，荫蔽环境是保证益智仁正常生长的重要因素。种植时要选择有一定荫蔽度的地方，可在各种林木内进行间作。益智仁的光照需求会随着其生长而不断改变，在未开花结果前，其林内的荫蔽度要保持在 75% 左右，成龄后要将荫蔽度适当降低至 65%。这个时候如果过于荫蔽，容易造成枝叶徒长，分蘖减少，降低结果率。要根据季节变化控制荫蔽度，保证益智仁的健康生长。

喷洒那氏齐齐发植物诱导剂，在气温 20℃ 以上时，取那氏齐齐发植物诱导剂粉 50 克，放入塑料盆或瓷盆，用 500 毫升沸水冲开，放 24~48 小时，再兑水 40 升，在益智仁叶面喷洒，可防花蕾受冻害；若中后期叶片过旺，可用 600 倍液叶面再喷洒 1 次，控叶促果。

益智仁喜欢生长在湿润的环境中，其空气湿度含量高达 88%，土壤含水量也在 28% 左右。但是园内不宜有积水，特别是在益智仁花果期，如果积水过多，容易造成烂花落花、烂果落果等。积水过多抑制益智仁的花芽分化，降低开花结果率。如果长时间处在干旱环境下，植株的生长速度将会变得极为缓慢，严重时停止生长，逐渐死亡。水分是决定益智仁产量的关键因素，因此要保证种植地周围有充足的水源，便于浇水灌溉。

风对益智仁的生长也会有一定影响，风速过大会提高水分的蒸发速度，破坏益智仁体内的水分平衡。且益智仁的抗风性是比较差的，如果遇到大风极易倒伏，所以在种植的时候要提高益智仁抗风性，尽量与防护林一起种植，降低风的威胁。植物酵酶风味素或动力素亩备 15 粒或 1 瓶，在着生膨大期，固体每粒兑水 8~10 升，液体 15~20 克兑水 15 升，叶面喷洒，使叶片营养向果转移，提高品质，如与复合益生菌混用效果更好。喷施北京金山吉山乐生稀土水溶肥或植物酵酶风味素，可激活植物细胞，促进分裂与扩大，愈伤植物组织，快速恢复生机。使细胞体积横向膨大，茎节加粗，且有膨果、壮株之功效，抑制植物叶、花、果实等器官离层形成，延缓器官脱落，抗早衰，对死苗、烂根、卷叶、黄叶、小叶、花叶、重茬、落叶、落花、落果、裂果、缩果、果斑等病害症状有明显特效。提高根部活力，增强植株对盐、碱、贫瘠地的适应性，促进气孔开放，加速供氧、氮和二氧化碳，增产 20% 以上。

为了补充更多的养分，盛花期喷施碳能高解钾复合益生菌液、0.2% 的硼砂或者磷酸二氢钾的 600 倍液，可有效地提高坐果率，增加产量。

用碳能复合益生菌液 200 倍液，每 15 千克水液中投入植物酵酶风味素 1 粒，喷 1~2 次，打破顶端生长优势，使叶面内营养往果实转移，增加果实甜度和丰满度。代替使用代森锌、多菌灵、甲基硫菌灵和氰戊菊酯等农药。

（三）病虫害防治

一是喷碳能复合益生菌，以菌克菌，使土壤和植物营养平衡，植物体免疫力强，释放氨基酸少，就很少染病；可抑制 107 种软体害虫，还可用硅铜物和栽行芹菜避虫，一般情况下虫害很少。二是早期和外来虫如蚜虫、白粉虱等，用有机准用药物（除虫菊、鱼藤酮、印楝素）防治，甲壳虫类用藜芦碱和苦参碱等喷雾防治。三是特殊病虫害，可用化学农药临时救急，然后喷两遍碳能复合益生菌解残毒即可。

（四）自制生物有机肥、生物沼液和降解化学残留及除草剂液、防病虫害液

参见第二章第一节有机水稻优质高效栽培技术方案。

第四节　有机砂仁优质高效栽培技术方案

海南壳砂仁具有化湿开胃、湿脾止泻、理气安胎的功效，可防治浅表性胃炎、十二指肠溃疡、胃胀胃痛及可暖肠养肾。砂仁是一种调味的中药材，在我国南方非常受人喜爱，现在栽培效益特别好。

一、土壤要求

采用常规栽培技术，土壤有机质含量在 2% 左右时，砂仁亩产 500 千克，土壤有机质含量在 2%～3% 时，采用生物集成技术，有机砂仁亩产可达 800～1 000 千克，这也是目前有机高产目标。

土壤要求具体如下：①土壤有机质含量达 2.5% 左右。②有效钾含量保持 240 毫克/千克。③电导率在 600 微西/厘米以下。④土壤耕层深度达 55 厘米以上。⑤土壤 pH 为 4.5～6.5。⑥土壤固氮酶活性为 600 纳摩尔/（千克·天）。

二、备料及投入

1. 有机肥　亩施有机肥干品 2 000～3 000 千克，有机肥以蘑菇渣、中药渣、牛粪、秸秆、饼肥、堆沤肥、猪牛栏肥、土杂肥、塘泥等为好。

2. 土壤调理剂　亩备土壤调理剂 50 千克，其中基施 40 千克，生长期醋泡浸出液叶面喷洒 10 千克。

3. 碳能益生菌液　亩备碳能复合益生菌液 5 千克，早春或沤肥浇 2 千克，采叶期与花芽分化期随水或雨前喷 2 千克，叶喷洒 1 千克，喷 2～3 次。

4. 植物诱导剂　亩备那氏齐齐发植物诱导剂 1 袋，早春生叶 1 厘米左右时用 1 200 倍液喷 1～2 次，植株光合强度增加 50%～491%，有益营养提高。

5. 钾肥　亩备 51% 水洗天然硫酸钾 10～15 千克，根据土壤中的钾素含量酌情定量施用。

6. 植物酵酶风味素　亩备植物酵酶风味素 10 粒，配合碳能复合益生菌液喷洒，防病虫，愈合砂仁叶面病虫害斑点和裂口，激活植株次生代谢功能，释放化感素和风味素。

三、栽培技术

（一）选地

砂仁喜欢比较凉爽的环境，气温对生长和发芽有很大的影响。适合在年平均气温 22～28℃ 的环境中生长，在 14～19℃ 环境中生长得比较慢，能短时间生长在 0℃ 的低温中。如果在很冷的季节，每个月的平均气温要高于 12℃，否则就不会发芽。气温越高，发芽就越快，还会提前开花，并增加产量。开花期间气温要高于 22℃，低于 30℃，如果气温过高或者是过低，都会影响它的开花情况。喜欢生长在有水的环境中，但是田中不能有积水，缺水时间也不能太长。每年的降水量超过 1 000 毫米适合它成长，最高降水量在 1 400 毫米。如果土地中的湿度过大，会影响根部生长，可能会使根部腐烂。在长花的时候，气温要求最高，这时候空气中的水分含量要大于 80%，土中的水分含量在 35% 左右，这样才能确保长花，有利于以后的授粉。

砂仁是一种多年生植物，每年都要消耗很多的养分，它的根茎覆盖在地面上，所以在栽植的时候不方便松土。砂仁的根很浅，所以对土地的要求很严格，土壤要求深厚肥沃。

在种植之前要施肥，施肥主要以绿色肥为主，也可以适当加一些化肥。

选用生物集成技术，提高光利用率和抗逆性及品质。有机连片种植在无污染的自然环境条件下，应选远离污染源的丘陵或半山区，以免粉尘、废水、废气、废渣以及人类农事活动给砂仁带来污染。以土质疏松、透气性良好、呈酸性或微酸性的沙壤或黏壤为好。尽量选土壤中砷、汞、镉、铬、铜等有害重金属含量不超标，符合国家有机砂仁产地环境条件规定的标准的地块。

长远规划要符合机械化、良种化、园林化、梯田化、水利化的作业要求。开垦10°～20°的缓坡地，建立高条带植或宽幅梯层田；20°～25°的陡坡地，建立窄幅梯田园，但不小于1.6米，梯田要外高内低。采用双行双株种植，种植沟深、宽50～60厘米，两沟中心距离1.5米，开沟时注意表土、心土分别堆放，做到表土全部回沟。

（二）栽培管理

砂仁移植的时候要选择有水分的地方，方便以后浇水和排水。等到5月和6月再进行移植。要选择在阴天进行，按照一定的距离挖坑，坑的长度和宽度各是1米，然后施撒基肥，将种子自然地播在里面，等到种芽苗露出的时候，就可以将它们埋在土中，稍微压一下，移栽之后要浇1次透水。

砂仁种植的第1～2年，植物分布的比较散，地中的杂草长得很快，所以要经常进行除草。等到长花和结果的时候，每年都要除草1～2次，分别在2月和8—9月采收完之后进行。除草的同时要将田地中的枯苗、弱苗全部清理出去。

移植之后的两年，每年都要施肥两次，分别在3月和10月进行，整年都要用复合肥料。

要根据砂仁的成长进行遮阴，如果遮阴过大，要砍去过多的树和树枝，如果遮阴太小，要在春天及时种植遮阴的树。为了满足它在不同的阶段对水量的要求，要及时进行浇水。如果在长花和长果时长时间不下雨，要及时浇水，以免掉花影响产量。如果浇水太多，田地中有积水，水分过大，要及时排水，以免造成烂果。

昆虫是最好的授粉介质，等到开花以后，园内不能喷一些药剂，在开花时要喷白糖吸引昆虫，达到提高结果的目的。

喷洒那氏齐齐发植物诱导剂，在气温20℃以上时，取那氏齐齐发植物诱导剂粉50克，放入塑料盆或瓷盆里，用500毫升沸水冲开，放24～48小时，再兑水40升，在砂仁叶面喷洒，可防花蕾冻害；若中后期叶片过旺，可用600倍液再喷洒1次叶面，控叶促果。

亩备植物酵酶风味素或动力素15粒或1瓶，在膨大期，固体每粒兑水8～10升，液体15～20克兑水15升，叶面喷洒，促进气孔开放，加速供氧、氮和二氧化碳，增产20%以上。

（三）防治病虫害

参见第五章第三节有机益智仁优质高效栽培技术方案。

（四）自制生物有机肥、生物沼液和降解化学残留及除草剂液、防病虫害液

参见第二章第一节有机水稻优质高效栽培技术方案。

第五节　有机神秘果优质高效栽培技术方案

神秘果含有神秘果蛋白，吃了神秘果两小时内，接着吃其他酸性水果，如柠檬，会觉得这些水果不再是酸味，故名神秘果。

神秘果为热带常绿灌木，原产地在非洲加纳、刚果一带。20世纪60年代，周恩来总理到西非访问时，加纳共和国把神秘果作为国礼送给周总理。此后，神秘果开始在我国栽培。

人们常用神秘果来做调味剂。神秘果属山榄科常绿小灌木，树形美观，枝叶繁茂，现已在许多地区作为园林观赏植物栽培；每年9月开白色小花，10月结果，11月果实由绿色变成红色而成熟。神秘果是一种椭圆形的红色果实，长2厘米。

神秘果可药用，具有调节高血糖、高血压、高血脂、痛风、尿酸、头痛等作用。果汁涂抹于蚊虫叮咬处能消炎消肿。种子可治心绞痛、喉咙痛、痔疮等。叶子泡茶或做菜能调节高血糖和高血压、保护心脏、美颜瘦身、排毒通便、控制尿酸、减轻痛风痛症，还能解酒。

神秘果果树枝、叶提取物提取方法和应用：将神秘果果树枝、叶粉碎，得提取原料；加入乙醇水溶液，回流提取2～5小时，过滤，上清液减压蒸馏，冷冻干燥，得枝、叶粗提取物干粉；溶于水中，经大孔吸附树脂处理，然后用乙醇水溶液洗脱，得到收集液，分别进行真空浓缩，冷冻干燥得精制枝、叶提取物，得到的提取物含总酚66.5%。枝、叶提取物对于自由基的清除能力是谷胱甘肽的7.9和7.8倍；对于氧自由基的吸收能力是谷胱甘肽的7.0和6.2倍；具有良好的黄嘌呤氧化酶抑制活性；可用于制备抗氧化剂、抗痛风药物和保健品。

从神秘果中提炼出一种制剂，让糖尿病患者服用，既满足了他们对甜食的需要，又不会因糖分过多引起身体上的疾病。非洲的一些地区已经建立了大型种植园，专门种植神秘果。

神秘果可鲜食，也可制成酸性食品的助食剂。神秘果还是观赏植物，宜在我国高温高湿的亚热带、热带地区种植。神秘果种子育苗，3年可挂果，1株售价500～1500元，1粒售价2～5元。西非神秘果果园内有结果株2万余株，一天可收500千克左右神秘果。

一、土壤要求

采用常规栽培技术，土壤有机质含量在2%左右时，株产神秘果10～15千克。土壤有机质含量在2%～3%时，采用生物集成技术，有机神秘果株产20～30千克，亩种80株，亩产可达1600～2400千克。

土壤要求具体如下：①土壤有机质含量达2.5%左右。②有效钾含量保持240～300毫克/千克。③电导率在600微西/厘米以下。④土壤耕层深度达55厘米以上。⑤土壤pH为6.1～6.8。⑥土壤固氮酶活性为600纳摩尔/(千克·天)。

二、备料及投入

1. 有机肥　按每千克有机肥干品可供产神秘果5千克计算，每亩施有机肥干品2000～

3 000千克，有机肥以蘑菇渣、中药渣、牛粪、秸秆、羊粪为好。

2. 土壤调理剂 亩备土壤调理剂50千克，其中基施40千克，生长期醋泡浸出液叶面喷洒10千克。

3. 碳能益生菌液 亩备碳能复合益生菌液6千克，早春或沤肥浇2千克，结果期与花芽分化期水冲2千克，叶喷洒2千克（喷2～3次）。

4. 植物诱导剂 亩备那氏齐齐发植物诱导剂5袋，其中早春生叶开花前用800倍液喷1次，约需2袋，枝抽10厘米左右时用500倍液喷1次，约需3袋。那氏齐齐发植物诱导剂被作物接触后，光合强度增加50%～491%。

5. 钾肥 亩备51%水洗天然硫酸钾10千克。根据土壤中的钾素含量酌情施用，按每千克可供产100千克果施用。

6. 植物酵酶风味素 亩备植物酵酶风味素8粒，配合碳能复合益生菌液喷洒。花蕾期可防病保果，中后期可控枝抽出，使叶内营养向果实转移，增加糖度2%～4%，愈合果面病虫害斑点和裂口，释放果实化感素和风味素。

三、栽培技术

（一）选地

神秘果喜有机质含量高、保墒能力好的微酸性或中性土壤，适合在热带、亚热带低海拔地区栽培。园地对气温的要求为年平均温度25℃。选择南向、东南向或西南向的背风缓坡地建园，以水源充足、交通便利的园地为好。有机肥按每千克干秸秆、干畜禽粪可供产鲜果4千克施用，亩需根部穴施2 500～3 000千克，以保证高产所需的碳物质基本营养（占45%）。在早春和夏秋季花芽分化前各施1次，与碳能复合益生菌配合。

（二）繁殖

1. 播种 神秘果种子不适合久藏，宜随采随播，采摘成熟的果实，放置2～3天，待果皮果肉变色后，洗去果皮果肉，晾干。可穴播、点播、撒播或条播于苗床上，覆盖基质疏松的培养土2厘米左右，保持土壤湿润。约30天可出苗，出苗率在85%以上。出苗后25天，可喷施碳能复合益生菌液和钾肥。幼苗长出3～4片真叶时，可进行移栽。

2. 扦插 神秘果宜在3—4月进行扦插，9月也可扦插，但成活率相对较低。扦插时应选择当年生老熟、无病虫害、健壮的枝条为材料。扦插枝条应剪成15厘米左右，枝条带1～2片1/2叶片或幼嫩的叶片，基部剪成30°～45°斜面。喷施碳能复合益生菌300倍液，用40%多菌灵悬浮剂500～600倍液对枝条进行消毒灭菌，并使用800毫克/升萘乙酸处理10秒左右。整根枝条1/2～2/3长度插入到灭菌的沙床内，保持相对湿度80%以上及75%的遮阴条件，每5天检查1次果苗的生长情况。

3. 压条 选择2～3年生、直径0.5厘米以上的健壮枝条，在4—5月高温高湿季节进行压条处理，60～70天可生根。根据试验，以碳能复合益生菌300倍液，500毫克/升吲哚丁酸（IBA）或500毫克/升ABT 2号生根粉刺激生根效果好，生根率可达80%。压条前2小时左右对高压部位进行环剥，宽度为枝条直径的2～3倍，深达木质部，并刮净形成层；用少量黄泥土将配好的IBA或ABT 2号药液调成糊状，然后涂于环剥部位上方和上切口处，包裹上栽培基质（菇渣∶腐殖土为2∶3），基质湿度以手捏成团不散，且手缝微微湿润为宜，将基质捏成拳头大小，用塑料薄膜包扎环剥部位。每 15 天检查 1 次水分情况，看到变干时可用注射器注入清水。亩备含有效活性菌 20 亿～30 亿个/克的碳复合益生菌液 4～5 千克，在早春萌叶开花期，亩根部穴浇 2 千克，兑水 1 000 升，灌施或拌有机肥施，再浇水、盖土。以解决根腐病，死棵烂皮，缺钙曲叶，缺硼、锌授粉坐果不良，挂果不均匀，病草害问题。发现地上病虫害，用 300 倍液的复合益生菌液叶面喷洒防治，同时吸收空气中二氧化碳和氮营养，提高土壤中矿物营养利用率 1.5～5 倍。不需再施化学氮、磷、钙肥和化学杀虫杀菌剂。

（三）栽培管理

神秘果 1 年可多次抽梢、开花、结果，对肥料需求比较大。在幼苗期科学施用复合肥，以薄肥勤施为原则，并配合喷施叶面肥，促进果苗的营养生长。成年的结果树应将有机肥和复合肥混合施用。在早春合理增施复合益生菌液，以促进枝梢的生长，在花蕾含苞未放时，喷施 0.2% 硼砂促果。在施用保果壮果肥时，应施用含量为 45%～48% 的复合肥，配合微量元素和 0.2% 磷酸二氢钾进行喷施。在冬末春初施用基肥，用于恢复树势、促进生长，并重施深施农家肥和复合益生菌液、钾肥。

神秘果对水分和湿度有一定的要求，在定植后不仅要保持土壤的湿度，还要对枝叶进行喷水以保持湿润。在夏季为了防止水分蒸发，树基需铺上枯草或盖上遮阳网进行保墒。特别是在盛花盛果期和秋、冬干旱季节，更要加强水分的管理。

按含量 51% 天然硫酸钾每千克可供产鲜果 80 千克施用，需在早春亩穴施 10 千克，在神秘果膨大期施 10～20 千克，保证果繁、果大、果实固形物多。解决果实松软、含水量多、易破裂等问题。如像乌鲁木齐、锡林浩特少数地区，土壤含钾达 300～400 毫克/千克，就不需要再施钾肥。

选择 3—4 月或 9—10 月进行定植，株行距为 1.5 米×2.0 米，挖 0.4 米×0.4 米×0.4 米的定植穴。根据土壤情况在定植穴施用基肥，一般施用含量为 45% 的复合肥和有机肥 250 克，与地表土进行混拌，在定植穴的底部铺 20 厘米左右，盖上一层 10 厘米左右的肥料混合土。定植时在树的基部堆直径 0.6 米、高 25 厘米的定植墩，浇足水后用脚踩实。定植后 10 天内保持土壤湿润，之后根据湿度决定是否补充水分。

根据树冠大小亩备 100～200 克那氏齐齐发植物诱导剂原粉，放塑料盆里，每 50 克原粉用 500 毫升沸水冲开，存放 2～3 天，兑水配成 800 倍液，在早春叶片长大时喷洒 1 次即可，提高阳光利用效率 0.5～4.9 倍，还可控制抽枝徒长。

在神秘果生长缓慢时进行修剪，不宜采用重剪。幼树以促增长、定型为主，宜采用自然开心形或自然圆头形进行修剪。结合抹芽定梢、摘心，促进枝条合理分布，选择健壮、不同方向 2～3 个芽作为侧枝培养。疏去内膛密枝，剪去徒长枝，以利于主枝外围的枝梢短截。冬季采果后，剪去病虫枝、徒长枝、下垂枝、过密枝、交叉重叠枝等，选留 1～2 枝成枝力强的枝条替代主枝外围的枝条，作为轮换的结果枝。

花蕾期喷施 1～2 次 0.2% 硼砂和 0.1% 磷酸二氢钾，盛花期喷施 1 次 0.5% 硼砂，结合人工授粉，可大大促进坐果。谢花后生理落果前喷施全素叶面肥，促进果实膨大及保果，可结合病虫害防治施用。

神秘果在主要花期时花量大，应及时进行疏花，以减少养分的消耗，促进果实生长。

在幼果期也要对病斑果、畸形果进行疏除，并进行适当追肥，以提高果实品质。

由于神秘果在不同时期都有果实产出，应及时采收，以免影响下一批果实的生长。在果实9分熟时就要进行采收，采收时要连同果柄一起摘下，这样可以延长果实储藏时间。

亩备植物酵酶风味素或动力素15粒或1瓶，在神秘果着生膨大期，固体每粒兑水8～10升，液体15～20克兑水15升，叶面喷洒，以解决落花落果，并修复果面病虫害斑点，使叶片营养向果转移，增加含糖量2～4波美度，提高品质和商品卖相，如与复合益生菌混用效果更好。如早春叶面喷洒维生素C 3 000倍液，果实可变短变粗，肉质变厚，还可防止冻害造成的损失。

（四）自制生物有机肥、生物沼液和降解化学残留及除草剂液、防病虫害液

参见第二章第一节有机水稻优质高效栽培技术方案。

（五）虫害防治

神秘果的虫害较少，偶见有吹绵蚧、天牛幼虫、刺蛾等，尤其在花期和花蕾形成期时有出现，但其极少造成危害。目前福州地区神秘果主要虫害有吹绵蚧，发现初期可及时对吹绵蚧进行捕捉。

第六节　有机铁皮石斛优质高效栽培技术方案

金钗石斛、天山雪莲、三两重人参、百二十年首乌、花甲之茯苓、苁蓉、深山野灵芝、海底珍珠、冬虫夏草被列为中华九大仙草。

石斛的主要产地为霍山、浙江、云南等，类型上可分为铁皮石斛、铜皮石斛、水草石斛、紫皮石斛、金钗石斛等，虽然都叫石斛，但效果确有天壤之别，目前受国家认可真正有价值的只有铁皮石斛，而铁皮石斛以霍山石斛为首选。霍山石斛富含多糖、氨基酸和石斛碱、石斛胺碱等十多种生物碱，富含钙、钾、钠、镁、锌、铁、锰、硒、铜、铬、镍、锗等几十种元素。

一、种植场地选择

周围应无工业厂房、无"三废"污染。四周开阔、光照充足、通风良好、地势较为平坦。有可供灌溉的水源。铁皮石斛不直接种植在地表，一般采取地面铺设种植基质或搭建种植床覆盖基质种植。

二、备料及投入

1. 有机肥　亩备有机肥干品300～400千克，以树皮、木屑、碎石、锯末、刨花、原木、蘑菇渣、中药渣等为好。

2. 土壤调理剂　亩备赛众土壤调理剂25千克，其中基施20千克，生长期醋泡浸出液叶面喷洒5千克。

3. 碳能益生菌液　亩备碳能复合益生菌液2千克，用300～500液喷洒叶面，喷10～20次。

4. 植物诱导剂　亩备那氏齐齐发植物诱导剂1袋，苗高5厘米左右时，叶面用1 500～

2 000 倍液喷 2 次。用那氏齐齐发植物诱导剂后，植物光合强度增加 50％以上。

5. 钾肥　含量 50％以上的天然钾按每千克可供产干品 16.6 千克投入，一般每亩备 51％天然硫酸钾 5～6 千克。

6. 植物酵酶风味素　亩备植物酵酶风味素 8～10 粒，配合碳能复合益生菌液喷洒。苗期可防病，使叶片营养向茎根转移。

三、种植技术

（一）种植模式

种植模式有大棚种植、离地床栽、大棚地栽、树栽、简易遮阳网棚种植等多种模式，各有优、缺点，主要是因地制宜，适合当地发展即可。大棚种植温度、湿度、光照便于控制，适应性强。离地床栽适合南方高温高湿地区，便于通风、透气、疏水。大棚地栽一般在冬季温度相对偏低的地区采用，优点在于冬季保温、夏季降温，缺点是通风性不好，在基质选择和搭配上要求较高。树栽对自然气候条件要求较高，当地气候和环境条件必须满足铁皮石斛自然生长所需的温、光、湿、风等条件。简易遮阳网棚种植，对当地气候和环境要求也较高，可选择气候适宜的山坡或者坝区田地种植。

（二）基质处理

采用既能吸水，又能排水、透气、有养分的材料，如树皮、木屑、碎石、锯末、刨花、原木等，一种或多种材料混合配制，并将有机物与无机物合理混用，有机物基质必须经碳能复合益生菌液堆制发酵或高温灭菌处理。"种瓶苗基质要细，种大苗基质要粗"，不同种苗在基质搭配上要进行调整。

（三）适时移植

根据当地气候条件和铁皮石斛生长习性，确定具体移植时间。一般以 3 月下旬至 6 月下旬及 9 月上旬至 10 月下旬为宜。部分地区常年均可栽培。移栽前，先用碳能复合益生菌液将苗床上的基质浇透，然后进行种植。将幼苗栽入树干皮层内，即紧帖树皮缠绕大麻或棕皮毛织的网眼布条，将毛根围住，让其靠树上和空气中湿度及养分发根长茎秆。种植后 2～3 天才第 1 次浇水，浇水量应根据基质的干湿度判断，如基质湿度过大，应延期浇水。石斛生长慢，移栽株行距密度与采收年限有关，2～3 年采收者，移栽株行距为 10 厘米×10 厘米，采收年限长（5 年）者，移栽株行距为 15 厘米×15 厘米。种植方式以丛栽为宜，每丛 3～5 株。按照每亩苗床实际面积 440 米² 计算，亩种植 2.5 万～4.0 万丛。

（四）田间管理

棚内温度保持 12～35℃，以 25～30℃最为理想，冬季确保在 0℃以上。最适宜生长湿度在 80％左右。湿度是铁皮石斛种植中最难控制的因素。经验总结为"空气湿度宜大，根系湿度宜小"。铁皮石斛种植后第 2 年开花，为减少植株营养消耗，对不需留种的花蕾应及时摘除。摘除花蕾应在现蕾初至开花前进行，摘除的花蕾应装入干净的专用食品（篮）袋内，可另行加工。当苗床出现杂草时，应及时人工拔除。施肥应以有机肥料为主，溶水性强、含各种微量元素、施用方便的肥料，以叶面喷施为好，遵循勤施、少施的原则，以免肥害。在铁皮石斛种植前，基肥与种植基质材料应充分拌匀。在移栽成活后，当年 5—10 月，结合喷（微）灌施入 0.05％营养液，30 天 1 次，每次折合施钾肥

0.2 千克/亩。第 2～5 年的 3—10 月，结合喷（微）灌施入 0.1％钾营养液，30 天 1 次，每次折合施钾肥 0.4 千克/亩。

（五）病虫害防治

病虫害主要有石斛黑斑病、煤污病、炭疽病、建兰花叶病、蜗牛等。可在植株上方 1.2 米处设喷雾装置，间段喷雾保湿。用碳能复合益生菌液 300～500 倍液配 0.7 克植物酵酶风味素预防，愈合伤口。幼苗期叶面喷 1 200 倍液的那氏齐齐发植物诱导剂，即 50 克原粉用 500 毫升沸水冲开，放 1～2 天，兑水 60 升，增强植物抗热性和抗病性。蜗牛危害幼茎、嫩叶、花蕾及幼果，可人工捕杀、毒饵诱杀或撒石灰防治。叶面喷施植物酵酶风味素微量元素水溶肥或稻壳肥，利用其中硅元素避虫。选用耐低温弱光、耐热耐肥抗病品种。叶面喷碳能复合益生菌液，害虫因不能产生脱壳素会窒息死亡，并能解臭化卵。

第七节　有机半夏优质高效栽培技术方案

一、目标效果

①产量较现代常规技术提高 1 倍以上；②191 项农残达国际第三方认可要求，产品达到国家药典标准；③当荏办理有机认证手续。

二、土壤要求

土壤有机质含量在 1％左右时，亩施 3 000 千克有机肥可使土壤有机质含量提高 1％。近年来，采用常规栽培技术，土壤有机质含量在 2％左右时，半夏亩产 100～300 千克。土壤有机质含量在 3％时，采用生物集成技术，亩产可达 750～1 000 千克，每千克30 元，亩收入 2 万～3 万元。

土壤要求具体如下：①土壤有机质含量达 3％以上。②有效钾含量保持340 毫克/千克左右。③电导率在 500 微西/厘米以下。④土壤耕层深度达 35 厘米以上。⑤土壤 pH 为 6.1～7.2。⑥土壤固氮酶活性为 600 纳摩尔/（千克·天）。

我国目前土壤养分情况与高产优质要求，如河北省深泽县白庄乡中白庄村农户张昭和、闫义珍农田 2014 年土壤化验情况为，有机质含量为 1.80％～1.98％，高产要求 3.0％～3.5％；碱解氮含量为 55～165 毫克/千克，高产要求 90～110 毫克/千克；有效磷含量为 27～37 毫克/千克，高产要求 30～80 毫克/千克；速效钾含量为 60～108 毫克/千克；缓效钾含量为 383～608 毫克/千克。在此土壤中栽培半夏，益生菌可解决有机质和碱解氮不足问题，有效磷有效性可提高 1 倍左右，不必考虑投入；速效钾标准要求 200～300 毫克/千克，明显不足；缓效钾比较充足，用生物技术可提高利用率 1 倍左右，但尚需补充含量52％天然钾 30 千克左右。

三、备料及投入

1. 有机肥　按每千克有机肥干品可供产 3 千克半夏计算，每亩施有机肥干品 5 000～8 000 千克，有机肥以蘑菇渣、中药渣、牛粪、秸秆、羊粪为好。

2. 土壤调理剂　亩备土壤调理剂 5 千克，生长期醋泡浸出液叶面喷洒。

3. 碳能益生菌液　亩备碳能复合益生菌液6～7千克，早春或沤肥浇2千克，结果期与花芽分化期水冲2～3千克（2～3次），叶喷洒2千克（2～3次）。

4. 植物诱导剂　亩备那氏齐齐发植物诱导剂2袋，其中早春生叶开花前用1 000倍液喷1次，约需0.5袋，枝抽5厘米左右时用800倍液喷1次，约需1.5袋。那氏齐齐发植物诱导剂被作物吸收后，光合强度增加50%～491%。

5. 钾肥　亩备51%水洗天然硫酸钾25千克。根据土壤中的钾素含量酌情施用，按每千克可供产80千克果施用。

6. 植物酵酶风味素　亩备植物酵酶风味素4粒，配合碳能复合益生菌液喷洒。花蕾期可防病保果，中后期可控枝抽出，使叶内营养向果实转移，愈合果面病虫害斑点和裂口，释放果实化感素和风味素。

四、操作步骤

半夏供应历来以野生资源为主，近年来国内外市场供求紧张，缺口较大，价格一直呈现稳中有升的态势。半夏在生长期间可和玉米、小麦、油菜、果、林等进行套种。一是可提高土地的使用效率，增加收入。二是其他作物可为半夏遮阳，避免阳光直射，延迟半夏倒苗，增加半夏产量。

人工种植半夏可取得很好的效益。种子、珠芽和块茎只要条件适宜均可萌发。半夏喜温和湿润的环境，怕高温、干旱和强光照射。半夏耐阴但不喜阴，在适度遮光条件下，能生长繁茂。

（一）块茎繁殖

用生物技术种植按品种特性要求合理稀植10%左右，即亩用鲜品140～150千克。2～3年生半夏萌出的小块茎可作为繁殖材料。在收获时选直径0.7～1.0厘米的小块茎作种，稍带些湿润的沙土，储藏于阴凉处以待播种。春季日平均气温在10℃左右即4月1日至5月下旬可播种，此方法能使块茎增重快，当年就可收获。在整好的畦内进行双行条播。行距20厘米，株距3厘米，沟深4～5厘米，每畦开四沟，将种茎交叉放入沟内，每沟放两行，顶芽向上，覆土耧平，稍加镇压。

（二）种子繁殖

夏、秋季节半夏种子成熟时，随收随种，也可将种子储存于湿润的细沙土中，到翌年春季，按行距15厘米开2厘米深的沟，将种子撒入沟内，耧平保湿，当温度上升到14℃时即可出苗。利用种子繁殖，在种子播种后3年才能收获，生产中较少采用，但在繁殖材料缺乏及引种时可采用此法。6月中旬播种新鲜的半夏种子，10～25天出苗，出苗率80%左右，种子发芽适温22～24℃。

（三）选地整地

半夏根较短，喜水、肥，以富含腐殖质的沙质壤土为宜。播前20天与碳能复合益生菌液2千克混合堆沤后做基肥，促使杂草萌发后，耕耱除草。深翻20厘米，耙细整平，做1.2米宽的高畦或平畦。在生长中期酌情亩冲入碳能复合益生菌液2～5千克，提高碳素有机肥利用率2～3倍和矿物质利用率0.15～5.00倍。

（四）覆盖栽培

为了使半夏早出苗，延长其生长周期，增加产量，早春可采取地膜覆盖等措施。种子播种时也可采用覆盖麦草及作物秸秆等方法来保持畦间水分，以利于出苗。在苗高 2～3 厘米、种子 70％以上出苗时可揭去地膜或除去覆盖物，以防止因膜内温度过高而烤伤小苗。采用地膜覆盖的方法可使半夏提早 15 天左右出苗，也可促进其根系生长，防止土壤板结，提高产量。

（五）施肥

秧苗 5～6 厘米高时，取塑料盆或瓷盆，每 50 克那氏齐齐发植物诱导剂原粉用 500 毫升沸水冲开，放置 2～3 天，兑水 50 升左右进行喷施。苗高 10 厘米，20℃左右时，如有徒长和病虫害，用 700～800 倍液再喷施 1 次。控秧促根，控秆促粒，提高阳光利用率 0.50～4.91 倍及植物抗逆性，可增根 70％。使收前株高控制在 15 厘米以下。

（六）病害防治

病毒病多在夏季发生，为全株性病害，发病时叶片上产生黄色不规则的斑，使叶变为花叶状、叶片皱缩、卷曲，直至死亡，且地下块茎畸形瘦小，质地变劣。叶面喷施植物诱导剂，可提高植物的耐热性和抗病毒性。

（七）培土

6 月 1 日以后，由于半夏叶柄上的珠芽逐渐成熟落地，种子陆续成熟并随佛焰苞的枯萎而倒伏，所以 6 月初和 7 月要各培土 1 次。取畦边细土，撒于畦面，厚 1.5～2.0 厘米，以盖住珠芽和种子为宜，稍加镇压。

（八）自制生物有机肥、生物沼液和降解化学残留及除草剂液、防病虫害液

参见第二章第一节有机水稻优质高效栽培技术方案。

五、典型案例

案例 1 2016 年，山西省新绛县杨致平承包 24 亩前作用过化学除草剂的玉米田种半夏，苗叶发红，烂根，用碳能复合益生菌液 2 千克解症，亩产达 850 千克，亩收入 2 万元，产品有效成分 1.26％，达国家药典标准 0.5％，并高出 1.5 倍。

案例 2 甘肃清水县唐世祥用生物集成技术种植半夏，湿品亩产达 1 000 千克。原因：一是播种量大；二是土壤碳、钾含量充足；三是光照充足。

案例 3 山西省新绛县北北坞村家冬荣，任新绛县荣盛中药材产销专业合作社理事长，2012 年收麦后播种，晾晒种子，施足生物腐熟肥，阳坡定植不积水，旧膜覆盖植株保湿防晒，生长期 95 天左右，亩产湿半夏 950 千克，每 3.5 千克制干品 1 千克，产干品 271 千克，每千克干品批发价 90 元，亩收入 2.4 万余元。

案例 4 2018 年，河北省安国市刘佳，在碳、钾丰富田用生物技术种植半夏，亩产达 1 000 千克。

案例 5 山西省侯马市乔山底村薛平安，2016 年施牛羊粪 2 000 千克（价值 160 元），赛众土壤调理剂 25 千克（75 元），复合生物菌 3 千克（75 元），在株高 10 厘米左右时，于雨前用 50 倍碳能复合益生菌液叶面喷洒 1～2 次，苗齐苗壮，亩产半夏 900 千克以上。

案例 6 山西省新绛县阳王镇北池村杨齐安，2018 年用生物集成技术种植半夏，亩产

900 千克左右，经国家药品监督管理局测定，有效成分均超药典标准，由 0.2% 和 2% 提高到 0.5% 和 5%。

第八节 有机甘遂优质高效栽培技术方案

甘遂是一种常用的重要中药材，为大戟科植物甘遂的块根。甘遂有泻水逐肿、消肿散结功效。主治水肿、腹水、留饮结胸、癫痫、喘咳、大小便不通。甘遂能刺激肠管，增加肠蠕动，产生泻下作用。对人体有利尿作用，亦有报道称健康人口服甘遂煎剂无明显利尿作用。

一、土壤要求

土壤有机质含量在 1% 左右时，亩施 3 000 千克有机肥可使土壤有机质含量提高 1%。采用生物集成技术，土壤有机质含量达 2.5% 时，有机甘遂生产可以实现亩产 400 千克的目标。

近年来，采用常规栽培技术，土壤有机质含量在 1% 左右时，亩产干遂 100~120 千克。只有采用生物集成技术才可追求亩产 400 千克的目标，这也是目前有机甘遂生产的高产目标。

土壤要求具体如下：①土壤有机质含量达 2.5% 左右。②有效钾含量保持 240~300 毫克/千克。③电导率在 300 微西/厘米以下。④土壤耕层深度达 35 厘米以上。⑤土壤 pH 为 6.1~8.2。⑥土壤固氮酶活性为 600 纳摩尔/(千克·天)。

二、备料及投入

1. 有机肥 按每千克有机肥干品可供产甘遂干品 0.5 千克计算，每亩施有机肥干品 2 000~5 000 千克，有机肥以蘑菇渣、中药渣、牛粪、秸秆为好。

2. 土壤调理剂 亩备赛众土壤调理剂 50 千克，其中基施 40 千克，生长期醋泡浸出液叶面喷洒 10 千克。

3. 碳能益生菌液 亩施碳能复合益生菌液 4.5 千克，兑水冲浇 4 千克（分 2 次进行），叶面喷洒 0.5 千克（喷 1~2 次）。

4. 植物诱导剂 亩备那氏齐齐发植物诱导剂 1 袋，苗高 15 厘米左右时，叶面喷 1 次 600~700 倍液。施用那氏齐齐发植物诱导剂后，植物光合强度可增加 50% 以上。

5. 钾肥 根据土壤中的钾素含量酌情施用钾肥，含量 50% 以上的天然钾按每千克可供产甘遂干品 16.6 千克施用，一般每亩施用 52% 天然硫酸钾（壮秆增粒）20~50 千克。

6. 植物酵酶风味素 亩备植物酵酶风味素 4~6 粒，配合碳能复合益生菌液喷洒。苗期可防病促根生长，后期可控蔓促根，使叶片营养向根转移。

三、操作步骤

（一）选种

选用高产优质型品种，用生物技术按品种特性要求合理稀植 15% 左右，即亩用种

3 千克，宜放在冰箱或干燥容器内贮藏。播前 20 天亩施碳能高解钾复合益生菌液 2 千克，与有机肥混施，促使杂草萌发后，耕耱除草，防止病虫害发生。在生长中期亩冲入碳能复合益生菌液 2 千克左右，提高有机肥利用率 2～3 倍和矿物质利用率 0.15～5 倍。

（二）选地整地

按适种环境选好地块，以排水方便、土壤疏松的丘陵坡地为好。亩施干品秸秆或牛粪 3 500～4 000 千克，按每千克可供产干品甘遂 0.5 千克施用，多施 50% 缓冲肥，土壤调理肥 25 千克，钾镁肥（含钾 26%）25 千克，深耕 30 厘米，耙细整平。山西省新绛县于 8 月 25 日至 9 月 5 日播种，按 20～25 厘米行距开 1 厘米深的浅沟，亩用种 3 千克，将种子均匀播在沟内，覆土、轻压、浇复合益生菌液，以后视墒情浇水，半月左右出苗。

（三）栽培管理

苗高 5～6 厘米时间苗，保持株距 2～5 厘米。播后 30 天和 3 月中耕除草，中耕不宜过深，以免甘遂苗根系悬空脱水死秧。生长后期逐步加深中耕深度，中耕 2～3 次。秧苗 10～12 厘米高时，取塑料盆或瓷盆，每 50 克那氏齐齐发植物诱导剂原粉用 500 毫升沸水冲开，放置 1～2 天，兑水 50 升左右喷施。苗高 20 厘米左右时，如徒长和有病虫害，用 700～800 倍液再喷施 1 次，可控秧促根，提高阳光利用率 50%～490% 倍及植物抗逆性，使收获前株高控制在 25 厘米以内。

5 月前后，亩撒施和冲施 50% 天然硫酸钾 20 千克左右。将开花的甘遂花蕾剪掉。6 月前后叶面喷植物酶风味素，1 粒兑水 15 升，打破植物顶端生长优势，促进叶片营养往根部转移，打开次生代谢功能，使品种原本化感素和风味素充分释放出来，提高和保证品质。

土壤含钾量在 150 毫克/千克以下时，按含量 50% 的天然钾每千克可供产干品 16.6 千克施用，沟施、下雨前后撒施或随水冲施，按亩产干品 500 千克施用，约需 30 千克。

生长前期，如植株下部叶片发黄，用复合益生菌配红糖 300 倍液，叶面喷洒；如整株发黄，亩施天然钾镁肥 15 千克。

（四）收获

在山西新绛县以 6 月 10 日至 7 月 20 日收获为佳，过早过晚都会影响质量和产量，湿干比为 2.5：1，形状饱满，质量和药效高。这段时间气温较高，比较干燥，地上部生长受到抑制，甘遂根营养较丰富，晾干后品质好。先在两行甘遂中间顺行起一锨土，然后逆行用锨挖出甘遂，避免用手直接接触甘遂伤口处，防止人皮肤浮肿。放入编织袋内待脱皮。在晴天上午 8—12 时将带皮甘遂放入旋转桶内，内放粗糙石块和砖块，通过旋转将皮磨掉，冲洗干净后进行晾晒，一般需晾晒 3 天才能干透。放在彩色条篷布上晾晒，下午 1 时后去皮会造成甘遂变色发霉。必须晾干才能把须折断，用风车将须吹掉，待下午包装密封。如下午没干透需及时放在火炕炉上烤干，即做一宽 2 米、长 3 米左右的火炕，上面安装网眼直径 0.2 厘米左右的铁丝网，离火 1.5 米左右，火炕内燃烧杂草、杂木，将甘遂烤干。

四、典型案例

案例 1 2016 年，山西新绛县泽掌镇乔沟头村张永茂用碳能菌发酵猪粪制沼液，土壤有机质含量达 4.2％左右，有效钾含量保持 500 毫克/千克。甘遂亩产高达 360 千克，每千克批发价 200 元，亩产值 7 万余元。较传统化学技术亩产 120 千克左右增产 2 倍。

案例 2　2016 年，山西新绛县泽掌镇乔沟头村张伟民用生物集成技术种植甘遂，到 7 月 2 日始收，亩产干品达 310 千克，每千克批发价 200 元，亩产值达 6 万余元。该产品有效成分达国家药典标准（合格含量为 0.2％），为 0.5％。

案例 3　2017 年，山西新绛县峨嵋中药材有限公司杨志平于 8 月 25 日至 9 月 5 日播种，亩播籽 3 千克，施牛粪 8 米³、复合益生菌液 2 千克（喷洒在有机肥上施入田间）、50％硫酸钾 20 千克，6 月 25 日至 7 月 10 日收获。亩产干品合 300 千克，每千克批发价 160 元，亩收入 4.8 万元，亩纯收入 1.4 万元。

第九节　有机白术优质高效栽培技术方案

一、目标效果

白术是一种常用的重要大宗中药材，具补脾健胃、燥湿利水、止汗安胎等功能。现代研究表明，白术根茎含挥发油，油中主要成分为苍术酮、苍术醇、白术内酯等，对肝硬化腹水、原发性肝癌、梅尼埃病、慢性腰痛、急性肠炎及白细胞减少症等有一定的辅助疗效。白术用途广泛，除了医疗配方用药外，还是 40 多种中成药制剂的重要原料。

①产量较现代常规技术提高 1 倍以上；②191 项农残达国际第三方认可要求，产品达到国家药典标准。

二、土壤要求

土壤有机质含量在 1％左右时，亩施 3 000 千克有机肥可使土壤有机质含量提高 1％。采用生物集成技术，土壤有机质含量达 3％时，有机白术生产可以实现亩产 4 000 千克的目标。

近年来，采用常规栽培技术，土壤有机质含量在 3％左右时，亩产 1 200～2 000 千克。只有采用生物集成技才可追求亩产 4 000 千克的目标，这也是目前有机白术生产的高产目标。

土壤要求具体如下：①土壤有机质含量达 3.5％以上。②有效钾含量保持 340 毫克/千克左右。③电导率在 200 微西/厘米以下。④土壤耕层深度达 35 厘米以上。⑤土壤 pH 为 6.1～7.2。⑥土壤固氮酶活性为 600 纳摩尔/(千克·天)。

河北省定州市息冢镇沙流村宁杰农田土壤经山西省曲沃县万乡红肥业有限公司 2019 年 1 月 28 日化验，有机质含量为 0.68％～1.46％，高产要求达 3％以上，明显不足；碱解氮含量为 55～188 毫克/千克，高产要求 110 毫克/千克；有效磷含量为 77.9～94 毫克/千克，高产要求 40～80 毫克/千克，足够；速效钾含量为 206.0～232.3 毫克/千克，高产要求 240～340 毫克/千克，不足，需补充含量 51％的天然矿物钾 30 千克左右。

三、备料及投入

1. 有机肥　按每千克有机肥干品可供产 2.5 千克白术鲜根计算，每亩施有机肥干品 500

～800 千克，有机肥以蘑菇渣、中药渣、牛粪、秸秆、羊粪为好。

2. 土壤调理剂 亩备土壤调理剂 25 千克，基施 20 千克，生长期醋泡浸出液叶面喷洒 5 千克。

3. 碳能益生菌液 亩备碳能复合益生菌液 6～7 千克，早春或沤肥浇 2 千克，结果期与花芽分化期水冲 2～3 千克（2～3 次），叶喷洒 2 千克（2～3 次）。

4. 植物诱导剂 亩备那氏齐齐发植物诱导剂 2 袋，其中早春生叶开花前用 1 000 倍液喷 1 次，约需 0.5 袋，枝抽 5 厘米左右时用 700 倍液喷 1 次，约需 1.5 袋。那氏齐齐发植物诱导剂被作物接触后，光合强度增加 50％～491％。

5. 钾肥 亩备 51％水洗天然硫酸钾 25 千克。根据土壤中的钾素含量酌情施用，按每千克可供产 50 千克干根施用。

6. 植物酵酶风味素 亩备植物酵酶风味素 4 粒，配合碳能复合益生菌液喷洒。花蕾期可防病保果，中后期可控枝抽出，使叶内营养向果实转移，愈合果面病虫害斑点和裂口，释放果实化感素和风味素。

四、操作步骤

（一）整地备肥

每千克干秸秆、牛粪在生物菌的作用下，可供产 4 千克白术，投入干秸秆 1 100 千克（折合 1.0～1.5 亩地玉米秸秆）或干牛粪 2 200 千克，以供应充足碳素肥。以秸秆、牛粪与畜禽粪三种碳素肥结合为好。育苗地应选择肥力中等、排水良好、通风凉爽的微酸性沙壤土，深翻耕，耙平整细，做 1.2 米宽的畦。大田宜选择肥沃、通风、凉爽、排水良好的沙壤土。亩施天然生物有机碳 40～80 千克，碳能复合益生菌液 2～5 千克，分解保护有机肥中养分，平衡土壤和植物营养，防治病害；可吸收空气中的氮和二氧化碳，提高营养供应范围；使害虫因不能产生脱皮素而窒息死亡；转化有机肥中的氨气、甲醇等对植物根有伤害的物质；不易生虫；能使根系直接吸收利用碳、氢、氧、氮等营养，提高有机肥利用率 3 倍，产量提高 1～3 倍，并能化解和消除土壤残毒。

（二）播种育苗

生产上主要采用播种育苗移栽。

3 月下旬至 4 月上旬，选择籽粒饱满、无病虫害的新种，在 30℃的温水中浸泡 1 天后，捞出催芽播种。播前按行距 15 厘米开沟，沟深 4～6 厘米，沟内灌水，将种子播于沟内，播后覆土，稍加镇压，畦面盖草保温保湿，然后再浇 1 次水。每亩用种 5～7 千克，播后 7～10 天出苗，出苗后揭掉盖草，白术幼苗出土后要及时除草并按株距 4～6 厘米间苗。如天气干旱，可在株间留草，以减少水分蒸发。在早晚浇水抗旱，生长后期发现抽薹，及时摘除。

幼苗出土至 5 月，田间杂草多，中耕除草要勤，头两次中耕可深些，以后应浅锄。5 月中旬后，植株进入生长旺期，一般不再中耕，用手拔草。冬至移栽，亩可培育出 400～600 千克鲜白术根。

用生物技术按品种特性要求合理稀植 10％左右，即亩用鲜白术苗 200～220 千克。当年冬季至次年春季均可移植，以当年不抽叶开花、主芽健壮为好。移栽时剪去须根，行距

25厘米，开深10厘米的沟，按株距15厘米左右将苗放入沟内，尖朝上，并与地面持平。栽后两侧稍加镇压，然后随水浇复合益生菌。一般亩需鲜白术根50～60千克。

（三）田间管理

现蕾前后，亩随水浇碳能复合益生菌液2千克。摘蕾后1周，可追施碳能复合益生菌液2千克。白术生长时期需要充足的水分，尤其是根茎膨大时不能缺水，雨后积水要及时排掉。

6月中旬植株开始现蕾，7月上中旬在现蕾后至开花前，分批将蕾摘除。摘蕾有利于提高白术根茎的产量和质量。根茎壮大期，亩施51%硫酸钾15～25千克，按每千克可供产干根50千克施用。除草、施肥、摘蕾等田间操作，均应在露水干后进行。7月高温季节可在地表撒一层树叶、麦糠等覆盖，调节地温，使白术安全越夏。

在幼苗期叶面喷洒1次那氏齐齐发植物诱导剂，每袋50克，用500毫升沸水冲开，放24～48小时，兑水60升，叶面喷洒，防治病毒及真菌、细菌病害，提高植物抗热、抗旱能力，避虫，提高叶片光合强度，增根70%以上，控外叶促长心叶。如徒长和有病虫害，用700～800倍液再喷施1次，控秧促根，控秆促粒，使收前株高控制在30厘米以下。

（四）病虫害防治

生态防病虫：用碳能复合益生菌液200倍液，每15千克水液中投入植物酵酶风味素1粒，喷1～2次，打破顶端生长优势，使叶面内营养往果实转移，增加果实甜度和丰满度。代替使用代森锌、多菌灵、甲基硫菌灵和氰戊菊酯等农药。

死秧防治：用复合益生菌液浇灌营养土，消除氨气；育苗钵不用化学肥料和鸡粪；田间发现枯根烂茎，亩施生物菌液2千克。

立枯病、叶枯病、白绢病（根茎腐烂）、根腐病、锈病、菌核病、花叶病、细菌性角斑病，叶片水浸状软腐，用硫酸铜配碳酸氢铵300倍液，叶面喷洒；霜霉病用复合益生菌液300倍液配0.7克植物酵酶风味素叶面喷洒预防。在管理上注意以下措施：幼苗期叶面喷1200倍液的那氏齐齐发植物诱导剂，增强植物抗热性和根抗病毒病能力；定植时亩冲施复合益生菌液2千克，平衡营养，化虫防病；注重施秸秆、牛粪，少量鸡粪，不施氮、磷化肥；叶面喷植物酵酶风味素或田间施吉山乐生微量元素水溶肥，或稻壳肥，利用其中硅元素避虫；选用耐低温弱光、耐热耐肥抗病品种；挂黄板诱杀虫和覆盖防虫网防虫；遮阳降温防干旱。

常用生物菌，害虫因自身不能产生脱壳素会窒息死亡，并能解臭化卵。叶面喷洒植物酵酶风味素愈合伤口。用麦麸2.5千克，炒香，拌敌百虫、醋、糖各500克，傍晚分几堆，放在田间地头诱杀地下害虫。危害白术的常见虫害有术籽虫、黏虫、蚜虫、小地老虎、南方菟丝子等。

（五）自制生物有机肥、生物沼液和降解化学残留及除草剂液、防病虫害液

参见第二章第一节有机水稻优质高效栽培技术方案。

用生物发酵技术消除化学除草剂危害，中草药产品有效成分较过去提高1.0～1.5倍。近年来，化学除草剂危害常有烂根、黄叶、减产、绝收。

（六）采收加工与留种

白术种植当年，在10月下旬至11月中旬，茎叶开始枯萎时为采收适期。采收时，挖

出根茎，剪去茎秆，运回加工。烘干时，起初用猛火，温度掌握在 90～100℃，出现水汽时降温至 60～70℃，2～3 小时上下翻动一次，须根干燥时取出闷堆"发汗"7～10 天，再烘至全干，并将残茎和须根搓去。产品以个大肉厚、无高脚茎、无须根、坚实不空心、断面色黄白、香气浓郁为佳。一般亩产干货 200～500 千克，折干率 30%。

白术留种可分为株选和片选，前者能提高种子纯度。在 7—8 月，选植株健壮、分枝小、叶大、花蕾扁平而大者作留种母株。摘除迟开或早开的花蕾，每株选留 5～6 个花蕾为好。于 11 月上中旬采收种子。选晴天将植株挖起，剪下地下根茎，把地上部束成小把，倒挂在屋檐下晾 20～30 天后熟，脱粒、扬去茸毛和瘪籽，装入布袋或麻袋内，挂在通风阴凉处贮藏。白术种子不能久晒，否则会降低发芽率。

五、典型案例

案例 1 山西新绛县泽掌村村民王振合，2014 年承包 100 亩土地，用生物集成技术种植白术，亩施牛粪 4 000 千克，生物菌液 9 千克，亩用 52% 天然钾膨果水溶肥 50 千克，分 3 次随水冲入田间。秧高 10 厘米左右时，叶面喷那氏齐齐发植物诱导剂 800 倍液 1 次，叶绿，无病。亩产种子 155 千克，每千克 200 元，种子亩收入 3.1 万元。2017 年亩产种子 165 千克，每千克 240 元，种子亩收入 3 万余元。2014 年亩产白术 2 500 千克，2015—2016 年亩产白术 3 000～3 500 千克。

案例 2 山西省侯马市杨建喜，2013 年种植白术，采用秸秆还田后，施牛、鸡粪 2 000 千克（250 元），52% 天然钾膨果水溶肥 20 千克（80 元），碳能复合益生菌液 4 千克（100 元），那氏齐齐发植物诱导剂 50 克（25 元），种子用 7 千克（140 元），投入品合计 595 元，产白术根 2 775 千克，合干根 400 千克，每千克 80 元，收入 3.2 万元左右，产籽 122 千克。

第十节　有机山药优质高效栽培技术方案

山药是一种常用的重要大宗中药材，它是国际性药食兼用地下块茎蔬菜。

一、土壤要求

采用常规栽培技术，土壤有机质含量在 1% 左右时，山药亩产 1 000～1 500 千克。采用生物集成技术，土壤有机质含量达 2.5% 时，有机山药生产可以实现亩产 3 500～4 000 千克的目标。

土壤要求具体如下：①土壤有机质含量在 2.5%～3.0%。②土壤有效钾含量为 240～400 毫克/千克。③土壤电导率在 600 微西/厘米以下。④土壤耕层深度达 55 厘米以上。⑤土壤 pH 为 6.1～8.2。⑥土壤固氮酶活性为 600～1 200 纳摩尔/(千克·天)。

二、备料及投入

以山西省新绛县为例，介绍有机山药生产备料及投入情况。

1. 有机肥 土壤有机质含量为 2.36%，高产标准要求 3% 以上。按每千克有机肥干品可供产山药5千克计算,亩施有机肥干品2 000～2 500千克,有机肥以蘑菇渣、中药渣、秸秆、畜禽粪为佳。

2. 土壤调理剂 亩备土壤调理剂25～50千克,基施20～45千克,生长期叶面喷洒醋泡浸出液5千克。

3. 碳能益生菌液 土壤水解氮含量为77～91毫克/千克,高产要求110毫克/千克。每亩施碳能复合益生菌液4千克,堆肥施入2千克,随水冲施2千克,不再考虑补充氮肥。

4. 钾肥 土壤钾含量为130～170毫克/千克,高产要求240～400毫克/千克。含量50%以上的天然钾按每千克可供产山药100千克施入,每亩需补充51%天然硫酸钾40千克。

5. 植物诱导剂 亩备那氏齐齐发植物诱导剂1袋,用塑料盆(勿用铁器)盛放,每袋50克用500毫升沸水化开,存放2天,兑水35～40升,灌根或叶面喷洒。苗高15厘米左右时,叶面喷1次600～700倍液。山药施用那氏齐齐发植物诱导剂后,其光合强度可增加50%以上。

6. 植物酵酶风味素 亩备植物酵酶风味素2粒,每粒兑水14～15升,配合碳能复合益生菌液喷洒。苗期可防病促根,后期可控蔓促山药,打破顶端生长优势,使叶片营养向山药转移;打开次生代谢功能,使品种原本化感素和风味素充分释放出来,提高和保证口感品质。

三、操作步骤

(一)品种分类与营养成分

山药按形状分为柱形长山药、手掌形扁山药和脚板形块山药;按肉质色泽分为白山药、浅黄山药和深紫山药。

1. 山西新绛毛山药 原产于汾河下游,亩产4 000千克左右,炒、蒸口感极佳,蒸熟软绵,炒熟脆酥滑润。长山药食用块茎为圆柱状,外表呈黄褐色,有细密毛根,表皮薄、光滑,块茎肉质呈乳白色,易煮好熟,绵甜可口。每500克鲜山药中含蛋白质7.3克、钙69克、磷205克、铁1.5毫克,含有多种矿物质、维生素和16种氨基酸等营养物质。特别是含有调节人体血压、降低血脂的成分,还含有抵抗肿瘤的皂苷等对人体有益的营养成分。食用新绛山药能健脾、养胃、补肺、固肾、益精、止泻痢,特别是对中老年人前列腺疾病引起的小便不利、过频、精神萎靡以及糖尿病等有一定疗效。

2. 河南铁杆山药 原产于黄河下游,亩产2 000千克左右,长80厘米左右,粗3厘米左右,食味甘绵,药食兼用。

3. 紫山药 2009年,河南省南阳市社旗县赊店镇贾来栓到福建考察调研时,在山农手中发现了一种野生进化山药,即薯形紫山药。该山药耐涝、耐热、耐旱、耐土壤瘠薄,叶较大,开花结籽,属无性繁殖。块茎外形像红薯,表皮不光滑,长15～25厘米,粗8～12厘米,刚出土时皮色为艳紫红色,放2～6个月为紫褐色,肉为鲜紫色,食味绵滑,不甜、无渣、不脆。

经化验,紫山药含硒、花青素、维生素E、皂苷,较白山药丰富,这些物质能增强人体免疫力,抗衰老,抗氧化,食后耐饥饿性强,能预防和缓解高血压、高血糖、高血脂;

还可防肠炎，补脑健智，明目聪耳，润便美容，清热，解毒。

紫山药也称"紫人参"，又名薯蓣和长芋，据《本草纲目》记载："紫山药为地中之宝。"既是餐桌佳肴，又是保健药材，常食可增强人体抵抗力，降低血压、血糖，抗衰益寿，有益于脾、肺、肾等功能，是很好的食材。紫山药性味甘平，中和，不热、不寒、不燥、不胀。青少年不宜多食，因可促性早熟；体弱，患病青少年可食少量，以养病强体。

2011年按有机栽培法匍匐栽培，亩产3 000千克，搭架栽培亩产5 000千克左右。

（二）选地、施肥

以沙壤土或壤土为宜，土壤透气性要好，水地旱地均可生产。不许挖深沟，土层有0.5米以上都能栽培，但以深为佳。按每千克牛粪在生物菌液作用下产2.5千克山药施肥，亩施入2 000～4 000千克，可多施入1 000千克左右，作为土壤缓冲营养。施肥后冲入生物菌液2千克，分解有机肥，平衡土壤营养，消灭土壤杂菌，可以连作生产。生物菌能使有机肥利用率由自然杂菌条件下的20%～24%提高到100%，产量也就能大幅度提高。基施50%矿物天然硫酸钾20千克。生物土壤调理肥要一次施足。

（三）开沟

要选择肥沃、疏松、排灌方便的沙壤土或壤土，冬春农闲季节按小行距80厘米、大行距120厘米开沟，采用机械开沟法疏松土壤，沟深1.3～1.5米。

根据气候条件，柱形长山药一般地表5～10厘米地温稳定在10℃左右时，即可播种。首先应采用150倍生物菌液浸泡种头30分钟，捞出晾干即可种植。种植方法为在机械开沟的垄中央开8～10厘米深沟，将种头以18～20厘米株距，纵向平放在沟中，然后覆土10厘米左右，每亩地种植3 500～4 000株。

（四）切块、浸种、催芽

紫山药按上端40克、中端50克、下端60克切开，不考虑芽眼，只考虑留表皮，因芽在表皮和肉中间部位萌生。切后用500倍液的生物菌浸泡一下消毒，再用草灰拌种，稍晾后，堆起催芽。将山药块堆30厘米高左右，下铺、上覆3～4厘米湿土，环境保持湿润，湿度达45%～65%，温度在20～30℃，15～20天出芽，待芽有玉米粒大时播种，亩用种块150千克。

柱形长山药是一种耐旱作物，由于山药叶片角质层较厚，抗蒸腾性较强，一般在机械开沟前20～30天泡1次透水（也叫底墒水），到出苗达70%左右浇1次浅水，水量不要大，防止塌沟，以后根据降雨情况酌情浇水，遇大降雨应及时排涝。

（五）定植、田间管理

紫山药一块种留芽2～4个，生产商品山药将多余小芽除掉。每颗山药长0.5～2千克，每块种50克，可长2千克左右，大的可长4千克。按行距90～100厘米、株距33～40厘米种植，匍匐栽培宜稀植，搭架管理宜密植，亩栽2 000～2 200株，栽后秧苗长到30～50厘米高时，用800倍液那氏齐齐发植物诱导剂灌1次山药块茎根部，即取原粉50克，用500毫升沸水冲开，放24～48小时，兑水40升，以植物根部沾上液为准。可提高植物抗热、抗冻、抗病等抗逆性，叶片光合强度增强50%～400%，根系增加70%以上，控制茎叶徒长。

紫山药生长期共150～180天，从栽苗到出芽25～30天，子叶甩蔓期即7月上旬以前靠种块母体进行营养生长。之后母体干瘪，幼苗靠土壤营养生长，此期以浇生物菌液为主，促叶茎茂盛，防块茎染病。块茎膨大期为 45 天，即 9 月上旬至 10 月 25 日，再冲入 50％矿物硫酸钾 25～30 千克，虽然钾肥冲入 3 天可见效，但以稍早几日投入为好，过早茎秆过粗、叶厚，过迟利用率低，均不利于根部块茎高产。结茎中后期，叶面上再喷 1 次那氏齐齐发植物诱导剂 600 倍液或植物酵酶风味素（每粒兑水 15 升）控叶，可打破顶端生长优势，激活叶片沉睡细胞，使叶片营养向下部块茎转移，提高产量。

（六）搭架、理蔓

柱形长山药出苗后，蔓上架时，要及时理蔓，使山药茎蔓均匀盘架。架杆一般选用 2.5 米左右的小竹竿为好，支架应高、稳，以利于山药蔓通风、透光和农事操作。山药一般不需要整枝，发现少许枝蔓生长过多，可适当摘除，否则会影响地下块茎膨大。用植物制剂藜芦碱＋苦参碱防治多种害虫。

（七）中耕除草和叶面喷肥

柱形长山药出苗生长很快，中耕除草要早期进行，中耕要浅，只将表面土壤疏松。山药生长后期进行叶面喷肥，防止脱肥、早衰。一般在叶片茎长出 1 米左右时，喷 1 次那氏齐齐发植物诱导剂 600 倍液或植物酵酶风味素。

（八）采收

柱形长山药块茎一般在霜降后茎叶枯黄再刨收为好，应减少破损，提高商品性，达到丰产丰收的目的。新绛柱形长山药块茎长 80～100 厘米，直径粗 3～6 厘米，单株重 1～2 千克，平均亩产 3 500～4 000 千克，一般中等肥力条件下，收益万元以上。

四、典型案例

案例 1　2016 年，山西新绛县桥东村农民陈平安栽培的柱形长山药，是毛山药和其他山药的变异种，是经过长期对比提纯复壮，选育出来的优质高产地方品种。近年来，该村侯全官、侯新官等农民用生物技术栽培山药，亩栽 3 500 株，产山药 4 500 千克左右。

案例 2　2018 年，山西省新绛县供销合作社联合社在翠岭村王建军、桥东村赵奎奎等 10 余户推广有机生物集成技术，亩用碳能高解钾复合益生菌液 4～5 千克，硫酸钾 50 千克（分两次施入），植物酵酶风味素 6 粒，诱导剂 2 袋。10 月至 12 月初上市，亩产 4 000 千克左右。

案例 3　山东省腾州市长楼村任先奎在村承包沙壤土地 16 公顷，亩施生物土壤调理肥 100 千克，秸秆炭化颗粒肥 200 千克（含碳达 70％左右），黄腐酸钾（含有机质 30％，钾 16％）200 千克，三元复合肥 200 千克，生长期追施含钾 36％的黄腐酸钾肥 10 千克，加之地下水中含碳素丰富，山药亩产 5 100 千克左右，较常规化学技术增产 2 000～2 500 千克。

案例 4　河南省南阳市蔬菜研究所贾来栓，经过 3 年的栽培试验，亩投资 400 元左右，可产 2 000～4 000 千克山药，即匍匐栽培亩产 1 500～2 000 千克，搭架栽培亩产 3 500～4 000 千克。2011 年按有机栽培法，匍匐栽培亩产 3 000 千克，搭架栽培亩产 5 000 千克左右。过去亩施三元复合肥 50 千克（190 元），牛粪 4 吨（75 元），硫酸钾 25 千克（100 元），合计 365 元，亩产 2 000～4 000 千克。有机栽培施牛粪 8 吨（150 元），50％矿物钾 50 千克（200 元），那氏齐齐发植物诱导剂 50 克（25 元），碳能高解钾复合益生菌液 5 千克（100 元），植物酵酶风味素 5 粒（25 元），合计 500 元，亩产山药 4 000 千克。

第十一节　有机远志优质高效栽培技术方案

一、土壤要求

采用常规栽培技术，土壤有机质含量在 0.5%左右时，远志亩产 200～350 千克。采用生物集成技术，土壤有机质含量达 2%时，有机远志生产可以实现亩产 500～700 千克的目标；土壤有机质含量达 3%，有效钾含量为 500～600 毫克/千克时，可以实现亩产 800～1 000 千克的目标。

土壤要求具体如下：①土壤有机质含量达 4%左右。②有效钾含量保持 240～320 毫克/千克。③电导率在 500 微西/厘米以下。④土壤耕层深度达 35 厘米以上。⑤土壤 pH 为 6.1～7.2。⑥土壤固氮酶活性为 1 000 纳摩尔/（千克·天）。

新绛县远志田土壤有机质与钾含量见表 5-1。

表 5-1　远志田土壤有机质与钾含量及产量分析

项目	新绛县翟家庄村张云农田	新绛县北池村杨二毛农田（采用有机技术）	新绛县北池村文根根农田（采用有机技术）	新绛县翟家庄村张来民农田（采用有机技术）	新绛县北池村杨旭生、杨志平农田（采用有机技术）
有机质含量（%）	0.60	1.67	1.17	1.53	2.57
有效钾含量（毫克/千克）	130.0	428.0	589.0	548.0	587.0
碱解氮含量（毫克/千克）	80.0	87.0	78.0	87.0	78.0
有效磷含量（毫克/千克）	27.0	65.0	135.0	54.0	135.0
pH	7.5	8.3	8.4	7.9	8.4
产量（千克/亩）	510	710	790	750（亩产值 2.75 万元）	1 000（亩产值 3 万元）

二、备料及投入

1. 有机肥　按每千克有机肥干品可供产远志 0.5 千克计算，每亩施入有机肥干品 2 000～5 000 千克，有机肥以蘑菇渣、中药渣、牛粪、秸秆为好。

2. 土壤调理剂　亩备赛众土壤调理剂 25 千克，其中基施 20 千克，生长期醋泡浸出液叶面喷洒 5 千克。

3. 碳能益生菌液　亩施碳能复合益生菌液 4.5 千克，兑水冲浇 4 千克（分 2 次进行），叶面喷洒 0.5 千克（喷 1～2 次）。

4. 植物诱导剂　亩备那氏齐齐发植物诱导剂 1 袋，苗高 10 厘米左右时，叶面喷 1 次 600～700 倍液。施用那氏齐齐发植物诱导剂后，植物光合强度可增加 50%以上。

5. 钾肥　根据土壤中的钾素含量酌情施用钾肥，含量 50%以上的天然钾按每千克可供产干品 16.6 千克投入，一般每亩施用 52%天然硫酸钾 20～25 千克。

6. 植物酵酶风味素 亩备植物酵酶风味素 4 粒，配合碳能复合益生菌液喷洒。苗期可防病促根，后期可控蔓促花，使叶片营养向籽粒和根转移。

三、栽培技术

（一）选地整地

选地势高燥、排水良好的土地种植。整地前撒施基肥，因远志系多年生草本，必须施足基肥，注重施秸秆、牛粪，少量鸡粪，不施氮、磷化肥；施碳能复合益生菌液 2 千克，耕翻耙平。

（二）播种

用种子直播繁殖，由于远志蒴果成熟时开裂，种子易撒落在地面，故应在果实 7～8 成熟时采收种子。春播于 4 月中下旬进行，秋播于 10 月中下旬或 11 月上旬进行。在整好的地上，按行距 20～23 厘米、株距 3～6 厘米定植。把种子均匀撒入沟内，覆土 1～2 厘米，按行距 20～23 厘米开浅沟条播，每亩播种 1 千克，播后稍加镇压，浇足水，播种后约半个月开始出苗。秋播在播种次年春季出苗。

（三）田间管理

远志植株短小，故在生长期需勤除草，以免杂草掩盖植株。性喜干燥，除种子萌发期和幼苗期适当浇水外，生长后期不用经常浇水。每年春、冬季及 4—5 月，各追肥 1 次，以提高根部产量。每亩可施饼肥 25 千克。6 月中旬至 7 月上旬亩施 51％天然钾肥 20～40 千克。早晨露水未干或下午 5 时进行，喷洒碳能复合益生菌液 1～2 千克，增强抗病能力，使根膨大。

为了避免土壤板结和病虫害发生影响远志的生长，必须进行松土除草。通气有利于根系和好气性微生物的活动，促进土壤有机质的分解和土壤风化，提高土壤肥力，还可以保持土壤水分。表土疏松，切断了毛细管水分上升。远志第 1 次除草应在播种前进行，浇碳能复合益生菌液 2 千克，待杂草长出除净，再播种。远志出苗后，待小苗长到 6～7 厘米高时进行一次浅松土除草。大旱时及时浇水，暴雨后扶起被泥土埋没的小苗。

（四）病虫害防治

远志烂根枯萎用碳能复合益生菌液 2 千克，霜霉病用碳能复合益生菌液 300 倍液配 0.7 克植物酵酶风味素预防，可愈合伤口。幼苗期叶面喷 1 200 倍液的那氏齐齐发植物诱导剂，增强植物抗热性和根抗病毒病。叶面喷施植物酵酶风味素或微量元素水溶肥，或稻壳肥，利用其中硅元素避虫。选用耐低温弱光、耐热耐肥抗病品种。作物叶面喷碳能复合益生菌液，害虫接触后因不能产生脱壳素会窒息死亡，并能解臭化卵。

（五）采收加工

种后第 3 年秋季回苗后或春季出苗前，挖取根部，除去泥土和杂质，趁水分未干时，用木棒敲打，使其松软、膨大，抽去木心，晒干即可。抽去木心的远志称为远志肉。如采收后直接晒干，称为远志棍。

四、典型案例

案例 1 山西省新绛县东尉段国锁，2009 年在纯旱地麦茬行间用生物集成技术播种

2 000 米² 远志，邻地段光辉用化学技术同时播种 3 300 米²，用生物集成技术增产 1.79 倍。

案例 2 山西新绛横桥镇杨家院村杨社奎，2015 年种植远志 6.5 亩，不用化肥，不用化学农药，2017 年上半年采收，亩产远志筒 450 千克，亩纯利润为 1 万元，收入 6.5 万余元。亩产籽 67 千克，每千克 120 元，种子收入 8 000 余元。

案例 3 新绛县天益中药材种植专业合作社用生物集成技术种植远志，2018 年 11 月，其产品经国家药检局测定有效成分达 1.29%～1.44%，超出国家药典标准 0.5% 的近 2 倍。杨志平、杨二毛、梁安民种植的道地远志，亩产远志鲜条 1 000 千克左右，亩收入可达 3 万元左右。

案例 4 山西新绛县翟家庄村张文亮，旱地种植远志。2017 年用化学技术，7 亩产籽 28 千克，2018 年用生物集成技术，1 亩产籽 24 千克，种子亩增产 5 倍左右，产远志鲜条 700 千克，合亩收入 2.2 万元。翟家庄张来民，2019 年施生物调理肥和碳能复合益生菌，第 2 年种植远志 2.8 亩，4 次采籽 200 千克，亩收入 1.2 万余元；产远志鲜条 750 千克，合干筒 150 千克，亩收入 1 万元左右；2.8 亩地总收入达 6.6 万余元。

第十二节　有机高良姜优质高效栽培技术方案

一、目标效果

①产量较现代常规技术提高 1 倍以上。②191 项农残达国际第三方认可要求，产品达到国家药典标准。③当茬办理有机认证手续。

二、土壤要求

土壤有机质含量在 1% 左右时，亩施 3 000 千克有机肥可使土壤有机质含量提高 1%。近年来，采用常规栽培技术，土壤有机质含量在 2% 左右时，高良姜亩产 1 500～2 000 千克。土壤有机质含量在 5% 时，采用生物集成技术，亩产可达 6 000～8 000 千克。

土壤要求具体如下：①土壤有机质含量达 4% 左右。②有效钾含量保持 400 毫克/千克左右。③电导率在 500 微西/厘米以下。④土壤耕层深度达 35 厘米以上。⑤土壤 pH 为 6.1～7.2。⑥土壤固氮酶活性为 700 纳摩尔/（千克·天）。

三、备料及投入

1. 有机肥　按每千克有机肥干品可供产 3～5 千克计算，每亩施有机肥干品 5 000～6 000 千克，有机肥以蘑菇渣、中药渣、牛粪、秸秆、羊粪为好。

2. 土壤调理剂　亩备土壤调理剂 25 千克，基施 20 千克，生长期醋泡浸出液叶面喷洒 5 千克。

3. 碳能益生菌液　亩备碳能复合益生菌液 5～6 千克，早春或沤肥浇 2 千克，结果期与花芽分化期水冲 2～3 千克（2～3 次），叶喷洒 1 千克（2～3 次）。

4. 植物诱导剂　亩备植物诱导剂 2 袋，其中早春生叶前用 1 000 倍液喷 1 次，约需 0.5 袋，枝长 5 厘米左右时用 800 倍液喷 1 次，约需 1.5 袋。植物诱导剂被作物接触后，光合强度增加 50%～491%。

5. 钾肥　亩备 51％水洗天然硫酸钾 25 千克。根据土壤中的钾素含量酌情施用，按每千克可供产 80 千克果施用。

6. 植物酵酶风味素　亩备植物酵酶风味素 4 粒，配合碳能复合益生菌液喷洒。可使叶内营养向果实转移，愈合果面病虫害斑点和裂口，释放化感素和风味素。

四、操作步骤

高良姜价格一直呈现稳中有升的态势。在生长期间可和玉米、小麦、油菜、果、林等进行套种。这样一是可提高土地的使用效率，增加收入。二是其他作物也可为高良姜遮阳，避免阳光直射，延迟倒苗，增加产量。

人工种植可取得很好的效益。块茎只要条件适宜均可萌发，喜温和湿润的环境，怕高温、干旱和强光照射。高良姜耐阴但是不喜阴，在适度遮光条件下，能生长繁茂。金昌大姜优良品种是通过选育提纯复壮筛选出来的，只有年年选，产量才年年高，保持高产、优质、抗逆的优良种性，从留种、收获、贮藏、播种各个环节严把选种程序。

（一）选种催芽

选种时，先用清水洗净泥土，清除病菌，然后选择姜块肥胖，组织紧实，皮色鲜亮，种块 80 克以上，无病虫损伤、受冻的种姜。新鲜的姜种，营养状况良好，出芽肥壮。将选好的姜种进行晒种、囤种、催芽，严格按要求操作。催芽的标准要求是幼芽黄色鲜亮，顶部钝圆，芽基部有根突起，芽长、粗不超过 0.7 厘米、1.0 厘米。催芽过大，生长点容易受损伤，只有健壮的幼芽才能长出苗壮的幼苗，为植株的旺长和根茎的形成打下良好基础。经试验，芽长 1.5 厘米以上的大芽，姜后期生长势弱，易早衰，减产 22％～25％。需要用植物诱导剂控秧。

用生物技术按品种特性要求合理稀植，即亩用鲜品 140～150 千克。小块茎可作为繁殖材料。在收获时选直径 4～6 厘米的小块茎，稍带些湿润的沙土，储藏于阴凉处以待播种。春季日平均气温在 10℃左右可播种，此方法能使块茎增重，当年就可收获。在整好的畦内进行双行条播，行距 20 厘米，株距 3 厘米，沟深 4～5 厘米，每畦开四沟将种茎交叉放入沟内，每沟放两行，顶芽向上，覆土耧平，稍加镇压。

也可将种子储存于湿润的细沙土中，到翌年春季，按行距 15 厘米开 2 厘米深的沟，将种子撒入沟内，耧平保湿，当温度上升到 14℃时即可出苗。利用种子繁殖，在种子播种后 3 年才能收获，生产中较少采用，但在繁殖材料缺乏及引种时可采用此法。6 月中旬播种新鲜的种子，10～25 天出苗，出苗率 80％左右，种子发芽适温为 22～24℃。

（二）选地施肥

高良姜根较短，喜水、肥，以选富含腐殖质的沙质壤土为宜。姜根系浅，长势弱，分布直径 60 厘米，深 30 厘米，在冬前耕翻的基础上，保持土地疏松。亩产 6 000 千克的施肥数量：腐熟粪 3 000～4 000 千克，土壤调理剂 20～25 千克，50％天然硫酸钾 25～35 千克，生物土壤调理肥 40～80 千克，碳能复合益生菌液 2 千克。

氨基酸有益微生物肥对姜具有特效高产作用。亩施 10％氨基酸 25 千克，可刺激根系发育，增加根的长度和数量，使姜耐旱、抗寒、抗病。氨基酸的施用可促苗健壮早发，并促使对氮、磷、钾、硅肥的吸收，提高产量和品质，属绿色食品农资，对姜早发、高产、优质具有特效。

（三）定植

行距 60～65 厘米，株距为每米 4～5 株，亩栽 4 000～5 000 株。定植时按深度 28 厘米、沟底宽 11 厘米开沟，施生物肥 80 千克，与土拌匀耙平，将催好芽的姜种按大小、强弱分别种植。每块姜种只留 1 个主芽，为姜球自然分生、立体分布、形状整齐、肥大、美观打下生态基础。然后将姜块芽向上、芽眼向两侧按株距水平摆放，使子、孙姜球定向两侧生长，调节个体和群体协调发展。

（四）覆膜

为使高良姜早出苗，延长其生长周期，增加产量，早春可采取地膜覆盖等措施。种子播种时也可采用覆盖麦草及作物秸秆等方法来保持畦间水分，以利于出苗。然后搭 4 米拱棚盖膜。

在苗高 2～3 厘米、种子 70％以上出苗时可揭去地膜或除去覆盖物，以防止因膜内温度过高而烤伤小苗。采用地膜覆盖的方法可提早 15 天左右出苗，也可促进根系生长，防止土壤板结，提高产量。

（五）植物诱导剂使用

经大面积使用植物诱导剂，平均单株增重 0.25 千克以上，姜块整齐肥大，色泽鲜亮，贮藏期保持新鲜状态不变，质量大幅提高。从苗期至旺盛生长期施用 2～3 次，间隔 15 天。

秧苗 5～6 厘米高时，取塑料盆或瓷盆，每 50 克原粉用 500 毫升沸水冲开，放置 2～3 天，兑水 50 升左右喷施。苗高 10 厘米、20℃时用 700～800 倍液再喷施 1 次。可控秧促根，控秆促粒，增根 70％，使收前株高控制在 15 厘米以下。

病毒病多在夏季发生，为全株性病害，发病时叶片上产生黄色不规则的斑，使叶变为花叶状，叶片皱缩，卷曲，直至死亡，且地下块茎畸形瘦小，质地变劣。喷施植物诱导剂可提高植物的耐热性和抗病毒性。

（六）田间管理

姜苗三杈期时撤膜，亩用酵素菌肥 80～100 千克，50％天然硫酸钾硅肥 25 千克，分别于小背沟期、大背沟期（7 月中旬，8 月上旬）施入。姜进入旺盛生长期和根茎膨大期，亩追施 50％的天然钾 30 千克，满足地上部旺盛生长和地下部根茎膨大的需要，并随背沟不断适量培土。随追肥配合浇水，并随生长需要和天气情况控制浇水，保持田间湿润。

（七）撤膜加网

6 月气温平均达 23℃，高温不断出现时要及时撤膜，不然烤伤严重，危害姜生长。于 5 月下旬至 6 月上旬撤掉薄膜，覆遮阳网。随着气温升高，光照加强，需遮阳保持温度 25℃，避免阳光直射。经试验，遮阳面积为田间面积的 60％时，适应姜的需求，面积超过 80％以上时减产。8 月下旬温度下降，光照减弱，及时撤网。

（八）病虫害防治

姜瘟病又称腐烂病，是由细菌侵染引起的病害，主要由伤口侵入，7 月表现症状，8—9 月是发病盛期。发病后叶片萎蔫不能恢复，逐渐枯黄，根茎变软腐烂，直至全株枯死，是毁灭性病害。发现病株及时拔除，并在穴内撒石灰预防蔓延，亩冲碳能复合益生菌液2千克防治。姜癞皮病又称姜疥，由根结线虫引起，播种姜时，亩冲施碳能复合益生菌液5千克，6月中旬至8月中旬用碳能复合益生菌液500倍液或者用1.8%阿维菌素1 000倍液灌根。据试验，不用遮阳网，施用那氏齐齐发植物诱导剂1 000～1 500倍液，从6月下旬至9月共喷6次，姜生长旺盛健壮，亩产7 100千克。

（九）自制生物有机肥、生物沼液和降解化学残留及除草剂液、防病虫害液

参见第二章第一节有机水稻优质高效栽培技术方案。

五、典型案例

案例1　山东昌邑市德杰大姜研究所、昌邑市德杰大姜农民专业合作社刘长利，2008年按碳能有机肥＋那氏齐齐发植物诱导剂＋天然钾硅肥＋碳能复合益生菌液整合技术管理，亩产大姜4 829.5千克。2009年种植大姜600公顷，亩产比用化肥、农药增产1 500～2 600千克，增收3 000～5 000元，最高亩产7 100千克，收入达5万余元。

案例2　广西北海市海城区宋海涛，2020年早春用成果五要素种植嫩姜，亩产3 000余千克，每千克32元，亩收入9万余元，较对照亩产2 000千克提高0.5倍，嫩姜粗壮，姜芽少，重量高20%，姜味清香。

案例3　山东省昌邑市都昌街道王德强，2021年用生物集成技术栽培姜，亩栽4 300棵，施牛、羊粪微生物发酵肥10吨，约为含50%的天然钾120千克，当年施入的粪肥使土壤有机质含量达3%，加上土壤中原有的有机质，总含量达4%左右，亩产生姜达12 620千克。

第十三节　有机枸杞优质高效栽培技术方案

枸杞3～4年生幼龄树亩产果40～100千克，5年生以上成株亩产150～300千克。用生物集成技术，进入生产期时间可缩短30%，产量可提高0.5～2.0倍，亩产500～800千克，较化学技术增产1倍，可提高有机肥利用率，作物适应能力强，能净化环境，生产优质农产品，增加农民收入。

枸杞为茄科多年生落叶灌木，适应性强，耐寒、喜肥、抗旱，对土壤要求不严，耐盐碱、怕渍水。

果实入药称枸杞子，含枸杞多糖、甜菜碱、胡萝卜素、酸浆果红素、多种氨基酸和维生素。性平，味甘。有滋补肝肾、益精明目之功能。主治肝肾阴虚、头晕目眩、腰膝酸痛等症。根皮称地骨皮，有补肝益肾、坚筋骨的功能，用于治疗腰膝酸痛等症。

一、土壤要求

土壤有机质含量在1%左右时，亩施3 000千克有机肥可使土壤有机质含量增加1%。近年来，采用常规栽培技术，土壤有机质含量在2%左右时，株产1～2千克果。土壤有机质含量在2%～3%时，采用生物集成技术，有机枸杞株产3～5千克果，亩栽80株，亩产果可达240～400千克。

土壤要求具体如下：①土壤有机质含量达 2.5% 左右。②有效钾含量保持 240～300 毫克/千克。③电导率在 600 微西/厘米以下。④土壤耕层深度达 55 厘米以上。⑤土壤 pH 为 6.1～6.8。⑥土壤固氮酶活性为 400 纳摩尔/(千克·天)。

二、备料及投入

1. 有机肥 按每千克有机肥干品可供产枸杞果 5 千克计算，每亩施有机肥干品 2 000～3 000 千克，有机肥以蘑菇渣、中药渣、牛粪、秸秆、羊粪为好。

2. 土壤调理剂 亩备土壤调理剂 25 千克，其中基施 20 千克，生长期醋泡浸出液叶面喷洒 5 千克。

3. 碳能益生菌液 亩备碳能复合益生菌液 6 千克，早春或沤肥浇 2 千克，结果期与花芽分化期水冲 2 千克，叶喷洒 2 千克（喷 2～3 次）。

4. 植物诱导剂 亩备那氏齐齐发植物诱导剂 2.5 袋，其中早春生叶开花前用 800 倍液喷 1 次，约需 1 袋，枝抽 10 厘米左右时用 500 倍液喷 1 次，约需 1.5 袋。那氏齐齐发植物诱导剂使用后，植物光合强度增加 50%～491%。

5. 钾肥 亩备 51% 水洗天然硫酸钾 10 千克。根据土壤中的钾素含量酌情施用，按每千克可供产 100 千克果投入。

6. 植物酵酶风味素 亩备植物酵酶风味素 8 粒，配合碳能复合益生菌液喷洒。花蕾期可防病保果，中后期可控枝抽出，使叶内营养向果实转移，愈合果面病虫害斑点和裂口，释放果实化感素和风味素。

三、栽培技术

（一）选地整地

枸杞喜微酸性或中性土壤，育苗地以靠近水源、含盐量在 0.2% 以下的沙质壤土为宜。秋季深耕前每亩施有机肥 2 000～3 000 千克，拌施复合益生菌 2 千克，撒匀后耕翻并浇冻水。第 2 年春季播种前浅耕细耙，做畦。定植地宜选排灌方便、含盐量在 0.3% 以下的轻壤土或沙质壤土，整平即可。

有机肥按每千克干秸秆、干畜禽粪可供产鲜果 4 千克施用，亩需根部穴施 2 500～3 000 千克，来保证果高产所需的碳物质基本营养。在早春和夏、秋季花芽分化前各施 1 次，共施 3 次，与碳能复合益生菌配合施用。

（二）繁殖方法

可采用种子繁殖和扦插繁殖，生产上一般用扦插繁殖。

1. 种子繁殖 5 月上中旬开 1～2 厘米浅沟条播，沟距 30～35 厘米。种子掺 5 倍细沙混匀播，播后覆薄土并浇水，亩冲施复合益生菌 2～3 千克。播种量为每亩 0.4～0.8 千克。播种后及时除草松土，剪除基部萌生枝条。早期多灌水，以加速幼苗生长，8 月以后少灌或不灌水，使幼苗木质化。苗高 7 厘米时按株距 7 厘米留苗；苗高 20～30 厘米时按株距 15 厘米左右定苗。此法繁殖量大，但后代变异率高。

2. 扦插繁殖 春季树液流动后、萌芽放叶前选上年徒长枝或七寸枝，截成 15～18 厘米长的短枝，上端剪成平口，下端削成楔形，按行株距 30 厘米×15 厘米斜插于苗床内，保持土壤湿润，成活率达 95％ 以上。或在雨季进行绿枝扦插。扦插苗一般在春季解冻后定植，于萌芽前按行距 2.0～2.5 米、株距 2 米挖长、宽、深均为 30 厘米的穴，每穴施少量有机肥，与表土混匀，亩冲施复合益生菌 2～3 千克，将根剪短后栽下，使根部舒展，分层踏实并立即浇水。

3. 压条繁殖　选择 2～3 年生、直径 0.5 厘米以上的健壮枝条，在 4—5 月高温高湿季节进行压条处理，60～70 天可生根。根据试验，以碳能复合益生菌 300 倍液、500 毫克/升 IBA 或 500 毫克/升 ABT 2 号生根粉刺激生根效果好，生根率可达 80％。压条前 2 小时左右对高压部位进行环剥，宽度为枝条直径的 2～3 倍，深达木质部，并刮净形成层；用少量黄泥土将配好的 IBA 或 ABT 2 号液调成糊状，然后涂于环剥部位上方和上切口处，包裹栽培基质（菇渣：腐殖土为 2∶3），基质湿度以手捏成团不散，且手缝微微湿润为宜，将基质捏成拳头大小，用塑料薄膜包扎在环剥部位。每 15 天检查 1 次水分情况，看到变干时可用注射器注入清水。亩备含有效活性菌 20 亿～30 亿个/克的碳能复合益生菌液 4～5 千克，在早春萌叶开花期，亩根部穴浇 2 千克，兑水 1 000 升，灌施或拌有机肥施。浇水、盖土。以解决根腐病，死棵烂皮，缺钙曲叶，缺硼、锌授粉坐果不良，挂果不均匀，病草害问题。发现地上病虫害，用 300 倍液的复合益生菌液叶面喷洒防治。同时吸收空气中二氧化碳和氮营养，提高土壤中矿物营养利用率 0.15～5.00 倍。不需再施化学氮、磷、钙肥和化学杀虫杀菌剂。

（三）田间管理

1. 翻园与中耕　每年翻园晒土 2～3 次，以增强土壤透气性，保墒、除草及防治病虫害；为促进根系发育，于土壤解冻后浅挖 15 厘米，8 月及秋后深翻 25 厘米。生长期中耕除草 3～4 次，深度 8～10 厘米。

2. 施肥灌水　10—11 月在树的一侧开环形沟，施腐熟有机肥或饼肥，施后盖土，拍实后浇水，亩冲施复合益生菌 2～3 千克，或在春、秋季翻园时把肥料撒在树冠下翻入土中。叶片 0.6～1.0 厘米时，叶面喷洒植物诱导剂 1 000 倍液 1 次。开花结果盛期亩冲施 50％ 天然硫酸钾 10 千克左右。叶面喷洒北京金山火山岩稀土水溶肥 100 克，兑水 150 升，或者植物酵酶风味素 1 粒，兑水 30 升。开春后要灌头水，此后约 15 天灌水 1 次，亩冲施复合益生菌 1～2 千克。采果期间每采 1～2 次果就需灌水 1 次，地上冻前灌冻水。

宁夏林业研究院股份有限公司测得土壤含钾 120 毫克/千克，高产标准要求 240 毫克/千克以上。亩施 51％ 天然钾 10 千克，每千克可供产干果 166 千克，鲜果 800～1 000 千克。亩施羊粪有机肥 6 000 千克，用生物集成技术，每千克干羊粪可供产鲜果 2.5～3.0 千克。在幼苗期科学施用复合肥，以薄肥勤施为原则，并配合喷施叶面肥，促进幼苗营养生长。成年的结果树应将有机肥和复合肥混合施用，在早春合理增施复合益生菌液以促进枝梢的生长，并在花蕾含苞未开放时，喷施 0.2％ 硼砂促果。在施用保果壮果肥时，应施用含量为 45％～48％ 的复合肥，配合微量元素和 0.2％ 磷酸二氢钾。在冬末春初施用基肥，用于恢复树势、促进生长，并重施深施农家肥和复合益生菌液、钾肥。

按含量 51％ 天然硫酸钾每千克可供产鲜果 80 千克施用，需在早春亩穴施 10 千克，在果膨大期施 10～20 千克，保证果多、果大、果实固形物含量高，解决果实松软、含水量多、易破裂等问题。但像乌鲁木齐、锡林浩特少数地区，土壤含钾达 300～400 毫克/千克，就不需要再施钾肥。

（四）整形修剪

多采用自然半圆形树形。

1. 幼树的整形 当年春季，于主干 60 厘米处剪去顶部，在剪口下 10～20 厘米内选留 3～5 个生长健壮的侧枝做主枝。第 2 年在主枝上选留 3～4 个新徒长枝，并于 30 厘米左右处短剪，形成小树冠。第 3 年在第 2 年培养的骨干枝上对发生的徒长枝于 20～30 厘米处短剪。第 4 年充实基层树冠。第 5、第 6 年在树冠顶部促使其发生侧枝充实树冠。定型后形成树高 1.7～2.0 米、下层冠幅约 2 米、上层冠幅约 1.5 米的理想树形。

2. 成树的修剪 要经常剪枝，去掉老弱病枝、交叉枝、摩擦枝及扫地枝，遵循去旧留新、去高补空的修剪原则，达到保持高产、稳产树形的目的。一般秋后进行全面修剪。

（五）施肥

根据树冠大小亩备 100～200 克那氏齐齐发植物诱导剂原粉，放塑料盆里，每 50 克原粉用 500 毫升沸水冲开，存放 2～3 天，兑水配成 800 倍液，在早春叶片长大时喷洒 1 次即可，可提高光合效率 0.50～4.91 倍，还可控制抽枝徒长，防止病毒病引起的小叶、花叶、黄叶、疯病，可代替多效唑和矮壮素化控。花蕾期喷施 1～2 次 0.2％硼砂和 0.1％磷酸二氢钾，盛花期喷施 1 次 0.5％硼砂，结合人工授粉，可大大促进坐果。谢花后生理落果前喷施全素叶面肥，促进果实膨大及保果，可结合病虫害防治施用。

在主要花期时花量大，应及时进行疏花，以减少养分的消耗、促进果实生长。在幼果期也要对病斑果、畸形果进行疏除，并进行适当的追肥，以提高果实品质。

由于在不同时期都有果实产出，应及时采收，以免影响下一批果实的生长。在果实 9 分熟时就要进行采收，采收时要连同果柄一起摘下，这样可以延长果实储藏时间。

用植物酵酶风味素 1 粒，兑水 15 升，叶面喷洒。以解决落花落果，并修复枸杞果面病虫害斑点，使叶片营养向果实转移，提高品质和商品卖相，如与复合益生菌混用效果更好。

（六）病虫害防治

加强栽培管理，增施有机肥和磷钾肥，以增强植株抗病力。

1. 黑果病 雨季多发生，受害的花、蕾、果变黑，枝条也可发病，病部有橘红色的黏液。防治方法：上冻前结合剪枝清除病枝；发病初期喷 1∶1∶150 波尔多液。

2. 灰斑病 高温高湿、多雾、多露天气，病害易发生蔓延；树势衰弱易诱发病害。防治方法：冬季结合剪枝，彻底清洁田园，扫除枯枝落叶；地面落叶、落果集中堆放，用复合益生菌 300 倍液喷洒沤制有机肥，并对虫害进行杀灭。

3. 枸杞瘿螨 被害叶片上密生黄绿色、近圆形隆起的小疱斑，严重时呈淡紫色或黑痣状虫瘿，植株生长严重受阻，造成果实产量和品质下降。防治方法：在成螨越冬前及越冬后出瘿成螨大量出现时喷药防治，以降低害螨密度。药剂有 30％固体石硫合剂 150 倍液、50％硫黄悬浮剂 300 倍液或 1.8％阿维菌素 3 000～4 000 倍液。

4. 枸杞蚜 成蚜和若蚜多聚集在嫩叶、嫩芽及幼果上刺吸汁液，发生严重时叶片覆盖油渍状分泌物，杞农称"油汗"。每年发生 10 余代，以卵在枸杞枝条、腋芽及树干缝隙内越冬。防治方法：用碳能复合益生菌 300 倍液喷洒，以消灭越冬卵；生长季及时剪除徒长枝，消灭群集于幼嫩部位的蚜虫。

5. 枸杞蛀果蛾　以幼虫危害枸杞，大发生时枸杞果实被害率可达 30％左右，每年发生 3～4 代，以老熟幼虫在树干皮缝处结茧越冬。防治方法：冬季刮除树干皮缝中的越冬幼虫；春季剪除第一代幼虫危害的枝梢，消灭其中幼虫。

（七）自制生物有机肥、生物沼液和降解化学残留及除草剂液、防病虫害液

参见第二章第一节有机水稻优质高效栽培技术方案。

四、典型案例

宁夏林业研究院股份有限公司时新宁，2017 年应用生物集成技术替代化学技术方法生产枸杞，以提高产量和质量，5 年生成株亩产 280 千克，个别高达 400 千克。

第六章

中国式有机农业优质高效栽培技术区域发展战略

第一节　区域生物农业发展规划对接《"十三五"生物产业发展规划》

一、现状和形势

生物产业是国家确定的一项战略性新兴产业，我国推动生物技术研发和产业发展已有30多年的历史，"十一五"时期，国务院发布了《促进生物产业加快发展的若干政策》和《生物产业发展"十一五"规划》，大力促进生物技术研发和创新成果产业化，生物医药、生物农业、生物制造、生物能源等产业初具规模。当前，我国面临日趋严峻的人口老龄化、食品安全保障、能源资源短缺、生态环境恶化等挑战，为保障人口健康、粮食安全和推进节能减排，亟须加快新型药物、作物新品种、绿色种植技术、生物燃料和生物发电、生物环保技术、生物基产品等开发培育和推广应用。

有人说有机农业就是40年前的不施化肥、化学农药的栽培方法，不对，那是原始或传统农业；现代有机农业讲现代科技设备和手法，不单纯是不用化肥和化学农药。有机农业包含功能、智慧、健康、长寿、山庄、养生、生态等理念，生产供销上做法是怀慈善之心，按企业手法运作。

（1）在物资供应上，由化学技术用物向生物技术用物上转移，作物产量能提高0.3～2.0倍，这就是现代农业物资供应。物资供应是商业行为，要改变多数人的企业管理心态，要有慈善之心，用企业手法。要方便群众用准物资，如农资包装上印上二维码，群众用手机一扫便知道真假、用量、用法。要推广互联网技术咨询问答，让专家学者的知识更便捷广泛地发挥作用。按区域开展实体店对接网络供应，即一域设置一有机农资供应公司，下设30～50个服务店，按利益链分成供应到农业第一线。使化学农业向生物农业转换，就地生产，降低成本，推广复合益生菌液成为主流，即把秸秆、畜禽粪堆在一起，撒上复合益生菌液，每10吨用1～2千克菌液，15天后就发酵成生物有机肥，简单省事，成本低廉。生物有机肥能改善水、土、气污染问题，作物根深叶茂，但增产幅度小，只在5%左右。配上提高光能利用率的植物诱导剂、长果实的钾及能使产品释放出化感素和风味素的金山丰产动力素，作物产量能提高70%～200%倍。

（2）在科技推广上，要改变现在农业科技不便保密，无价推广传授的现状，要让技术有所值，科技人员有所为，必须价值与水平对接。院士、教授、土专家，有专利、有成果者，讲课收费标准要有差幅。

（3）在产品销售上，要改变现状，好东西卖不上好价钱，是价值产品不对接的信息障碍问题。电商广谱服务和实体店展销相结合，将有机农产品检验报告、二维码与标记、产地实情、有机栽培依据、优质认证书，通过互联网分区域广而告之。生产者给电商一定交易费，不搞包产包销，不做保底销售，可避免合同利益不良等不公平条例造成的矛盾。地方政府按区域特产规划一永久性展销平台，聚集周边有机农产品在实体店展销。总之，有机农业生产发展问题，就是物资研发供应商机；生物集成科技推广问题，就是有机农产品价值提升商机；市场农产品品质缺空问题，就是有机农业发展经营商机。

二、进一步发展中国式有机农业优质高效栽培技术的建议

毛泽东同志曾自豪地对外国友人说，中国对世界的两大贡献，"一个是中医药，一个是中餐"。任何丢先人弃祖宗的事都是一种无智、恐惧和悲哀。

中国式有机农业优质高效栽培技术是先人们顺天而动，天生地长，合二为一，按农历日记而做的技术总结，是将土壤激活，水脉打通，营养流通、吸附，缓慢释放，属生物动力农业技术。可从中感受到先人们的智慧。

《黄帝内经》记载的"药食同源""正气存内，邪不可侵"的原理和"不治已病治未病"的预防原则，创建了中医，这是中医农业最根本的理论依据。

所谓"药食同源"是指作物生长发育所需要的营养元素（食物），同时也是其预防和治疗疾病（病虫害）的药物；所谓"正气存内，邪不可侵"是指作物生长发育健康，正气存内（代谢旺盛、免疫力强），是不会被外邪（病虫害）侵害的；所谓"不治已病治未病"是指通过采取一些技术措施，对作物进行积极保养、保健，以预防病虫害的发生，使其少生或不生病虫害。可从根本上解决人类面临的环境污染、土壤恶化、食品安全等问题。

我国在1975年前，多数地域土壤含有机质1.0%～1.5%，含全钾0.5%～1.0%，化学农业发展40年这两大物质消耗巨大，如土壤有机质含量在1%以下，速效钾含量在100毫克/千克左右。

中国式有机农业优质高效栽培技术强调碳、钾、稀土三大元素，加上阳光和益生菌五大要素。我们研创了中医农业模式：碳素有机碳肥＋碳能复合益生菌液＋植物诱导剂＋天然矿物钾＋天然矿物稀土＝低成本（综合成本比化学农业降低10%～50%），高产量（单位面积产量比化学农业提高0.5～2.0倍），高品质（产品符合国际有机食品标准）。

目前，各级领导都十分重视食品安全、农民增收、生态环境。过量施用化肥和化学农药对环境造成污染，作物普遍出现连作障碍，农产品品质下降且风味变差，病虫害抗性增强，化肥利用率降低，土壤酸化加剧，土壤重金属污染严重，农产品质量安全和人民健康受到威胁。耕地质量和生物多样性下降，"高投入、低产出"的农业生产模式正在被摒弃，急需推广一种绿色有机可持续的种植模式替代过量使用化肥和农药的模式。

中国式有机农业优质高效栽培技术成果是以国家标准为准则，以有机农业优质高效栽培技术为措施，以家庭经营联产和适度规模经营为基础，以农村专业合作社为主体，以有机农业技术产业开发协会的协同服务为纽带，以为人民追求美好生活提供高品质农产品为目标，以诚倍经营、政府监管、农民增收为保障的生产经营体系。

农业农村部副部长张桃林，2018 年 11 月 1 日在南宁《果菜茶上有机肥替代化肥交流会》上讲，土壤有机质达 3％，就可完全替代化肥。

我国有玉米 4.15 亿亩，近几年来国家补助秸秆还田，但利用率还是不高，浪费碳素资源，土壤有机质含量逐年递减，特别是东北、华北地区焚烧秸秆禁而难止。

2018 年 10 月 10 日科技日报社记者俞会友采访报道，湖南水稻育种专家赵正洪讲："三分种子，七分栽培。""种子好不好，栽培专家说了算。"

开展"双减、双替"工作：一是发展生物有机肥厂，每亩给群众发放生物肥 80～100 千克，完成 30％任务。二是组织干部群众将当地食品加工厂下脚料，各种植物秸秆、废渣及动物粪便，按每 15 米^3 原材料发放碳能高解钾复合益生菌 2 千克，喷洒发酵 13 天左右即可，农田亩施用 100～200 千克，完成 30％任务。三是直接调拨碳能高解钾复合益生菌，每亩发放 4～5 千克，分两次冲入农田。使土壤固氮酶活性达 600～1 000 纳摩尔/（千克·天），可提高土壤有机质利用率 1～3 倍，从空气中吸收氮和二氧化碳，土壤中有效磷、钾、钙等提高 1～5 倍，不再施化学肥料，用碳能复合益生菌等有机准用农药防治病虫害，使之控制在 15％以下，作物高产优质，可为绿色有机农产品生产打下良好的基础，保证果菜作物不减产，可完成 40％左右的任务。

三、建议

（1）全面落实《开展果菜茶有机肥替代化肥行动方案》，出台《中医生物有机农业发展战略实施方案》，并增加中药材内容。这场由化学农业向中医生物农业转变的革命，必须要由政府引导，才能由一盆花构织成一道美丽的风景线。

（2）政府采购补助碳能复合益生菌液等五要素。结合近年来在乡村环境清扫补助政策的基础上，出台每村设一秸秆、动物粪便、人粪尿及可分解垃圾收集沤制场所及秸秆还田政策，政府采购补助复合益生菌液（每亩秸秆还田补助）2～3 千克，一是可以净化乡村地面环境。二是可将碳素物及时还田，减少农村垃圾长期往空间释放。三是生物有机肥还田后可将有机碳利用率由在杂菌作用下的 22％～24％提高到 100％，还能吸收空气中氮和二氧化碳，作物不用化肥农药就可提高产量和品质。每亩秸秆还田地和每 10 吨畜禽粪补助 2 千克碳能益生菌，价格 50 元左右。政府应把沼液有机肥列入有机肥代替化肥行动，对相关企业在养殖场办沼液厂给予补助。把过去政府补助建起的家用做饭和照明用沼气池向发展有机农业上转移，提高利用效果。

（3）立项引导推广中医生物集成有机农业技术。一是立项推广中国式有机农业优质高效栽培技术，或创新创业提质增效发展绿色农业项目。二是组织各类人员进行中医农业技术培训，改变 40 余年来化学技术的腐朽观念。

（4）鼓励企业组织人力、财力，安排中医生物有机技术试验示范点。发展资本股份＋会员制消费＋土地租赁返包＋中医生物有机高产优质高效栽培技术＋公司农民利益分红的资本利益链农业发展模式，市场风险由公司承担，自然气候风险由种植户承担，各负其责。一包三年，注册登记，层层表彰，对于做得好的企业，政府在项目、税收、贷款方面应给予扶持，给企业提供一个做好事、善事的平台。

（5）建立院士、参事、专家工作站。紧密联系和凝聚曾经参与和支持中国式有机农业优质高效栽培技术的人员等。

四、我国果菜茶有机肥的来源与利用

农业农村部发布，有机肥替代化肥将从果菜茶开始，首批 100 个县实施方案出台。又见报道，全国苹果种植面积 3 000 万亩，柑橘 3 000 万亩，设施蔬菜 5 700 万亩，露地蔬菜 1.5 亿亩，茶园 4 316 万亩。有机肥年产 7 000 万吨，大概只概括了动物粪肥，这样算下来 3 亿多亩果菜茶平均有机肥每亩仅约 230 千克，远远不能满足高产优质要求。据广东省科学院生态环境与土壤研究所陈能场研究报道，理想土壤中有脊椎动物 1 只，线虫 500 万只，原生动物 100 亿只，蚯蚓等 3 000 只，菌类微生物 10 亿个，生物粪总重量在 1 亩田耕作层内达 400～470 千克。土壤中至少需要保持 2～10 吨有机肥才能维持这些动物存在。中国农科院副研究员梁鸣早报道，"碳是作物骨架元素，决定作物产量、抗病性。空气中的碳在形成雾霾后，作物难以吸收，加上光照弱，严重影响产量，碳饥饿是影响当前作物高产优质的主要原因之一。碳不足就必然缺益生菌，菌变小变弱，作物就缺吸光性。"我国 1949 年农田施用有机肥 99.9%，2000 年降到 30.6%，1992 年为 27.4%，2003 年为 25%，2016 年为 10%。目前，土壤有机质含量在 2% 的不足 10%，1.5% 以下的占 75%，15% 的土地有机质含量在 1% 以下。碳是作物高产优质主要因素之一，那么如何寻找保护和利用碳？可以从以下几个方面着手。

（1）肥粪源。据国家统计局 2015 年官方数据，全国粮食作物 11 334 万公顷，产量 62 144 万吨，亩产量约 365 千克。2017 年 2 月 11 日，笔者在山西新绛县西曲村找回玉米干秸秆称重，每根放晒 3 个月时重 350 克，亩 4 000 株 1 400 千克。小麦亩种 40 万株，干秸秆为 1 200 千克左右。这样每公顷粮食作物干秸秆约为 20 000 千克，全国总计约达 22 668 亿千克（以下按 22 000 亿千克计算），如果在生物集成技术的作用下，每千克可供产粮食 0.5 千克，可供产粮 11 000 亿千克，合 11 亿吨。较过去传统化学技术总产 62 144 万吨，增产近 80%。

全国有畜禽总量 47.1 亿头，其中牛（肉牛 6 838.6 万头，奶牛 1 500 万头）0.83 亿头，驴 0.4 亿头，猪 4.5 亿头，羊 21.7 亿只，鸭、鹅、鸡 19.67 亿只，笔者到牛场调查，每只牛每昼夜产粪 20 千克，合干品 8 千克左右，每只鸡一生消耗饲料 20 千克，每头猪消耗 162 千克，其他动物平均每只产粪合干品 0.5 千克，总计畜禽粪肥可达 47 亿千克。另外，泥炭（草炭）和风化煤，生活垃圾、杂草、树叶等也是碳肥重要来源。

（2）科学收集。据调查，牛粪在田间堆 6 个月，有机碳释放 60%，存放 12 个月释放 90%。而新鲜骡、马、牛粪可现用，才能保证资源不浪费。我国多数地区，一是将这类粪在圈中自然挥发发酵。二是拉到田间地头堆放或撒在田间多日，不与耕作层混合，使大量碳元素释放到空间而浪费。秸秆要么堆在田间地头，要么烧掉，干秸秆经日晒、雨淋 100 天会损失 60%～80% 碳，及时收集存放可减少 50%～70% 浪费。

（3）五要素结合利用。作物高产要与水、气、温、光、菌、矿物、稀土营养结合，秸秆或粪靠天然杂菌利用率只有 22%～24%，与复合益生菌结合利用率为 100%～200%，这是益生菌对碳素物的分解保护和碳素物滋养益生菌而扩大繁殖后代的作用，这两个因素又要与温度、水分和土壤结合才能达到最佳互动利用效果，即根深叶茂。

植株健康吸光性强，但作物徒长必然果实产量低，要控秧促根，控蔓促果，要提高抗逆性和光能利用率，就必须用植物诱导剂。长果的主要元素是碳和钾，多数土壤钾含量达不到最佳高产效果，必须配合施入钾肥，每100千克可供产干品1 660千克，供产叶菜1.6万千克，供产鲜果1万千克。作物染病因素较多，一个因素是营养不平衡，而稀土及火山岩粉能使作物不染病和打开植物次生代谢功能，作物健康生长，品质好，每个种类的原始风味素充分释放。因此要叶面喷北京金山火山岩水溶肥或北京金山爱可乐生丰产动力素或者植物酵酶风味素。

第二节　山西新绛县生物有机农业技术发展战略

一、山西新绛生物有机农业发展现状

（一）山西新绛农业在应用化学技术方面的情况

据2015年官方数据，新绛小麦面积35万亩，平均亩产320千克；复播玉米31.5万亩，平均亩产400千克；人均1.1亩左右粮田，毛收入1 760元，纯收入1 200元。蔬菜复播面积30万亩，人均1亩，其中设施蔬菜26万亩，平均亩产6 000千克，毛收入1.2万元，纯收入6 600元左右。露地蔬菜亩产3 000千克，毛收入4 000元，纯收入2 400元。果品6万亩，中药材4.5万亩，平均亩产值4 000元，纯收益2 000元左右。全县农民人均种植业纯收入9 000元左右。

（二）山西新绛农业在应用生物技术方面的情况

小麦复播玉米，两作亩产达1 500千克，在不增加成本的情况下，人均粮食纯收入可达2 300元左右；设施蔬菜复播一作亩产1.5万千克，收入3万元，纯收入2万元，露地蔬菜亩产4 000千克，收入8 000元，纯收入6 000元，人均蔬菜收入可达1.3万元。果品、中药材人均收入达1 000元。2020年全县农民人均种植业纯收入可达1.47万元。产品达有机食品标准要求，销售价可提高1～2倍，人均纯收入可达3.3万元。

（三）山西新绛生物有机农业的效果

中国式有机农业优质高效栽培技术——新绛模式，对外宣传成效显著，知名度和美誉度不断飙升。一方面，新绛县科技团队通过出版物、课件、画册、光盘等宣传新绛有机农业技术，科技人员应邀到全国各地开展讲座和进行指导，充分展示新绛有机农业技术的特色品牌，扩大对外影响。全国各省、市、县到新绛参观考察的络绎不绝。另一方面，新绛县科协、农委、组织部等单位多次组织有机农业专题讨论会、座谈会，举办培训班，向村干部、农民等发送宣传资料，增强自觉性和责任心，有机农业发展氛围浓厚。

2016年5月26日，中央农村工作领导小组副组长、办公室主任陈锡文到新绛县考察土地流转情况时说，新绛县农业比我来前想象得还好，从农民住房和农作物长势看，人均收入应超过全国平均水平1.2万元。他指出，新绛县通过土地流转带动现代农业示范园建设的做法与中央的要求完全相符，要进一步总结经验、大力推广。

二、山西新绛生物有机农业发展存在的问题

一些行政干部和农业人员对有机科技成果认识不足，存有不信任心理。

禁用物资的清查力度不够。有机技术普及执行力弱。

近些年，忽略生产环境和品牌包装，生产基地可观度差，基地建设需要重新规划。

新绛特色产地标识品牌没有真正形成，优质难优价，农民积极性未能充分调动。缺乏有机农产品集散中心，有机农产品的仓储、包装、检测、分拣及物流服务等。

三、山西新绛生物有机农业发展的前景

（一）优质农产品生产的预期

一是由有机农业产业联盟在全县建立有机农产品采购点，拉动全县应用生物集成技术。二是由联盟成员在新绛县发展有机玉胜富硒叶菜品牌走廊示范园。三是通过联盟搞集中培训，运用低价供应物资，高价收购产品等手段，拉动万安镇的赵村、樊村、东马村、西马村发展有机桃 5 000 亩，2017 年覆盖全镇，2021 年覆盖全县，产量产值翻番。四是通过农口各政府部门，在横桥镇兰村、三泉镇小李村、北张镇燕村发展小麦、玉米示范点。2018 年推广面积达 20 万亩，2021 年达 50 万亩，总产值较 2016 年翻番。五是通过市场拉动，在泽掌村、乔沟头村和阳王镇、横桥镇发展有机中药材示范点，2017 年推广面积达 3 000 亩，争取在 2025 年实现生物技术全覆盖及收入翻番。

（二）政府"三农"业绩的预期

以"一粮半菜三分果药"实现人均收入 3 万元。"一粮半菜三分果药"是指一亩小麦复播玉米，半亩蔬菜，3 分（0.3 亩）果品或中药材。在人均 1.8 亩的田地里，农民人均收入 2015 年为 8 910 元，2017 年为 1.3 万元，2021 年为 1.5 万元，到 2025 年提高到 3 万元。政府职能部门每局、办扶植 1 000～10 000 亩小麦、玉米秸秆还田，施农家肥，亩用复合生物菌拌种（成本 5 元）；亩用植物诱导剂 50 克控秧提高光合效能；粮食、中药材、果品亩施天然硫酸钾 20～50 千克；设施蔬菜亩产 1.5 万千克以上，用钾肥 100 千克，其他氮、磷、硅、钙及化学农药一概不用，成本较化学技术不增加或减少 30％左右。

政府只需扶植引导 1～2 年，每亩粮食作物补助复合生物菌、植物诱导剂 30 元，天然硫酸钾 15 千克（60 元），合计 90 元。设施蔬菜每亩补助复合生物菌液 15 千克或生物肥料 500 千克（300～500 元），植物诱导剂和植物酵素风味素各 50 元，天然硫酸钾 100 千克（500 元）。像山东寿光，亩补助生物技术物资 1 000 元。可由新绛县有机农业产业联盟实施。

四、发展山西新绛生物有机农业建议

（一）发展目标

通过认定推广一项科技成果，组建一支执行队伍，申报一个农业科技推广项目，建设五个基地，依托两个平台，组建一个院士、参事、专家科技研发团队，筹建一个展销培训中心，打造一组农产品品牌，推动新绛农业全领域提质增效。最终实现 2025 年较 2015 年效益提高 2.5 倍，农产品安全生产供应，改善生态环境的目标。

（二）工作内容

1. 认定推广一项科技成果　中国式有机农业优质高效栽培技术 2013 年 6 月 26 日，被鉴定为"国内领先科技成果"，这一科技成果在技术层面已得到进一步完善成熟，从而使新绛有机农业在种植技术上实现重大突破。

普及一个鸟翼形大跨度半地下式生态温室与五要素集成管理技术。

（1）一个鸟翼形大跨度半地下式生态温室。鸟翼即棚面为弧圆形。生态即不加温能满足作物高产优质生产与栽培。

设施环境平衡是一项基础工程科学，即根据当地纬度气候变化，按8度原则建造装置，追求冬至前后室内温度为夜晚最低达作物休息温度10～12℃和白天达光合作用要求温度20～35℃，使农产品高产优质。

8度原则：①跨度13.5米，栽培面积最大化。②高度7米，即后墙与贴墙立柱高7米（深埋土中0.3米未算在内），距离后墙4.5米处设一钢管立柱（1.5寸直径管材），空间大，气温缓冲亦大，作物四角见光时间长，利于机械作业。③栽培床深度2.3米，作物在炎热夏天比地面温度低20℃、在寒冬高25℃左右。④后屋深度1.3米，土墙吸热、保温、反光均优。⑤棚面弧形，南面内切角30°～45°，与太阳入射角一致，红外光进入棚内多，紫外光转换率亦高。⑥方位角正南偏西9°，可减少山墙挡光，作物光合作用适温时间延长。⑦长度120米左右。避免山墙挡光过长，劳动强度过大。⑧墙体顶宽2米，基宽6米，便于机械操作，保温防寒。

梁与梁间距2.6米，上弦为1.5寸管材，下弦为16号圆钢，W型减力筋为12号圆钢，两弦间距20～40厘米。

预制立柱7厘米×12厘米宽窄，内设4根8号元钢。梁两头与立柱下端用预制水泥固定，立柱上端设马蹄形支撑。按东西长棚面用12号钢丝由上而下间距12厘米、15厘米、20厘米、25厘米，到南缘下为50厘米1根，总共用66根，固定在梁上，在钢丝上南北方向布设直径6～8厘米的竹竿，间距60厘米，用米丝拧紧，每间用3道。

此设施配合中国式有机农业优质高效栽培技术成果五要素十二平衡管理技术，番茄、茄子、黄瓜、辣椒、丝瓜等品种年1～2茬可产2.0万～3.5万千克，收入10多万元。亩大约造价8万元。

2021年鸟翼形大跨度半地下式生态温度（13.5米跨度，后墙7米）亩投资预算约8万元。

（2）一个五要素集成管理技术。即有机碳肥＋碳能益生菌液＋那氏齐齐发诱导剂＋水洗天然矿物钾＋植物酵素风味素。

应用该五要素集成管理技术，作物产量可提高0.5～2.0倍，产品当年可达有机食品要求，投入产出可达1∶15以上。在全国各地各种作物上示范应用，均比当前用化学技术降低投入成本10%～30%，提高效益0.5～3.0倍。

2. 组建一支执行队伍 由县政府牵头，农委、科协、农业开发办公室、财政、县供销合作社联合社、新绛县红又绿农业科技服务有限公司、山西茂美农业科技有限公司、新绛县绿隆有机农业发展公司、相关专业合作社等产供销单位以及参与该成果的所有科研人员组成。

3. 申报一个农业科技推广项目 中国式有机农业优质高效栽培技术五要素普及与实施，资格审查已于山西省科技项目2021年9月9日通过。目前，河南省科技攻关重点项目"设施蔬菜持续高产高效关键技术研发与示范"，陕西省科技厅"有机设施农业科技五要素千亩示范基地实施项目"，分别已实施完成。

4. 建设五个基地 即有机叶菜园、有机果菜园、有机药材园、有机油桃园、有机粮食园。

（1）有机叶菜园。以新绛县玉胜蔬菜种植专业合作社为带头人，在横桥镇 6 村 21 户种植户进行 66 亩叶菜生产，每天在西曲菜市场有 20 吨菜销往上海、浙江、北京、成都等地，年销售量达 500 万吨，已经形成比较成熟的生产、运输、服务、销售基地。

（2）有机果菜园。以新绛县立虎有机蔬菜专业合作社为基础带头人，在北张建立有机果菜园。该社自 2007 年 8 月成立以来，按照生物集成技术生产安全农产品，已培养了以 100 多示范户为主体的有机农产品生产团队，有社员 690 人，周边 4 镇 18 村农民达 1 556 户。生产蔬菜、水果、粮食、中草药，为北京、深圳有机与无公害认证的主体集团客户。合作社基本户年收入均超过 20 万元。带动的周边农户年收入大多在 10 万元以上，产品都以高出市场价 10% 的价格被采购商收购。目前永创协农业发展有限公司将本成果生产、供应、销售也列为品牌战略，在北京、深圳、成都、重庆等地联产联售。由山西新绛县北张镇马首官庄村张宏喜牵头建设 28 栋温室挂牌有机番茄示范点；北杜坞村张小龙牵头建设有机西葫芦、黄瓜示范点。

（3）有机药材园。以新绛县天益中药材种植专业合作社杨旭生为基地带头人，建设 2 万余亩有机远志基地示范园。以北杜坞村旱半夏种植专业合作社为基础，建设有机半夏园。半夏用生物技术亩产 800～1 000 千克，有效成分提高 1.5 倍，亩产值 1.5 万元左右。以杨志平为带头人，建设 4 万余亩中药材园，以阳王镇北池村远志、柴胡、栝楼种植专业合作社等为基础，建设有机远志、柴胡、栝楼园，用生物技术均能提高产量 0.5～2.0 倍，有效成分由国家药典标准的 0.2% 提高到 2%。

（4）有机油桃园。以万安仙品牌注册人崔振虎为带头人，由古交镇中苏村张冬平牵头建设温室有机桃示范园，以万安村、天地庙村、赵村为中心，发展 5 000 亩生物有机桃。

（5）有机粮食园。以山西瑞恒农业股份有限公司晁贞良为带头人，用生物集成技术，在三泉镇小李村、北张镇燕村、横桥镇发展小麦、玉米杂粮有机粮食示范点。旱垣地区 3 年复播小麦平均亩产 571.5 千克；水地 3 年亩产分别达 624.6 千克、785.5 千克、824.2 千克，传统化学技术亩产 300～320 千克增产显著。

5. 依托两个平台 充分利用全国有机农业产业联盟和全国绿色产业委员会。

（1）新绛县作为全国有机农业产业联盟发起人之一，现有联盟副理事长 1 名，常务理事 6 名，联盟基地 4 个，联盟一标一码产品 7 个。通过全国有机农业产业联盟，联通全国各地有机技术、有机品牌、农资、市场、检测，纵向到国家高层，横向到全国各地各市场、各生产农户。

同时，新绛县有机农业产业联盟成立于 2015 年，联合了新绛从事有机农资、种植专业合作社、电商等多家单位，整体联动、合作共赢、协助推动、逐步形成，通过对联盟的进一步完善、提高，形成新绛有机农业整体形象，代表新绛参与各方面的合作，推动全县有机农业整体发展。

（2）在 2017 年国际绿色食品产业博览会上，新绛县与全国绿色产业委员会达成合同协议，将新绛列为发展对接基地。

6. 组建一个院士、参事、专家科技研发团队 建立院士、专家工作站，紧密联系和凝聚，由曾经参与和支持中国式有机农业高效栽培技术研发的国务院参事刘志仁、刘简、中国农业科学院王道龙、刘立新、梁鸣早、张树清及董文奖、吴代彦，新绛本土科技人员马新立、蔡平、张宝良、光立虎等组成。

7. 筹建一个展销培训中心 在晋南农产品商贸物流园中，建设全国有机农业农产品产供销展销培训服务中心，将邻近生产的物资、有机农产品、技术在此交易，即中国式有机农业优质高效栽培技术——新绛模式研发展示推介中心。

8. 打造一组农产品品牌 新绛县立虎有机蔬菜专业合作社系中国式有机农业优质高效栽培技术成果主持单位。2016 年 12 月 18 日，黄瓜、番茄、西葫芦等 3 个瓜果获得全国有机农业产业联盟一品一码优质农产品品牌证书。产品收购价高出市场价 15%，即每千克高出 0.4～0.8 元，通过合作社销往深圳绿隆公司等，均获得放心产品荣誉。

新绛县玉胜果蔬专业合作社 10 年来利用叶菜生产销售网络和中国式有机农业优质高效栽培技术成果，2016 年 12 月 18 日，芫荽、菠菜、甘蓝在北京获得全国有机农业产业联盟一品一码优质农产品品牌证书。

总之，新绛种植模式的经营战略，一是以可视度吸引上级领导调研决策。二是以农产品质量效益卖点吸引采购商。三是以降低投入成本，提高产量、质量及收入，来调动务农者积极性。四是以开拓成果发展空间吸引科技人员参与，拉动有机农业发展和食品安全生产供应。

五、新绛模式指标

（一）技术指标

为何用化学技术病虫害严重，成本高、产量低、品质差。经中国农业科学院孙建光 2013 年在新绛县 3 个点取土样化验，化学技术土壤中固氮酶活性近为 0，生物技术为 416～1 215 纳摩尔/(千克·天)，用生物集成技术，较化学技术有机质增加 15%～190%，有效氮营养增加 26%～166%，有效磷营养增加 110% 左右，有效钾营养增加 1%～118%，用生物菌后土壤 pH 偏酸 0.3 左右，钙、镁营养均增加 0.1～11.0 倍。如山西省新绛县北杜坞村番茄田土壤化验报告（表 6-1）。

表 6-1 山西省新绛县北杜坞村番茄田取土样化验检测报告

项目	有机质含量 (克/千克)	碱解氮含量 (毫克/千克)	有效磷含量 (毫克/千克)	速效钾含量 (毫克/千克)	有效钙含量 (毫克/千克)	有效镁含量 (毫克/千克)	pH	固氮酶活性 [纳摩尔/(千克·天)]
生物集成技术	23.30	80.85	133.80	442.10	480.00	79.60	6.43	624.95
化学技术	14.85	45.70	78.20	275.10	69.00	350.00	6.77	—

也就是说，用生物技术，土壤中有大量益生菌，属活土，有机质含量高达 3%～6%，而用化学技术，土壤中缺益生菌和有机碳，属无活力的死土。生物技术能使土壤矿物营养有效率提高 0.15～5.00 倍。

碳素营养占植物干物质 45%，要高产就需投入有机碳素肥，每千克干秸秆在益生菌的作用下，可供产含水 94% 左右鲜果品 5～6 千克，含水 14% 左右的粮食 0.5 千克。其他有机碳素肥按含水量和杂质量酌情投入。土壤结构好，营养丰富，属海绵田，不易发生病虫草害，病菌可控制在 15% 以下。作物可连作，丰产丰收。

（二）效益指标

1. 全面推动新绛模式产量效益翻番　1～2 年内地方农民人均收入达 1.5 万元，设施农业普遍亩产值达 4 万～6 万元；露地作物如中药材、果品、露地蔬菜产量效益翻番，产值达 1.5 万元左右，使现代农业进入不推自转的新型农业经济体系轨道。为促进土地流转，土地向有技术、有卖场等有实力的经济体倾斜，为我国构建新型农业经济体系创造有效模式。

2. 创建全国生物有机农业发展标杆　以新绛县为立足点，建立生物有机农业新标杆，与山东寿光以化学农业起家的全国标杆抗衡，从而获得上级领导和科研部门的认可及项目支持，以便吸引若干个生物产业相关企业在此落户，使生物资料在此发展套餐供应，面向周边地区及全国营销，使企业产生效益，带动财政增收。

3. 培养生物有机农民技师　两三年内通过在职教中心培养 3 000～5 000 人，赴全国各地作为生物有机农业技术员，每人年工资可收回 10 万元，年可增加当地农民收入 3 亿～5 亿元。同时将县域内生物资料产前、产后相关产品推销至全国，地方经济发展将会被带入良性循环轨道。

4. 为树立中国品牌产业亮相举旗　2014 年，国际食品展销会在韩国举行，很少有人问津中国产品，说明产品从技术到质量难以被国际认可，中国式有机农业优质高效栽培技术成果能保证产量、品质，可产生无限商机和认可度。

（三）推广指标

1. 商机成熟　2014 年 4 月，我国公布有近 1/5 耕地被污染，目前普遍出现板结和病虫危害加剧现象，致使由农业源头污染引发的不安全食品问题成为社会和舆论的关注点。为此，国务院已出台《生物产业发展规划》，颁布新的环保法。由山西新绛科技人员在实践中研发的生物有机农业套餐技术，以西行庄立虎有机蔬菜专业合作社为推广载体，用 7 年实践证明，不使用化肥、除草剂、激素、化学农药物资，而只是用秸秆、畜禽粪、有益复合微生物菌剂和矿物质，不断给作物以胁迫而打开次生代谢功能，最终生产出产量高、营养丰富、耐储存的农产品，生产成本比化学种植技术减少 1/3。经原总参谋部、中标国际、香港等有关部门鉴定，农药残留和重金属均未超标。只要按此法生产，认证公司就可将产品认定为有机农产品。

2. 理论成熟　新绛模式蕴含着普遍重视的新理论，归纳为如下 5 点。

（1）说明了碳、氢、氧为作物三大元素占全部所需养分 95% 的定论。用简单方法解决了作物对碳、氢、氧的需要，并使作物产量达到前所未有的高度。

（2）实现了作物 100% 对化肥和化学农药的替代。彻底摆脱了农业生产离不开化肥、农药、除草剂、激素的近 40 年的传统思想束缚。采用作物秸秆、畜禽粪、有益微生物菌剂和多种矿物质元素等生产物资，当年可将化学农田改造为适合有机种植的良地。

（3）证明了非豆科微生物固氮理论。农田使用复合微生物菌剂，活性菌高达 20 亿个/克，高于国家 2 亿个/克标准；土壤中施用 2～5 千克，30 天后固氮酶活性就可达 450～600 纳摩尔/（千克·天）。其中非豆科固氮菌种类占 50% 以上，可解决农民习惯于用尿素解决氮素营养缺乏的现状，温室黄瓜、西葫芦、茄子、辣椒、番茄一茬产量可达到1.5万～2.5万千克，小麦、玉米亩产可达600～1 100千克。这么高产的氮来自微生物固氮和降解有机物，使有机肥利用率由杂菌条件下的22%提高到100%；光利用效率提高0.50～4.91倍，土壤中矿物营养有效性提高0.15～5.00倍。

（4）证明了中国祖先传下来的轮作倒茬、整枝打杈、中耕除草等农艺措施。即在栽培中不断给作物略带伤害性的胁迫作用，可提高产品品质和营养。事实上是促进了植物次生代谢过程，使作物的免疫系统功增强，其产生的物质包括超氧化物歧化酶（SOD）、维生素E、烟酸、酚类化合物、萜烯类化合物、厚花青素、青蒿素、儿茶酚、类黄酮类化合物，这也是作物抗病、抗虫、抗杂草和人类健康特别需要的营养物质。这是现代种植业中最高境界。

（5）生态效益显著。主要表现为在生产过程中不再带入新的污染物，对已有的污染物的降解速度极快，同时对土壤重金属污染超标有明显的钝化作用。

六、新绛模式的应用实例

新绛县位于晋南临汾盆地，该地四季分明，昼夜温差适中，无霜期198天。属国家规划的设施农业最佳地理范围（晋冀鲁南、黄淮流域），全县有可耕地54万亩，农田灌溉地41万亩。

（一）蔬菜

2016年，全县蔬菜种植面积达31万亩，其中设施蔬菜13万亩，年产值26亿元，人均蔬菜收入6 600元，占农业总收入（人均9 000元）的73%；土地流转面积达14.2万亩，占耕地面积的26.8%，是全省典型示范县。2007年，香港百利高公司在此安排供港蔬菜基地3 000亩；2013年，北京中标国际有机农业发展公司在此挂牌认证有机食品生产基地2 400亩；2014年，深圳昶绿隆公司在此挂牌认证基地3 006亩。产品经国家进出口检疫检测局等单位检测，认定达国际有机食品标准要求。全县有无公害蔬菜认定面积20万亩，被评为全国蔬菜生产十强县、全国食品安全示范县。

2014年，新绛县设施农业主要种植番茄10万亩，种植黄瓜、茄子、辣椒、西葫芦3万余亩，亩年收入2万～3万元者占76%，弃耕改种大田作物的占10.3%，亩年收入在4万～6万元者占13.7%。调查证明，凡收入高者，均是应用生物集成技术到位者；收入低者为化学和生物技术交错使用；弃耕者是以化学技术为主，连作障碍严重，投入大，产量低，病虫害严重。大棚种植面积6万余亩，主要栽培甘蓝、菠菜、韭菜、芫荽、芹菜、黄瓜、茄子等。全国各地丰收，亩年收入0.6万元左右；周边区域受灾害，亩年收入1.3万元左右；露地种植大葱、山药、冬瓜等，亩年收入0.4万～1.5万元。

蔬菜生物技术应用实例：①山西新绛县北张镇北燕村齐世勇，2014年用生物技术种植番茄，第1茬留4层果，亩产1.1万千克，老株亩再生3层果，续产7 500千克，第2茬留6层果，亩产1.2万千克，年亩产量达3.05万千克。②新绛北杜坞村段永奎用生物集成技术种植春番茄，留4层果，亩产1.28万千克。③新绛县南熟汾村尚竹林用生物集成技术种植越夏黄瓜，一茬亩产1.25万千克，2013年被中标国际公司化验，185项指标达有机食品要求。④新绛县西行庄立虎有机蔬菜专业合作社，用生物集成技术种植番茄，亩产 1.6 万千克。⑤新绛县西南董村杨小才，用生物集成技术种植番茄，亩产 1.5 万千克，比传统化学技术亩产 6 000 千克增产 9 000 千克，增产 1.5 倍。

（二）小麦复播玉米

一年两作生产面积 32 余万亩，近年来多用传统化学技术，产量徘徊不前。水地小麦亩产 380 千克，旱地亩产 150 千克左右；2015 年平均亩产 320 千克。

小麦生物技术应用实例：①山西省新绛县兰村韩安民在丘陵旱垣地区，2015 年回茬复播小麦，亩产小麦 571.5 千克。②山西省新绛县西王村张俊安，2012 年亩产小麦 571.2 千克。③2009—2015 年，山西新绛县北李村有机小麦专业合作社马怀柱，选用兰考矮早 8 品种，用生物技术大面积种植，亩产 620 千克左右。④山西新绛县农委 2013 年用生物有机肥推广小麦 3.2 万余亩，经农业部小麦认定专家、中国农业科学院赵广才现场收获核实，亩产达 575 千克。⑤山西新绛县北燕村段秋明，亩产达 785.5 千克，6 个种植点亩产达 624.6 千克，比传统化学技术亩产 320 千克左右增产 304.6 千克，增产 0.95 倍。

复播玉米亩产 500 千克，旱地 350 千克左右，平均 400 千克。

玉米生物技术应用实例：①2013 年，横桥镇西王村用生物技术种植旱地玉米，亩产达 1 110 千克。②北张镇北行庄村张刚蛋用生物技术种植玉米，亩产达 800 千克。③山西新绛县北燕村段春龙，2014 年用生物集成技术种植复播玉米，亩产达 1 126 千克。④山西省新绛县阳王村用生物集成技术，2012 年实际亩产 988 千克，4 个种植点平均亩产达 1 003 千克，比传统化学技术平均亩产 400 千克左右增产 603 千克，增产 1.51 倍。

（三）中药材

全县在南岭、北山旱垣丘陵地区发展种植面积达 4 万余亩，品种有远志、半夏、黄芩、甘遂、白术、地黄、栝楼等 10 多个品种，用化学技术生产，收益好者亩产值 1.0 万～1.5 万元。近几年在横桥、万安、阳王、泽掌推广生物集成技术，产量较过去增产 1.79～4.00 倍，亩产值达 2 万～3 万元。

中药材应用生物技术实例：①山西新绛县峨嵋中药材研究所杨志平，2016 年用生物技术种植甘遂，亩产 360～404 千克，传统化学技术亩产 140 千克，增产，亩产值 5 万～6 万元。②新绛泽掌王振和用生物技术种植半夏，亩产 800～1 000 千克，较化学技术亩产 250 千克左右增产 2～3 倍，亩产值 2.5 万～3.3 万元。

（四）果品

桃 3.5 万亩，干果（核桃）1 万亩。用化学技术，核桃 11 年树龄亩产 150 千克左右，油桃 4 年以上树龄亩产 2 500 千克左右。

果品生物技术应用实例：①阳王、万安毛桃亩产达 5 000 千克。2013 年 5 月 1 日，毛桃每千克售价达 12 元。②在新疆阿克苏，应用生物集成技术种植的核桃，7 年树龄亩产达 400～500 千克，均比过去化学技术产量提高 0.5～2.0 倍。③新绛县西王村张振宝，2012 年用生物技术，亩产果 4 200～5 000 千克。④山西新绛县西南董村蔡栋梁用有生物技术，每年都可亩产果 4 600～5 000 千克，苹果 2 个种植点亩产 4 700 千克，均比传统化学技术亩产 2 500～3 000 千克增产。

2013 年 9 月，中标国际有机农业发展公司在山西省新绛县北张镇区域，通过北京五洲恒通认证公司认定有机小麦种植面积 2 000 亩，该基地选用鲁原 502 品种，10 月 20 日播种、亩播籽 15 千克（还应减少 5 千克左右），应用生物集成技术。2014 年 4 月 30 日，由北京仲元绿色生物技术开发有限公司实地抽查，用生物技术种植的小麦根深而长，秆粗，亩有效穗达 60 万头左右，约有 10％无效穗，亩预产 750 千克；化学技术亩播籽 25 千克，有效穗 29 万头左右，因春季施 1 次尿素，土壤浅层毛细根较多，茎秆较细矮发黄，田间有 50％无效穗，亩预产 330 千克左右。生物集成技术较化学传统技术增产 1.3 倍左右。

七、山西省力推有机旱作中医农耕术

2017 年 6 月，习近平总书记视察山西时指出，有机旱作是山西农业的一大传统技术特色，要坚持走有机旱作农业的路子，完善有机旱作农业技术体系，使有机旱作农业成为我国现代农业的重要品牌。

有机旱作农业技术体系利用技术优势开发自然劣势，取得优质高效产品。

有机不单指施有机肥，也不单指不施用化肥农药，不是死搬国外有机农业标准要求，泛指绿色、健康、生态、良性循环、可持续发展。

运城市有土地面积 759 万亩，其中旱地面积占 25.4％，近 190 万亩，目前旱地租金 200～400 元/亩。如果按有机技术方法种植耐旱作物品种，一能保证作物产量提高 0.5～2.0 倍。二能使产品当年达有机食品要求，农残与重金属不超标，达国际第三方要求标准。三能使旱地效益提高 0.5～2.0 倍。

一般情况下，各地贫困村民多是由于种植地为无矿资源的丘陵干旱地区，这是最大的先天自然劣势，作物产量效益没保证，而最大优势又是产品特殊保健营养成分含量高，化感素和风味素多，品质特好。

运用中国式有机农业优质高效栽培技术国内领先科技成果，可发展旱作品种，如小麦、藜麦、荞麦、燕麦等麦类；小米、大豆、绿豆、小红豆等米豆类；苹果、桃、柿子、核桃、枣、花椒等果品类；旱半夏、远志、柴胡、黄芩、甘遂等多种中药材。

2017 年，新绛县横桥镇兰村韩来祥、韩安民有机旱作小麦；2016 年，该镇张青青等在丘陵旱垣地有机旱作小麦，亩产均达 573 千克，较常规化学技术亩产 273 千克左右增产 1 倍多。两村玉米用有机生物方法，亩产均在 900 千克左右，增产 1 倍多。

山西新绛县北池村杨齐安，2019 年按生物集成技术种植旱半夏，亩产达 910 余千克，每千克销价 28 元，已连续 7 年亩收入 2 万余元左右。

新绛县翟家庄村张文亮，2018 年种植 7 亩远志，2019 年有机旱作用生物技术试验，收入 14 万余元，加上种子收入 2.8 万元，合计 16.8 万余元。张来民有机旱作远志，2.8 亩地总收入达 6.6 万余元。王学民用土壤调理肥与复合益生菌液种植远志、黄芩，中药材长势成为该村最佳典型户。阳王镇禅曲村李森炎用生物技术原理管理远志，亩产值达 3 万余元。2018 年，新绛县天益中药材种植专业合作社用生物技术管理远志，产品经国家药检局检测，有效成分超国家药典标准，药典要求 0.5％，新绛产品达 1.29％～1.44％。2019 前半年晋南久无雨大旱，远志后期普遍干尖、死秧、缩节、卷叶、生长点长成小疙瘩，肉皮薄，用有机旱作方法者远志无此病症，如泽掌村王振河、北池村杨二毛和文根怀、翟家庄村张来民等。

近年来，新绛县用有机旱作方法种植中药材，甘遂、半夏、丹参、柴胡产品有效成分超过国家药典标准 1.5 倍左右。

新绛县阳王镇苏阳村吴开立近年来按生物有机技术种植大棚油桃 4 亩，年收入 13 万～17 万元，人均年收入 3.4 万～4.4 万元。新绛县西马村邓东民，近年来种植 6 亩大棚油桃，用有机旱作生物技术，亩产 3 500 千克左右，年收入 10 万～13 万元，人均年收入 4.3 万元左右。

小米也是耐旱品系，垣曲县与翼城县等，在浇不上水的旱地用有机生物技术种谷子，亩产 300～400 千克。近年来，在甘肃清阳、山西长子、河北石家庄、内蒙古赤峰，亩产已达 400～600 千克，有机旱作小米每千克售价 24～40 元，有机旱作红薯每千克售价 10～14 元。比普通小米、红薯价格提高了 2～5 倍。

在新绛县、吉县、韩城市，有机旱作花椒亩产 50～65 千克，收入 1 万元左右。早春羊角大葱亩产 6 500 千克，收入 1 万元左右。

八、山西应用生物有机集成技术典型

（一）新绛县应用实例（各镇 2～3 个典型案例）

横桥镇：①翟家庄村张文亮、张来民，旱地远志亩产值 2.20 万～2.75 万元。②兰村韩真明，旱地玉米亩产 990 千克，韩来祥旱地小麦亩产 573 千克。

阳王镇：苏阳村吴凯立，大棚油桃亩产值 4 万～6 万元；扬志平甘遂亩产 300 千克，收入 6 万余元；杨齐安半夏亩产 900 千克，收入 2 万余元。

万安镇：①赵村王五娃，一棚油桃 17 亩，年收入 36 万元，油桃枝发酵生物技术养羊 200 头，无病肥壮。②樊村段建红，薄皮辣椒亩产 1 万千克，收入 6 万元左右。③西马村邓东民，油桃销往深圳、越南等。

古交镇：①翠岭村王建军，山药销往上海、浙江，亩产 3 800 千克。②闫家庄村闫东民，茄子亩产 1.5 万千克。

北张镇：①北燕村段春龙，3 个 1.2 亩棚，越冬番茄（亩产 2 万千克）续夏丝瓜（亩产 2.2 万千克），年收入 36 万～40 万元，玉米亩产 1 174 千克，小麦亩产 765 千克左右。②马首官庄村赵龙龙、李天水，黄瓜亩产 2.5 万千克以上。③西行庄村光奎尔，连续多年番茄亩产 1.5 万千克左右。

泽掌镇：①泽掌村王振河，多种药材产量高、品质好，白术亩产 4 000 千克。②乔沟头村张永茂，玉米亩产 1 262 千克，甘遂亩产 360 千克。

三泉镇：①南熟汾村尚双虎，西红柿连续多年亩产 1.5 万千克左右。②东陀村王春成，多种药材产品好、产量高，根茎长。

龙兴镇：①站里村赵小全、杨三民，连续多年夏秋茬番茄个大品质好，每千克多售 1 元多。②桥东村王文子、王奎奎，莲藕、山药亩产 3 500 千克。③西曲村马林生，生菜亩产达 4 000 千克。

（二）周边县应用实例

山西省垣曲县高垣平，小米亩产 400 千克。

山西省临猗县李耀明苹果、张志州冬枣有机认证后，价格高出 5～10 倍，分别为

28元/千克和20元/千克，两个产品经上海、青岛国际第三方认可单位检测，191项农残与5项重金属达标准要求。

山西代县上馆镇小烟旺村郝新年，用生物集成技术种植秋冬茬番茄，选用一般价廉品种，6月20日播种，留6穗果，11月初上市，亩产可达1.65万千克，翌年2月结束，平均每千克4.85元，亩收入近8万余元。

山西省侯马市樱桃使用有机碳素肥＋碳能复合益生菌液＋植物诱导剂＋钾＋植物酵酶风味素技术，株产100千克果，1千克30元，亩收入达2.8万元。

山西吉县吉昌镇谢悉村虞林森，2013—2016年用生物有机肥＋碳能复合益生菌液＋植物诱导剂＋钾＋植物酵酶风味素技术，苹果着果丰满，没有大小年。特别是早春果树开花期，遇到下雪多数树出现冻害伤叶落花时，用生物技术种植果树，叶、花抗寒，没受到冻害。每年都可亩产果5 000～6 000千克。

山西田森农业科技有限公司孟豪，2014年10月11日到新绛县参加了新绛模式专家论坛会后，随即购得10亩设施农业生物技术五要素物资，2015年种植的黄瓜亩产达2.2万千克，番茄亩产达1.6万千克，较过去用化学技术翻了一番。

山西省永济市庄儿头村胡安红，用生物集成技术种植黄瓜，亩产达3万千克。

山西省襄汾县黄崖均、李俊毅，一茬西红柿亩产2万千克，带动本地迅速发展100余亩。襄汾县官滩红枣协会任鸿，用生物集成技术，即菇渣拌碳能复合益生菌液，撒在枣树根基部，使80%草弱化生长，减少营养浪费。用维生素C 3 000倍液叶面喷洒，可使冬枣果变粗，肉厚核小。用植物诱导剂喷洒叶面，可防枣树疯长。用植物酵酶风味素提高含糖度，亩产1 500千克左右。山西新绛县小李村马怀柱冬枣亩产2 000千克左右。

山西省曲沃县陈永胜，黄瓜亩产2.5万千克，经农业部检测57项指标全部达有机食品标准要求。曲沃县史村镇秦岗村四方，2016年用生物技术，即1.5亩黄瓜田施玉米秸秆干品700千克、鸡粪16吨、复合生物菌液40千克、51%钾200千克、植物诱导剂4袋、植物酵酶风味素20粒，亩总产3万千克，收入7.7万余元，较化学技术增产1.1万千克，增收2.5万余元。

第三节　河北中南部推广中国式有机农业优质高效栽培技术成果项目核心点

2016年11月13日至14日，笔者受邀赴河北省石家庄市栾城区和邢台市隆尧县考察并帮助制定生物集成技术发展规划。

一、冀中南生态环境

（一）雾霾严重

一是该地区北临太行山，将西北风挡在外界，致使这里的雾气和尘埃吹不出去。二是海拔低，只有40～70米，空气相对湿度大，生活垃圾和污染企业造成的雾霾占30%，汽车尾气占30%。三是属于冀中南平原，耕地平坦，一望无际，种植业比较发达，农民耕地普遍亩用化肥 40～50 千克、农药 2.5～3.0 千克，特别是氮素化肥利用率只有 10%～15%，大量氮气释放在空气中，地面雾霾占 40%，系我国雾霾重灾区。

（二）土质优良，产量较高

该区域属疏松性壤土，由于近 10 年连续推行秸秆还田，土壤中有机质较高，据隆尧县农业农村局数据，有机质含量多在 1.0%～1.7%，个别在 0.40%～0.84%，速效钾含量多在 100～150 毫克/千克，最低者为 12.4 毫克/千克，pH 为 7.5～8.0。

笔者在石家庄市栾城区柳林屯乡和邢台市隆尧县东王村了解到，玉米亩产干品 600 千克左右，小麦亩产 500～600 千克，设施蔬菜番茄、黄瓜、茄子亩产 7 000～9 000 千克，处于低产水平。

二、作物高产生态环境标准要求

（1）碳 45%、氢 45%、氧 6%、氮 1%、磷 0.4%、钾 2%，其他微量元素 0.6%，土壤有机质在 2%～3%。

（2）土壤中益生菌占微生物 85% 以上，耕作层每克土中含有益生菌 1 000 万个以上，为有机物活性海绵土。

（3）51% 天然矿物钾每千克可供产干品粮 0.5 千克，鲜果 80～100 千克，全食叶 160～200 千克。高产要求土壤含钾 240～300 毫克/千克。

（4）阳光按品种差异要求在 0.9 万～9.0 万勒克斯。

（5）稀土、大中微量元素、火山岩矿物营养达 69 个元素之多。

三、生态环境优劣势与生物技术五要素对接的关系

（一）冀中南土壤碳素物不平衡，利用率低

作物生长的三大元素碳、氢、氧占植物体所需营养比重的 96% 左右，传统观念认为碳从空气获取。二氧化碳在空气中含量为 300 毫克/千克，而冀中南地区空气碳含量高达 400～500 毫克/千克，是作物高产优质的一个天然条件，空气中碳是从地面生成而释放，干秸秆中含碳 45%，在复合益生菌的作用下，有机肥利用率可由杂菌条件下的 22%～24% 提高到 100%～200%。因为复合益生菌分解有机质碳素肥，根尖可以直接吸收菌丝残体和有机营养，耕作层解碳，地上叶片吸碳，能达到高产效果，使秸秆利用率和产量提高 2～3 倍。加之，秸秆中的硼、锌、锰及土壤中的钙、磷等元素在益生菌的作用下，利用率提高 0.15～5.00 倍，固氮酶活性由化学技术的近为 0 提高到 600～1 200 纳摩尔/（千克·天），就不需要考虑补充碳、钾以外的其他营养元素。本区域普遍忽略了复合益生菌施用效果。

（二）冀中南土地低凹，相对湿度大，土壤微生物较多

如果普遍施入复合益生菌液，小麦、玉米等粮食作物用益生菌拌种，或亩冲入 2 千克复合益生菌液，就能解决秸秆和畜禽粪的利用率低问题，还能防治病虫草害，作物病虫草害轻，就能健壮生长和高产优质。

（三）雾霾天多，阳光弱

这种环境下生长的果菜充实丰满，光泽度好，纤维细。在作物生长早期，用植物诱导

剂灌根 1 次，亩用量 50～100 克，提高阳光利用率和产量 0.50～4.91 倍。

（四）土壤含钾不均

土壤含钾在 100 毫克/千克以下时，忽略不计。如果土壤钾含量在 100～200 毫克/千克，在上年亩产的基础上增产 1 倍投入，按 51％天然矿物钾每千克可供产干品粮 16.6 千克，鲜果 80～100 千克施用。这样，产量就能达到翻番的效果。如果已超过 240 毫克/千克，本茬作物就不要再投钾肥。

（五）稀土和火山岩矿物营养是作物高产的奇缺和必补品

冀中南产品品质好与土壤中营养较全有密切关系，但补充稀土可打开植物次生代谢功能，会有更高产量和更优品质。

四、中国式有机农业优质高效栽培技术成果内涵

作物高产优质生长发育的五大要素，巧似人体构成要件。即碳素物有机肥是躯体构成的主要成分碳水化合物——生命体营养；复合益生菌系消化分解系统——决定营养平衡和提高利用率及生命体高低胖瘦；植物诱导剂是神经系统——决定生命体能量；钾是肌肉——保证丰满重量和抗逆性质量；植物酵酶风味素和金山动力素系列活性稀土类似维生素功能——决定果实产品的外观、美观度和内在质地、品质。五要素缺一不可，也不需要再增加其他投入。

五、河北地区应用生物有机农业集成技术的增产增效实例

（1）河北省秦皇岛市昌黎县新集镇小营村吕增猛，2014 年秋选用金蛋小刺白皮黄瓜品种，用生物集成技术管理，即亩基施牛粪 7 000 千克，用植物诱导剂 800 倍液灌根 1 次，每次冲施复合益生菌液 2 千克，下一次冲施水溶性钾液体肥 25 千克，植株健康生长。2015 年 6 月，亩产达 1.5 万千克，收入 7.5 万余元，春节前每千克售价高达 10 元。

（2）2013—2016 年，河北省保定市易县任保华，用生物集成技术栽培温室黄瓜，亩产达 2 万千克左右，较化学技术增产 1～2 倍。

（3）河北唐山魏占颖，2015 年用生物技术种植番茄，叶绿根大无病，长势品质均佳，产量收益均翻番。

（4）2016 年春，河北省秦皇岛抚宁区岩子口村王志军，拱棚亩施干羊粪 7 000 千克，复合益生菌液 10 千克，纯钾 50 千克，不蘸花、不疏果，一穗果多在 4～7 个，平均每株着果 24 个左右，4 层果亩产 1.1 万千克。同村崔保民，亩施鸡粪 6 000 千克，生物有机肥 80 千克，含钾 17％的三元复合肥 100 千克，含 46％液体钾 25 千克，每穗留 4 个果左右，4 层果株产果 16 个左右，亩产 7 000 千克，叶肥厚秆壮，较王志军亩少产 4 000 千克，且投入还多 10％左右。

（5）河北省青县朱云山，2010 年种植 4 000 米² 甜瓜，选用金帅 100 品种，每亩施牛、鸡粪各 3 000 千克，50％钾肥 50 千克，复合益生菌液 7 千克，植物诱导剂 50 克，叶面喷洒两遍，一茬每亩产优质甜瓜 7 200 千克，每千克平均价 4 元，收入 2.8 万余元，产量比用化学技术增加 1/3，价格每千克高出 0.6～1.0 元。

（6）河北省任丘市纪满仓，2011 年春季，选用绿享 109 番茄品种，粉色，每亩栽 2 200 株。施含水量 40% 鸡粪 3 500 千克，牛粪 3 000 千克，50% 钾肥 100 千克，定植时用 800 倍液的植物诱导剂灌根 1 次，番茄秧无病虫害。第 1 次随浇水冲入复合益生菌液 3 千克，以后每施 1 次钾肥后冲复合益生菌液 2 千克，留 4 层果，每株产量 5 千克左右，大的一穗产果重 3 千克，每亩产优质番茄 1.1 万千克。2012 年有机肥和钾肥投入提高 1 倍，留 8～9 穗果，每亩产 2.2 万千克。

（7）河北省固安县小杜庄村瞿国辉，2009 年以来，在温室内种植春黄瓜 800 米²，按生物集成技术管理，亩产黄瓜 2.8 万千克左右，收入 5.2 万～6.0 万元。比用氮、磷化肥和人粪尿增产 1 倍多。

六、河北省增润高效农业科技发展有限公司应用生物有机农业集成技术方案

（一）建两栋鸟翼形矮后墙生态温室

用于各茬蔬菜育苗（此温室 2011 年获国家实用技术专利）。跨度 8.2 米，墙厚 1.2 米，上端厚 1 米，后墙高 1.6 米，山墙尖高 3.2 米，墙土内加少量白石灰粉以增加承载力，后屋内角 46°，后屋深 1.2 米，前沿内切度 30°，方位正南偏西 8°，保证在当地最低气温 −16℃ 左右时，室内气温最低达 8℃ 以上，白天太阳出来室内气温达 30℃ 左右。在不加温的情况下，各种作物均能正常生长，取得好苗、好产量、好产品。

1. 鸟翼即棚面为圆弧形，对照琴弦式棚面为折形。生态即不加温能满足作物优质高效生产与栽培。设施环境平衡是一项基础工程科学，即根据当地纬度气候变化，按 8 度原则规律有幅度的建造装置，追求"冬至"前后室内温度，夜间 10～12℃ 和白天 20～35℃，使农产品高产优质。8 度内容是：①跨度 13.5 米，栽培面积最大化。②高度 7 米，即后墙与贴墙立柱高 7 米（深埋土中 0.3 米未算在内），距离后墙 4.5 米处设一钢管立柱（5 厘米直径管材），空间大，气温缓冲亦大，作物四角见光时间长，利于机械作业。③栽培床深度 2.3 米，作物在炎热夏天比地面温低 20℃ 与寒冬高 25℃ 左右。④后屋深度 1.3 米，土墙吸热、保温、反光均优。⑤棚面弧形，南面内切角 30°～45°，与太阳入射角一致，红外线光进棚内多，紫外线转换率亦高。⑥方位度角正南偏西 9°，可减少山墙挡光，作物光合作用适温时间延长。⑦长度 120 米左右。避免山墙挡光过长，劳动强度过大。⑧墙体厚度顶宽 2 米，基宽 6 米，便于机械操作，保温防寒（图 6-1）。梁与梁间距 2.6 米，上弦为 5 厘米直径管材，下弦为 16 号圆钢，W 型减力筋 12 号圆钢，两弦间距 20～40 厘米预制立柱 7 厘米×12 厘米宽窄，内设 4 根 8 号元钢。梁两头与立柱下端用预制水泥固定。立柱上端设马蹄形支撑。按东西长棚面用 12 号钢丝由上而下间距 12 厘米、15 厘米、20 厘米、25 厘米到南缘下为 50 厘米 1 根，总共用 66 根，固定在梁上，在钢丝上南北长布设直径 6～8 厘米的竹竿，间距 60 厘米，用米丝拧紧，每间中 3 道。

2. 亩投入成本预算：梁 19 架×560 元/架＝10 640（元），爬梁 38 根×28 元/根＝1 064（元），后墙立柱 38 根×60 元/根＝2 280（元），后墙内坡度 60°左右，土墙 8 500 元，竹竿 240 根×7 元/根＝1 680（元），钢丝 3 千克×110 道×8 元/千克＝2 640（元），

米丝 30 千克×7.5 元/千克＝225（元），2 寸钢管立柱 19 根×6.5 米×210 元/米＝25 935（元），后坡膜 350 米²×50 元/米＝17 500 元，薄防湿棉被（4 米×50 米）200 米²×8 元/米²＝1 600（元），棚膜 0.1 毫米厚 1 625 米²×1.5 元/米²＝2 437.5（元），天毛地毛共 800 元，压膜绳 400 元，卷帘机 5 000 元，棉被（25 米×52 米）28 卷共 12 600 元，人工 13 000 万元。合计 10.63 万元。

此设施用于蔬菜优质高效栽培示范与各种作物育苗。配合中国式有机农业优质高效栽培技术成果五要素十二平衡管理技术，番茄、茄子、黄瓜、辣椒、丝瓜等品种，年 1～2 茬可产 2 万～3.5 万千克，收入 10 多万元，一年可赚回投入成本。

（二）建两个气吹双层塑膜无支柱大棚

用于框架栽培各种观赏、高产高效作物。即按每棚面积 1 亩建设，棚高 2.5～4.0 米，用吹塑技术在原地一次热吹成无支柱双层大棚，棚面两层内可充入惰性气体氮气，增热和降温，从而控制棚内温度，达到冬保温夏降温，生产各种高产优质作物的目的。系韩国技术，经郭延龙引进，每栋 10 万元，共计投资 20 万元。

（三）建一大（0.5 亩）两小（0.35 亩×2）三栋鸟巢式大棚

用于发展较陆地早上市 40 天左右的樱桃、油桃高效果树，观赏采摘。系科技部重点推广项目，内钢架，外圆形，类似蒙古包，塑料透光板或膜，共投资 12 万元。

（四）建设 20 栋大暖窖温室

用于供应早春、秋延生产各种蔬菜的实用效益型设施。跨度 6～7 米，后墙 1.1 米，山墙尖高 2.2 米，后屋 1 米。

亩设计预算（按山西新绛县 2022 年底价格计算）：

（1）材料。①钢架管。30 元/米×12 米/根×66 根＝23 760（元）。②卡子（成品）。350 个×1 元/个＝350（元）。③立杆。67 根×20 元/根＝1 340（元）。④薄膜。0.1 毫米厚度 880 元。

（2）人工费 10 000 元。

预算合计亩总投入 36 330 元。用于解决供应早春、秋延生产各种蔬菜的实用效益型设施，跨度 6～8 米，后墙高 1.1 米，山墙尖高 2.2 米。

五要素预估亩一茬投入 3 000 元，一年两茬亩产菜 3 万千克，产值 6 万元，合计产值 80 万元，投入产出 1∶9。

（五）建设 20 个两膜一苫拱棚

用于供应越冬生产元旦、春节上市的韭菜、菠菜、芫荽等耐寒性蔬菜。立柱高 2 米，拱圆形，钢架高 1.5～1.6 米，宽 6 米，东西长，南北向，北边 1 米高处设一竹竿或木制支架，白天拉开南部草苫放在架上，晚上放下保温，1 米高处设一竹竿或木制支架，亩投资 1.1 万元，计投入 22 万元。

两膜一苫竹木预制小拱棚亩设计预算（按新绛县 2016 年价格计算）

（1）小拱标准。高 1.4 米，跨度 5.7 米，长度 160 米。

（2）材料。①4～5 厘米宽、1 厘米厚竹片，8 米/根×160 根×4.8 元/根＝6 144（元）。②棚膜（聚乙烯）0.8 毫米厚，80 千克×16 元/千克＝1 280（元）。③预制立柱。10 厘米×10 厘米×1.8 米，6 元/根×30 根＝180（元）。④12 号钢丝。8 千克×6 元/千克＝

48（元）。⑤保温被（2.5千克/米²，防水布、耐老化），810米²×9元/米²＝7 290（元）。⑥竹竿，直径15厘米，长13米，20元/根×30根＝600（元）。

（3）人工费用1 000元。

合计16 542元。

（六）建设20个单栋拱圆形塑料大棚

立柱高2米，拱圆形，钢架高1.4～1.5米，宽9米，东西长，南北向，因此棚在外界气温0℃时不能生产作物，只能在早春至越夏，早秋季生产露地不能高产优质的蔬菜。如用于解决高温、干旱、虫害引起的番茄病毒病，高温、干旱引起的辣椒日灼病及缺钙病等；解决强光引起的韭菜、芹菜纤维粗；解决高温、强光、避雨、防病等生产疑难问题等，可生产多种蔬菜。

预算（按2022年天津大棚钢架厂产品建成计算）每亩总投入2.2万元。用于解决供应早春、秋延生产各种蔬菜的实用效益型设施，跨度6～7米，后墙高1.1米，山墙尖高2.2米。

五要素预估亩一茬投入3 000元，一年两茬亩产菜2万千克，产值4万元，合计产值80万元，投入产出1∶6。

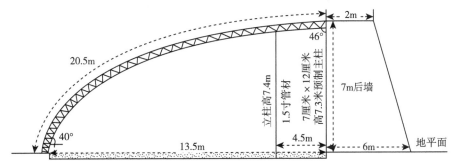

图6-1　鸟翼型生态温室示意

（七）粮菜间作100亩

利用玉米、高粱夏季遮阴作用间作芹菜、大豆、豆角、花椰菜、甘蓝；玉米、高粱根壮土松，根际处营养、益生菌充足，粮食作物占领上方通风透光空间，高产优质；蔬菜作物利用下方湿冷环境，也可高产优质，各取优势，创造效益。

麦菜投入产出估算，生物集成技术较化学技术，小麦按增产 0.7 倍，增效 1 倍计算；果品按增产、增效 1 倍计算；蔬菜按增产 2 倍，增效 1～2 倍计算。

100 亩粮菜间作，粮菜各占一半比例，小麦亩产值 1 760 元，玉米亩产值 1 400 元，50 亩一年两茬计 15.8 万元。菜每茬亩产 5 000 千克，一年两茬平均亩产 1 万千克，每千克 1.5 元，亩产值 1.5 万元，50 亩产值 75 万元。粮食作物五要素亩投入农资 300 元，50 亩一年两茬计 3 万元。菜一年两茬，五要素亩投入农资 1 000 元，50 亩五要素开支 10 万元。50 亩粮菜作物共计投入 13 万元，产值高达 90.8 万元，投入产出 1∶7。蔬菜品种可按比例种植，番茄 40%，茄子、辣椒、黄瓜、西葫芦 30%，叶菜 30%。

1. 轮作模式

（1）第 1 茬芫荽、菠菜。9 月 5 日播种，上茬是玉米秸秆还田者不再施有机肥。11 月扣拱棚膜，亩冲施碳能复合益生菌液 2 千克，菜秧 10 厘米高时，叶面喷 1 次植物诱导剂，提高光能利用率 50%～491%，增强作物抗冻性和抗逆性，生长中后期叶面喷 1～2 次富硒王植物营养液，混合多元素稀土水溶肥，如植物酵酶风味素或北京金山火山岩水溶肥，防治病虫害，保证叶菜的风味素和化感素充分积累，保证有益质量成分及外观。在收获前 15 天，亩冲施天然矿物硫酸钾 10 千克，使亩产较化学技术增加 0.5～1.0 倍，达有机富硒优质品牌产品，亩产 2 000～2 500 千克。12 月 10 日至翌年 2 月结果，产值可增加 0.3～0.5 倍，亩产值 4 000～8 000 元。

（2）第 2 茬甘蓝。在 11 月 15—20 日播种育苗，品种为中甘 21 等早熟品种。于 12 月 26 日至翌年 11 月 5 日定植，定植前苗床喷施 1 次富硒王植物营养液，亩栽 4 000 株，栽苗时亩浇施碳能复合益生菌液 2 千克，拱棚覆盖栽培。3 月 10—20 日撤棚膜，喷施碳能复合益生菌液，提高玉米秸秆利用率 2～3 倍。待甘蓝叶直径 2 厘米左右时，喷 1 次植物诱导剂 1 000 倍液，控秧促根，包球期前喷 1 次 800 倍液控外叶促包球，包球期再喷 1 次富硒王营养液。亩施 51% 天然钾 15～20 千克，可促长大球，提高产量和品质，达有机富硒优质品牌甘蓝，一般可由化学技术栽培亩产 4 000～5 000 千克提高到 6 000～7 000 千克，亩产值 5 000～10 000 元。

（3）第 3 茬玉米。5 月 1—10 日播种，亩播 4 000 穴，用碳能复合益生菌液 150 倍液拌种，亩冲施复合益生菌液 2 千克（50 元）。苗 20 厘米左右时，叶面喷 1 次植物诱导剂 800 倍液（50 克原粉，25 元）。玉米扬花期亩喷富硒王植物营养液，亩施 51% 天然硫酸钾 25 千克（100 元），达有机富硒玉米产品，亩产玉米 600～700 千克，亩收入 1 200 元。秸秆还田满足下茬肥料需求，提供给耕作层有机肥干品 1 400 千克左右。

2. 科学依据 玉米根深 30 多厘米，可疏松土壤，根系粗壮，黏液及糖分多，利于益生菌繁殖。玉米秸秆多，亩可积累干物质 1 400 千克左右，增碳素肥田。每千克干秸秆在生物集成技术作用下，可供产全食性叶菜 10～12 千克，如菠菜、芫荽，甘蓝内外叶比由 4∶6 促长为 6∶4，提供满足作物高产优质的碳能有机肥。

秸秆与复合益生菌结合，土壤中的固氮活性达 600～1 200 纳摩尔/（千克·天），可从空气中吸收氮和二氧化碳，就不需要再施化学氮肥。复合益生菌能将土壤中的磷、钾、钙有效性提高 1.1～5.0 倍，也就不需要施化学其他肥料。复合益生菌能以菌克菌、可化虫卵，病虫害发生较少。用多元素稀土，可提高作物抗逆性，还能打开植物次生代谢功能，释放化感素和风味素，提高品质。

所以1亩地一年三茬不怕连作障碍，产品能达到有机标准要求，还能净化土壤、气、水等生态环境。

3. 应用典型 山西新绛县刘家庄村刘斌龙，2016年头茬玉米亩产725千克；第2茬中甘11亩产5 500千克；第3茬菠菜亩产2 600千克。一年三作亩产值1.63万元。

山西新绛县西横桥村卫栋安，2016年头茬玉米亩产780千克；秸秆还田或亩施有机肥3 000千克，每千克含水分40%左右，可供产叶菜5~6千克，第2茬油麦菜亩产3 000千克，收入7 800余元；第3茬水萝卜亩产8 300千克，收入1万元。三茬收入1.9万元。

管理中不施化学肥料和化学农药，只用碳能复合益生菌液提高有机碳和土壤中微量元素利用率，吸收空气中氮和二氧化碳，补充少许钾、硒、稀土元素，即可达高产优质叶菜和玉米。

4. 化学技术与生物技术投入产出比计算 化学技术，亩施三元复合肥50千克（160元），化学农药（100元），有机肥两作一次2 000千克（200元左右），合360元左右，化肥利用率10%~20%，有机肥利用率22%~24%，菠菜、芫荽亩产1 500~2 000千克。

生物集成技术，亩施有机肥2 000千克（200元），碳能复合益生菌液2~4千克（50~100元），植物诱导剂50克（25元），植物硒、稀土元素（30元左右），天然纯钾15千克（60元），合计365~415元，成本转化学技术低或持平，有机肥利用率达100%，用碳能复合益生菌液防治病虫害，即以菌克菌，营养平衡不染病，益生菌化卵，害虫轻。产量提高0.5~2.0倍，产品达富硒有机叶菜标准。

（八）发展800亩高产优质小麦

河北省原邢台县有小麦面积64万余亩，往年亩产500千克左右，按亩产1 000千克估算投入，秸秆还田，亩合计500千克秸秆，杂菌作用下只可保证250千克左右产量，加上施500千克有机畜禽粪加50千克化肥，亩产400~500千克，如果施畜禽粪800~1 000千克，在复合益生菌的作用下，有机碳利用率可提高2~3倍，就可满足产量达1 000千克小麦碳供应。亩播籽12千克，合理稀植，双犁开沟两次播籽。出苗前后亩冲施复合益生菌2千克，可提高土壤矿物质有效性0.15~5.00倍；冬前叶面喷1次北京金山火山岩稀土营养——丰产动力素，每15升水放液体50克，亩用100~150克，提高小麦秧抗逆性。在小麦苗高10~15厘米时，再喷1次植物诱导剂800倍液，亩用50克原粉，促根控秆，提高光能利用率0.50~4.91倍，促进有效穗的增加，可由化学技术的70%提高到90%。

早春返青后，亩冲施碳能复合益生菌液2千克，提高空气中氮、二氧化碳利用率，如旺长，可再喷1次植物诱导剂700倍液。在小麦扬花期叶面喷1次北京金山稀土剂，防治红蜘蛛、蚜虫、甲壳虫等害虫危害，提高抗病性。在灌浆期亩随水冲入51%天然矿物钾30~40千克，可满足小麦亩产1 000千克的高产优质技术要求。亩五要素投入农资300元，总投入24万元，总产值136万~192万元，投入产出1∶5.7。

两栋鸟翼形矮后墙生态温室。五要素亩一茬投入3 000元，2亩一年两茬投入1.2万元，两茬亩产菜 2 万～3 万千克，亩产值 6 万元，合计产值 12 万元，投入产出 1∶10。

20 亩栋大暖窖。五要素亩一茬投入 3 000 元，20 亩一年两茬投入 12 万元，两茬亩产菜 2 万千克，亩产值 4 万元，合计产值 80 万元，投入产出 1∶6.7。

40 亩两膜一苫和大棚蔬菜。五要素亩一茬投入 500 元，40 亩一年两茬投入 40 万元，两茬亩产蔬菜 1.5 万千克，每千克 2 元，亩产值 3 万元左右，总产值 120 万元，投入产出 1∶3。

800 亩高产优质小麦，亩五要素投入农资 300 元，总投入 24 万元，总产值 136 万～192 万元，投入产出 1∶(5.7～8.0)。

(九) 产供销管理保障

1. 生产技术保障 由中国式有机农业优质高效栽培技术成果发明人全程策划指导，按生物集成技术五要素作业，即有机碳素肥＋碳能复合益生菌＋植物诱导剂＋天然矿物硫酸钾＋北京金山丰产动力素或植物酵酶风味素，当年当茬达有机食品标准要求，产量较化学技术提高 0.7～2.0 倍，技术指导费由基地支出。

2. 供应物资保障 河北增润农业科技有限公司承担五要素全部农资垫支供给、设施建筑、农具、劳工支出，劳工每人管理温室、大棚 1.5～3.0 亩，粮菜间作 5～6 亩，小麦 200～400 亩，实行基本工资 1 000 元/月，加产品奖励，保证每人年收入 3 万元，多承包者达 4 万～5 万元。

3. 销售保障 所有农产品由北京海创有品农业科技有限公司策划按会员制销售，随行就市，定价比化学技术产品收购价高出 10%～20%，双方争取按有机食品较高价开发销售，超产部分归北京方，即达标产量，效益均按 5∶5 分成。

(十) 硬件设备及项目争取

(1) 由河北方牵头归地方所有。产地、冷库、冷车由河北方投资，加湿设备每组 20 万元，钢板泡沫墙体、地面硬化装饰 20 万元左右，争取国家支持 30%。

(2) 农机具。拖拉机、播种机、秸秆粉碎机、浇水滴灌装备、生物有机肥向地方农机中心、水利局、农委争取补助。

(3) 硬化路面。从地方政府交通局争取补助，大道每千米 20 万元，窄道每千米 8 万元。

(4) 利用中国式有机农业优质高效栽培技术成果和"一种开发有机农作物的高产优质集成方法"专利争取立项，按规定支付成果专利方一定费用。

(十一) 五要素作用及价格

碳能复合益生菌每瓶 25 元，亩用碳能复合益生菌 2 千克 (50 元)，在碳能复合益生菌作用下，每千克干秸秆可供产 0.5 千克玉米干品，将秸秆利用率提高 3 倍，并且能降低成本 25% 左右。植物诱导剂每袋 25 元，可拌 5 亩地的种子，亩合计投资 5 元，可使作物抗冻、抗病、矮化，玉米基因优势能充分发挥出来，提高光能利用率 0.50～4.91 倍，产量提高 0.50～4.91 倍。植物动力素每瓶 60 元，亩用 1 瓶，可防病防虫，提高品质，代替化学农药，又能补充稀土和微量元素，使风味素和化感素释放出来。50% 的天然钾每袋 200 元，100 千克可供产 1 660 千克玉米粒，鲜果 1 万千克。

第四节 内蒙古主要农作物应用生物
技术成果产量翻番投入方案

2014 年 4 月 22—26 日，笔者受邀赴内蒙古商都县绿娃有机农业开发公司和包头市农业技术推广站讲授中国式有机农业优质高效栽培技术理论与实践，25 日与内蒙古自治区政府参事室阿斯根和农牧场科学技术推广站田晓春讨论策划推广生物集成农业技术成果及落实国务院《生物产业发展规划》生产方式，使该自治区农业产量翻番，产品达有机食品要求。

内蒙古地区土壤有机质和钾丰富、光照较强，昼夜温差较大，空气质量好，比较干燥，病害亦轻，发展生态生物有机农业条件优越，可与山东寿光媲美。

一、内蒙古牙克石市土壤现状及主要作物产量翻番投入方案

笔者现就牙克石市土壤现状（表 6-2 至表 6-4）为例做如下分析。

表 6-2 牙克石市耕地养分含量现状

项目	有机质含量（克/千克）	全氮含量（克/千克）	碱解氮含量（克/千克）	有效磷含量（毫克/千克）	有效钾含量（毫克/千克）
数值	35.4～94.8	2.60～4.94	122～402	8.9～43.4	84～451

资料来源：郑海春，2013，牙克石市耕地与科学施肥。

表 6-3 应用碳能复合益生菌提高土壤养分有效率、利用率

项目	有机质含量（%）	碱解氮含量（%）	有效磷含量（%）	速效钾含量（%）
养分有效率	15～190	26～166	110	1～118
养分利用率	76～78	100～200	80～100	90～100

表 6-4 内蒙古主要作物产量翻番的土壤施肥方案

项目	产量（千克/亩）	理论亩投入含碳素45%干秸秆有机肥（千克）	实际投入可减去化学技术亩产量（千克）	用碳能复合益生菌液（千克）	植物诱导剂（克）
小麦、大麦	500～650	1 000～1 200	500～600	2～3	50
油菜、向日葵	200～300	400～500	200～250	2～3	50
瓜果、蔬菜	5 000～20 000	3 000～4 000	1 500～2 000	15～20	50～100
马铃薯	4 000～5 000	800～1 000	400～500	2～4	50～75
玉米、水稻	1 000～1 200	500～600	250～300	2～3	50
甜菜、萝卜	4 000～5 000	800～1 000	400～500	2～4	50
大豆、辣椒	300～400	1 500～2 000	750～1 000	2～3	50
叶类蔬菜	4 000～8 000	400～800	200～400	4～6	50

每千克干秸秆在益生菌液作用下可供产粮食 0.5 千克，含水量 90％左右的果菜 5 千克。50％硫酸钾按每千克可供产含水量 90％的果实 100 千克，含水量 8％粮食 16.6 千克施用。

如果小麦、玉米、水稻亩产翻番达 1 000 千克左右，土壤中不能再施氮，不然浓度过大，可能使作物肥害，所以靠化学技术亩产 600 千克左右就到顶点，而用益生菌不断从空气中吸收氮气和二氧化碳，不会造成肥害。只要往土壤中施入 2 000 千克有机肥，干秸秆1 000 千克左右，碳能复合益生菌 2 千克，就能大量繁殖产生益生菌，从空气中吸收的氮元素，基本能保证作物高产需要。

二、内蒙古恩格贝生态示范区对新绛模式的认可

2016 年 6 月 16—22 日，内蒙古恩格贝生态示范区管理委员会副主任刘根外和达拉特旗小微企业促进会考察团一行 13 人，先后来到山西新绛县学习"山西新绛模式"。

刘根外说："一直想看看山西的现代农收业发展，感谢老领导给予的这次机会！行走了五天，看了三个代表性的点，感受到生物技术、基地流通、工业化农业、土地流转方面的好的做法，颠覆了我对生态农业、有机农业的认识，努力开创恩格贝种植新模式。"

三、内蒙古应用生物技术实例

（1）内蒙古巴彦淖尔市乌拉特前旗乌拉山镇王建功，2013 年用生物集成技术在温室里栽培越冬西瓜，品种为台湾农友"新西兰"，亩产 5 440 千克，每千克批发价 14 元，亩产值 7.6 万余元，地松软，瓜沙甜，管理中几乎无病虫危害。

（2）内蒙古赤峰市孔凡业，2003 年在该市推广应用生物技术，6 层果亩产 1.0 万～1.5 万千克，一级果达 95％左右，口感特好，经内蒙古万野食品有限责任公司赵华检测，番茄果固形物达 5.3％，较化学技术 3.97％提高 33.5％；红色素达 7.75％，较化学技术3.97％提高 95.21％。因该区过去施化肥多，土壤硝酸盐含量严重超标，化学技术栽培的番茄染溃疡病者达 30％以上，而生物技术多无染病。

（3）内蒙古呼和浩特市地税局玉泉分局职工朱国娟，2010 年用生物集成技术种植春黄瓜，选用津优 35，亩产瓜 2.2 万千克，收入 4.8 万余元，比过去用化学技术增产1 万千克左右，增收近 2 万元。

（4）内蒙古赤峰阿鲁科尔沁旗京天科众中原生态种植专业合作社理事长刘翠娟，2019 年用生物集成技术种植金苗毛毛谷小米 1 300 亩，亩产由过去的 120～150 千克增加到 230～315 千克，达有机小米标准要求，中绿华夏有机食品认证中心给予有机基地认证。

第五节 湖北武汉及以南地区有机蔬菜高产技术方案

长江流域及以南最低气温在 -5～5℃，1.5 万勒克斯以上光照强度天数在 100 天左右，空气湿度 65％～85％在 200 天以上，土壤透气性较差。作物生长的劣势是病虫害严重，产品品质差，产量低；优势是地下水位高，可诱根深扎，少浇水，蔬菜色泽鲜艳。而用生物技术可弥补以上环境造成的诸多问题，较过去的化学农业技术提高产量 3 倍左右，其设施建造与有机生产五要素如下。

一、选择建造两膜一苫拱棚设施

长江以南雨水多，昼夜温差小，选择两膜一苫拱棚，大棚外层膜能避雨，防止田间积水和雨淋湿使作物染病。小棚膜能保墒，使大棚膜直射光线转换成散射光线，提高小棚内温度和叶面光合强度。在最冷的 40 天左右，即外界温度－5～5℃时，傍晚在小棚上覆盖草苫，保证棚内最低温度在 8～12℃，就能使各种作物正常生长。

两膜一苫拱棚建造，按东西延长，南北向规划。大棚选择荷兰组装式结构，拱圆形，即高 2.0～2.2 米，宽 7～9 米，每 1.2 米一拱架。拱架用直径 2.0～2.5 厘米 E 型钢管，也可用 3 厘米直径的寸管做上弦，W 型减力筋和下弦用 10 号钢材焊接，梁与梁间用 12 号铁丝连接固架。上覆 0.01 毫米厚塑料膜，以能抗当地最大风速、风力为准。

大棚内设两个鸟翼形小棚，棚宽 3～4 米，高 1.5 米，最高点距北边 1 米左右，棚横切面呈鸟翼形，用竹木或钢材做骨架，上覆 0.007～0.010 毫米厚的塑料膜，覆 3 厘米左右厚的草苫，小棚骨架以能承受草苫压力为准，白天草苫放在小棚北边地上，也可在 1 米高处支一"门"字架，将草苫放在架上。

用两膜一苫拱棚，在长江流域及以南地区，室外最低气温在－5℃以上情况下，太阳出来棚内白天温度可达 30℃左右，夜间最低棚内温度达 12℃左右，各种作物均能正常生长。

二、用生物技术五要素作物高产的原理

以湖北武汉黄陂区为例，pH 7.92，作物正常生长所需 pH 为 6.5～8.0；土壤含盐量 6 700 毫克/千克，作物正常生长需 4 000～6 000 毫克/千克；不宜再施化学肥料。土质黏性、耕作层含氧量 7%～10%，根系正常生长需含氧量 19%～25%；土壤有机质含量 0.10%～0.32%，作物高产生长需要 2.0%～3.5%；含钾 57～103 毫克/千克，作物高产需在 240 毫克/千克以上；土壤中碳、钾丰富，有益菌就能大量繁殖，作物就能充分发挥原有种性基因作用，产量高。

每千克干秸秆（小麦、玉米、水稻等）含碳 45%、氢 45%、氧 6%，在有益生物菌的作用下可供产 5～6 千克瓜果，可供产整体可食作物 10 千克左右，能从根本上解决碳、氢、氧三大作物营养元素不足及土壤透气性差问题。

用生物有益菌解决营养失衡，即根系在弱光下萎蔫和病虫害问题。长江以南阴雨天多，根系会因叶面光合作用弱、营养往生长点转移而失衡，下部叶萎蔫黄化凋萎，高湿弱光易染真菌、细菌性病害，而在田间施入生物菌，微生物在分解碳、氢、氧有机肥的衍生作用下，将有机物质通过根系直接吸收利用，也称有机营养原理，根系不会萎缩，成虫因不能产生脱壳素而窒息死亡，卵被生物菌化解，能较正常生长。亩 1 次冲施生物菌液 1～2 千克即可。

用植物诱导剂提高植物叶片对光能的利用率。植物诱导剂在高湿连阴雨天和低温期，20℃左右时用 1 200 倍液喷洒叶面；高温干旱光强期用 800 倍液喷洒叶面，可提高光能利用率 0.50～4.91 倍，作物在弱光下能较正常生长，根增多，植株不徒长，果丰叶绿。亩用 25～50 克原粉即可。

用钾壮秆厚叶，抗逆增产。钾是作物的品质营养，能壮茎秆使叶片加厚，果实增重20%，即同样的体积，肉厚秆重，富钾田作物能抗逆增产，50%硫酸钾每千克可供产果实70～80千克，整体食用叶菜150千克左右，硫酸钾与生物有机肥结合，会在生物菌作用下转换成生物有机钾，也就是说无机酸转换成有机酸，因有机肥充足，生物菌吸收空气中氮和二氧化碳，钾以外的其他营养不再补充。

用北京金山爱可乐生丰产动力素或者植物酵酶风味素解决病虫害伤口、叶面老化、产品可口性差、产品不充实等品质问题。亩用5～6粒，每粒兑水15升，叶面喷洒，也可用赛众（含硅42%）、稻壳等含硅有机肥（亩用300～400千克）避虫。把2.5千克麦麸炒香，拌糖、醋、敌百虫各0.5千克，傍晚放在田间地头诱杀害虫，诱杀物用塑料薄膜与土壤隔离。

三、湖北应用生物技术实例

（1）武汉维尔福生物科技股份有限公司李爱成2013年11月6日介绍，"蔬菜育苗用益生菌和植物诱导剂，切方移位，伤根不带胎土，作物产量高10%～30%。"这是因为打开次生代谢功能，抗病增产，苹果、药材均增产0.5～1.0倍。

（2）湖北省三道农场郭祖松，用生物集成技术栽培番茄，没有落花落果现象，增产十分明显。

（3）湖北省王天河，2009年用生物集成技术种植早春温室番茄，株产3.5千克，亩产1.4万千克。

（4）湖北省刘俊虎，近4年来用生物集成技术种植温室番茄，产量、收入较传统化学技术高出1倍左右。2013年秋冬茬番茄留6穗果，亩产1.31万千克，平均每千克3元，一茬收入合计3.93万元，较化学技术亩产约0.5万千克，产量、产值分别增加约1.6倍、1.3倍。

第六节　广东南方沿海区域有机蔬菜栽培疑难问题应对

我国南方沿海地区受昼夜温差小，降水量多，风大而频，土壤透气性差，草、虫、病等自然因素影响，作物病虫害严重，蔬菜种植风险大、产量低。2010—2011年，笔者到广州、台山、深圳考察指导并派人员在此种植有机蔬菜，调查试验如下。

一、疑难问题应对

（一）土壤瘠薄

以广东省台山市为例，土层厚15厘米左右，因过去常年往田间撒施石灰粉杀菌消土，土壤严重钙化，耕作层透气性只有15%左右，15厘米以下透气性在5%以下，有机质含量0.6%，有效钾含量47～112毫克/千克，氮含量3～6毫克/千克，磷含量40毫克/千克左右，pH 8.05。土壤盐浓度为1 000毫克/千克，高产要求4 000毫克/千克。

应对办法：①停施石灰粉（因为它能促进土壤碱化）和磷肥（高产标准要求40毫克/千克）。②亩施秸秆5 000～6 000千克或鸡、牛粪各5 000～6 000千克，基施

50％天然硫酸钾 25 千克，生物菌 2 千克，深施在耕作层 15～45 厘米处，以彻底改良土壤耕作层营养结构。结果期补钾（高产标准要求 240 毫克/千克），生长期补有机氮及碳酸氢铵，高产标准要求 100 毫克/千克左右。

（二）杂草茂密

该地年最低气温在 8℃ 左右，杂草可以周年生长，尤以 6—10 月杂草茂密，与作物争肥争光，多高出作物 20 厘米以上，且拔草之后 3～4 天又长出一茬。

应对办法：①亩喷施生物菌液 2 千克，田间杂草籽全部出土后除掉。②田埂、地头、渠边杂草用二甲戊灵、扑草净等除草剂及时灭草。③防止水渠里杂草籽随水入田。④及早拔除小草，以防结籽蔓延。⑤地面覆盖地膜，抑制杂草生长。

（三）虫害

由于该区域雨频，杂草多，草可周年生长，虫可在杂草中越冬滋生蔓延，害虫品种多，生命力强，繁殖快。

应对办法：①每 3 公顷土地悬挂 1 盏频振式杀虫灯诱杀害虫。②田间悬挂黄板诱杀害虫。③及早清除杂草，以防杂草中滋生害虫。④用高效低残留化学农药喷洒田间周围，灭草灭虫。栽培床用生物农药杀虫，如藜芦碱、苦参碱、苏云金杆菌 1 500～2 000 倍液防治黄曲条跳甲、菜心虫、甜菜夜蛾等害虫。⑤把 2.5 千克麦麸炒香，拌醋、糖、敌百虫各 0.5 千克，晚上堆放在田间薄膜上诱虫，早上捡虫灭杀。⑥用碳能复合益生菌 150～300 倍液喷洒作物叶面，飞虫沾上后即不能产生脱壳素而窒息死亡。

（四）昼夜温差小

该区 6—9 月白天温度多在 35～36℃，晚上温度在 27℃ 左右，昼夜温差在 8～9℃，因昼夜温差小，果瓜菜产量低，叶类菜营养难以积累，品质差。

应对办法：①设冷棚遮阴挡雨，在其下种菜。②选择 11 月至翌年 5 月昼夜温差在 15℃ 左右时生产蔬菜。③建设全封闭保护地设施，用井水降温等。④合理密植，防止太阳直晒地面，使地温过高。

（五）湿度大，病害多

台山市年降水量在 1 600～2 000 毫米，雨多而频，空气湿度大，由于虫多，作物伤口多，土壤营养不平衡，作物易出现生理性缺素症，引起作物真菌、细菌病，且因温度、湿度适宜病菌繁殖，作物腐烂速度快，来势凶猛。

应对办法：①清除周边杂草，消灭害虫源。②及时喷施碳能复合益生菌灭病菌。喷植物诱导剂 700～900 倍液，提高作物抗逆性，防止病毒性病害；喷北京金山爱可乐生丰产动力素或者植物酵酶风味素及时愈合作物伤口，防止感染多种病害。③施足有机肥，如茄子黄萎病引起的干枝病系营养不良症。④可用硫酸铜 50 克，碳酸氢铵 40 克，兑水 15 升喷洒防治真菌、细菌病害，避虫。

（六）土壤营养流失严重

因土层薄，雨多，田间有机质及多种作物所需营养元素易被水冲走，使作物根系不发达，营养供给不足。

应对办法：①有机肥深埋 30 厘米，用生物菌分解，地面、垄上覆盖土或地膜，保护肥力及营养。②晴天气温在 20℃ 左右时，叶面喷米醋拌过磷酸钙 300 倍液补磷、钙，喷

1 000 倍液的锌、硼防皱叶或小叶，喷生物菌配北京金山爱可乐生丰产动力素或者植物酵素风味素控秧促根促果，喷氨基酸类营养物补充根系营养供给不足与失衡，提高产量和品质。

(七) 风大

该区在 7—10 月，常有台风袭击，保护地设施常被刮坏。

应对办法：①建设矮棚厚墙设施，如鸟翼形大暖窖和薄膜小拱棚。②棚内支架底部用钢筋水泥固定，骨架用钢材结构。③在风向设障，台风季节撤下棚膜。

(八) 水害

南方雨多而频，常会出现蔬菜垄被水冲垮或菜秧被淹没泡死。

应对方法：①起高垄，垄上栽秧，畦要短，以便及时快速排出田间积水。②雨前用植物诱导剂灌根或喷洒，增加根系数目。③雨前后浇施碳能复合益生菌，使土壤活力强，雨后少板结，雨后不闪苗或萎蔫轻。

(九) 作物秆细徒长

因湿大温高，作物茎秆纤细，易徒长，严重影响产量。

应对方法：①施足有机肥，使土壤营养浓度在 4 000～6 000 毫克/千克，防止作物徒长。②育苗床不用化肥，在 3 叶 1 心，环境温度20℃左右时喷 1 次 800～1 200 倍液的植物诱导剂（有机栽培认证准用物资），增根壮秧。定植后用 600～800 倍液灌根 1 次，中后期如秧蔓徒长，可酌情再喷 1 次 400～500 倍液。结果期喷 1 次北京金山爱可乐生丰产动力素或者植物酵素风味素，使营养向里转移，提高产量和品质。

二、广东南方沿海区域应用生物有机集成栽培技术典型

(1) 广东省湛江市徐闻县南山镇二桥村潘孔二，2012 年开始用生物有机集成栽培技术生产西瓜、甜瓜、尖椒、菜心，应用面积达 2 000 余亩，作物产量提高 0.5～1.2 倍。如菜心用化肥技术，亩产 750 千克左右，用生物技术亩产 1 500 千克以上，品质达到供应香港、澳门标准要求，口感好、管理中不受病虫危害，秧绿，不死秧。2013 年种植菜心，茬次多，产量高，品质好。

(2) 广东省东莞市常平镇莫忆斌，2015 年用生物有机集成栽培技术，田间作物不生病，不染虫，投入成本低，产量高，品质好。

(3) 广东省高州市谢观路 12 号李华灿，2011 年用生物有机集成栽培技术，一月一茬菜心、芥蓝亩产 1 400 千克以上，两月一茬生菜亩产 3 600～4 000 千克，均比过去应用化学技术产量提高 0.5～2.0 倍，蔬菜无病虫斑，口感好，市场认可度高，生菜每千克批发价 4 元左右，菜心、芥蓝 5 元左右，收入十分可观。

(4) 广东省深圳阮庭成，2010—2016 年按生物技术生产生菜、菜心、芥蓝、菠菜、芹菜、白菜、芫荽等 20 余种叶类菜，产量均比过去提高 50%～80%，产品供应深圳超市，受到广大消费者认可。

三、几种有机农作物准用的生物杀虫防病剂

用有机生物集成技术生产作物抗虫抗病，高产优质效果明显，但难免还会被病虫害侵

染，需要及早准备一些生物杀虫防病剂，以控制病虫害发生发展。

1. 1.5%除虫菊 由北京清源保生物科技有限公司从天然菊花中提取生产，2016年被南京国环有机产品认证中心有限公司和德国、法国有机认定单位认定为有机准用物资。600倍液可防治蚜虫、白粉虱、木虱、稻飞虱、茶叶蝉、菜青虫、小菜蛾、食心虫、黏虫、尺蠖、玉米螟、二代螟等害虫。

2. 0.3%和0.6%苦参碱 由北京清源保生物科技有限公司从天然苦豆子中提取生产，2016年被国内外有机认证单位认定为有机农作物准用物资。1000倍液可防治蚜虫、粉虱、叶蝉、潜叶蝇、卷叶蛾、螨类等害虫。

3. 75%鱼藤酮 由北京清源保生物科技有限公司从天然植物毛鱼藤中提取生产，有机准用物资。600倍液可防治盲椿象、黄曲条跳甲、大猿叶甲、白粉虱、斑潜蝇、瘿螨、负泥虫、稻象甲等害虫。

4. 0.3%印楝素 为70%的天然植物油，从落叶乔木中提取生产，2016年被国内外有机认证单位认定为有机准用物资。用200～400倍液可防治蓟马、蚜虫、叶螨、红蜘蛛、软蚧、粉蚧等害虫及白粉病、黑斑病、霜霉病、叶锈病、炭疽病、灰霉病。

5. 苏云金杆菌 由上海安治南宝生物科技有限公司生产，微生物制剂，有机准用物资。500倍液可防治菜青虫、小菜蛾、甜菜夜蛾、棉铃虫、甘蓝夜蛾、斜纹夜蛾，亩备1瓶（20元）。

6. 5%甲氨基阿维菌素苯甲酸盐 由河北冠龙农化有限公司生产，微生物制剂，有机准用物资。10克配15升水可防治线虫、小菜蛾、菜青虫。

7. 0.5%大黄素甲醚 由北京清源保生物科技有限公司从天然中草药中提取制成，2016年被欧美有机认证单位认定为有机准用物资。500倍液间隔10～15天喷1次，每季作物喷2～3次，可防治真菌、细菌病害。

第七节 云南昆明市区发展有机农业的优劣势与潜能

昆明位于我国西南边陲，常年绿野，又名春城，四季开花，天蓝云白，令人神怡，水质纯清，山草长命，物丰益体。

一、云南昆明市区发展有机农业生产优劣势

（一）优势

（1）昼夜温差中，该地域年最低气温0～1℃，历史极端最低气温-8.5℃，白天气温20～30℃，昼夜温差在10℃左右天数达250天左右，适宜生产叶类菜和根茎菜，如大白菜、甘蓝、花椰菜、洋葱、萝卜等。一年可种3～5茬菜，且投入设施简单，一般年份越冬栽培需设置拱棚，特殊年份外覆3厘米厚草苫。

（2）紫外线较强，海拔1820～2200米，叶类菜外叶小而少，包球紧实丰满，根茎菜秧小球大而实；病害少，蔬菜色泽艳丽。

（3）土壤质地优良，含有机质1%左右，氧化钾80～100毫克/千克，团粒结构良好，透气性20%左右。

（4）水质无污染，可达人畜饮水标准要求，空气清洁。

（5）服务链良好，种苗、栽培、打药、采收系列公司齐全。产品远销新疆、北京、湖南、海南、深圳等地。

（二）劣势

（1）广大农民用化肥多，每次亩施化肥量高达 100 千克，化学杀虫农药 3～5 天洒 1 次，菜青虫、蚜虫严重，土壤恶化，根结线虫严重，产品口味差。

（2）有机肥短缺，农民用有机肥的意识差。叶类蔬菜产量徘徊不前，产量低，如菜心、生菜、菠菜、茼蒿等散叶菜亩产 1 000～2 000 千克。花椰菜、甘蓝亩产 4 000～6 000 千克，番茄、茄子、辣椒亩产 5 000～6 000 千克。

（三）潜产效能

昆明市 2021 年 4 月 1 日出台扶持发展有机蔬菜生产政策，每亩地政府补助整地固路、加线等设施 2 000 元，作物栽培设施 2 000 元，如大棚、滴灌。用碳素有机粪肥＋碳能复合益生菌液＋植物诱导剂＋矿物钾＋北京金山爱可乐生丰产动力素或者植物酵酶风味素生物技术，其潜在效能有：①提高价值。较传统化学农业技术降低成本 50％左右，提高产量 50％以上，其产品为有机食品，提高市场价格 1～3 倍。②改善土壤及生态环境，农业可持续发展，满足食品数量、质量安全供应，保证人类身心健康及幸福生活。③发展低碳农业，净化空气，减少作物病虫危害。

二、水果品种选择

据 2015 年 11 月 13 日笔者在云南希地金马物流（果品）市场调查结果，甘肃、新疆苹果每千克批发价 6～7 元，市内零售价 10～12 元；烟台苹果批发价每千克 8～10 元，零售价 20 元；当地富士苹果自采价 20 元/千克。

设计果树总面积 200 亩，以品尝、采摘、观赏为经营方式。苹果宜选 5～6 个品种，如烟富 8 号或 10 号（鲜红色）、六代红星（紫红色、蛇果类）、天金帅（青皮色）、瑞士红心果、昭通红富士等各 40 亩左右。

选择不变软油桃、黄薄皮樱桃、草莓各 5～10 亩，其中成龄（栽培 5 年）苹果、桃亩产达 4 000 千克，樱桃、草莓亩产 2 000～2 500 千克，亩产值 8 万元左右。

三、蔬菜品种选择

（1）瓜果类。茄子、黄瓜、番茄、辣椒、西葫芦、南瓜、苦瓜等，2015 年 11 月每千克市场价 8～10 元。

（2）叶菜类。小葱、小白菜、茼蒿、菜心、韭菜、豌豆苗、费菜等，2015 年 11 月每千克市场价 6～7 元。

（3）根茎类。姜、紫山药、紫红薯、洋葱、蒿苣、红心甜菜等，2015 年市场价每千克 10～30 元。

果菜类一年 2～3 茬，全年亩产 2 万～3 万千克。叶菜类一年安排 5～6 茬，根茎菜 2～3 茬，全年亩产 1 万～2 万千克。

因当地平均气温 15℃，最低 5℃，极端最低温 1℃左右。需建连株式大棚 50 亩，简易大暖窖温室 30～50 个，安排若干个智能自动化水肥调控装置，每亩投资 30 万元，可用 10 年。配备光伏电能装置补光调温。

四、创新有机农业方法

云南农业发展的最大障碍是土壤重金属超标，据云南三标农林科技有限公司测试中心 2014 年、2015 年在 4 个点取土化验报告，pH 5.40～6.44，铅含量为 48.33～63.01 毫克/千克，镉含量为 0.09～0.15 毫克/千克，铬含量为 65.97～86.76 毫克/千克，汞含量为 0.06～0.09 毫克/千克，镍含量为 26.61～31.65 毫克/千克，超出有机食品要求。

虽然用生物集成技术可以钝化重金属吸收，但还需配合物理栽培方法解决，即选择重金属不超标的风化煤、凹凸棒土或泥炭土等做栽培基质，隔离地下土，然后培以生物有机肥，栽培各种作物，产品当年当季达有机食品国际标准要求。

五、云南应用生物有机集成栽培技术典型

（1）云南省临沧市耿马傣族佤族自治县孟定镇赵树云，2014 年用生物集成技术种植露地茄子，亩产达 1.5 万千克，收入 3 万元左右，较化学技术增产增收 1 倍左右。2015 年选用台湾碧秀苦瓜，3 月播种，4 月定植，亩施牛粪 5 000 千克，碳能复合益生菌液 5 千克，植物诱导剂 50 克（800 倍液），5 月底上市，11 月上旬结束，亩产 5 500 千克，平均 2.8 元/千克出售，收入 1.54 万元，品质优良，单瓜 500 克左右，比化学技术亩产 3 000 千克左右增产 0.8 倍，亩节省农药 2 400 元，节省工费 1 000 元。

（2）云南瑞丽市畹町经济开发区瞿幸生，2013 年 2 年生火龙果田用生物技术，亩产 1 300 千克，3 年生亩产 2 200 千克左右，均比传统化学技术增产 1 倍左右。

（3）云南省永胜县期纳镇大沟村黄建国，在 7 年龄温州蜜橘田，亩栽 60 株，12 月 23 日第 1 次株施生物肥 3 千克拌花生壳 1.5 千克，盖薄土；翌年 4 月 2 日第 2 次株施生物有机肥 1.7 千克；6 月 22 日施第 3 次肥，株施生物菌 5 千克（600 倍液），50％硫酸钾 0.8 千克，亩产蜜橘 2 613.4 千克。同样用上述措施，早春在叶面上喷 2 次 1 200 倍液的植物诱导剂，产量达 2 780.1 千克，比喷清水百果增重 14.6％，增产 273.3 千克，比 2007 年中国柑橘平均亩产量 706 千克增产 2 074.1 千克。产品商品品质佳，达有机标准要求，如果再增施碳素有机肥、钾，还有增产空间。

（4）云南丘北县树皮乡崔德玉，2008 年在温室辣椒上用 800 倍液植物诱导剂蘸根 1 次，增产 73％。

第八节　新疆生产建设兵团生物有机农业发展简明规划

新疆系我国重要边塞，同时是农垦大域。新疆生产建设兵团下辖 14 个师及 185 个农牧团场，每团守护开发土地 30 万～70 万亩，至 2015 年仍有 3 亿余亩土地尚需开垦。自 1959 年至今，该地由荒芜沙碱地已开发成基本良田，机械化程度达 90％左右，发展生物

有机农业前景宏大。以新疆生产建设兵团第一师阿拉尔市三团为例说明。

一、新疆自然优势与农业发展潜在力

（一）环境特点

（1）日照时间长。7月前后早上6时太阳升起，晚上10时左右太阳下山，日照时间长达16个小时，故农作物光合作用时间长，产品固形物多，糖分高，各种营养成分多。

（2）昼夜温差大。白天与晚上温差达10～22℃，利于产品营养积累，果实壮，叶片耗能小，作物产量空间大。

（3）空气干燥，降水少，病虫害少。年降水量1996—2012年平均为98.8毫米，较1956—1995年增加了36毫米，这是连续发展果林业的效果，主要靠高山融化水灌溉，在晚上0～7℃时吸收空气中气体结冰，白天强光高热溶化之水流向山下，人为造湖修渠浇地。因空气干燥，作物不易染真菌、细菌病害，但高温热风易使作物灼伤。

（4）雾天少而短。因降水少，雾在9～11℃时才会产生，形成雾的机会少，即使有雾，也会在太阳出来后很快散去，对作物控病害有利。

（5）积温高。1995—2012年总积温在4 419～4 893℃，利于花芽分化和产品形成。

（6）以风沙土、洪积土、冲积土和沙钙土质为主，表面土中含有有机碳素物，原土中含有机质0.44%～0.74%，含钾在120～160毫克/千克。2米以下原土含有机质0.4%～0.9%，沙性土质地下土与原始表土含营养大致一样，含速效钾40～120毫克/千克，平均值83毫克/千克，速效磷1～10毫克/千克，平均值8毫克/千克。

（二）选择作物高产品系与标准要求

（1）适宜选择长日照作物，如果树、茄果、瓜类蔬菜、长穗大粒粮食、大朵棉花和耐干旱中药材等。如亩产可达800～1 000千克的小麦；水稻亩产1 000～1 500千克的早优517品种；特大穗玉米每穗可长1 000粒左右，亩产1 000～1 200千克；中药材中的甘遂亩产300～400千克（2015年每千克批发价64元），半夏亩产800～1 000千克的大粒品种（2014年每千克批发价33元），地黄亩产4 000～5 000千克的大块茎品种（2015年有机地黄每千克批发价10～20元），甘草国际缺口较大品系等。

（2）土壤总浓度掌握在5 000～6 000毫克/千克，即盐分0.5%～0.6%，超过1%作物生长不良，超过1.2%会出现反渗透死秧，浪费肥料资源。有机质碳把握在1.5%左右，按干秸秆、干稻壳在益生菌作用下每千克可供产鲜果5千克，干品粮棉0.5千克施用，牛、羊粪按干湿度及含土（沙）量酌情投入。钾需保持在240毫克/千克左右，按51%矿物钾每千克可供产鲜果100千克，干品粮棉16.6千克施用。因有机肥中的矿物营养在复合益生菌的作用下，多数营养有效性提高0.15～5.00倍，一般亩施2 000～5 000千克，不再考虑补充碳、钾以外的其他元素。如有机肥不足，只能满足60%左右的氮营养，管理上可较多施用复合益生菌来提高吸氮率和利用率，保证作物高产优质。

2012年，本团土壤有机质含量在1%左右，碱解氮含量为78.7毫克/千克，速效钾含量为127毫克/千克，速效磷含量为18.8毫克/千克，很明显有机质不足，钾缺50%左右，补足碳、钾，产量较过去就能翻番。

2015年10月22日，阿拉布尔市三团温室土壤碱解氮有2个棚为40毫克/千克，明显不足，其余多数在 110～250 毫克/千克，氮浓度过大，作物生长多不良，影响产量。

（3）在光强度达 8 万勒克斯以上的季节，作物需要合理密植，如棉花达 1.5 万株/亩，玉米达 0.5 万株/亩，小麦达 45 万株/亩，设施黄瓜亩达 3 200 株左右，茄子、番茄、辣椒亩达 2 600 株左右，西葫芦亩达 1 800 株。而光强度在 5 万勒克斯左右季节和区域，设施蔬菜需合理稀植，株数减少 1/5～1/3，以利高产优质。

根据当地条件，植物诱导剂用量需少点，用 1 000～1 200 倍液；复合益生菌液用量需大些，温室瓜果菜一茬亩用 20 千克，果树、粮棉、中药材亩用 5～6 千克为好。

二、新疆地区应用生物集成技术典型

（1）新疆轮台县张宏祥，2013 年用生物集成技术，草莓亩产 3 000 千克，连续 4 年黄瓜亩产 2.0 万～2.5 万千克。

（2）新疆阿克苏农一师一团白艳丽，2013—2014 年用生物技术，7～8 年树龄核桃亩产达 400 千克左右（还有 1 倍增产幅度）。

（3）新疆农一师三团毛传勤，2005 年前后用生物技术种植棉花、玉米、番茄，产量倍增。

（4）新疆阿克苏张春秋使用生物菌液，干枣亩产由 200 千克提高到 400 千克。

（5）新疆石河子马金元，2008 年秋季用生物菌浇施大白菜（品种为优选 87），幼苗期用植物诱导剂灌根 1 次，到 11 月初收获，单球平均重 9.6 千克，比对照 5.2 千克增产 4.4 千克，亩增产 8 000 余千克。在冬瓜上应用，单瓜平均重 25 千克，比对照 10 千克增产 1.5 倍。

（6）新疆吐鲁番牛爱民，用生物集成技术种植辣椒、番茄，增产 1 倍左右。

（7）山东技术员宋月景，在新疆和硕用生物技术种植西葫芦，亩产 2 万千克。

三、具体操作

（1）成立生物有机农业开发领导组。阿拉布尔市三团已于 2015 年 7 月 13 日成立了领导小组，组长由团长宋全伟担任，下设项目组、科技推广组、物资生产供应组、有机认证通联组，加入全国有机农业产业联盟。

（2）组织人员在当地寻找麦饭石、硅藻土、风化煤（腐殖酸）、蛭石、千枚岩、珍珠岩、油页岩、泥炭（草炭）、钾长石、高岭土，以及类似凹凸棒石、石灰石、石膏等非金属矿物质，以改良土壤质地，利用干枯树干和油、酒、果汁厂相关下脚料等价廉的碳素物质。

（3）基地有机认证。因该地无工厂污染，天蓝气清，水清洁纯净，土是沙性质地，用中国式有机农业优质高效栽培技术成果五要素生产农产品，可一举获得有机认证。大气、水质、土壤由环保部门化验获取报告后，网上填报有机认证事宜。

（4）立项推广中国式有机农业优质高效栽培技术和用生物技术开发盐碱地的项目可行性报告，争取国家支持。

（5）编制一本《新疆生产建设兵团三团生物有机农作物标准化操作规范》，将主要发展品种一一列上，出版发行，提高三团生产知名度，让全团生产人员按书作业。

（6）提前找卖场。提前加入全国有机农业产业联盟平台，面向全国发布信息，使品牌有机农产品及早有约，订单生产。

（7）建一益生菌液和生物有机肥厂。考察我国最佳生物菌，投资200万～500万元，建一益生菌液（每亩6～20千克）和生物有机肥厂，年产3万～5万吨，首先满足本团30万亩（每亩100千克）地需求，然后逐步向周边县、团辐射，并按有机农业投入五要素套餐供应，使本套餐用到哪里，哪里作物产量就翻番，产品达有机要求，让种植大众获利。

第九节　北京推广中国式有机农业优质高效栽培技术成果的战略意义与建议

2009年4月24日，中国植物营养与肥料学会调查组闵九康一行11人，到山西新绛县调查生物技术应用情况。6月2日，国务院办公厅以国办发〔2009〕45号《促进生物产业加快发展的若干政策》拉开了几十年争议的生物农业发展序幕。

2011年1月6日，北京市农村工作委员会主办和农委承办的信息中心发布，由王光星提议在北京推广山西新绛县高级农艺师马新立研究的有机蔬菜标准化良好操作技术，成本低、自然资源利用率高，就此列入北京市"十二五"推广计划第三条、第四条。

一、北京市应用化学农业技术造成的现实问题

1. 化学农业技术约束着人们的思想认知　40年的化学农业技术使人们均认为农作物不靠化肥、农药，作物产量上不去。没有认识到生物有机农业集成方法的增产作用和易于管理的内涵。

2013年6月27日，笔者在北京市密云区发现，有60%的设施温室放弃不耕，原因是用化学技术引起土壤污染，投入大，产量低，难管理，品质差，效益不佳。

2. 土壤浓度过大　笔者了解到，北京市密云区设施温室土壤耕作层有机质达1.5%～3.0%，碱解氮含量达100～130毫克/千克，严重超过高产要求（65毫克/千克）；含钾达300～800毫克/千克，符合生物有机农业高产技术要求；含磷达120～160毫克/千克，是标准40毫克/千克的3～4倍。但产量仍不上去，特别是鸡粪亩施20吨左右，造成死秧或绝收者不在少数。

3. 五要素应用不到位　虽然北京市近年来为大力发展设施农业，1亩大棚国家补助4万元，免费提供生物有机肥或益生菌液。但是要么是有机质碳素肥应用不到位，要么是植物诱导剂没用或不会用，要么是钾营养不敢用或用量少。产量、品质好，但远远达不到生物集成技术较化学技术增产1倍以上的效果。

4. 有机农产品与化学农产品价格差距不大　如北京大兴区长子营镇白庙村王俊，用生物集成技术种植的蔬菜品质好、产量较高，但价格与化学技术产品差别不大，又因耕作土地面积小，规模小，所以放弃种植。

二、北京应用生物有机技术典范

（1）北京市顺义区安路15号，原北京军区警卫营农场胡如意，2010年用生物集成技

术，番茄亩产一茬达 2 万千克。

（2）北京原总参谋部兵种部 750 农场胡锐，连续几年来用生物技术，各种蔬菜生长好，较化学技术增产 0.5～1.0 倍。经化验，产品全部达有机标准要求，内供价格高出市场价 3 倍，产品供不应求。

（3）北京东风捷码科技开发中心技术员梁爱明，连续几年来用生物集成技术种植茄果类、瓜类、叶类蔬菜，成本低，品质好，产量较化学技术高 50％以上。如用新疆罗布泊天然矿物钾，产量还可提高 0.5～2.0 倍。

（4）北京市大兴区庞各庄冯罗平、于华清，用生物技术种植西瓜，产品达有机标准要求。

（5）北京星光旺农技术服务中心王星光，用生物技术生产南瓜尖、丝瓜尖和豌豆尖，效果好。

（6）北京市海淀区苏家坨地区台头村凤凰岭路董尚云，近年来用生物集成技术生产各类蔬菜，均达有机食品标准，较化学技术增产 0.5～1.0 倍。

三、对北京推广中国式有机农业优质高效栽培技术的建议

1. 用生物集成技术代替化学农业技术　病虫害少，产量可提高 0.5～2.0 倍，产品当年当茬就可达有机食品标准要求，成本低 30％～50％。使用生物技术还可净化土壤、水质和空气。建议建立示范项目和示范点，使广大种植户先改变种植观念。

2. 物资供应配套到位　有机碳素肥、碳能复合益生菌液、新疆罗布泊天然矿物钾、植物诱导剂、植物酵酶风味素五要素到位。

3. 产品取证　产品经有资质的检验部门检验取得证书后，在市场宣传销售，价格比化学技术产品高 1～3 倍。

4. 制定标准化生产规范　按照中国式有机农业优质高效栽培技术操作管理五要素，制定出版北京市有机农作物高产优质标准化生产规范，一方面让种植户明白技术，以此作业，另一方面让消费者明白生产来源。

5. 出台生物产业规划　按照国务院 2012 年 12 月 29 日出台的《生物产业发展规划》，制定实施《北京市生物有机农业产业发展规划》，以领航全国生物有机农业发展。

第十节　上海生物有机农业技术发展短板与建议

上海市瓜菜研究会会长朱龙舟，2003 年前往山西新绛县考察生物有机农业，并在上海市建立生态园，制定出五年生产规划，采用循环轮茬、修复生态、种田养地的发展理念开展蔬菜生产。

朱龙舟认为，生态技术方案的核心点，一是停用化学肥料和化学农药，使用生物技术改良土壤。二是用生物技术防治病虫害，如放养青蛙捕杀害虫。三是用物理方法杀害虫，即用诱虫灯、诱虫板捕杀害虫。

一、目前的短板与问题

（1）近年来，上海市郊区因有机肥奇缺，主要靠化学技术生产蔬菜，产量低、品质

差。城市生活垃圾较多，其中的碳素有机物要么填埋浪费，要么挥发污染环境。如果将其中碳素有机物制成碳素有机肥还田，一方面能为土壤提供碳素，作物高产优质，另一方面能减少城市垃圾污染，达到保护环境的目的。

（2）栽培技术与品质参差不齐。近几年，虽然上海市有一部分人用生物集成技术种植蔬菜，大棚番茄、茄子、黄瓜、辣椒、西葫芦一茬亩产达 1 万千克左右，产品达绿色有机食品要求。但由于已习惯用化学技术栽培管理，致使使用生物集成技术者寥寥无几，造成产量、品质高低悬殊。

（3）品牌没有标准化。多数品牌虽然在工商局登记，但很多产品不是自己生产，而是在市场购回散菜装箱，质量无保证，品牌影响力差。

二、上海应用生物有机技术典范

（1）上海市浦东新区赵广军，2013 年用生物集成技术在大棚内种植春黄瓜，虽然当地缺有机肥，但增产 50％左右，亩产 1.6 万千克，收入 3.3 万余元。

（2）上海崇明区 2005 年至今，在番茄上应用植物诱导剂，8 层果株高 1.6 米，叶伸展度宽，着果早而大，增产 80％。

（3）上海南汇区（现为浦东新区）王永强，2008 年 11 月播种，品种为西安 501 和金鹏系列，用生物集成技术比对照果大、空穗少，增产 66％。

（4）上海崇明区陈雪章，用植物诱导剂灌菜根，果好，控秧抗病明显，收益倍增。

三、生物有机农业技术发展建议

1. 把蔬菜提质增效作为全市农业供给侧结构性改革重要指向任务　把有机蔬菜种植园作为品质兴农业的重点中心工作，统筹规划，分步实施，舆论引导，品牌展示，并在大中城市设立专卖店，举办蔬菜文化节，评选种植、销售、电商、品牌典型，全面提升蔬菜产业品质和影响。

2. 规范种植管理，广推生物集成技术　中国式有机农业优质高效栽培技术成果——新绛种植模式，一是保证当年当茬达有机食品标准要求。二是当茬产量较化学技术提高0.5～2.0 倍。三是保证不用化肥、化学农药、化学生长激素，净化水、土、气等生态环境。因此，应倾力推广此技术，使此技术在全市占主导地位。

3. 政府和政策引导支撑产供销生长点

（1）在推广生物集成技术上成立领导小组，制定统一用物标准、管理方案。落实农业农村部《开展果菜茶有机肥替代化肥行动方案》，亩补 15 千克碳能复合益生菌、2 包植物诱导剂、植物酶酶风味素，补助设施温室大棚，用生物技术材料替换化学技术材料，列入政绩考评，全力开展工作。

（2）拉长产业链，确保增值。支持加工企业，如净菜盒加工。笔者了解到 100 米^2 需3 台制冷挂机，费用 1.2 万元，发电机 5 000 元，保鲜袋生产设备 4.5 万元，制氮、氧、二氧化碳设备 1.5 万元，清洗切割设备 2 万元左右，一套投资 10 万元左右，每天可生产2.5 万盒，直接通过超市进入家庭。上海我厨科技有限公司一天就地生产销售 2.5 万盒，每盒赚 1 元，一天即可赚 2.5 万元。有原材料优势，蔬菜就地采购，统一品牌包装，分户生产，统一销售，或通过电商平台自销，政府明确给予引导补助。

（3）创新发展新模式，畅通销售渠道。依托"互联网＋"形成电商创业与蔬菜产业共生发展，把蔬菜产业纳入产业脱贫一揽子计划，寻找新的加工、销售方法和途径，创造品质、品牌，走出一条"齐心抓菜，科技兴菜，提质增效"的一业带百业的发展新路。

第十一节　陕西发展生物有机农业的情况

2016 年 8 月 16 日，笔者受邀前往陕西渭南地区考察生态环境及农业用物。从澄城县农科人员口中获悉，该县决定大抓有机农业发展事宜，大力支持已建成运营的两个生物有机肥厂的生产销售，以便发展有机食品。笔者认为要从自然民习、土壤现情和政府补助引导上着手。

一、陕西的土壤状况

陕西丘陵区域多，属黄土高坡，因坡上土壤有机质少，所以草不旺，坡下土壤有机质含量也在 1％以下。有机质少，自然微生物生存空间就小，尽管土壤中含有较多钾、磷、钙等，因缺益生菌也难以充分发挥作用。土壤中缺有机质碳、缺益生菌、缺钾成为作物增产的最大障碍。

二、作物品种选择

根据陕西地理位置、土壤、气候和人文特点，发展作物品种应从 4 方面考虑。

1. 发展有机中药材　如甘遂、半夏、地黄、远志、栝楼、金银花、天麻、甘草、荆芥、菊花、白术、板蓝根等，均耐旱耐瘠薄。该区域气候干燥、光照较强、昼夜温差大，产品市场价值空间稳定，生物集成技术产量较化学技术增产 0.5～4.0 倍，且有机中药材价格又高出化学技术产品 2～5 倍，亩产值可达 2 万～6 万元。

2. 发展野菜　如藜、蒲公英、看麦娘、苦荬菜、茵陈蒿、扫帚菜等野菜。在自然气候条件下生长的野菜，早春价格达 4～8 元/千克。如果周年生产供应，不与常种蔬菜争种植面积，只与之争市场、争价格。用生物技术可增产 0.5～2.0 倍，一年可种 4～8 茬，亩收入可达 2 万～6 万元。

3. 发展绿草及畜业　据《短期绿肥》（1983 年）数据，豆科作物根瘤固氮量占作物总固氮量的 60％，蓝藻为 11％，如种紫云英或苕子，每年亩可固氮 9 千克，红萍一年一季可固氮 5 千克，苏丹草、苜蓿、田菁、苘麻既能绿地，又能提高土壤肥力。再如草木樨，种一年土壤有效磷提高 7.6 毫克/千克。用生物有机肥（或有机肥拌复合益生菌）种植作物或草，植物吸收能力提高 2～3 倍，用生物技术生产的草料养殖畜禽，可节省饲料 52％左右，畜禽料不再添加化学抗生素，土地健康，作物健康，食品安全，人们食用后身体健康。种绿草两年以上的土壤，有机质可提高 1％以上。

4. 用生物集成技术提升果业　如现有的苹果、樱桃树，用绿农生物有机肥＋植物诱导剂＋钾＋北京金山爱可乐生丰产动力素或者植物酵素风味素管理，产量可提高 0.5～

2.0 倍，当荏农作物产品可达有机食品标准要求，价格可高出 1～40 倍，效益丰厚。

陕西种植作物要避开国家扶贫支持少数民族地区大量种植的核桃、枣、樱桃等作物，又要避开晋、冀、豫、鲁南大量种植的蔬菜，还要避开有自然优势条件种植的高产耐贮运的作物，才能立于不败之地。

三、陕西应用生物有机技术典范

（1）陕西汉阴县双乳镇双乳村黄家成，2010 年着手在本村用生物技术发展莲藕，当年大丰收，一次交党费 1 万元。第 2 年流转土地 300 亩，拉动当地农民致富，被推选为党支部书记，成立了杨柳富硒莲藕产业有限责任公司，生产点覆盖全县 8 个乡镇，被推举为安康市学教活动先进集体和个人。

（2）陕西省眉县农民专业合作社社长齐峰，猕猴桃田用生物集成技术，不用化肥和化学农药，亩产值达 3 万余元，较过去用化学技术增收 2 万余元。化学技术产品每千克批发价 4～6 元，而生物技术产品每千克批发价 45 元，个大、肉黄、酸甜可口，每个零售价 4 元左右。

（3）陕西省西安市周至县李永波，2015 年用生物技术防治猕猴桃根腐病、溃疡病、流胶病等引起的死秧，一次见效，二次痊愈，秦岭山下猕猴桃田用生物技术亩产达 3 000～4 000 千克。

（4）陕西杨陵锦田果蔬专业合作社李海平，2009 年用化学技术种植各种瓜果蔬菜，到 2012 年赔了 170 万，2013 年开始用有机羊粪（亩用 1 750 千克）＋复合益生菌（亩用液体 15 千克或固体 80 千克）＋钾（每株 150 克）管理，在土壤 5 项重金属超标的情况下，产品通过农业部（杨凌）检测中心检测，5 项全部合格，西瓜亩产 5 750 千克，葡萄亩产 2 000～3 000 千克，每千克 80～120 元，三年赚回 170 万，被评为省级百强社，中央电视台给予报道。

（5）陕西省咸阳市兴平市阜寨镇阜寨村史铁路，2013 年用生物技术种植露地番茄，选用金鹏系列品种，无病生长，连续几年来一茬亩产均在 1.00 万～1.15 万千克，果实漂亮，耐贮运。而对照化学技术易染病毒病、溃疡病和青枯病死秧，产量相差 1 倍左右。

四、发展生物有机农业的方法

（1）各级政府根据国务院《生物产业发展规划》，出台省、市、县相关生物有机农业发展规划。按照 2015 年中央 1 号文件要求大力推广应用生物有机肥。

（2）设施农业每亩补给农民生物技术物资（生物有机肥或复合益生菌液）500～1 000 元，大田作物亩补助生物有机肥 5～10 千克或复合益生菌液 1～2 千克，价值 20～40 元，拌种穴施。可减少化肥和化学农药用量 30%～100%，可高产优质。

（3）充分利用秸秆还田，利用农家肥和腐殖酸、植物体垃圾，生物有机肥和复合益生菌液拌沤后施入田间，提高有机质、空气和土壤营养利用率 1～3 倍。

（4）支持拉动现有生物有机肥厂全员开工生产，满足有机农业生产发展需求。

（5）加入全国有机农业产业联盟，利用此平台提供产供销服务。提高农业收益，使农民收入早日翻番。

（6）政府报销有机认证费用，使用生物集成技术生产的产品，以有机农产品价格出售，以效益拉动农业经济发展，并向全社会生产供应有机安全食品。

2016 年 6 月 6 日，杨凌高新区区委常委、政府办主任邓毅伟，创业中心副主任付仲民，科协副主席、招商办副主任曹智武，研究决定，在杨凌成立马新立生物有机农业研究院，安排 1 000 亩设施推广示范中国式有机农业新绛模式，以解决 1 450 个有规模、有品种、有经费、有品牌、有影响企业因缺技术方法而引起的产量低、无效益问题。

第十二节　辽宁大连中西技术合璧发展有机农业初探

2016 年 10 月 29—30 日，笔者与光立虎受邀到辽宁省大连锦禾生态农业科技发展有限公司考察农业发展情况，董事长陶剑提出先建立 140 亩中西技术合璧有机农业示范园的设想。

一、自然环境与优劣势

辽宁土地辽阔较肥沃，以大连北黄海经济开发区李炎波农田为例，土壤含有机质2.5%，氮 90 毫克/克，磷 56 毫克/千克，钾 87 毫克/千克，pH 6.5。优势是该市极端最低气温−25℃，昼夜温差大，作物病虫害轻；近临大海，环境湿润，常年不浇水，作物不会因干旱而绝收；土壤疏松，团粒结构良好；水质、空气质量优良，产品优质。如果用生物集成技术解决高产问题，将对农民收入翻番及扶贫工作起到"科技贮金"的主导作用。劣势是用传统技术种粮，不搞秸秆还田，玉米亩产 500 千克，大豆亩产250 千克，设施蔬菜亩产 5 000 千克左右，收益不佳，农民对种植失去信心，无心承包土地或弃耕。

二、西方式有机农业技术模式

大连锦禾生态农业科技发展有限公司于 2015 年成立，严格按照国际认定的西方式有机农业生产技术模式栽培，即前菜棚后别墅。设施为空心砖墙，塑料阳光板棚面，盆栽种植，营养钵内蚯蚓粪拌蘑菇渣，酵素菌发酵，营养液滴灌，合理稀植，一氧化碳灭菌，黄板、防虫网杀虫，不用任何化学肥料和化学农药。

用西方式技术栽培室内蔬菜长势：叶菜类叶薄色黄；番茄节长秆细，1.5 米高只有两穗花序，且果实小而生长慢；茄子秧徒长，果少；西葫芦白粉病严重；豆角茎秆细，角少；黄瓜叶皱节长，瓜刺扎手，口感一般。因缺复合益生菌和稀有元素，作物难以打开次生代谢功能，化感素和风味素难以释放出来，食味一般。

西方式栽培法问题：①盆中碳素营养远远达不到果实高产需求，产量低，生长慢。②按传统思维，钾元素供应不到位，所以茎秆纤细，节长，果实大小不均匀，肉空，质量轻。③顶棚塑料板阳光透过率低，植株徒长，产品弱化，易脱水萎蔫。④缺稀土元素，果实不丰满，打不开植物次生代谢功能，各种作物特有的风味不显著。⑤单用酵素复合菌，有效活菌数少，固氮酶活性弱，解钾、固氮、释磷、防虫、抑病菌和防草作用差，病虫害较重。

三、中国式有机农业技术模式的优势

中国式有机农业优质高效栽培技术，一可大大增加产量，从而保证农民收入倍增。二可保证当年当茬生产出有机食品。三可在土壤重金属超标的情况下，保证产品含量不超标（称为钝化或包合作用），也就无需考虑转换期。四是这项技术可以净化水、土、大气等生态环境。

四、辽宁应用生物集成技术增产增效典型

（1）辽宁省台安县王文富，近几年来用生物集成方法种植温室辣椒，选用瑞克斯旺品种，亩栽 2 500 株，一茬产 2 万千克左右，亩产值 5.6 万～6.0 万元。

（2）辽宁凌源杨秀年，2010—2017 年用生物集成技术，增产效果特别突出，亩效益达 8 万～9 元。

（3）辽宁东港市由基农业科技开发专业合作社，在各种作物上用生物集成技术，不施化肥、化学农药，种植的草莓连续 9 年被辽宁方园有机食品认证有限公司认定为有机食品，2011—2012 年被评估为 AAA 级信用企业。

（4）辽宁葫芦岛市南票区金星镇德东农资经销处李德东，2016 年用生物集成技术种植黄瓜、番茄，秧苗抗病，不徒长，长势好，增产明显，品质优良，较化学技术增产 1.0～1.3 倍。

（5）辽宁省台安县台安镇耿家村刘永付，2013 年用牛粪＋复合益生菌＋钾＋植物诱导剂种植茄子，亩产达 2 万千克。

（6）辽宁省盘锦市石新镇常屯村何静，2010 年首次在温室种植蔬菜，每亩施牛粪 30 吨（过多）。茄子选用荷兰布利塔，亩栽 2 000 株；辣椒选用瑞克斯旺-迅驰（37-74），亩栽 2 200 株。用生物集成技术，茄子亩产 2.2 万千克，辣椒亩产 1.6 万千克，平均每千克 3.3 元，亩收入 6 万余元。

（7）辽宁省台安县史永发，2008 年在温室种植越冬辣椒，选用早熟、耐弱光、耐寒，果长 20～25 厘米，单果重 80～100 克的荷兰 37-72 品种，每亩栽 1 800 株。按有机碳素肥（饼肥 500 千克、牛粪 7 000 千克、鸡粪 2 000 千克）＋复合益生菌液（10 千克）＋钾技术，株产 10 千克，800 米² 产 1.6 万千克，收入 7 万余元。

（8）辽宁省台安县新台镇新台村赵全，2006 年在温室内栽培荷兰布利塔越冬茄子，800 米² 栽 2 100 株，阶梯形整枝，共用复合益生菌液 30 千克，牛粪 7 000 千克，鸡粪 2 000 千克，植物诱导剂 150 克（分 3 次叶面喷洒），45％钾肥 350 千克（每次随水冲施不超过 24 千克），株产 32 个果，12 千克，800 米² 产 2.52 万千克，收入 6 万余元。用此法连年高产稳产。

第十三节　吉林土壤环境条件与发展
有机农业的优劣势

一、土壤环境优劣势

吉林省土壤肥沃，适宜种植各种农作物，且投入低，产量高，品质好。但该地区无霜

期短，温度低，各种作物易受冻害，适宜生长期受到限制。应用生物技术能提早上市和提高作物抗冻性，但益生菌在该地发挥作用具有局限性，适宜在温度回升到5℃以上时推广应用生物集成技术。

吉林省素有"黑土地之乡"之称，现有耕地面积553.78万公顷，占吉林省土地面积的28.98％；人均耕地0.21公顷，是全国人均耕地的2.18倍；土地肥沃，土壤表层有机质含量为3％～6％，高者达15％以上。盛产玉米、水稻、油料、杂粮等优质农产品，具有发展高效农业、绿色农业的有利条件。农用地（包括耕地、林地、草地、农田水利用地、养殖面积等）总面积约1 640万公顷，占土地总面积的86％。

吉林梅河口属中温带湿润气候区，年平均气温5.5℃，1月平均气温最低，常年在－14℃左右，极端最低气温达－33℃；7月平均气温最高，在22℃左右，极端最高气温达36℃。通化的多年平均降水量有870毫米，主要集中在夏季，6—8月3个月的降水量占年总降水量的60％以上。年日照时数有2 200小时。

如果温度过高，冬眠不足，就会导致生长发育不良，气温过低则易使作物遭受冻害。作物既喜欢墒情潮湿的土壤，但又怕雨涝的影响，如果雨量过多，土壤长期积水，极易影响根系尤其是菌根的生长。因此，在低洼易涝地区不宜发展作物。

吉林省长春市大架子山村土壤营养情况与作物高产优质标准要求，2017年吉林省农业科学院农业质量检测所报告，该地土壤pH为6.90～7.27（作物高产标准是7.5～8.0）；有机质含量为2.44％～2.58％（作物高产为3.5％～4.0％）；有效磷含量为22.5～44.9毫克/千克（高产标准为40毫克/千克），速效钾含量为140～180毫克/千克（高产标准要求240～340毫克/千克），碱解氮含量为134.95％～172.07％（高产标准为120～170）。此类土壤用生物技术，磷有效性可提高1倍左右，有机肥露地亩施2 000千克左右，土壤中固氮酶活性可达600［纳摩尔/（千克·天）］，按50％的天然钾每千克可供产鲜果5千克、干粮品16.6千克施用。需要了解过去3年农田投入肥料与产量，以确定土壤中有机质的有效性，从而决定有机肥的投入量。

二、应用生物技术范例

（1）吉林省梅河口市青篮蔬菜种植专业合作社周宝琦，2013年用生物集成技术种植草莓，品种为日本红颜久久，亩栽7 000株，单果重62克左右，按牛粪、生物菌、植物诱导剂、钾、植物酵素风味素五要素栽培，土壤含有机质达20.4％，氮320毫克/千克，磷70毫克/千克，钾590毫克/千克，亩产2 250千克，每千克批发价60元。

（2）吉林省四平市农垦管理局单士敏，2015年用生物集成技术种植洋香瓜，亩产一级瓜7 560千克，二级瓜2 500千克，合计达1万千克，较用化学技术亩产3 000千克增产2倍多。

三、关于推广有机农业多样化生物集成技术模式的意义

有机农业多样化生物集成技术模式包含生物集成种植技术模式和复合益生菌饲料养殖鱼、鸡、猪、牛、羊等家禽家畜技术模式两大块。种植不需要施用化肥、化学农药、化学激素，养殖不需要饲料添加剂和抗生素，只需饲草加复合益生菌，畜禽食用复合益生菌饲

料，节省了50%左右的成本，比当前用化学添加剂生长速度慢30%～40%，比家养快50%左右，与规模化生产相比，便于就地取材，能解决21世纪提倡的规模化生产、工厂化作业带来的供销长途运输费用增加和化学技术导致土壤、大气、水源、食品污染，生态环境恶劣等诸多问题。用复合益生菌发酵秸秆和粪便成本低、操作方便，利用率提高1～3倍，污染物及早清洁，提高了产量和质量，减少了动植物病虫害发生发展，种植养殖循环。该技术大致为：把植物秸秆、动物粪便用复合益生菌发酵后，菌群使有机肥有效性提高2～3倍，光能利用率提高0.50～4.91倍，补充天然钾肥，在不用其他化肥和化学农药的情况下，就可以使作物的产量产值提高0.5～2.0倍甚至更高。

这项技术，一可大大增加产量，从而保证农民经济收入倍增。二可保证当年当茬生产出有机食品。三可在土壤重金属超标的情况下，使产品重金属含量不超标（称为钝化作用），也就无需考虑转换期。四是这项技术可以净化水、土、大气生态环境。大力推广生物技术，如用金银花、连翘、牛蒡子、马齿苋、鱼腥草等中草药代替抗生素，可改变生物肠道菌群，使畜禽健康生长；在饲料中加入有益菌，既能提高饲草利用率，又使之抗病生长，还能使粪便中的三甲醇、硫醇、甲硫醇、硫化氢、氨气在有益菌的作用下转化为有机营养。现在我国抗生素用量达20万吨/年，已给人类身体健康埋下了"隐形炸弹"。

第十四节　黑龙江佳木斯北大荒853农场打造绿色有机农业

近年来，黑龙江佳木斯市大力实施农业"三减"行动，积极发展绿色有机农业，着力改善农业生产环境，从源头上打造绿色有机农业。

一、政府力推"三减"，打造绿色有机农业

对于农民来说，农业"三减"最怕的是导致减产减收。佳木斯市以2015年"三减、两增、一提升"万亩示范田为案例，通过政策扶持、示范展示、加强督导检查等措施，使得农业"三减"切实深入民心。按生物集成技术种植，各类病虫草害发生发展得到有效控制，减少了除草剂等农药施用量。

二、土壤现状与对接有机农业高产优质五要素

据黑龙江八五三农场土壤化验报告，pH为5.01～5.99，标准要求为6.5～7.5，偏酸土壤中亩施生石灰粉100千克（30元左右），中和酸碱度，保证出苗率；有机质含量4%～8%，基础条件很好，不必再施有机肥；含磷15.2～47.4毫克/千克，高产标准为40毫克/千克，因用复合益生菌液可提高有效性1.1倍左右，多数地块不补即可；含钾93～294毫克/千克，高产标准要求240毫克/千克以上，100毫克/千克土壤亩施51%天然钾50千克（每千克可供产稻16.6千克），100～200毫克/千克土壤亩施钾肥25千克左右，超过240毫克/千克不需再施钾；氮不足，复合益生菌可吸收利用空气中氮，不需补充；亩备北京金山火山岩稀土水溶肥200克，配成300倍液（60元），或者植物酵酶风味素10粒（50元）。

三、黑龙江省应用生物集成技术典型

（1）黑龙江省牡丹江市东宁市李胜斌，2014—2016 年承包土地 200 亩，用生物有机农业技术种植番茄，产量高，品质好，受到当地居民的认可和赞许。

（2）黑龙江八五三农场，用生物技术种植水稻，亩产达 900～1 000 千克，较化学技术亩产 500～700 千克增产 200～500 千克。

第十五节 甘肃平凉推广中国式有机农业优质 高效栽培技术成果项目建议书

一、甘肃省平凉气候、自然资源

甘肃省平凉属于泾渭河冷温带亚湿润区。气候特点是南湿、北干、东暖、西凉，年平均降水量 511.2 毫米。各季降水量分布很不均匀，冬、春降水少，6 月下旬进入雨季，至 10 月上旬左右结束。主要降水集中在 7、8、9 月。降水的年际变化也很大，1964 年降水量最多，达 744.5 毫米，1942 年最少，只有 249.9 毫米，每隔 3～10 年就出现一个枯水年（降水量小于 400 毫米）。枯水年过后一般都紧接一个丰水年（降水量为 600 毫米）。由于陇山余脉的地形影响，降水的区域分布比较明显，但总的趋势是由西南向西北递减，西南部山区年平均降水量可达 600 毫米以上，西北部的安国、大秦、西阳一带降水量在 500 毫米以上，泾河川区及北部塬区降水量在 550 毫米左右。

平凉是甘肃省主要农林产品生产基地和畜牧业、经济作物主产区，盛产苹果、小麦、玉米、谷类、荞麦、油菜、胡麻、林果、烤烟等，具有开发"两高一优"农业的广阔前景，曾与庆阳地区以"陇东粮仓"闻名遐迩。旱作山区盛产胡麻、向日葵、土豆、莜麦和豆类等，阴湿山区林草茂盛，是西北各类中药材的重要产地，中药材主要有党参、黄芪、甘草、大黄、贝母、款冬花等 150 多种，山药、百合、蕨菜、甲鱼等极具地方特色。川区以果、菜发展迅速，已成为农村支柱产业之一。

二、优劣势分析与解决办法

甘肃平凉市崇信县和山福现代农业有限责任公司董事长王军平，2017 年 1 月来新绛反映，该地用化学技术小麦亩产 300 千克，玉米 800 千克，甜瓜 3 500 千克，苹果 2 500 千克，红苓 300 千克左右，设施农业韭菜、草莓、桃品质较好，产量不佳，依靠传统化学技术投入产出比高。

（一）优劣势分析

（1）该市海拔 800～1 300 米，气候干爽。适宜发展优质果品和中药材，特别是在苹果树下栽培半夏、甘遂、党参、丹参、甘草等，利用果树体遮阳挡光作用，在阴凉干爽处种植中药材和土豆、胡萝卜、洋葱等蔬菜，一举两得。

（2）该地土壤含钾、钙丰富，含钾 170～180 毫克/千克，含钙 500 毫克/千克，生产果品、中药材产量高，品质好，投入成本低。利用生物集成技术中的复合益生菌提高钙、钾利用率 1.1～5.0 倍，产量提高 1.1～5.0 倍。

（3）该地光照强（10 万～14 万勒克斯），昼夜温差大（20～30℃），利于产品营养积累，产品糖、固形物含量高，耐贮耐运。

（4）利用复合益生菌保湿保温，改善作物根际环境，结合喷洒植物诱导剂，增加根系数量 0.7～1.0 倍，提高作物抗旱、抗冻、抗逆性。

（5）利用植物稀土即北京金山水溶肥、北京金山爱可乐生丰产动力素或者植物酶风味素调节作物体，充分打开植物次生代谢功能，保证产品质量和原本特殊风味。

干热风是当地小麦等作物减产的主要原因，土壤含有机质 0.6％左右，含钾丰富，所以，多在风调雨顺的秋季，作物能高产，秋玉米亩产可达 1 000 千克以上。

（二）解决办法

利用生物集成技术，一可解决病虫害严重问题。二可解决生态环境变劣问题。三可解决作物产量和品质问题。操作步骤如下。

第一步　2021—2022 年，地方政府全面引导推广生物集成技术。一是政府采购补助生物技术农资。二是流转土地政府补助租地费。三是返乡农民创业可在山地建房建库，不受土地政策审批约束。

第二步　叶片直径 2 厘米左右时，喷洒 1 次植物诱导剂 1 200 倍液，提高株体抗逆性，主要是抗旱、抗病毒性病害。复合益生菌液发酵后在早春施入根际周围，提高有机肥利用率和防治真菌、细菌病害。可亩施有机肥 2 500～6 000 千克，亩穴浇复合益生菌液 2～3 千克。早春叶面喷洒植物诱导剂 800 倍液 1 次，控叶促花蕾、控抽枝促果；结果期叶面喷 1～2 次复合益生菌 300 倍液，内放植物酶风味素，每 14 升益生菌液放 1 粒，保花保果，使叶面营养向果实转移，修复果面，增加糖度 2％～4％。土壤含钾量为 150 毫克/千克，按含 51％钾每千克可供产干品果实 16.6 千克，鲜果 100 千克，可食鲜菜 160～200 千克施用；200 毫克/千克时，亩补充 51％天然纯钾 25 千克，在果实膨大期施入即可。

蔬菜、粮食、中药材种植将生物集成五要素用到位，保证比过去用化学技术增产0.5～2.0 倍，产品达国际有机标准。

进一步完善示范点应用效果，向国内外推广扩展。

（三）认证与销售

（1）每个产品寄往有资质的化验部门化验，如诺安检测服务有限公司，以检测结果报告为准，扩大宣传促销，提高产品价值和效益。

（2）需要有机认证，可与北京五洲恒通认证有限公司及早对接，只要按生物技术五要素生产，一定能通过认定。

（3）与有机农业高产优质技术成果人员、农业发展有限公司对接，提高产地销价10％～20％，与深圳绿隆科技有限公司对接，可提高产地价 1 倍左右，直销可提高产地价1～3 倍。

（4）与农业扶贫政策和"一路一带"产业项目对接，争取国家支持。必须有实体项目建议书，方能利用科技成果和专利技术发挥资金支撑效应。

（5）坚定意志走下去。一是不能与化学技术交替应用。二是有少许病害时不要乱用化学技术。三是不要怀疑生物集成技术。四是不要听信闲言碎语，不要乱用其他物资代替。

三、甘肃应用生物集成技术增产增效典型

（1）甘肃庆阳市合水县板桥镇薛保忠、王保友，2012—2014 年在 10～13 年树龄的富士品种苹果田，按有机肥（株施羊杂粪 50 千克）＋生物有机肥（株施250克）或生物菌液（株施40～50 克，兑水 500 升）＋植物诱导剂（亩用100～150 克，配成 800 倍液）＋钾（含量50％天然钾，株施 2.5 千克）＋植物酵酶风味素（亩用10 粒，每粒兑水 30 升）＋赛众调理肥（株施1～2 千克）生产，连年亩产苹果 4 000～5 000 千克，含糖量 14％～16％，销往香港、台湾，平均批发价 6.5 元/千克，外形好看，果单个售价 4.5～20.0 元，亩产值 2.5 万～5.0 万余元。

（2）甘肃敦煌市双飞天有机农业科技服务公司高鹏渊，2000 年开始试种应用生物集成技术，永不软露地油桃 3 年树亩产果 3 000 千克，每千克售价 10 元，亩产值 3 万余元。2015 年种植面积达 800 亩，种植瓜、果、菜 200 亩，番茄、辣椒、茄子、西葫芦、黄瓜亩产均在 2 万千克左右，一茬亩产值 4 万～6 万元。先后被评为首届敦煌市十大杰出青年农民和酒泉市十大杰出青年农民。

（3）甘肃武威市凉州区胡新平、郝建新，自 2010 年开始推广生物集成技术，用户都获得好效益，其中，天祝藏族自治县华藏寺镇村民孙承山，用生物技术种植的辣椒产量高、品质佳、收入好。

第十六节　四川推广生物有机农业集成技术模式看点

一、政策认知与自然环境

四川省人民政府早在 2013 年初，就按国务院《生物产业发展规划》出台了《四川省生物产业发展规划实施方案（2013—2015）》，力争全省生物产业总产值到 2017 年达 3 000 亿元，年均增速达 20％左右。

四川自然环境：①山多地少，适宜发展多样化山庄式循环农业，便于就地生产、就地供应，提高种养效益。②环境湿度大，温度高，应用生物集成技术，解决这类环境引起的作物病虫害严重问题，同时解决作物秆蔓延长，提高产量、品质。③山坡地多，不便工厂化、规模化作业，人工低廉而多，发展种养殖循环多样农业条件优越。

二、推广生物有机农业集成技术模式栽培计划（成都市汇众农场）

拱棚生菜 60 亩，莴笋 50 亩，草莓 5 亩，上海青 3 亩，油麦菜 2 亩，西芹 5 亩，菜心 3 亩，芫荽 2 亩，小白菜 2 亩，露地生菜 50 亩，绿花菜（西兰花）50 亩。

过去亩用施丹利 75 千克（240 元），海藻肥 750 千克（200 元），油渣 150 千克（300 元），亩投入 740 元。现在用生物技术，有机肥 2～3 吨（300 元），复合益生菌 6 千克（150 元），植物诱导剂 1 袋（30 元），植物酵酶风味素 5 粒（25 元），51％天然钾 10 千克（40 元），总投入 545 元，减少开支 195 元，且长势好，产量高，几乎无病虫害。

三、四川省应用生物集成技术典型

（1）四川广元苍溪县石灶乡张继奎，2015 年用生物集成技术，防治溃疡病，6 年树龄

红肉猕猴桃，亩产由 700 千克提高到 1 100 千克，价格由每千克 14 元提高到 17.6 元。

（2）四川巷溪江镇群丰菜园罗邦崎，按生物技术种植番茄，效果优异，增产 88%。

第十七节　山东设施农业化学技术向生物集成技术转型意见

一、山东寿光设施农业发展生产技术问题

（1）琴弦式温室保温性差，越冬作物保命生长，高价期产量低、效益差，1992 年前后所建第一批山东琴弦式温室均需更新。

（2）传统化学技术投入大，病虫害严重，产量低，质量差，效益低。

（3）近年来强调良种高产优质的引导，忽视良法及生物集成技术，致使亩用种价值一茬达 1 000 余元，有些农户因死秧一连栽苗 2~3 次，特别是越夏茬番茄，引起弃耕。

（4）2013 年银行部门出台新规定控制不良贷款，出现贷款难和不及时到位等诸多问题。

（5）目前农资生产企业多倾向于宣传自己的产品是用量越多越好，造成肥害；农资经销商讲大话空话者多，哪个产品利润大，就着重给农民推荐哪个产品（一般产品含量不达标者利润大）；种植能手不愿传授经验；知识贫乏的农民盲目种田；农技人员各说一套，对农民技术指导不太负责任。

二、设施农业转型发展思路

1. 由新建、扩大设施面积向旧棚改造转型　特别是将现有弃耕的大棚和第一代山东琴弦式温室，列入计划或项目改造。注重发展生物有机集成技术农业项目的确立导向，制度上给予改革。

2. 由传统化学技术向生物集成技术转型　宣传推广中国式有机农业优质高效栽培技术，设施温室用生物技术高产高效村、户树立榜样，大力表彰引导。

3. 由良种补助向生物菌液（肥）补助转型　设施温室一茬补助复合生物菌液20 千克或生物有机肥 200 千克（即 5 袋），种植户负担 50%，一年两作补助 400 元，大面积示范 1 年，或者选几个应用基础条件较好的农民专业合作社，政府给予补贴示范、引导。

4. 由追求设施数量向质量效益转型　效益拉动质量，质量提高效益，效益推动面积，面积提高效益是目前保证农业可持续发展、农民自愿并积极发展设施农业的导点、支点和力点。

5. 由个例技术向专业化公司服务转型　目前一家一棚管理，生物集成技术五大要素很难做到位，统一套餐供应，组织专业服务队伍，才便于统一标准生产和管理。

6. 由政府主导向协会服务转型　树立设施产业一盘棋的思路，建立"协会＋龙头企业＋专业合作社＋农户"的产业化组织体系。协会负责制定生产标准、提供技术服务，对企业和专业合作社的运营进行监督和评估，实行奖优罚劣，最终形成供销一条龙、农工商一体化的产业发展格局，推动全县蔬菜产业进一步做大做强。

三、山东应用生物技术典型

（1）山东省青州市高柳镇东良孟村朱彩国，选用先正达奥黛丽甜椒品种，2013 年种植 3 亩辣椒，用生物技术管理，不施化肥，少施化学农药，亩产合 1.95 万千克，收入 8 万余元。

（2）山东省日照市东港区南湖镇相家官庄村李宜山，近 5 年用生物集成技术，种植的番茄、甜瓜比用传统技术均增产 0.5～1.0 倍，产品达有机食品标准要求。

（3）山东省烟台市李先章，2008 年开始按牛粪＋生物菌肥＋钾等生物集成技术栽培温室黄瓜，品种为硕丰 9 号，连续 5 年亩一大茬产瓜均在 2.5 万千克左右，2013 年达 3 万千克。

（4）山东省临沂市沂南县苏村镇仕子口村林海，2015 年温室黄瓜用生物集成技术管理，亩产达 36 426 千克。

（5）2014 年，山东寿光市春澳农业发展有限公司张金铃，用生物集成技术生产有机蔬菜，2015 年用生物技术种植葡萄，在土壤 8 项重金属超标情况下，用生物技术种植的葡萄产品经检测全部合格，含糖量达 25％，亩收入 10 万余元。

（6）山东省滨州市邹平市魏桥镇梁桥村刘素芸，多年来按有机生物技术在大暖棚内种植豇豆，连年产值均在 3.00 万～3.85 万元。

（7）山东寿光技术员宋月景，2013 年按有机生物技术种植西葫芦，亩产达 2.5 万千克，较用高肥化学技术产量翻番。

（8）山东省兰陵县向城镇张吉飞，2013 年按有机生物技术种植春黄瓜 2.5 亩，合亩产 2.28 万千克，平均每千克 2.8 元，亩收入约 6.4 万元。

（9）山东省寿光市洛城街道办事处韩成龙，连续两年用生物技术种植黄瓜，头茬黄瓜收入 6 万余元，12 月套种丝瓜，翌年 2 月下旬拉黄瓜秧，9 月丝瓜结果，收入 8 万余元。

（10）山东省滕州市任先奎，承包沙壤土地 16 公顷，2012 年用生物技术管理，马铃薯亩产 4 080 千克，山药亩产 5 100 千克左右，较常规化学技术增产 2 000～2 500 千克。

（11）山东省淄博市临淄区朱台镇谢茂德，2014 年早春种植 20 亩蔬菜，用生物集成技术种植的番茄丰满、果沙面甜，味浓。经农业农村部食品质量监督检验测试中心（济南）测定，9 项内容全部达国际有机食品标准要求。

（12）山东省昌邑市德杰大姜农民专业合作社刘长利，2008 年用生物技术指导该市 9 000 公顷大姜和各种作物生产，普遍增产。其中苹果、梨亩增产 1 300 千克，市技术监督局测定糖分增加 1.8％～2.0％；大姜亩增产 1 000 千克以上。品质提高，市场价均高 0.4～0.6 元/千克，亩增加效益 3 000～5 000 元。

第十八节　河南生物有机农业新技术推广发展意见

2014 年 5 月 12 日，笔者与光立虎受邀到新乡医学院参加河南省农业新技术研讨及设施农业观摩会，讲授了中国式有机农业优质高效栽培技术成果理论与实践。

据河南省农业农村厅陈彦峰研究员介绍，河南省 2013 年小麦总产量 5 600 亿吨。蔬菜面积 2 600 万亩，占全国 8.5％，产菜 7 000 万吨，产值 1 251 亿元，设施温室面积达 340 万亩（净栽培面积），露地栽培面积 498 万亩，12 月至翌年 4 月，蔬菜自供量不足 50％。

一、应用生物技术成果使蔬菜产量翻番，满足市场需求

（一）支持建立一批鸟翼形（长后坡、矮北墙）生态温室

即跨度 8.2～9.0 米，高度 3 米，后墙高 1.2 米，后屋深 1.3 米，后坡长 1.8 米，墙下端厚 1 米，上端 0.8 米，方位正南偏西 5°～7°，南沿内切角 30°（地面距棚南缘 1 米处）。在不加温的情况下，可栽培各种越冬蔬菜，主要解决 12 月至翌年 4 月蔬菜不足问题。此温室特点是投入成本低，土地利用率高，升温快，受光面大，昼夜温差适中，便于通风，易高产优质。

（二）应用光基聚合膜生产有机农产品

由广东华南国防交通研究院王春生教授牵头研究的光基聚合膜，目前正式进入农用推广普及。

1. 原理 本产品为利用地磁场、太阳能光波原理所生产的膜。

2. 功能 ①膜下温度均衡。即在 35℃ 以上高温时可自然降温 3～7℃；20℃ 以下低温时能自然升温 3～4℃，更适宜各种作物生育温度规律要求。②光利用均衡。膜下强光时（5 万勒克斯以上时）紫外线透过率降低；弱光下（3 万勒克斯以下时）红外线透过率增加。作物叶片叶绿素含量提高，适宜营养生长，即瓜果作物的前期生长，叶类作物高产优质生长。③土壤环境转优。膜下土壤因地磁场作用，可吸附空气中的氮（能使氮转化成自由基）、氧（提高作物抗逆力）、碳（提高产量）、铵（增加叶片厚度与色泽）、硫（提高糖度）等营养元素；可提高土壤中的磷（增加分蘖率）、钙（增加产品货架期与防止生理病害）、钾（增加果肉厚度、重量与品质）的有效性，不用和少用化肥，作物就可高产。④改善作物根际环境。光基膜改善与平衡了温度、光照与根际（基）的小环境，害虫衰弱，病毒失去活力，作物免疫力增强，根系周围大量分泌抗生素及益生菌，病虫害亦少而轻。

（三）应用生物集成技术

即碳素有机肥（每千克干秸秆可供产 5 千克果菜，10 千克叶菜；畜禽粪按含水量和杂质情况酌情施用，一般按每千克可供产果菜 2.5～3.0 千克，叶菜 5～6 千克施用）＋益生菌液（温室亩备 15 千克，大棚、露地亩备 5～7 千克，随水冲入田间，可提高有机质利用率 2～3 倍，产量较化学技术翻番），＋钾（含量 50％ 的天然硫酸钾按每千克可供产果菜 80～100 千克，叶菜 130～160 千克施用）＋植物诱导剂（亩备 100 克，用 800 倍液叶面喷洒或灌根，可提高光能利用率 0.50～4.91 倍，产量可比对照提高 0.5～2.0 倍，且作物病害不会大发生而造成减产），所产产品属有机食品。蔬菜作物均存在叶繁茂，茎秆粗长，果少小，营养生长过旺，抑制生殖生长而产量低问题。应控制氮、磷，增施碳素有机肥和钾，叶面喷施植物诱导剂控秧促果，就可大幅度增产。

（四）应用复合益生菌液秸秆还田

秸秆还田不用益生菌处理有两个问题，一是用籽量多 15％～20％，因秸秆不能及早完全分化，土壤中空隙大，出苗率低，且越冬易死苗，或出现弱苗。二是碳素营养不能在

冬前充分起作用，有效穗少 10%～30%。而在种麦前后亩冲施入 2 千克益生菌液，不仅鲜秸秆在 5～7 天内、干秸秆在 15 天左右分解，能及早发挥作用，益生菌还可大量利用空气中的二氧化碳和氮，提高土壤矿物质营养有效率 0.15～5.00 倍，碳、钾以外的营养元素均可满足供应。减少播籽量就可节约一大批粮食，还能促进分蘖有效穗，减少病虫害，平均亩产量可提高 50 千克以上。

二、河南中线渠首用生物集成技术发展有机食品的做法

2017 年 3 月 3—4 日，笔者受中线渠首（南阳）农业发展有限公司董事长张之洞邀请，前往淅川县九重镇高家村实地考察。

（一）气候土壤环境

该地气候湿润，年降水量 703.6～1 174.4 毫米，年日照 1 897.9～2 120.9 小时，无霜期 220～245 天，无工业污染和土壤重金属超标现象。

空气质量清洁，pH 6.93，水质达国家Ⅱ类标准，除总氮一项达地表水水质Ⅱ类标准外，其余 24 项指标全部达Ⅰ类标准。产地已获得北京五岳华夏管理技术中心有机食品证书。

2016 年用原始有机肥栽培方法，马铃薯、洋葱亩产 1 000～1 500 千克，西葫芦亩产 2 000 千克左右。2017 年，紫甘蓝球心达 100～300 克，亩栽 4 500 株，亩产估算 2 000 千克左右。乌塌菜拥挤不堪，色泽不鲜，已有不少抽薹开花，商品品相和价值差。苗圃内辣椒、番茄、茄子苗有徒长，黄叶，叶片上卷，干瘦，目测土壤含有机质在 1% 以下，含钾在 60 毫克/千克左右，属土壤养分贫瘠地区。洋葱苗小，尖干枯，显然是土壤养分不足、越冬缺水、低温引起的缺钙造成的。该地几种蔬菜产品特殊风味较佳，纤维较细，适口性好。

（二）用生物技术五要素应对办法

1. 降水较多，空气湿度大，光照弱，作物易徒长、染病问题　需要在幼苗期叶面喷 1 次 1 200 倍液的植物诱导剂，即取塑料盆或瓷盆，将原粉 50 克放入盆内，用 500 毫升沸水冲开，放置 24～48 小时，兑水 40 升，叶面喷洒，控秧促根，防止病毒病发生，提高光能利用率 0.50～4.91 倍。在苗圃上亩冲施复合益生菌液 2 千克或叶面喷 300 倍液 1 次，平衡土壤基质和植物营养，杀灭有害真菌、细菌，防止病虫害发生，培育健康苗。

在蔬菜定植前后，用植物诱导剂 800 倍液叶面喷洒或灌根，控根促果，复合益生菌液随水亩冲施 2～3 千克或者 300～500 倍液叶面喷洒，防止植株徒长和发生病虫害。不用化学农药。

2. 无霜期较长问题　可重点建立一批鸟翼形（长后坡、矮北墙）生态温室，即跨度 8.2～9.0 米，高度 3 米，后墙高 1.2 米，后屋深 1.3 米，后坡长 1.8 米，墙下端厚 1 米，上端 0.8 米，方位正南偏西 5°～7°，南沿内切角 30°（地面距棚南缘 1 米处）。在不加温的情况下，可栽培各种越冬蔬菜，主要解决 12 月至翌年 4 月蔬菜不足问题。此温室特点是投入成本低，土地利用率高，升温快，受光面大，昼夜温差适中，便于通风，易高产优质。

搭建拱棚和简易温室设施，温室墙用土结构，防止用砖结构造成室内空气湿度大，没

有白天吸热、晚上放热的温度调节作用。瓜菜一年两作，叶菜一年 5～7 作，产量较传统方法提高 2 倍以上，不怕重茬和连作障碍。

3. 水中氮素多问题 这是周边平坦地区农田施氮肥较多所致。田间施复合益生菌液或生物有机肥，可不断吸收空气中的氮，从而降低水和空气中的氮含量，在本生产区也不需要再施化学氮肥。按作物生产期长短和产量高低，亩备复合益生菌液 5～20 千克，土壤中固氮酶活性高达 600～1 000 纳摩尔/（千克·天），就能满足作物高产优质需要，还能净化水质，达到优质水标准。

4. 土壤瘠薄、作物产量低问题 用生物集成技术完全可以解决作物高产优质问题，如露地马铃薯、洋葱、胡萝卜等大田作物，按亩产 5 000 千克施肥，需要干秸秆和干牛粪 1 500～2 000 千克；拱棚、露地叶菜一茬亩产 2 000～4 000 千克，需施畜禽粪 2 000 千克左右，禽类粪必须提前 15 天用复合益生菌液喷洒沤制，按每千克干品可供产鲜叶 10 千克，湿品可供产鲜叶菜 5 千克施用。大棚温室果菜类一茬亩产 2 万～3 万千克，亩施蘑菇渣、干秸秆、牛粪干品 8 000 千克，有机质碳素肥投入要超出实际产量需要理论数的 30%～50%，系土壤缓冲效应。亩备天然硫酸钾 20～200 千克，按每千克含量 51% 的钾可供产鲜果 100 千克，干品 16.6 千克施用。亩备北京火山岩粉 200 克和植物酵酶风味素 10 粒，利用其中的矿物元素和稀土元素，打开植物次生代谢功能，充分释放风味素和化感素，减少缺素引起的病害，保证产品品质。

三、河南应用生物技术典型

（1）河南偃师市顾县镇高保国，2016 年用生物技术种植 7 年生核桃，在钾肥施到位的情况下，亩产达 500 千克，较去年用化学技术亩产 115 千克增产 3.3 倍。

（2）河南省唐河县，据该县副县长李海宽报告，2013 年秋季 8 000 亩小麦亩冲入复合益生菌液 2 千克，亩产达 630 千克，较去年 475 千克增产 155 千克，较普遍产量 300 千克增产 1.1 倍。

（3）河南省社旗县贾来拴，2011 年以来用复合益生菌液＋植物诱导剂管理，在土壤有机肥和钾供应不足的情况下，紫山药和黑麦较化学技术增产 30%～45%，品质优良。

（4）河南省洛阳市宜阳县韩城镇金光农资经营部赵金光，2016 年春季用生物集成技术栽培番茄，到 5 月 29 日亩产已达 18 000 千克，较对照增产 1 倍。

（5）河南省驻马店市驿城区诸市乡相元村沈富强，2015 年用生物技术种植葡萄 100 余亩，架下养鸡吃草吃虫，别人用化学技术售价 2.4 元/千克，用生物技术口感好，售价 6 元/千克，亩产 3 000 千克，总收入 180 万元，纯收入 75 万元。

（6）河南省南阳市生物技术有限公司李宏军，2015 年用生物集成技术种植夏秋茬玉米，亩产达 1 150 千克。

（7）河南省焦作市马占平，2010 年春季露地莲菜亩施干玉米秸秆 500 千克，人粪 12 吨，生物菌 5 千克，硫酸钾 50 千克，产量比对照增产 1 倍。

（8）河南省新乡市大卫乡侯庄村侯怀成，2011 年早春选用巨丰 29 黄瓜品种，用生物技术亩产 2 万余千克，收入 4.3 万余元，较用化学技术产量提高 1 倍左右。

第十九节 贵州应用生物技术成果产量翻番规划

一、环境与现状

贵州六盘水地面绿色覆盖面积达 94%，一般海拔 500～1 700 米，极端高峰达 2 100 米，年最低气温 -2℃，最高气温 26℃，冬季凉爽，夏季无酷热。

贵州六盘水人均土地有限，0.6～0.7 亩地；但山上中药材很多，如板蓝根、杜仲、天麻、三七、半夏，"贵州三宝"（灵芝、杜仲、天麻）就出自此地。

六盘水发展核桃、猕猴桃、刺梨、茶叶、蔬菜、油菜籽、水稻、大樱桃，环境好、产量低，系技术落后。比如大樱桃长树长叶不长果。用生物技术可解决这些问题，一用益生菌液，提高有机质利用率 2～3 倍，就能多长果。二施天然硫酸钾，膨大果，六盘水的土壤中含钾只有 23.3 毫克/千克，高产需 240 毫克/千克。三用植物诱导剂喷叶，控长，提高叶面光能利用率 0.50～4.91 倍，就能长出优质果。

二、产业发展规划

为了推动产业化发展步伐，切实保证农民持续稳步增收，提出 18.88 万亩的产业基地建设，分别为蔬菜基地 2 万亩，核桃基地 5 万亩，茶叶基地 2.5 万亩，油茶基地 2 万亩，猕猴桃基地 2.5 万亩，魔芋基地 2 万亩，马铃薯基地 2 万亩，中药材基地 0.88 万亩。各产业情况如下。

1. 蔬菜 基地分布在郎岱、龙场、岩脚、新华、毛口、大用、木岗 7 个乡镇。目前已完成种植 2.06 万亩，主要栽培的蔬菜有番茄、辣椒、茄子、黄瓜、白菜、毛豆、莴苣、生姜、大蒜、胡萝卜、西瓜等。

2. 核桃 基地分布在关寨、新场、新窑、郎岱、中寨乡、折溪 6 个乡镇，已完成种植 2.58 万亩。

3. 茶叶 基地分布在折溪、新窑、洒志、龙场、新场 5 个乡，已完成种植 4 100 余亩。由六枝特区茶叶开发公司育苗，有龙井 43、乌牛早、福鼎大白、金观音、黔湄 419、龙井长叶等品种，由于所育茶苗翌年 9、10 月才能出圃，今年秋冬茶苗为省内的湄潭或者从江浙、福建等地购进。目前已落实新植茶园 2 万亩。今后几年，将按照建成 1 个种植面积 1 万亩以上茶叶专业村，5 个种植面积 1 万亩以上、3 个种植面积 2 万亩以上产茶乡镇目标落实茶产业发展规划。

4. 油茶 基地分布在陇脚、郎岱、中寨、新场、新窑、关寨、平寨乡、大用、岩脚、新华 10 个乡镇，目前在陇脚乡已完成种植约 0.35 万亩，引进盘州市康之源农民专业合作社等单位在特区境内育苗。

5. 猕猴桃 猕猴桃基地建设安排在折溪、洒志、木岗、陇脚、毛口、郎岱、落别村、大用、中寨、平寨乡 10 个乡镇，引进红心猕猴桃苗在郎岱镇种植 1 000 亩，引进六枝特区东方园艺发展有限公司、六枝特区戈厂林果园农民专业合作社在郎岱镇和戈厂生态园建设猕猴桃苗圃基地 80 余亩，选育品种为红阳猕猴桃，嫁接成活率达 90% 以上，可出圃苗木 280 万株，可移栽面积 2.6 万亩。通过引进外地客商投资，种植猕猴桃 2 万亩，种植户落实 5 千亩。

6. 中药材 基地建设由农民专业合作社组织实施，分布在岩脚、牛场、新窑、毛口、中寨、平寨乡、郎岱、关寨、龙场等乡镇。目前已种植中药材 5.1 万亩，主要种植有太子参、金银花、桔梗、黄柏、半夏、龙胆、皂荚、吉祥草、厚朴等 10 余个品种。

7. 魔芋 基地建设由六枝特区宜枝魔芋生物科技有限公司组织实施，涉及中寨、郎岱、岩脚、关寨、折溪 5 个乡镇，计划种植 2 万亩，其中核心示范 7 000 亩（郎岱 2 000 亩，岩脚 1 000 亩，关寨 3 000 亩，折溪 1 000 亩），已种植 8 600 余亩。

8. 马铃薯 基地安排在 4 个乡镇，共调种 490 吨，其中，关寨 300 吨，新场乡 50 吨，新华乡 80 吨，毛口乡 60 吨，主要品种为威芋 3 号和会-2，已种植 2 万亩。

三、贵州六盘水引进优质高效栽培技术领跑农业产业化

贵州山青水秀农业开发有限公司将借助中国式有机农业优质高效栽培技术，做大种植，从而带动六枝特区的农业产业化发展。为此，公司将着力打造"四个一"工程，即一个高端有机产品研发中心、一个标准化生产示范基地、一个完善的生产技术服务体系、一个覆盖国内外的销售网络。

目前，公司已获得南京国环有机产品认证中心颁发的有机食品认证证书，所生产的有机蔬菜为安全绿色食品。公司实施种植的 500 亩土地上有 30 多个品种，以精品有机种植为主，产品供应到广东沿海及港澳等地，六枝特区共流转土地 15 万亩用于发展优质茶叶，流转土地 1 万多亩发展本地繁优品种车厘子。

在优惠政策支持下，不少农业产业公司纷纷来六枝投资农业产业，进驻六枝的农业产业公司目前有近 40 家，将借力中国式有机农业优质高效栽培技术，在精品蔬菜种植方面大显身手。

第二十节　安徽发展生物有机农业推广意见

一、地理位置和自然状况

安徽省地形地貌呈现多样性，长江和淮河自西向东横贯全境，将全省分为淮北、江淮、江南三大自然区。淮河以北地势坦荡辽阔，为华北大平原的一部分。中部江淮之间，山地岗丘逶迤曲折，丘波起伏，岗冲相间；长江两岸和巢湖周围地势低平，属于著名的长江中下游平原。南部以山地、丘陵为主。全省大致可分为五个自然区域：淮北平原、江淮丘陵、皖西大别山区、沿江平原、皖南山区。安徽地处暖温带与亚热带过渡地区，气候温暖湿润，四季分明，但气候条件分布差异明显，天气多变，降水年际变化大，常有旱涝等自然灾害发生。

全省年平均气温在 14～17℃，平均日照 1 800～2 500 小时，平均无霜期 200～250 天，平均降水量 800～1 800 毫米。

全省水资源总量约 680 亿米³，重要的水利工程为淠史杭灌溉工程、驷马山引江灌溉工程。全省耕地面积 433 万公顷，土地肥沃，适宜各种农作物生长。

二、安徽应用生物集成技术的增产增效实例

（1）安徽省合肥市包河区道才家庭农场姚中存，2014年选用薄皮微辣长形辣椒品种，6月15日播种，亩施饼肥250千克，蘑菇渣干品5 000千克，共分7次施入复合肥益生菌液15千克，植物诱导剂共用原粉100克（小苗时用1 200倍液叶面喷洒1次，定植时用800倍液灌根1次），共用植物酶风味素10粒（分3次叶面喷洒），到2015年1月30日亩施入51%硫酸钾100千克。产辣椒1万千克，合每株产5千克，较化学技术株产1.5千克增产2.3倍，植株长势健壮，果实丰满漂亮，批发价平均每千克5元，零售价10元，收入5万余元。到5月底续收9 500万千克，批发价平均每千克3元，续收入2.8万元。亩总产1.95万千克，收入7.8万余元，较化学技术亩增效4.7万余元。

（2）安徽省怀远县鲍集镇包集村宋加敏，2013年种植早春露地黄瓜，亩产7 000千克，番茄留三层果，亩产达5 500千克，较传统化学技术增产1倍左右，生长期几乎无病虫害，产品品质好，每千克售价高0.2～1.0元，经济效益高。

（3）安徽蒙城县丁东升，2004年用生物集成技术种黄瓜、番茄，亩增收8 000余元。

第二十一节　广西发展生物有机农业推广意见

广西百色地区位于广西西部，地处东经104°28′—107°54′，北纬22°51′—25°07′，东西长320千米，南北长230千米，地形为南北高中间底，地势由西北向东南递减，海拔900多米，属于典型的盆地地形，年平均气温19.0～22.1℃。笔者2010年、2012年先后两次去该地考察，露地番茄亩产2 500～3 000千克，玉米亩产300千克左右，显然土壤缺钾和有机质肥，发展生物有机农业，增产空间较大。

（一）广西应用生物技术典型

（1）广西柳州市峨山街道四区陈卫国，2015年用有机肥、复合益生菌液、植物诱导剂、北京金山爱可乐生丰产动力素或者植物酶风味素等生物集成技术，选用广东金红袍品种，露地生产，亩栽2 200株，株产5千克左右，亩产达1万千克，果实漂亮，口感好，收益可观。

（2）广西南宁市武鸣区翟富爱，2013年承包4公顷地种植香蕉，在4月中旬地面遮阴率达90%左右时，亩施生物菌肥80千克（合160元），到10月收获，较对照早上市10天左右，每千克售价高0.4元，亩栽900株，每串平均重达45千克，较没用生物菌者增产10千克左右，增产加早熟增收，亩多收入3 800余元，投入增产比为1:23.7。

（3）广西桂林市阳朔县葡萄镇阳文龙，亩用生物菌液15千克、植物诱导剂50克、植物酶风味素5粒，香瓜、黄瓜长势好，病虫害轻。在砂糖橘上应用，亩栽100株，7年树龄亩产达5 100千克，较传统技术亩产2 500千克左右增产1倍左右。

（4）广西上林县西燕中学蒙丽娟，2015年6月开始用生物集成技术种植各种作物，产量高、品质好、几乎无病虫害。

（5）广西桂林市叠彩区莫志奎，2004年春季用生物技术种植苦瓜，秧蔓根壮，不死秧，无病虫害，苦瓜个儿大，鲜嫩，口味好，亩产达1万千克左右。

（6）广西靖西市三七场场长邹崇均，2010 年种植三七 110 公顷，过去三年亩采 80～100 千克，用生物有机技术 2 年就可采 180 千克左右。6 月 8 日前后，因雨频，三七出现大量死秧，而用生物菌冲施，三七根重新萌芽恢复生长，用生物技术较对照迟下种 45 天，增大 40%，增产 52%。

（二）推广建议

建议各级党委、政府从以下两方面入手。

（1）组织专家组认定这一科技成果，制定方案，下发文件，组织培训，在各种作物上全面推广。

（2）支持生物菌液厂扩大生产。政府补助推广这些农资应用。推广整合创新科技成果，一是农资投入比净用鸡粪、化肥、农药可降低 50%～70%。二是注重施用碳素肥（即秸秆、牛粪、风化煤），产量比净用鸡粪、化肥增产 1 倍以上，产品属有机食品。三是设立出口窗口，产品可增值 10～30 倍。全面推广技术成果，1～2 年内农业经济就可翻番，为党中央提出的农业战略任务提供典范和模式，为农村经济发展提供支撑。

第二十二节　宁夏发展生物有机中药材意见

一、发展生物有机中药材原因

2016 年 2 月 22 日，国务院印发《中医药发展战略规划纲要（2016—2030 年）的通知》（国发〔2016〕15 号），强调加强管理、加强服务。

中医药在全世界越来越受到重视，然而，中医药经济和成品药在国际上几乎与中国无关，仅仅日本、韩国从中国进口原材料。

我国是中草药的发源地，但是当今只占世界中草药销量的 2%，日本已占 90%，中国旅客到日本购回日本中药。

全省经济转型谋划要把中草药业放入产业链中。据《中国医药报》报道，2010—2014 年，中草药用量以 30% 的速度递增。据笔者所知，一瓶丹参水成本 5 元，市场价 50 元，增值 45 元是技术效益，说明中草药市场和消费空间都很大。

近 40 年中药中医从疗效上滑坡，不是中医理论方剂问题，而是种植时使用化肥、农药，闭合了植物次生代谢功能，药材中化感素和风味素减少，原本独特有效成分弱化。就以上问题，笔者建议用生物集成技术种植中药材，一可提高产量 0.5～1.0 倍。二可提高药效成分 0.4～1.0 倍。

用生物集成技术，不用化肥，不用化学农药，病虫害不会对增产造成威胁，保证每个中草药原本独特药效成分及活性，能保证治病防病效果。

二、应用生物集成技术种植典型

（1）宁夏永宁县玉泉营农场郭旭，2015 年与罗布·鲍合作，用生物集成技术生产的小番茄通过欧盟有机产品认证，供应欧洲及国内市场。

（2）宁夏贺兰县蔬菜专业合作社杨学峰，在 4 000 公顷露地番茄田间施用硫酸钾，并配合植物诱导剂和有机肥，比对照增产 1 倍左右。

三、关于推广生物集成技术的建议

各级领导应委派相关人员实地考察，并制订发展方案和战略，使扶贫解困、农业提质增效、新技术培训这些问题从实质上得以解决。鼓励财力较为富裕的企业组织人力、财力，安排生物有机技术试验示范点，对于做得好的企业，政府在项目、税收、贷款方面应给予扶持，给企业提供一个做好事的平台。

省农业厅、科技厅及相关部门应把这个技术成果在宁夏发扬光大，全省编制出台中草药发展规划，将生物有机技术列入"十四五"农业发展规划，与国务院《生物产业发展规划》相适应。

对药农进行生物有机农业技术培训，并将生物有机农业相关农资套餐列入补助范围。组织编写出版宁夏生物有机中药材教材，扩大影响，提高产量和品质，使宁夏成为全国有机中药材产业链的典范。

第二十三节　浙江推广生物有机农业集成技术建议书

一、发展主体

1. 浙江宋都控股有限公司　是世界食品安全创新示范区（包括数量与质量安全），遵循党中央要求保证人民健康生活，即以食品安全创新为主线，按照省委推行的经济田还粮田先试精神，以生态、智慧、标准、品牌四大农业理念为支撑，以建立食品安全国际绿色标准为目的，以高产优质高效示范为保证，以乡村振兴为导向等，三位一体的相关榜样企业汇集地。宋都控股旗下专业从事农业种植、养殖生产技术引进、研究和推广的机构，在浙江衢州衢江区和义乌市分别流转有万亩经济田改粮食田，主要按绿色和有机食品认证标准及稻鸭共作模式种植水稻、养鸭，种植油菜籽和紫云英、蔬菜、瓜果、杂粮等。

浙江杭州一带的气候环境，一是阴雨天多，空气湿热，作物易染病，产量低，湿度、温度适宜，碳能益生菌繁殖后代，使作物健康优质生长。二是光照弱，植物叶片灰黄，根系浅，用植物诱导剂提高光效率，可解决上述问题。三是土壤有机质与钾易流失，产量低，需要及时少量补施，大力推广五要素，可利用空气中二氧化碳与氮，不断提高土壤矿物的有效性，获得高产优质农产品。

2. 浙江绿叶生态农业发展有限公司　是一家集农业品生产、包装配送、营销为一体的湖州市重点农业龙头企业、浙江省农业科技型企业。公司固定资产 3 800 万元，员工 280 人。2005 年农产品销售总量为 1 900 万千克，销售收入 6 080 万元。公司建有 860 亩南太湖吴兴生态农业科技园，是浙江省循环经济示范点和现代农业示范园，是浙江省唯一获得国际有机农业运动联盟（IFOAM）认证的有机蔬菜农场。公司农产品以优质、安全、营养、鲜美为主要特点，除有机农场产品外，订单农产品需全部经农药残留检测，并标注"绿叶"商标，实行品牌化销售。目前，公司有配送上海超市的农产品配送网络，在湖州本地有直销配送中心、专卖区、直销点以及酒店、餐饮单位配送网络。公司产品根据其安全标准和质量等级，分有机产品、体系产品、精品蔬菜和无公害产品四个大类。

二、浙江应用生物集成技术范例

（1）浙江省绍兴市袍江新区谢文耀，近年来用有机肥、益生菌、植物诱导剂种植番茄、芹菜等，品质好，产量高，亩收入均比过去用化学技术增加 3 000～8 000 元。

（2）浙江省万亩园农业有限公司李品标，在海宁长安镇建立供菜基地，2014 年早春选用浙杂 203 品种，大红果，留 8 穗果，用生物集成技术，亩产合 1.63 万千克，较过去用化学技术亩产 0.5 万千克左右增产 2 倍。

（3）浙江省温州市鸥海区郭尧勤，2004 年用生物技术种植露地韭菜，不用化肥农药，生长期无病害，亩产达 5 500 千克，收入 1.6 万余元，韭菜达绿色食品标准要求。

第二十四节　福建厦门生物有机农业推广情况报告

福建正禾有机农业发展有限公司黄春圃，2013 年在漳州市诏安县租 700 亩地，开始用有机农业优质高效栽培技术进行蔬菜产销工作。2014 年为马拉松长跑比赛食品专供商，2015 年被列为科技部星火计划培训示范基地。经福建正禾农业科技有限公司化验，用生物技术种植的蔬菜较化学技术干物质高 23%，蛋白质高 18%，维生素高 28%，糖分高 18%，蛋氨酸高 13%，铁高 77%，钾高 180%，钙高 10%，磷高 13%，草莓可溶性糖增加 1%。公司采用生物技术模式种植的 126 种蔬菜，产品达有机食品标准。

一、起动设置

一是在厦门市设置了一个办公室，招集 8 个大学生开始搞门店策划营销。二是邀请笔者到该基地考察制定方案，并聘请对生物技术熟悉的段建红亲临指导。三是在基地建设移动楼房 7 间（17 万），购买农机设备（30 万），租赁土地 800 亩（750 万），建 30 个棚（设施 50 万元），建粪肥发酵池（10 万元）。四是选择蔬菜品种 54 个。

二、自然优劣势与生物技术对接

（1）当地气温高、潮湿、病害等严重。用复合益生菌液加植物酵酶风味素防治真菌、细菌病害，效果明显。

（2）雾天多，光照时间短而弱。作物易徒长，叶薄果小。用植物诱导剂提高光能利用率，控秧促叶。

（3）土壤含钾 60～110 毫克/千克，基本忽略不计，按 100 千克钾可供产叶菜 1.6 万千克，鲜果 1 万千克施用，产量高。

（4）土壤有机质 1% 左右，按每千克畜禽粪或干秸秆可供产叶菜 8 千克，果菜 5 千克施用，增产明显。

（5）甲壳虫危害严重，亩冲施复合益生菌 2～3 千克，用藜芦碱配苦参碱（生物药剂）防治效果好，基本控制虫害。

三、种植与操作过程

（1）品种选择。根据蔬菜种植季节表，在对应的月份种植应季的蔬菜品种，保证蔬菜品质及产量需求。

（2）种植茬口安排。由于公司蔬菜销售模式为会员制配送，要求每种应季蔬菜须持续稳定数量供应，所以茬口时间安排需要根据上一茬该品种产量及种植面积确定，例如：茼蒿亩产为1 000千克，上一茬茼蒿种植了0.2亩，销售需求为每日供应50千克，则上一茬茼蒿可供应1 000（千克/亩）×0.2（亩）/50（千克/天）＝4天，应该间隔4天后种植下一茬茼蒿。

（3）生态还原。秸秆就地粉碎还田，加施新型生态肥料，促使腐熟。新型生态肥料为有机水溶生物肥，在叶类如芫荽、菠菜收获前20～30天带水施用，提高产品品质。在种植管理期间，喷施富硒王高效有机液加硒，产品属富硒产品。

（4）操作。粗式作工：使用专用大型机械（包括耕地机、收割机、粉碎机、播种机、运输机）。

一般作工：普通农工（种植、管理、采收）。

精致作工：职业农民（育种、精选、包装）。

（5）销售渠道。通过农超蔬菜配送中心项目的实施，冷链设施完善配套，搭建电子商务互联网平台，恒温保鲜配送，泡沫箱包装富硒蔬菜品牌，与国际接轨。

四、福建应用生物集成技术种植典型

（1）福建省莆田市城厢区宋文魁，2010年露地种植春番茄，按有机肥＋生物菌＋植物诱导剂技术，500米²产果7 000千克，较用化肥、农药的地块增产1倍多，过去易发生病害，此法管理无病毒、无死秧，产量高、品质好。

（2）福建省福清市芦院村王美珍，2010年种植春黄瓜、豆角、丝瓜，按羊粪＋生物菌＋植物诱导剂＋北京金山爱可乐生丰产动力素或者植物酵酶风味素管理，作物几乎不染病，虫也很少，黄瓜一次采收760千克，比对照240千克增产2.2倍。

五、发展富硒叶菜生产基地优势

一是南方人喜食叶菜。二是叶菜不便从北方运输供应。三是价格高。四是就地生产供应鲜嫩。叶菜产量低，易腐烂，难储运。用生物技术产量高，品质好，不易感染病虫害，耐储运，经济效益高，能缓解土壤浓度超标压力，改善土壤性状及土壤团粒结构，不给生态系统带来负面影响，维护生态安全，提高产品品质，保证食品优质。

（一）团队优势

1. 建立销售中心解决难买问题 整体开创，在国内多个城市建立销售网络、办事处。

2. 建立配送中心提质增效 启动农超蔬菜配送中心项目，建设一个氟冷加湿式保鲜冷库，面积800米²，一栋产品保鲜加工车间，面积270米²，一栋蔬菜科技与交易大楼，面积950米²，两栋防雨棚收货区，面积1 170米²，制冷机、清洁机、抽冷机、发泡机、冷却机、电子视频发布幕各一台，保鲜恒温车一辆，总项目投资848.16万元，2018年建成投入使用,以完善该项目的冷链配套设施。

3. 科技中心示范带动,促进有机产业发展 科技团队研究成果,指导引领团队。

(二)生态地理优势

项目基地在山沟,空气质量好,水质系矿泉水标准,沙壤土,过去没有种过菜,土质洁净。

用生物技术生产的叶菜柄短、叶厚、色亮、味浓、有光泽。喷施富硒王有机营养液,属富硒产品。

(三)市场优势

以常规的普通蔬菜产品向生态有机的富硒叶菜品牌转型。以常规的普通市场销售向高科技的电子商务互联网销售转型。以常规的陆地运输蔬菜向恒温、航空运输配送蔬菜转型。

(四)模式优势

作物秸秆还田,符合益生菌防病抑虫生态还原优势。叶菜产品种类适宜于大面积机械种植优势。作物生长期短,可错开病虫害易发期优势。作物轮作倒茬,改善土壤性状优势。

用生物技术可以连作,其特点是作物播种快,易管理,程序少,省工省水,不施化学农药,不施化肥,投资小,收益大,生长周期短,产品销路宽。人们对作物产品需求量大,已在当地形成一项主导产业,发展空间大,有推广价值。

第二十五节 江西宜春推广生物有机农业的必然性

江西万载是全国有机食品生产基地、国家现代(有机)农业示范区、国家首批有机农业产品认证示范县。

一、江西宜春生态环境与作物长势

(一)生态特点

宜春年平均温度 17.3℃,极端最低温度-5.3℃,最高 29.6℃;无霜期 256～281 天,日照时数 1 500～1 800 小时,降水量 1 720 毫米左右;昼夜温差较小,空气湿度适中。低凹处作物生长较好,山坡地带植物叶小,枝弱,可见红壤土内较缺有机质和钾。

江西宜春土壤中硒、锌、铁、钙含量较丰富,作物长势细长,生长点鲜亮,叶片嫩绿;碳、氮、磷、钾、镁、铜等多种大中微量元素均处于长势产量不足的临界值。

(二)作物生长情况分析

江西万载基本上靠自然环境发展有机农业,唯芦笋长势好,其他作物病虫害严重。

江西星火菌业科技发展有限责任公司发展油茶树种,用其种子压油,再用油茶饼加棉籽壳生产鲜白菇,菇渣又用于作物有机肥,为一种生态循环农业产业链,但鲜菇每千克零售价 12 元,经济效益一般。

江西宜春市东升有机种植有限公司,番茄叶厚果少,明显氮过多缺钾,亩产 6 000 千克左右,产量一般或较低。工作人员给番茄田浇施四川国光农化股份有限公司生产的含氮磷钾(12∶8∶40)中微量元素水溶肥。而生物有机农业技术主要措施不是施这类肥,用复合益生菌可提高有机肥利用率 3 倍左右,肥土中磷、钙有效性提高 1～5 倍,土壤中固氮酶活性由化学技术的 0［纳摩尔/（千克·天）］提高到 600～1 200 纳摩尔/（千克·天）。

在此环境和设施条件下，按中国式有机农业高产优质栽培技术成果五要素生产番茄、黄瓜，一茬亩产可达 1.5 万～3.0 万千克，也不需要再施化学氮肥，益生菌可从空气中吸收。钾元素选用水洗天然矿物钾，就避开了不准和限用化学合成钾的问题。

番茄有晚疫病症，说明棚内有疫霉病菌，冲施或叶面喷施复合益生菌和植物酵酶风味素，完全可解决这类真菌、细菌病害问题。黄瓜节细长，叶薄黄，瓜细小，叶衰，叶上有白点病斑，产量品质不好，说明此地土壤营养供应不平衡，主要是严重缺碳、钾。此地雨频雾天多，光照不足，叶面喷那氏齐齐发植物诱导剂可提高光能利用率 0.50～4.91 倍。用植物酵酶风味素、复合益生菌可解决高产优质问题。

江西隆平有机农业有限公司富硒水稻亩产 400 千克左右，产量低的原因是有良种缺良法。

（三）建议

在宜春生产富硒农产品，首先要把握土壤有机质含量达 2% 左右；钾含量补充到 240～300 毫克/千克；用复合益生菌解决有机肥利用问题和防治真菌、细菌病害；用植物诱导剂解决病毒病和当地雨频雾天多、光照弱问题；用北京金火山岩稀土元素解决品质问题，农产品高产优质前景广阔。

二、自然环境与生物技术对接

江西省雨水多，杂草多，病虫害多，土壤黏，有机质含量少，碳素源奇缺，作物难以高产。

（1）该地自然绿化面积达 67.5%，空气中负氧离子含量达 6 万个/厘米^3，空气湿润，适宜作物生长，但湿度大必然易染病，用复合益生菌液浇施或叶面喷施，可彻底解决此问题。

（2）土壤中富含硒元素，所产农作物含硒较为丰富，结合北京金山爱可乐生丰产动力素或者植物酵酶风味素可提高吸收率，使产品营养更丰富、更健康。

（3）光照弱，因树多雾多阴天多，光能利用率低，作物长势弱，叶薄不整齐，叶面喷植物诱导剂，可提高光能效率 0.50～4.91 倍，生长好，产量能提高 0.5～2.0 倍。

（4）土壤沙石多，应注重增施有机肥，含钾在 100 毫克/千克左右，增施钾肥，作物增产空间大。

（5）有机农作物高产标准化技术要点。有机肥（生态肥、碳素肥，即各种秸秆、畜禽粪渣等），按纯干品每千克可供产鲜果 5 千克，粮药干品 0.5 千克施用；复合益生菌液（发酵分解素、制肥素），含量 30 亿个/克，亩用 4～20 千克，拌肥、拌种或随水冲入；耕作层微生物及蚯蚓等益虫达 450 千克；调理肥（即净化剂、赛众肥或凹凸棒等），亩施 25～50 千克；植物诱导剂（增光剂或吸光剂等），提高阳光利用率；钾（天然钾、矿物钾、膨果素等），按纯钾每千克可供产鲜果 200 千克，粮谷干品 33 千克施用；稀土（保护剂、酵酶风味素、火山岩粉等），叶面喷洒少许即可。

三、江西应用生物技术种植典型

（1）江西省南昌县富山乡戴庭耀，2015 年以来在芦笋、茄子、辣椒上应用植物诱导剂、植物酵酶风味素，在无碳素有机肥的情况下，产品较对照粗壮，叶色浓绿，上市时间延长，病虫害较轻，高产优质。

（2）江西省萍乡市芦溪县周义萍，2009 年秋季在温室种植越冬黄瓜，按有机肥＋生物菌＋植物诱导剂＋植物酵酶风味素技术，亩产 1.4 万千克，较对照 0.6 万千克增产 1 倍多，如注重施钾产量会更高。

（3）江西瑞金市牛瑞荣，2017 年在大棚种植番茄，因提前施了 10 多吨鸡粪，植株叶绿厚，在 5 月出现死棵，按生物技术管理，浇复合益生菌得到补救。

（4）江西省九江市张之勇，2007 年在低洼盐碱地用生物技术种植棉花，亩产籽棉289.3 千克。

四、建议用生物技术防治病虫草害

化学农业中化肥的污染主要是影响大气、水质和土壤，因为作物对化学肥料的利用率只有 10%～30%；化学农药在污染以上 3 方面的同时，又严重污染食品，人们食用此类食品会造成慢性和急性中毒。使用化学除草剂不仅会造成以上 4 种问题，还会影响当茬和下茬作物质量。2016 年，侯马市乔山底村有 1/3 的中药材种植户因药材出现减产而赔钱，是前茬作物施用除草剂的结果，而用生物技术的产量比化学技术产量高出 1～2 倍，亩产值高达 2 万～3 万元，形成明显的效益对比。

（一）生物技术防治杂草

1. 生物菌促萌除草　未定植、播种前 25～30 天，亩冲施复合益生菌液 2 千克，3～5 天杂草种子全萌发，2～3 厘米高时，耙糖灭草。

2. 生物药剂除草　用棕榈疫霉喷洒地面防治莫伦藤杂草；用盘长孢状刺盘孢菌防治水稻、大豆田中弗吉尼亚合萌杂草；用植物毒素剂抑制多种杂草。

3. 动物除草　种稻栽秧后，亩放鸭子 40～50 只，每天放 3 小时，3～4 天可将1 000 米² 田中杂草除去。

4. 微生物除草　有机肥堆积后，每 10 吨粪堆高、宽各 1 米左右，长不限，洒上 2～3 千克复合益生菌液，7～15 天分解好有机肥，多数杂草籽也被分解或烧死。

5. 醋除草　由浙江农业大学马建义研究的除草醋，亩用 5.5 千克（106 元），是用竹木作为原料，微生物发酵而制成的强酸物，可快速杀灭绿色植物。在栽秧前进行田间除草，还可改善土壤碱性，杀灭病菌，起到增施有机质的效果，对白色植物体无效。

（二）生物技术防治病虫害

复合益生菌防治作物四大病虫害原理：一是细菌性病害，是植物生理缺酶症，田间和叶面上施复合益生菌液，可使植物体产生酶与氨基酸，从而提高作物的免疫力，控制细菌性病害的发生发展。二是真菌性病害，是土壤浓度过大，植物体缺糖引起，在霜霉病潜伏早期，亩冲施复合益生菌 2～4 千克，配红糖 4 千克就可防治；真菌性白粉病菌在碱性环境中不能生存，用 50 克小苏打（碳酸氢钠）兑水 50 升叶面喷洒，就可防治。三是病毒病，是高温干旱、缺锌、有虫伤引起，早期作物灌根和叶面喷洒植物诱导剂 800～1 200 倍液，提高作物抗热抗逆性，增加皮层厚度就可防治；另外亩施复合益生菌液 2~4 千克，增加作物根系数目 0.7~1.0 倍，吸收营养和调节力强，也能起到防病作用。四是根结线虫，是土壤浓度过大，先细菌浸染，后真菌介入，根系腐烂成瘤状，然后诱生线虫，亩用复合益生菌 5 千克，其中的淡紫拟青霉能化解根结线虫病害，降低土壤浓度。

具体操作：辽宁省天赐农庄王春香，2015 年用中药渣＋牛粪＋复合益生菌＋苦参碱等增碳防病虫害。

全国每年用在动植物上的抗生素高达 9 万吨，用复合益生菌能将粪便中的抗生素残留物降解 75%~90%，如庆大霉素可降解 90% 左右，四环素、土霉素可降解 80% 以上，喹诺酮、磺胺类抗生素可降解 75%，并能淋滤掉重金属。

用复合益生菌液可降解因田间大量施用化肥，尤其是化学氮肥，土壤中大量产生的镰刀菌、轮枝菌、丝核菌等致病菌，预防土传病害的发生。

取 1 千克复合益生菌液，30 千克小米糠，15 千克玉米粉，放入容器中发酵 3 天，随水分两次冲入田间，当季根结线虫就可彻底消灭，宜在定植时用 1 次，20 天后再用 1 次。

植物源农药，如大蒜素、烟碱、除虫菊酯、鱼藤酮、芸薹素、苦皮素均能防病治虫。苦参碱、藜芦碱对防治甲壳虫效果明显。亩取 12~13 千克新鲜蓖麻叶，捣成汁，加水 50 升，浸泡 12 小时叶面喷洒，或将蓖麻叶晒干后研成粉拌土。

亩取蓖麻油废渣 6 千克加水 30 升，搅拌后浸泡 12 小时，于晴天早上叶面喷洒，可防治蚜虫、菜青虫、蝇蛆、金龟子、小菜蛾、地老虎等多种害虫。

亩备 50 千克干燥草木灰，放入种植穴内，待播种或定植时再覆上土。可防治地蛆等地下害虫。将草木灰过筛后，待早上叶面有露水时喷施在害虫危害部位，亩用 2 千克。亩取 24 千克草木灰配 60 升水，浸泡 70 小时左右，用过滤液喷洒叶面，可防治地上害虫。

第二十六节　海南推广生物有机农业集成技术意义及典型

一、海南气候、土壤特点

海南岛地处热带北缘，属热带季风气候，素来有"天然大温室"的美称，这里长夏无冬，年平均气温 22~26℃，≥10℃的积温为 8 200℃，最冷的 1、2 月温度仍达 16~21℃，年日照时数为 1 750~2 650 小时，光照率为 50%~60%，光温充足，光合潜力高。海南岛入春早，升温快，日温差大，全年无霜冻，冬季温暖，稻可三熟，菜满四季，是我国南繁育种的理想基地。

海南省雨量充沛，年平均降水量为 1 639 毫米，有明显的多雨季和少雨季。每年的 5—10 月是多雨季，总降水量达 1 500 毫米左右，占全年总降水量的 70%~90%，雨源主要有锋面雨、热雷雨和台风雨；每年 11 月至翌年 4 月为少雨季，仅占全年降水量的 10%~30%，少雨季常常发生干旱。海南省有丰富的水资源，南渡江、昌化江、万泉河为海南的三大河流，集水面积均超过 3 000 千米^2，流域面积达 1 万多千米^2。全省水库面积

5.6万公顷，其中较大型的水库有松涛水库、大广坝水库、牛路岭水库、万宁水库、长茅水库、石碌水库等，松涛水库总库容量33.4亿米^3，为海南省最大水库，设计灌溉面积14.5万公顷。

海南省土壤普查面积为4 262.42万亩，共划分15个土类、27个亚类、117个土属。砖红壤占土地总面积的53.42%，全省19个市县均有分布，是海南省的主要土壤类型。赤红壤占土地总面积的10.01%，分布于本省东部、西部的高丘低山上。黄壤占土地总面积的3.56%，主要分布于五指山脉东部、西部的中山山地。占土地总面积1%以上的自然土壤还有燥红土、新积土、滨海沙土、火山灰土。占土地总面积1%以下的有石灰（岩）土、沙土、珊瑚沙土、石质土、沼泽土、滨海盐土、酸性硫酸盐土等，其中珊瑚沙土分布于西沙、中沙和南沙等海南诸岛，沼泽土仅零星分布于琼海、儋州的河流两侧或山前山间局部低洼地。水稻土面积为425.01万亩，占土地总面积的9.97%，是本省的主要耕作土壤。

二、生物有机农业集成技术推广

1. 促进化学农业转型　一是化学农业已成为空气、水质、土壤和食品污染的主源。据《人民日报》报道，农业污染已占空气污染的42%，超过工业污染。二是化学农业投入产出比在升高，由30年前的1:9上升到1:0.7。化肥、化学农药的用量超过发达国家的3.3倍左右。四是生物有机肥厂及生产供应能力已到位。

2. 生物农业作用　一是益生菌能吸收空气中的二氧化碳和氮气，净化空气，提高作物产量1倍左右，变污为宝。二是能提高有机肥利用率2~3倍，变废为食。三是能将土壤矿物质营养提高0.15~5.00倍，降低投肥成本30%。四是可化虫、消杂菌及草害，不仅降低成本，还能节约用工和减少污染。总体提高作物产量0.5~2.0倍。

提高生物肥的潜力：一是益生菌肥不要与任何化学农业物资交替使用，以免使益生菌受到抑制，起不到应有作用。二是要与碳素物质结合，益生菌有了食物源及繁殖后代力量，就能充分发挥增效作用。三是要用植物诱导剂提高光能利用率，控制植株秧蔓徒长，以免减产。四是要用钾提高产量，因多数地区土壤钾含量达不到高产要求，多在100毫克/千克左右，作物高产需要240~300毫克/千克，每千克含量50%天然矿物钾可供产鲜果100千克，干籽粮食16千克左右。

3. 生物肥经营策略　一是把生物有机肥放入全国有机产业联盟，与海南有机农业协会形成互动效应，以吸引用户及时大面积采用。二是让群众施用生物肥时与当地价廉有机肥结合，发挥潜能，降低成本。三是按中国式有机农业优质高效栽培技术五要素作业，产量高。四是优质农产品进入全国有机联盟平台，帮助有机认证，形成产供销良性循环。五是主要推广300千米左右周边地区，受传统认识约束，一般当地人不大认可当地产品，必须以"走出去"为主。六是进入政府补助系列。七是引导种植公司、农场、专业合作社立项推广生物集成技术，政府给予补助。八是形成生物技术企业文化，使群众在发展生物有机农业上不动摇，不受化学农业技术的干扰。九是搞示范，以点带面，通过引导让群众看得见效果。十是让政府及领导知情，组织参观推广生物集成技术。

三、海南应用生物有机农业集成技术典型

（1）海南岛澄迈县永发镇何云海，2010 年用生物集成技术种植露地毛节瓜，在施足有机肥的情况下，用生物菌灌根和喷洒植物诱导剂后，结瓜期延长 60 天，亩产量（7 500 千克）是对照（2 500 千克）的 3 倍。2017 年，香蕉由 7 把果提高到 11 把。2018 年，有棱丝瓜亩产达 3 500 千克，均较化学技术增产 0.5～2.0 倍。

（2）海南省海口市文明路胡红，在黄瓜和番茄上应用生物集成技术，用 1 次 800 倍液植物诱导剂，在室内弱光下，植物不凋萎，而对照全部萎蔫。

（3）海南海口市，辣椒、黄瓜用生物集成技术种植效果好，产量高。在苗期应用植物诱导剂 800 倍液，植株不徒长，不染病，生长点始终不萎缩，增产明显。

（4）海南省海口市美兰区吉训华，2022 年早春用生物技术种植的辣椒，枝矮，叶挺，果多，果比对照长 30%，重 20%，增产增效 50% 以上。

（5）海南省海口市美兰区三江镇茄茵村王琼，2019 年开始在莲雾上应用生物技术，即碳能菌发酵有机肥，施钾膨果，那氏齐齐发植物诱导剂提高叶片光合效率，植物酶酶风味素增加果实甜度、增长、增鲜。

四、海南生物有机肥替代化肥、农药"双减、双替"实施方案

在农业上全面实施有机肥替代化肥和有机准用生物、植物药替代化学残毒农药，已列入各级党政领导干部优先发展的负责任务。

海南省蔬菜、果品种植面积 2 300 万余亩，2019 年有机肥替代化肥种植面积为 10 万～20 万亩。建议用以下 3 种方式实施"双减、双替"方案。

一是现有生物有机肥全部换用中国式有机农业优质高效栽培技术成果专用的专利产品，即碳能高解钾复合益生菌。每亩给群众发放生物有机肥 80～100 千克，共同完成建设绿色食品海南岛农业任务。二是组织干部群众将当地食品加工厂下脚料、各种植物秆渣及动物粪便收集起来，每 15 米³ 原材料发放碳能高解钾复合益生菌 2 千克，发酵 13 天左右即可，亩可施用 100～200 千克。三是直接调拨碳能高解钾复合益生菌，每亩发放 4～5 千克，分两次冲入农田。

以上方式可使土壤固氮酶活性达 400～600 纳摩尔/（千克·天），可提高土壤有机质利用率 1～3 倍，能从空气中吸收氮和二氧化碳，土壤中有效磷、钾、钙等提高 1～5 倍，不需再施化学肥料。用碳能复合益生菌液控制 107 种软体害虫，再用有机准用农药防治病虫害，使虫害控制在 15% 以下，为绿色有机农产品生产打下了良好的基础，保证果菜作物不减产。

第二十七节　天津推广生物有机农业集成技术典型

一、天津气候、土壤特点

天津位于中纬度欧亚大陆东岸，主要受季风环流的影响，是东亚季风盛行地区，属大陆性气候。四季分明，春季多风，干旱少雨；夏季炎热，雨水集中；秋季气爽，冷暖适

中；冬季寒冷，干燥少雪。年平均气温在 11.4～12.9℃，1 月平均气温在－5～－3℃，7 月平均气温在 26～27℃。冬、春季风速最大，夏、秋季风速最小，多为西南风。无霜期 196～246 天，最长 267 天，最短 171 天。年平均降水量为 520～660 毫米，降水日数为 63～70 天。山地多于平原，沿海多于内地。在季节分布上，6—8 月降水量占全年降水量的 75％左右。日照时数为 2 500～2 900 小时。

天津市多为退海之地，在暖温带半湿润气候下，春季蒸发作用强烈，地下水中的盐分沿土壤毛细管随水分上升到地表，水散盐存，易在平原微域地貌引起积盐。尤其是滨海地区，成土母质含有大量盐分，加之海水的入侵，土壤在强烈蒸发作用下，表层强烈积盐。除上述自然因素外，渠边渗漏、大水漫灌、稻田和旱田的插花种植以及排灌不配套等，抬高了部分地区的地下水位，致使土壤产生次生盐渍化。1978 年第二次土壤普查，按照轻度盐化（0.2％～0.3％）、中度盐化（0.3％～0.6％）、重度盐化（0.6％～1.0％）的标准，全市共有盐渍化土壤 301.5 万亩，其中轻度盐化 218 万亩，中度盐化 78 万亩，重度盐化 5.5 万亩。

1991 年，全市开展土壤养分动态监测，按照全国统一标准，即轻度盐化（0.1％～0.2％）、中度盐化（0.2％～0.4％）、重度盐化（0.4％～0.6％）、盐土（＞0.6％）的分级，全市盐渍化土壤为 363.87 万亩，其中轻度盐化 218.9 万亩，中度盐化 113.7 万亩，重度盐化 23 万亩，盐土 8.27 万亩。

二、天津应用生物有机农业集成技术典型

（1）天津宁河区王志海，用生物集成技术管理作物，产量高。

（2）天津市西青区张景卫，用生物菌栽培的黄瓜，长势好，产量高，品质佳。

（3）天津市杨柳青镇晨光，2009 年秋季种植芹菜，用生物菌＋有机肥＋植物诱导剂＋钾＋植物酵素风味素技术，春节前上市，亩产芹菜 8 000 千克，产品无病、漂亮、口感好，纤维细，脆嫩，市场价比其他高 0.5 元/千克，收益高。

（4）天津市宝坻区大唐庄镇狼尔窝村张振国，2015 年用生物技术种植 20 亩夏秋茬番茄，露地亩产 8 000 千克，色好，口感醇，市场价比其他高 0.6 元/千克，每千克 5 元，亩收入 4 万余元。

第二十八节　湖南发展富硒生物技术产业的现状与建议

一、湖南自然气候与土壤特点

湖南省位于江南，属于长江中游地区，地处东经 108°47′—114°15′，东西宽 667 千米，南北长 774 千米。洞庭湖平原是中国三大平原之一的长江中下游平原的重要组成部分。湖南省山地面积 1 085.9 万公顷；丘陵面积 326.28 万公顷；岗地面积 293.8 万公顷；平原面积 277.9 万公顷；水面 135.33 万公顷。湖南省河网密布，流长 5 千米以上的河流有 5 341 条，总长度 9 万千米，其中流域面积在 55 000 千米² 以上的大河有 11 117 条。省内除少数属珠江水系和赣江水系外，主要为湘、资、沅、澧四水及其支流，顺着地势由南向

北汇入洞庭湖、长江，形成一个比较完整的洞庭湖水系。湘江是湖南最大的河流，也是长江七大支流之一；洞庭湖是湖南省最大的湖泊。

大陆性亚热带季风湿润气候具有三个特点：第一，光、热、水资源丰富，三者的高值又基本同步。第二，气候年内变化较大。冬寒冷而夏酷热，春温多变，秋温陡降，春夏多雨，秋冬干旱。气候的年际变化也较大。第三，气候垂直变化最明显的地带为三面环山的山地，尤以湘西与湘南山地更为显著。湖南年日照时数为 1 300～1 800 小时，热量丰富。年气温高，年平均温度在 15～18℃。冬季处在冬季风控制下，东南西三面环山、向北敞开的地貌特性有利于冷空气的侵入，故 1 月平均温度多在 4～7℃。湖南无霜期长达 260～310 天，大部分地区都为 280～300 天。年平均降水量为 1 200～1 700 毫米，雨量充沛，为我国雨水较多的省区之一。

土壤类型多，资源丰富，全省土壤总面积 2.25 亿亩。地带性土壤或垂直带土壤分为红壤、黄壤、黄棕壤、山地草甸土四个土类；非地带性土壤和耕作影响形成的土壤分为红色石灰土、黑色石灰土、紫色土、潮土、粗骨土、石质土、红黏土、沼泽土及水稻土等土类。

红壤面积最大，占全省土壤总面积的 50%，是湖南主要旱作土壤；黄壤占全省土壤总面积的 19.4%，为旱作土壤及杉、竹林木和果树的适宜土壤；黄棕壤约占全省土壤总面积的 2.4%，适于高山树种及药材生长；山地草甸土分布在海拔 1 200～1 500 米山顶开阔处。

石灰土、紫色土、潮土分别占全省土壤总面积的 6.9%、6.1% 和 2.5%。粗骨土、石质土、红黏土零星分布于全省各地。水稻土占全省土壤总面积的 16.5%，是全省粮、棉、油的主要生产基地。

二、湖南土壤及气候劣势与生物集成技术对接方法

湖南省常德市澧县土壤营养情况：2016 年 6 月 13 日，经该县绿丰源肥力分析化验室化验员徐俊取土化验，报告为沙质土壤，pH 6.0～6.4，微偏酸，土质较好；有机质含量 1.88%～2.30%，较好；含磷 70～90 毫克/千克，基本满足高产要求；有效钾含量 70～120 毫克/千克，与高产要求相比缺 60% 左右；水解氮含量没有测出。此土壤用生物技术种植各种作物，不必施入氮、磷化肥；适量补充有机肥，露地每茬产 2 000 千克左右，保护地按每千克干品有机肥可供产鲜果 5 千克、粮谷干品 0.5 千克施用。每茬亩施含量 30 亿个/克左右的复合益生菌，露地 4～5 千克，保护地 15～20 千克。露地和短日照作物按含量 50% 的天然钾每千克可供产鲜果 100 千克，干品物 16.6 千克施用。

2011 年 9 月 22 日笔者在湖南张家界考察结果如下。

1. 气温高、湿度大，作物易染真菌、细菌病害　如疫病、腐烂病等，用复合益生菌可控制真菌、细菌病害，病害控制到 15% 以下，作物就能高产优质。土壤重金属严重超标的地块，充足施用复合益生菌去包裹重金属，又叫钝化作用，产品重金属含量不会超标。

2. 土壤含钾量不均匀　不同地块将土壤含钾量提高到 240 毫克/千克，使各种作物产

量达到最佳水平。按含量 50% 的天然硫酸钾每千克可供产干品 16.6 千克，鲜果 100 千克施用。

3. 地势低凹，空气湿度大，光能利用率差　作物叶面喷洒植物诱导剂，可提高光能利用率和抗逆性。

4. 土壤黏质化　大力推广应用畜禽粪便、作物秸秆以及食品加工厂下脚料、泥炭、风化煤等碳素有机肥，用复合益生菌分解发酵，穴沟深施以疏松和优化土质。

5. 作物品质　应施含稀土的土壤调理肥 20～50 千克，叶面喷洒火山岩水溶肥，打开植物次生代谢功能，释放风味素和化感素，保证农产品增产和品质提高。

三、湖南应用生物集成技术应用实例

（1）湖南省常德市田园蔬菜产业园万欢，2012 年亩施稻壳 3 000 千克，鸡粪 2 000 千克，赛众钾硅肥 25 千克，鸡粪提前 25 天用生物菌稀释液喷洒 1 次，兑水致喷后地面不流水为度；总用生物菌液 30 千克，第 1 次随水冲入 5 千克，以后每次 2 千克；总用 51% 天然硫酸钾 200 千克，基施 25 千克，以后随浇水一次冲生物菌 1～2 千克，另一次冲入钾肥 25 千克。幼苗期在苗圃中用 1 200 倍液植物诱导剂叶面喷 1 次，定植时用 800 倍液喷 1 次；结果期用北京金山爱可乐生丰产动力素或者植物酵酶风味素叶面喷 2 次（间隔 7～10 天）。亩栽 2 000 株左右，产辣椒达 2 万千克，并达到有机蔬菜标准要求。

（2）湖南省常德市吴卫支，2010 年在菜田施复合益生菌液，田螺、蜻蜓、蜂虱等害虫基本全死掉，虫害得到控制，蔬菜产量高，品质好，收入比别人高 0.8～1.0 倍。

四、建议发展富硒生物技术产业

（一）湖南发展富硒农产品的原因和现状

据报道，中国每年消耗化学农药 374 万吨，人均 2.67 千克，其中 99.9% 进入生态系统。每年消耗化学肥料 7 000 万吨，人均 50 千克，每亩土地承载 21.9 千克，是欧盟用量的 2.5 倍。化肥农药中的镉污染耕地面积已达 1.5 亿亩，占 18 亿亩的 8.3%。

据 2016 年农业农村部稻米品质检测中心报道，全国有 10.3% 的大米镉超标 11.0～12.5 倍。据湖南省常德市疾病预防控制中心郭志强、张悦、李秋娟等检测，南方大米镉含量 2.5 千克/毫克，超出人类承受能力的 11.0～12.5 倍。湖南南华大学校长张灼华和岳阳市屈原管理区凤凰村主任李莉，2017 年分别在全国两会上提出，抓富硒生物产业开发就是抓现代特色农业，就是抓全民健康，就是抓小康。他们认为现代人体需要的三大元素，碘已被普遍补入，锌和硒正在被人民认识，应纳入常规补入品。湖南有富硒产品基地 66 个，种养面积 2.8 万亩，2016 年富硒产品产值达 2.8 亿。富硒产品是抗癌之王，生命之火，心脏之神，应作为人民健康或环境污染补救的重要途径之一。

（二）全面落实生物集成技术

粮食、果品、中药材，亩准备复合益生菌液 4～5 千克，包裹致癌物重金属，同时还可分解禽类粪中的抗生素，使产品达国际有机标准；在养殖饲料中加入复合益生菌，不再用抗生素。亩备植物诱导剂 100 克。备 50% 天然硫酸钾若干，按每千克可供产鲜果 100

千克，干品 16.6 千克施用。用火山岩稀土水溶肥 200 克，或者植物酵酶风味素 10 粒，释放食品原风味素和化感素。

第二十九节 港澳台推广生物有机农业集成技术意义与典型

一、推广意义

供应港澳台产品通过化验，达国际有机食品标准，与大陆差价达 9～30 倍。比如无刺黄瓜，2010 年 12 月 20 日，新绛为 3 元/千克，澳门为 84 元/千克。全国各地各种作物都可应用生物有机农业集成技术，且产品属有机食品。2012 年 7 月 2 日，据《山西晚报》报道，香港食物环境卫生署通报山西供港农产品合格率达 99.999%，其蔬菜均系使用生物有机农业集成技术生产供应。

二、港澳台应用生物有机农业集成技术典型

(1) 台湾台北庄周良杰，2012 年选用台湾无刺小黄瓜品种，按牛粪＋生物菌液＋植物诱导剂＋植物酵酶风味素＋硫酸钾生物集成技术，亩产瓜 2 万千克，较化学技术亩产不足 6 500 千克增产 2 倍多。瓜长 23 厘米，每根 200 克左右时采摘，平均批发价为每千克 25 元，亩产值 50 万余元，口感好，检测残留不超标，符合国际有机标准要求。2013 年黄瓜扩种为 4 亩。

(2) 2008 年 9 月 10 日，香港菜商黄华亭在山西省新绛县西曲村马林生、文根龙田收购生菜、油麦菜，用生物技术栽培几乎无病虫危害，色艳耐存，生菜亩产达 4 000 千克左右，产品达国际出口有机食品标准。

(3) 台湾台北市风桂嘴，2013 年用牛粪＋生物菌＋植物诱导剂＋钾技术，番茄亩产达 9 000 千克，较用化学技术增产 1 倍。

(4) 2010—2011 年，陈涛报告，按生物技术生产，产品达有机食品要求，大果每个 150 克左右，每千克售价 20 元，小果 25 克左右，每千克售价 26～30 元，亩产值 10 万～12 万元。

(5) 澳门华侨刘苏赞，2017 年用生物技术，在广东台山建立 700 亩水稻、蔬菜基地，产品供应澳门市场，得到充分认可。

第三十节 青海"三独特"与普及中国式有机农业优质高效栽培技术成果对接

一、农业生态环境独特

青海地处地球第三极无污染净土区，是世界四大无公害超净土区之一。青藏高原地貌特征独特、气候环境多样、土壤类型丰富，冷凉性气候，高寒、低温、强紫外线，环境独特。

青海是典型的草甸土。主要类型有高山草甸土、亚高山草甸土、高山草原土、山地草甸土、亚高山草原土、草甸土。青藏高原是中国最大、世界海拔最高的高原，光照强度大、时间长，昼夜温差大，土壤有机质与钾含量丰富。年平均温度在 0℃ 以下，大片地区

最暖月平均温度也不足 10℃。一般海拔在 3 000～5 000 米，为东亚、东南亚和南亚许多大河流发源地。青海湖泊众多，有青海湖，水内有不少钾盐等。从生态环境上讲，极适宜低投入发展有机高产优质农业。

二、农业地方优良种类独特

（1）青稞是当地人育成的"昆仑"系列高产优质品种。种植面积达 6.7 万公顷，总产量达 16 万吨。青稞酒将青稞的价值提高了 20 倍以上。从青稞面、青稞饼、青稞酒，到经过精深加工的萌芽黑青稞粉、β-葡聚糖口服液、青稞黑醋等健康产品，产业链越来越长。

（2）春油菜系白菜型油菜，生长期短，菜籽产量低。青海省农林科学院开发出甘蓝型杂交油菜新品种，青杂 1 号、青杂 2 号、青杂 5 号、青杂 6 号、青杂 9 号、青杂 12、青杂 15、晚熟品种通过国家品种审定，在海拔 2 500 米以下、无霜期较长地区种植的新品种，产量、品质和抗性明显优于北方春油菜现有主栽品种。

春油菜种植的海拔上限提高了 200 米，平均亩产提高了 40 千克。

（3）由于高寒少雨、山地多的独特气候和地理条件，青海成为"中国马铃薯生产的天然家园"。产量高，品质好、抗性强。青薯 9 号具有高产、抗旱、抗病、优质菜用及加工兼用等特性，亩产达 2 500～5 000 千克，亩收入可达 4 000～4 500 元。2021 年，青海省马铃薯种植面积超过 3.33 万公顷。

马铃薯加工产品在青海主要为淀粉及其制品，如精淀粉、预糊化淀粉及其制品，鲜炸薯条、薯片、粉丝、粉皮系列产品。

（4）藜麦被誉为"粮食之母""营养黄金""超级谷物""素食之王"。至 2019 年底，藜麦在青海省的种植面积达 2 347 公顷，从事藜麦生产的企业有 20 余家，开发藜麦米、藜麦饼干、藜麦麦片、藜麦挂面、藜麦蒸馏型白酒等 10 多种产品。辐射带动农户 3 000 多户，每户年平均增收 6 000 元，种植效益明显。

（5）随着马牙蚕豆等优良品种渐为人知，青海蚕豆成为创汇最多的农作物种类。蚕豆市场需求大、种植效益好。青海省农业科技工作者对蚕豆的一二三产业融合发展进行了持续开发，将单纯作为粮食作物的蚕豆变成了"粮、菜、饲、肥"兼用作物，挖掘它"养人、养畜、养地"等"三养"功能，使蚕豆种植在促进土地用养结合、提升耕地质量、减少化肥使用量方面发挥作用。

（6）在青藏高原特殊的自然环境下，生长于柴达木盆地的枸杞果实成熟期更长，产量更高，品质更好，营养更丰富。青海省还在柴达木盆地打响了有机枸杞品牌，全面推行标准化生产，扎实开展农药零增长和化肥零增长行动，实行精细管理，精心改良枸杞种苗培育、栽植等生产环节，积极引进中耕除草、高效施肥等现代农业机械装备，为强力推动枸杞产业转型升级提供了有力保障。

截至 2019 年底，青海省枸杞种植面积达 4.66 万公顷，年产值达 30 多亿元。2019 年，青海有机枸杞出口量达 350 多吨，出口创汇 400 余万美元。

（7）沙棘被称为"维 C 之王"，不仅是养生极品，还是生态树种。中国是沙棘资源大国，占世界沙棘资源总量的 90%，而青海又是我国沙棘的重要生长区域，拥有野生沙棘资源 26 万公顷，占全国沙棘资源总量的 20%。

由于高原的高海拔、强紫外线以及氧气稀薄等特殊自然环境，青海沙棘天生具备抗高寒、抗缺氧生物特性。再加上天然生长、基本无污染的优势，使其营养成分和活性物质均优于平原沙棘。

浆果采集技术、果汁分离技术、果汁低温浓缩技术、果粉喷雾干燥技术、籽油萃取技术以及浆果黄酮、生物碱、多糖、原花青素、色素、蛋白等提取、分离、纯化技术等，有效解决了沙棘产业化、规模化利用的技术难题。先后研制了药品、保健食品、果汁类、果粉类、籽油类、生物活性中间体提取物、化妆品等 7 大系列 70 余个产品。全省已逐步形成包括沙棘原果—沙棘饮料—沙棘医药保健食品—沙棘提取物综合开发的完整产业链条。

目前，这些以沙棘饮品、沙棘果粉、沙棘油、沙棘酒、沙棘代餐粉、沙棘化妆品为代表的沙棘系列产品已远销美国、加拿大、西班牙、捷克、泰国等地。2019 年，青海出口沙棘系列深加工产品货值达 3 772.3 万元。

三、农业发展工作思路独特

为进一步推进青海省农牧产业化建设，由青海省科学技术协会、青海省人才工作领导小组办公室、青海省农业农村厅、青海省科学技术厅、中国科协创新战略研究院等 5 家单位联合主办，中国农业科学院、青海大学、青海省农学会、青海省畜牧兽医学会协办的"青海科技创新论坛"在西宁举行。

论坛以"生态青海，绿色农牧"为主题，聚集省内外相关领域和学科的知名专家学者探讨交流青海省农牧业发展大计，围绕优势农畜产品产业化、品牌化建设"把脉问诊"，研讨破题之策，寻找新思路、新路径、新模式，推动青海省现代农牧业高质量发展。此外，论坛还集中展示近年来青海优势农牧业产业化发展成果，并为生产企业和专家学者对接搭建平台，与中国式有机农业优质高效栽培技术成果普及正好吻合。

四、建设性意见

（1）青海应围绕中国式有机农业优质高效栽培技术成果，利用独特的生态环境，独特的品种品牌品系，以独特的研究思想，制订出独特的有机农业发展方案，提升农产品的产量、质量与效益。

（2）按照成果五要素，根据各地土壤化验报告施用物资，有机质与钾充足者，因当地紫外线强，少雨，作物不易徒长，生产上只注重用碳能复合益生菌和植物酵酶风味素即可。养殖生产上推广益生菌发酵饲料、益生菌净化环境与益生菌饮水，动物保健生长即可高产优质高效。

五、应用典型

（1）青海省海西蒙古族藏族自治州都兰县巴隆乡，都兰丰海枸杞有限责任公司马宁乾，2016 年开始用碳能复合益生菌浇施，一年 2 次，每次 2 千克，在当地土壤有机质含量 2.4%，速效钾含量 240 毫克/千克的条件下，不施肥亩产枸杞干品 65～75 千克，比化学技术亩产 40 千克增产 25～35 千克，且产品达国内外有机标准要求。

（2）2018 年，青海大漠红枸杞有限公司用生物技术种植 30 亩枸杞，亩苗数 200 株，株施有机肥 5 千克，益生菌 10 千克，亩产鲜果 520 千克，较对照增产 50％，产品每千克售价 240 元，较对照 50 元高出 3.8 倍，种植期间没用任何化肥。

附录1 中国式有机农业优质高效栽培技术成果

中国式有机农业优质高效栽培技术鉴定会专家评说

武维华主任委员（中国农业大学生物学院博士生导师、院士，生物细胞和分子生物学）

从项目资料和汇报中看到，微生物和生物技术在农业生产上的巨大作用和产量效果，有真实潜在的一面。同时不能不允许我们质疑吧，我从没参加过成果鉴定，这次让我乐于当评委、感兴趣：一是有机农业高产的诱惑。二是食品安全产品的生产问题解决方法与内涵。

说法要谨慎，用词不要绝对化，应说本技术创新点是什么，汇报要精炼。

李荣委员（全国农业技术推广服务中心土肥处处长、高级农艺师，土壤肥料技术推广）

集成创新，看到实践效果，优质高产，可持续发展，这点是肯定的。这项成果是由实践到理论，数字支撑有缺憾，要增加完善信息比对数，投入产出比算数，劳动力也算进去，品质风味标准数据等。

李天忠委员（中国农业大学农学生物学院博士生导师、教授，土壤农化）

此项目感觉大、面宽，但数据对比不严密，中心不突出，品质、产量指数缺。国家没给一分钱，基层工作者能做到这个份上，令人佩服，有潜在能量。

李松涛委员（北京市园林绿化局产业发展处高级工程师，果树栽培和管理）

有机技术与产品是好东西，很有意义，科技集成指导实际生产成功，内容好、温馨，实践提升到理论数据，数据不甚到位，应进一步理清完善。

洪坚平委员（山西农业大学资源环境学院博士生导师、教授，土壤农化）

生产效果明显，专利证工作做得好，生物集成技术体现出效益很好，作为基层人员能做得这么出色、精彩，很不容易，汇报材料提炼的不到位，应完善才好。

褚海燕副主任委员（中国科学院南京土壤研究所博士生导师、研究员，农业微生物）

对比证明不甚符合试验报告要求，如说生物技术在各种作物上都行，但要按试验报告规定来做。提法要科学，碳能复合益生菌液作用和产量数字一面令人兴奋，一面令人担忧，数据要斟酌总结。

尚庆茂委员（北京市农委高级农艺师，蔬菜栽培）

我去过山西新绛，看到了生产效果，真不错，此技术比较可行，微生物作用大，集成技术不错，可上成果。报成果后，把数据充实，既有固有的模式，又要按区域品种灵活性说明实情，不要停留在现在水平，要继续做下去。

张东升委员（中国农业科学院植物保护研究所研究员、处长，植物保护）

此技术令人耳目一新，农民欢迎，国内认可。不要说不用农药，农药是广义词，比如生物农药就可用。

李季委员（中国农业大学资源与环境学院博士生导师、教授，有机蔬菜）

我到新绛讲过课，见过马新立的有机蔬菜论著，在基层能做到这个份上，了不得，令人敬佩。科学数据得科学结论，自我评价不要与别的项目比，各有优缺点，多一些数据，少一些口号和说教。

马新立（项目集成技术整合人，新绛县高级农艺师）

我们是基层生产一线人，在农村一边寻找作物高产优质生产问题，一边找应用成果，先后将益生菌、植物诱导剂、土壤调理肥等有机生产准用物资整合在一起，在全国各地各作物上推广，增产幅度在 0.5～2.0 倍，不用化肥和化学农药，产品属有机食品。

创新点：一是把作物生长的三大元素碳、氢、氧明朗化（占作物体 96% 左右），而不是氮、磷、钾（只占 2.7% 左右），主次位置在生产实践中摆对、挑明，增产才有理论和实践保证。二是把"农业八字宪法"提升为十二平衡，即将"光、气、温、菌"等天然因子在农业上的作用发扬光大。三是把成果集成运用起来，例如碳能有机肥＋赛众土壤调理肥＋碳能复合益生菌液＋植物诱导剂等，后三种均属能打开植物次生代谢功能和途径的物质，使作物正常运转，产量也就大幅提高，产品为有机食品。

比如最近在台湾，用此技术生产小黄瓜，亩产达 2 万千克；在山东烟台，有刺黄瓜亩产达 3 万千克。其实我们有很多数据，只是不会整理，也不知道专家评委们想听什么内容。今年我们在同块地种小麦，用生物技术亩产 630 千克，对照 360 千克。

再比如，番茄用此集成技术，果实番茄红素含量提高 75.33%，有检测报告，但没写入总结汇报。还有用此集成技术可分解出 5 种物质杀杂菌，分解出 4 种物质杀虫，分解出 6 种物质抑草。

科学技术成果鉴定证书主要内容

成　果　名　称：有机农业优质高效栽培技术

完　成　单　位：山西省新绛县西行庄立虎有机蔬菜专业合作社

中国农业科学院农业资源与农业区划研究

中农博发（北京）农业科学研究院

山西临汾尧都区汾河氨基酸厂

陕西赛众生物科技有限公司

山西运城市润海农林科技公司

主要研制人员：刘立新　光立虎　马新立　梁鸣早　吕周锋

王天喜　王　博　张淑香　景保运　吴代彦

简要技术说明及主要技术性能指标

有机农业优质高效栽培技术要点：①大量使用有机肥与富含非豆科固氮菌的有益微生物复合菌进行土壤有机物耕层快速无臭发酵，带动了农民对秸秆和畜禽粪便利用的积极性。②芽孢杆菌等有益复合菌剂的应用效果显著，增强了土壤的供氮能力，在一定程度减少了氮肥的使用。③通过中微量元素、有益微生物及多种栽培技术措施，以期提高作物的抗逆能力。该技术重视传统农业传承，在作物生长全程不断开启作物次生代谢途径，使作物生长早期就有免疫力，进而使作物各个器官都产生抗病虫草害和抗灾害性天气的化感物质，同时提高农产品品质和风味，最终达到高产优质目标。

技术性能指标：

1. 替代化学农业的施肥技术 耕层有机质的快速发酵技术，是将有机肥、高活性微生物复合菌和矿质钾、中微量元素直接施用农田，旋耕后自然发酵，是一种替代化肥、农药、除草剂的高产优质栽培技术中的施肥技术。

2. 替代氮化肥的供氮方式 按照上述方法施肥过后，在土壤中产生两种活性氮，可100%替代化肥氮：①微生物为作物固氮（非豆科固氮技术）。②土壤中有机物质被微生物降解的有机氮。另外，作物所需的磷也完全从有机物降解中获得。

该项目使用的地力旺微生物复合菌，其原菌种全部来自中国农业微生物菌种保藏管理中心（ACCC），菌剂的活菌数高达40亿个/克；地力旺复合菌中大部分为芽孢杆菌属，具有固氮能力，复合菌群在为作物固氮的同时还把土壤中有机物降解为作物可再利用的矿物质、氨基酸、糖类、有机酸、小分子多肽、二氧化碳等，提高了有机质利用率，二氧化碳充足使作物的光合效率高，这是高产的基础。另外，微生物与作物存在共生关系，这种共生关系事实上用胁迫开启作物次生代谢途径。

3. 胁迫和矿质钾、中微量元素是形成作物品质和风味的两要素 作物次生代谢使作物体内产生大量化感物质（功能性物质）、产量物质、品质物质、风味物质，使得作物长势良好、产量大幅度提高，能生产出品质上乘的有机食品。

该技术中所使用的富含钾和中微量元素的矿物质肥，是经农业部肥料质检中心登记的土壤调理肥，该调理肥还可修复已被化学品破坏的土壤结构，形成土壤的水稳性团粒结构。

4. 中国式有机农业优质高效栽培技术有广泛的适用性和先进性 山西省新绛县地处汾河下游，气候温和、光照充足，自古就是我国蔬菜产区。新绛县西行庄立虎有机蔬菜专业合作社用中国式有机农业优质高效栽培套餐技术，2007—2012年间该合作社在3 000亩耕地上生产的供港蔬菜全部合格；该技术广泛应用在各种大棚蔬菜及大田小麦、玉米、水稻等作物上，均能实现产量在原产量水平提高0.5～2.0倍的效果，田间几乎不考虑病虫害防治，产品味醇色艳。5年内累计推广面积达125万亩。

此项技术能很好地调控作物生长全过程，作物长势旺盛，产量高，省工、省投资。

若将该栽培技术在我国广泛示范推广，可减少化肥和化学农药污染，可提供给大众有利于健康的有机农产品，促进我国农业持续创新发展。

推广应用前景与措施

　　中国式有机农业优质高效栽培技术可广泛在大田作物和保护地栽培作物上应用。该项技术可操作性强，其与中国传统农业理念衔接密切，农民一听就懂，易于推广。

　　该技术不但使农民增产增收，改善农产品品质，提高广大消费者的生活质量，而且改良土壤，提高耕性，使土壤中的有益微生物占优势生态位，加快了对农药残留的降解和土壤中重金属的钝化，提高了土壤的自净化能力；该技术推广应用可减少或避免化肥和农药的使用，在减轻农民投资的同时也减少了化肥、农药对环境的叠加污染。该技术对我国已经被农药、化肥和重金属污染的土壤的修复意义重大，如果采用此技术，能较快摆脱我国土壤被污染的困境。

鉴 定 意 见

  2013年6月26日，山西省科学技术厅组织有关专家对山西省新绛县西行庄立虎有机蔬菜专业合作社、中国农业科学院农业资源与农业区划研究所、中农博发（北京）农业科学研究院、山西临汾尧都区氨基酸厂、陕西赛众生物科技有限公司、山西运城市润海农林科技有限公司等单位共同完成的"有机农业优质高效栽培技术"项目进行了科学技术鉴定，与会专家认真听取了项目组的汇报，审阅了相关资料，经过质疑，讨论，形成如下鉴定意见：

  一、该项目组提交的资料齐全，符合鉴定要求。

  二、该项目将多项技术集成：①有机肥的耕层快速发酵技术提高了土壤有机质含量，带动了农民对秸秆和畜禽粪便利用的积极性。②芽孢杆菌等有益微生物复合菌剂应用效果显著，增强了土壤的供氮能力。③通过施入多种微量元素、有益微生物复合剂及多种栽培措施，以期提高农作物抗逆能力。该技术近年来累计推广面积125万亩，取得了显著的生态经济效益。

  三、项目创新点：该项目集成了多项有机农业技术，综合应用于蔬菜与部分农作物生产，取得了良好的生态和经济效益。综合评价认为，该项目集成技术达到了国内领先行列水平。

  四、存在的问题及改进意见

  建议进一步跟踪国内外有机农业的发展趋势，在有关职能部门支持下，对现有集成技术进一步开展深入研究以及逐步推广应用。

  鉴定委员会主任：   副主任：

    委员：

              2013年6月26日

主持鉴定单位意见
同意鉴定意见   主管领导签字：　（盖章） 2013 年 6 月 28 日
组织鉴定单位意见
同意鉴定意见   主管领导签字：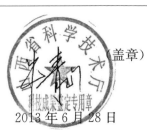（盖章） 2013 年 6 月 28 日

附录 2 中国式有机农业优质高效栽培技术在北京通过鉴定报道

一项名为中国式有机农业优质高效栽培的技术在北京通过鉴定。

针对化学农药和化肥引起的土壤面源污染和板结、农产品品质下降、病虫害加剧的问题，该技术大量使用有机肥与富含非豆科固氮菌的有益微生物组合菌，进行土壤有机物耕层快速无臭发酵，解决了作物碳饥渴问题。施用矿物质赛众土壤调理剂，为作物营造良好的土壤环境，提供了满足作物所需的必需营养元素和有益营养元素。在作物生长全程不断开启作物次生代谢途径，提高了作物抗病虫与灾害天气的能力。

中国农业科学院农业资源与农业区划研究所研究员刘立新、副研究员梁鸣早提出中国式有机农业设想，并与山西省新绛县西行庄立虎有机蔬菜专业合作社理事长光立虎、高级农艺师马新立的高产栽培五要素、十二平衡田间管理模式相结合，形成中国式有机农业优质高效栽培技术。此次鉴定会由山西省科技厅组织。

附录3 中国式有机农业优质高效栽培技术新绛模式论坛会专家建议

章力健（国家食品安全风险评估专家委员会副主任）

中国式有机农业提法很好，具有中国特色，既有中国传统农业技术的根，又有现代农业科技成果的利用成效。新绛模式是国内领先成果，从理论、实践效果上看，已达国内最高水平，有潜在性、建树性。新绛模式在科技思路、观点、理念、精神均有创新，符合当前国家提出的农业发展的提升方向，特别是集成方法、集成人力、集成物力、集成成果、集成创新。新绛成功经验有其内在重要性，科技部要设法给予支持，给国家顾虑的食品质量安全找出一个途径，做出一些贡献。要考虑让政府拿科研经费支持，要有经济和精神示范作用。我们当领导的，搞科技的，都要做良心过得去的事。马新立主任很厉害，事情做得比文章写得还好。第一线科技成果注重中国传统元素，国家经济发展进入新常态，需要这类技术和人才。据说新绛模式至今还没得到大的项目支持，为此我建议：①新绛县委应做出决定，谁牵头支持，因为新绛模式代表中国方向，政府应将其当成大事。尽可能进入博鳌亚洲论坛，把产业品牌链拉长。②成立产业联盟体，以新绛科研人员为主，建立研发中心及相关物资开发生产厂，搞套餐供应，打造大流通、连锁经营格局。③新绛模式属农业可持续发展，内容是对的，武维华院士对新绛模式的评定是战略评论，又有企业家的眼光。④要调动企业老板、科技户、民主党派，各级人大、政协都可在政策、经济实力上给予帮忙，帮忙协调经费支持，使人才、资金、项目得到集成利用。⑤要创新工作方式方法，国家财政和社会资本相结合，新闻宣传与基础理论相结合，科研中心和应用团队相结合，数据研究与应用效果相结合，比如，中国农科院张淑香就可牵头研究新绛模式的数据理论。

王强（科技部农村技术开发中心、地方科技工作者处处长）

我一直在跟踪有机农业技术，在这次论坛会上学到了很多有益的切实可行的技术，收获很大。

新绛模式破解了当前安全农产品生产上的三大问题：一是秸秆还田快速转化成肥料，有助于开展秸秆、畜禽粪便等有机物的大规模利用。二是缓解了化肥、农药大量使用对环境造成的负面影响，新绛这套技术能够替代70%的氮肥，且农药基本不再使用，生态效益难以估量。三是大幅增加了农作物产量，有机农业产量低、不好吃，农民收入上不去，严重制约农民积极性，而新绛模式在投入不增的情况下，产量能增加50%～200%。新绛模式最让我看重的是它对土壤的修复和改良，这是一种可持续的农业发展方式。

在新绛县已形成独特优势的同时，如何将成果优势转化为地方的产业优势和经济效益优势，需要地方政府积极参与，做好顶层设计，制定制度、政策和法规，营造产业发展的良好环境，引导配套技术在当地转化应用，形成物化成果，替代化工产业对化学农业的支撑，形成具有特色和优势的生物农业产业基础，为本地经济社会发展做出贡献，具体工作可考虑几个层面：一是转化配套科技成果，形成产业。二是利用信息手段，建设营销体系。三是现代服务业引领现代农业发展，提供良好的环境。四是制订标准和规程，大力培养农技人员，形成产业专业人员的对外输出。

山西人有创新欲望，我也在寻找农业实用成果技术，我愿意为山西新绛项目交流做事，希望与地方党政人员、领导人员交流。靠研究科技的人员远远不够，党政领导有引领力，生产发展有优势，中小企业向农业转移，要企业、科研、政府支持互动，第二、第三产业必须面向第一产业，面向品牌宣传。新绛科技成果模式好，要学习山东寿光的经营体系模式，才能充分发挥新绛成果模式。

孙永溪（中国科学院科技促进发展局资源环境处高级工程师）

建议新绛技术成果模式要研究行政管理运行模式，研究技术标准化操作模式，研究申请项目模式。新绛模式是运用了传统农耕思想，结合现代农业科技成果，利用生物技术，已成为新绛有机种植模式的基础。建议进一步凝练核心技术，认真总结经验，系统地为新绛模式提供理论支撑，关注细节，把有机种植模式完整成系统模式，达到在各地都可复制的农业生产模式。

张淑香（中国农科院农业资源与农业区划研究所研究员）

我所刘立新、梁鸣早带头研究的基础理论值得我学习；马新立、光立虎在基层摸索出的经验令人感动。实用无污染技术验证了科学理论，丰富了有益微生物的应用方法，解决作物碳饥饿问题，所以新绛模式是高产的基础，要丰富完善以改变旧观念，可以操作国家科研项目，组织团队，完善科研应用的实验实践。

该套餐技术：①解决了基础理论中大中微量元素平衡供应的高产优质问题。②利用多功能菌种群，提高土壤养分及利用率。③成功实现了有机氮替代化学氮。④既传承了传统有机肥优质技术，又有效地解决目前我国土壤、植物营养靠化学技术的重大难题，即土壤板结、结构变差，蔬菜等作物连作障碍，明显减少化肥用量和资源浪费，明显提高了农民收入和种地的积极性，以及植物生理胁迫产出风味独特、优质安全食品。

希望这项技术再与其他涉及单位、部门结合起来，组建科研队伍，更加完善技术科学值，在基础和应用方面取得更多确切数据，使其在更大范围内得到更好的推广，获得更好的经济和环境效益。

李松涛（北京市园林绿化局产业发展处副处长、高级工程师）

新绛模式是从实践中总结出来的学说，有生命力和实质性，亚健康土壤生产亚健康食品，吃亚健康食品养育亚健康人。人类、作物健康生育要靠健康营养，而不是化学物质，人体需31～53种营养，植物需16种，土壤中有60余种，海洋中有90余种。在北京，同样的果树用化学技术亩产2 000千克，越种越减产，病虫害越重；用有机肥亩产3 500千克，越种越高产。在河北种梨，密植，秸秆还田，亩产7 500千克，生物菌与有机肥结合，碳、氢、氧能合成糖、脂肪、蛋白质，不施化肥完全可行。农作物施化肥、农药，本身就违背了自然农耕原则，还是要回归生态生物农业原理才好。

化肥造成了土壤板结，连作障碍：①植物本身分泌的毒物越积越多。②病毒占主导优势，作物长不好。③微量元素利用率、有效性低，自然产量低，品质差。④地下虫害重，土壤像铁板一块不透气，无生命力，没有有机质，益生菌不能繁衍，作物缺免疫力。新绛模式很好，我们已经试验，值得学习推广，要掌握作物生病的规律，作物平衡法则。

建议：①推广应用生物技术代替化学技术，解决坐果保果问题。②各地都应将新绛模式与当地自然相结合，发展有机农业及农产品。③要抓市场、抓销售、抓价格，以实践证明生物技术模式的可拓展性。

路森［仲元（北京）绿色生物技术开发有限公司技术总监］

日本人均寿命达86岁，原因是食品安全。建议：①以农肥为主，化肥为辅，均衡生产，品质优良，才能谈及生产权、话语权。有技术、有影响，必须提高技术来扩大影响。②营养为主，植保为辅，新绛模式可谓中国第一，让50％的农民用此技术，又让90％人能吃得起此技术产品，必须走品牌化、公益化、工艺化，缩小剪刀差。

范千（中国日报网主编）

新绛模式结合实践，以点带面，在打造区域经济的同时，向全省乃至全国推广，突出品牌，通过论坛和媒体以及农产品的展示会，让老百姓深入了解，具体实践前景乐观。

武树帜（全国政策科学研究会会长，国务院研究室原机关党委书记）

新绛种植模式具有我国农业发展代表性、实用性，要向全社会大众简明地讲透，如用什么来证明不用化学肥料和化学农药作物能高产优质，怎么证明产量比化学技术增产0.5～2.0倍，怎么证明用生物技术的产品能达到有机食品标准要求，这样出台政策就有说服力和推动力。

李志海（全国健康食品产业联盟常务副主席兼秘书长）

新绛模式是比较科学的，符合我们国家实际，是基础技术与高端技术相结合产生的模式，利用科技手段来发展高效、健康农业，保证了舌尖上的安全。搞好农业安全、防止土壤污染、保证土地健康才能使我们的粮食等作物安全，从而在大健康理念下使国人饮食安全，土壤保健是一个很重要的环节。

董文奖（国务院三农内参办公室主任）

一项事业的产生与发展都有其因果，互为互动关系，新绛模式的形成也是社会发展需要和必然，要发扬光大。新绛县正在建一座农贸物流市场，建议政府再安排一块地，组建一个办公室，组织一队人员，成立中国式有机农业新绛模式联盟。培养一批新绛模式农民技术员，面向全国辐射力量；统一配送物资，建一批相关物质企业；由广东人牵头建一个外销网络。有了这个设想和框架，我们再帮助出政策，申项目，就能领入发展快道。当下急需县委、县政府确定一名领导着力抓此事。

安莹（国际贸易有机农业园区化管理总裁）

看了新绛模式的效果，听了汇报，了解到不少未知东西，我国农业发展最弱但最有发展空间，最有生存力。未来10年农业发展前景好。作物生态环境适合，挂果多，地方政治生态环境好，成绩多。与教授、专家联系可产出天价产品，与国家政策和农科院联盟可产出高价产品，地方农民之间互看互学只能是低价产品，建议发挥村干部作用，让他们掌握技巧，勇于实践，发挥年轻人"潜力股"作用。

附录4 新绛种植技术向市场经营模式 延伸专家论坛观点摘要

2017年11月17日，新绛种植技术向市场经营模式延伸专家论坛观点摘要。

周泽江（国际有机农业运动联盟副主席、亚洲主席）

世界农业正在由不可再生资源支撑的化学农业向可再生资源支撑的有机农业转变。目前，全世界农田只有1.1％实行有机农业。当前，有机农业已经进入3.0阶段。有机农业的发展面临着两大瓶颈，一是技术，二是市场。随着近年来我国农业发展的方向性调整，国内做市场的越来越多，而技术层面的研究突破还很少。

很高兴看到创新性地发展实践研究在可持续有机种植技术上，新绛开了一个好头。

1. 1.0至3.0农业时代问题 有机1.0是指1972年前没有化肥、化学农药的原始模式时期，属有机食品农业；之后为农业2.0时代，世界各地都在用化学技术提高产量，成了农业生产主流；至今进入农业3.0时代，其实我国尚有很大比例食品生产仍处在1.0有机农业时期。美国人讲，中国没有有机食品。我说中国有机食品比美国多，质量60分以上者占95％，达95分以上者比美国面积数量少。现在进入农业3.0时期，是创新思维、最佳实践和全价值链时代，新绛种植模式就是最接地气的3.0代表。

2. "一田两种"问题 农民不用化肥、化学农药的农产品自己吃，用化学技术生产的农产品卖给城里人吃，这为一田两种做法。首先肯定，化学农药、化肥对人体有害，农产品上的残留大多时候量是很少的，加上存放、水洗就更少了，对人体危害是缓慢的、微量的；农民施化学农药时，呼吸进去的及手、衣、脸上接触到的农药更多，一次危害胜过城里人几日甚至几月危害。所以不用化学农药首先获利的是农民、耕作者。我们用新绛模式搞有机食品，操作要透明化，由生产技术模式向经营经济模式化推进。

3. 种植技术向商业模式推进问题 这是"两位一体"的平台问题，要组织化、持续化、品牌化生产经营。中国式有机农业优质高效栽培技术有蓄备力，要政府搭台，团队作业，组织经营才有力量。

王强（科技部中国农村技术开发中心调研室副主任、《中国农村科技》杂志社有限公司社长）

新绛有机种植模式符合习总书记在党的十九大报告中提出的乡村振兴战略的总体方向，在生态可持续、循环农业等方面有研究和推广的价值。希望地方政府可着力研究总结，将该模式推广实践到全国范围。

1. 中央重视问题 科技产生效益，农业是稳政产业，国家领导比较重视，农科成果要引起重视，需要抓住要害，比如，新绛人民习惯用有机肥，目前，秸秆利用率达75％以上，而全国利用率仅在25％。如果新绛县开展一场从周边收集购买秸秆种田活动，能让中央政府、国内外知道新绛农业靠有机肥生产有机食品，不仅作物产量提高、环境改善，而且生产出大量有机食品，能扩大产品质量影响，形成产供销体系，还能招引投资项目，便于走入大健康、大发展境地，就能超越山东寿光。

2. 地方重视问题　地方党委、政府忽视农业，是因投入大、收益慢。新绛县有水泥厂、钢铁厂、轻纺业，其下脚料可生产土壤调理肥，排气可生产氨、碳气肥，变废为宝，这样地方领导就有兴趣当大事干。

3. 产业品牌利益问题　新绛种植模式为新绛农民带来区域益处，虽然产品不愁卖，但价格波动也是必然存在的，缺乏农产品配套企业，品种、品质、品牌应"三位一体"推进，才能稳产高效。河北华美芦荟生产开发有限责任公司，出口美国份额占 51%，有了定价权就有了生产和产品稳定的利益保障权。

4. 区域发展战略问题　新绛种植模式及其成果是农业发展核心，是精准科技，应往外推广，如经济发达的消费地区，适宜推广种植地区，与国家相关项目对接，如盐碱地开发、秸秆还田等，能做大做强。培养一批新绛模式技术队伍，像山东寿光那样挣外地域钱，每人每月 6 000 元，同时，再推销当地的农资与农产品，打开效益空间。

5. 政府搭台，企业唱戏问题　县委、县政府要策划一套宣传实施方案，科技部农村技术开发中心可帮助开办，让新绛模式进入市场经济渠道运行，获得外界产供销影响，因为已有了成本低、产品好吃、产量高的环保、低耗、循环农业技术成果，核心是要走产业化之路，比较好干。

梁鸣早（中国农科院副研究员）

1. 种子问题　近 10 多年来，国外种子特别是杂交蔬菜种子、转基因粮棉种子涌入我国，高层领导和专家十分担忧，现在基本上 80% 没有定价话语权。新绛模式推广不顾及品种，我国常规种子都能高产优质，因此，为我国打开了一条不怕国外种子冲击的通道，意义十分重大。

2. 植物抗逆性问题　新绛人很幸运，一是具使用有机肥使作物高产优质的经验。二是及早发现了王天喜研究的复合益生菌液，在我知道的 3 000 家生物菌品牌中，这个菌配比合理，活性强，是首选的好产品。三是及时利用了云南那中元的植物诱导剂，这项技术成果才得以成形、认定和利用。

3. 次生代谢功能问题　植物在基因特性的基础上，可在钙、镁元素充足的情况下，及时传递信息，打开次生代谢功能，化感素增多，病虫草害少，如蚜虫、红蜘蛛、蝼蛄、蛴螬，真菌、细菌病害，多种草害，越来越轻，越来越少。刘立新说，打杈、整枝、中耕、剪叶，用脚踏一下、踢一脚都能使植物打开次生代谢功能，起到高产优质作用，这叫四两拨千斤技术，也叫人为管理胁迫。

霜打后的玉米、火龙果，反而能增产 25% 左右，风害及一定范围的热害、冻害，人们称天灾，系天然高产优质诱因，又叫环境胁迫。

逆境使植物产生超氧化物歧化酶（SOD）及几丁质酶，是营养平衡和打破平衡的健康生长发育原理，而化学技术无此作用。植物自身为防虫表皮上长毛生刺，用生物技术会变长变硬变粗，用化学技术变小变弱变短，破坏了植物抗病虫系统和功能，产量就低，品质就差。所以选给植株补充营养是对的，胜过给作物上施化学农药。

董文奖（中国土壤保健委员会会长）

中国式有机农业优质高效栽培技术成果鉴定前后，我每年要来新绛考察 2～3 次，其中我牵头搞过一次成果推介会，定名新绛种植模式，马新立、光立虎的实践和刘立新、梁鸣早老师的理论是这个成果成功的基础。我是这个成果的见证人和跟踪者，曾经在国务院三农内参办公室工作时给领导做过推广报告。这个成果在我国农业发展上应是一个革命，我还要跟踪下去，因为这项技术能彻底改良土壤，生产出优质食品，而且我已被新绛人认可，成为新绛县委、县政府办公室认定的老促会特邀顾问，我将参与新绛种植模式向经营模式的开拓开发事业。

侯志钢（山西省农业科学院副研究员）

有机农耕是顺天而动，天生地长，合二为一。新绛种植模式将土壤激活，水脉打通，营养吸附，缓慢释放，属生物动力农业技术。从新绛模式中感受到现在农民的智慧，只是缺乏总结，从而不能提升到文化层面上做大做强。

过去农耕是修身齐心事业，是儒家、佛家积德行善理念，是与老子血脉一致理念，是精神与技术完美结合理念，是沃土、丰产、农价、和谐、永续的需要。我国过去农耕是求稳，主要是提供好食品，提供好药材，求青山绿水。中国"三农"对国家发展贡献巨大。

有机农业与德美特花园。德美特花园标记可以在世界各国进出口，是国际认可的有机原理，是欧洲贵族后花园总结的种植技术，土地已有上千年有机土质，1928 年整理出一套有机标准要求，当时就提出不用转基因产品，1970 年国际有机联盟才提出不用转基因物质。中国人要吃到西方贵族能吃到的东西，这才是我们要干的事，德美特有机事业做得最好的是在澳大利亚，我看新绛模式与德美特有机农耕同理，要规模化运作，市场化经营。

王永仁（山西新绛县有机农业产业技术开发协会名誉会长）

道法与自然农业的原理：新绛县的有机农业发展，经研究人员十几年的实践与探索，借鉴国内外相关的理论与实践，形成了一个具有中国特色的有机农业发展模式，并将在今后的实践中不断地完善和创新。

新绛模式以国家标准为准则，以有机农业优质高效栽培技术为措施，以家庭联产和适度规模经营，以农村专业合作社为主体，以有机农业技术产业开发协会的协同服务为纽带，以为人民追求美好生活、提供高品质农产品为目标，以诚心互认、政府监管、农民增收为保证的生产经营体系。

新绛模式历经 10 多年的锤炼，由一个技术模式向生产经营模式转变，走过了 4 个阶段。一是各自为战，自发摸索的阶段。二是合力科研，技术逐渐成熟阶段。三是宣传推广，各地初试阶段。四是总结汲取的产业化发展阶段。

中国式有机农业新绛技术模式是新绛生产经营模式的重要基础，突破了有机农业发展的瓶颈，创新了有机农业发展模式和理论，是对中国农业发展的一项贡献。生产经营模式是技术模式实现的保证和目的，从技术模式到生产经营模式的转变是中国式有机农业发展的必然。

马新立（全国有机农业产业联盟副理事长、中国农业资源与区划学会有机农业副主任

委员、中国式有机农业优质高效栽培技术成果发明人）

我国在 1975 年前还是矿物派农业，之后化学派登场，两派都忽略了微生物和有机碳，化学派的老专家认为作物产量比矿物派时的产量提高了 0.5～2.0 倍，成功的经验坚不可摧，认为没有化学氮肥，作物蛋白质合不成。他们忽略的复合益生菌的固氮及间接固碳作用，能使作物产量在化学技术的基础上提高 0.5～2.0 倍。

我国在 1976 年前后，多数地域土壤含有机质 1.0%～3.5%，含全钾 0.5%～2.5%，化学农业对这两大物质消耗巨大，所以提产到顶点，且会逐年下跌。如土中有机质含量在 1% 以下，速效钾含量为 100 毫克/千克。所以，我们这套技术只强调碳、钾、稀土三大元素，加上光和菌为五大要素。

从一组数据看碳、钾和菌增产作用，1949 年，山西运城小麦亩产 52 千克，我国亩产 75～100 千克，山西运城 1978 年前后开展积肥沤肥肥田活动，亩产 175 千克。从化肥、化学农药技术开始至今，全国小麦亩产 400～500 千克，运城 2012 年亩产 285 千克，2017 年亩产达 341 千克，属中低产区。2013 年生物集成技术得到认可，大力推广生物有机肥，全国 100 个厂家发展到 2014 年的 800 个，2016 年的 1 200 个，2017 年的近 3 000 个。农业进入 3.0 时代，大多是有机、无机肥相结合的生产管理，在山西新绛小麦亩产 600～790 千克，在山西侯马达 828 千克，在河北永年亩产达 840 千克，在山东巨野亩产达 980 千克。据网络报道，2017 年长江流域小麦亩产达 600～900 千克，黄淮流域达 500～600 千克，两地为何相差这么多，经查是碳、钾原因。东北地区，土壤有机质高的历史已成为过去，秸秆不还田，粮食产量会逐渐下降。河北秸秆还田工作做得好，但不注重用益生菌提高利用率，只能增加雾霾天数和浓度。所以要大力推广生物集成技术，要注重用菌保碳施钾的利用。

有机集成技术是指有机碳素物通过纳米技术（物理方法）或生态技术（生物技术）后，根系可以直接吸收碳元素，可控秧，提高光能，二氧化碳、钾和稀土配合利用后，达到高产优质的栽培技术效果。

通过各地反馈意见有以下规律：一是不怕重茬，逐年递增规律。国务院刘志仁参事说："有机农业发展不能急功近利"。二是品种差异，积温有别规律。良种良法，因地制宜。三是合理稀植，穗长粒多规律。四是碳钾缺一，产量受限规律。创新发展，借鉴经验。五是全方到位，高产优质规律。六是基本脱离化学技术规律。以植物营养平衡保证作物高产优质。起步时主体用生物技术，救急用化学方法，一年后脱离化学技术，也叫有机转换期。

何长亭（北京爱可思家益投资有限责任公司总经理）

1. 开发马氏农艺　从现实情况说，成果已成为公开、公认的东西，马新立老师通过"粉丝"经济效应已取得国内外点上效果，我认为此技术是元素整合农艺，从投影汇报可看出，各地的产量、地名、因果等已溶在他的脑海里，可信，令人佩服，这是这项事业发展的基础。但作为企业运作，必须创新产品，如到军工科技再对接纳米、碳元素技术，创新提法，创新方式，称为马氏 1＋X 农艺，不卖农资，就卖技术，卖配方，不仅发展速度快，而且覆盖面也大，效益很大。

2. 开发有机农耕企业　成果要通过企业发扬光大，必须紧密结合，建议到海南、新疆、内蒙古甚至西藏去对接农垦或军管土地，签协议，用当地的土地、人力资源与我们的技术、物资资源合作，建议用 10 万亩以上土地。利用当地闲置的仓库、厂房等。

3. 开发国家项目农业 如对接"一带一路"，军队改革，退出农耕，有机肥代替化肥，秸秆还田，开发盐碱地，扶贫方面，做一做就能引起国家及领导重视，然后再拿项目往大了做，起到引领农业发展的作用，做成国家级农业。

附录 5　河南金雀电子商务有限公司介绍

河南金雀电子商务有限公司从 2016 年开始，积极参与乡村扶贫，在实践中看到卧床不起的残疾人和没有劳动能力的贫困人很难实现稳定脱贫，金雀公司独创了"不让一个贫困老乡掉队"的"五位一体三结合"精准扶贫方案和"金雀爱心购＋自动售货机"新零售消费扶贫助残模式（图 1）。2017 年 3 月在汝南县 212 个行政村建立了线下"金雀爱心购扶贫超市（专馆）"和 267 个村级线上网店（专区），在城乡人流量大的地方安放了 182 台爱心扶贫自动售货机（专柜），通过线上线下消费，将 40％～60％的商品差价直接支付给803 名特困人员。该模式被国务院扶贫办列入 2018 年全国电商扶贫典型案例，被国家发改委评为 2020 年全国消费扶贫优秀典型案例并向全国推介（图 2），被中国老区建设促进会评为 2020 年革命老区电商消费扶贫重点推广项目和 2019 年度支持革命老区脱贫攻坚先进单位，2021 年 5 月被中共河南省委、省政府评为"河南省脱贫攻坚先进集体"。2021 年10 月被评为"第二届全球减贫案例征集活动"最佳减贫案例（图 3）。

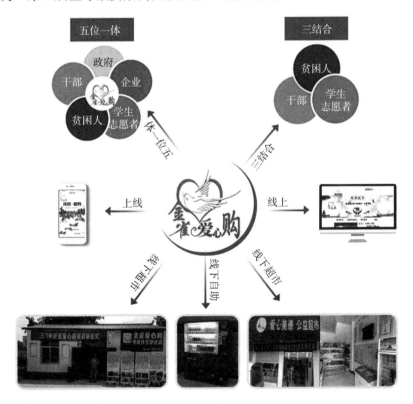

图 1　"五位一体三结合"精准扶贫方案和"金雀爱心购＋自动售货机"新零售消费扶贫助残模式

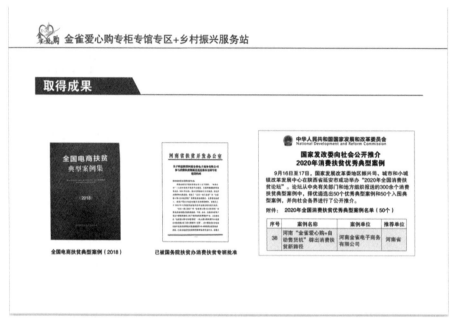

图 2 "金雀爱心购＋自动售货机"扶贫超市被评为全国消费扶贫优秀典型案例

图 3 "金雀爱心购＋自动售货机"扶贫超市荣获"第二届全球减贫案例征集活动"最佳减贫案例

河南省扶贫开发办公室向国务院扶贫办消费扶贫专班提交了《关于同意推荐河南金雀电子商务有限公司参与消费扶贫数据直连直报及全国专柜建设的函》，经国务院扶贫办消费扶贫专班同意，成为河南省及全国开展"专柜专馆专区"消费帮扶数据与中国社会扶贫网直连直报的企业。

为落实《关于继续大力实施消费帮扶巩固拓展脱贫攻坚成果的指导意见》，提高农产品种植产量和质量，盘活各地已经建设好但因缺少持续资金而停滞的积分换物"爱心超市"和效益不好及闲置的蔬菜大棚,发挥蔬菜大棚的产业帮扶和"爱心超市"的公益服务功能,建立起消费帮扶长效机制,在"金雀爱心购＋自动售货机"新零售消费扶贫助残模式基础上完善了金雀爱心购"专柜专馆专区 8＋1"项目消费帮扶乡村振兴模式(图 4),给各政府部门、帮扶干部和"万企兴万村"企业、社会组织参与巩固拓展脱贫攻坚成果同乡村振兴有效衔接提供了金雀爱心购"专柜专馆专区 8＋1"项目,可有效持久保持"爱心超市"资金来源。

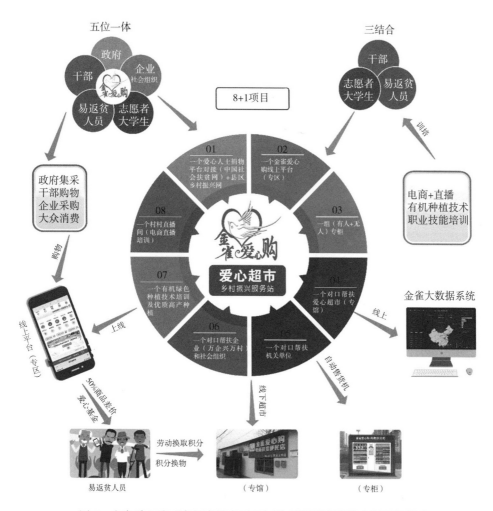

图 4　金雀爱心购"专柜专馆专区 8＋1"项目消费帮扶乡村振兴示意

2020 年 1 月 16 日,河南金雀和中国式有机农业优质高效栽培技术发明人马新立签订了合作推广的战略合作协议,在 2020 年 3—8 月采用中国式有机农业优质高效栽培技术种植了小麦和西瓜,取得了增加品质和产量的效果,受到了干部和村民的欢迎。

河南金雀公司利用金雀爱心购互联网平台,围绕乡村振兴战略,开展有机农业产供销一体化示范与延伸,一是 2020 年在当地做小面积中国式有机农业优质高效栽培技术试验,取得认识、认可。二是 2021 年立足驻马店市取 4 处土样,根据当地当时土壤有机质与钾含量，编制出 60 余个有机农作物品种栽培技术方案，面向全国介绍与承揽规划生产，组织技术培训与物资供应。三是 2022 年在全国各地建立有机农产品产供销体系。对接国家政策，同步推进科技生金、体制撑金与全民造金。

根据国家关于巩固拓展脱贫攻坚成果同乡村振兴有效衔接的政策，2021 年 5 月 28 日，公司董事长余留柱与马新立在山西省新绛县正式签订合作协议。决定共同修订编写《有机农业区域发展与作物优质高效栽培技术指南》，作为"金雀田园"有机农产品种植技术培训教材在全国发行，同时也作为院校培训及读者学习、应用和推广资料，并在全国各地开展有机产品种植技术职业技能培训和实施。

图书在版编目（CIP）数据

有机农业区域发展与作物优质高效栽培技术方案 /
马新立等著. —北京：中国农业出版社，2022.8
ISBN 978-7-109-29856-9

Ⅰ.①有…　Ⅱ.①马…　Ⅲ.①有机农业－农业发展－
区域发展－中国②作物－高产栽培－栽培技术－中国
Ⅳ.①F323②S31

中国版本图书馆 CIP 数据核字（2022）第 148338 号

中国农业出版社出版
地址：北京市朝阳区麦子店街 18 号楼
邮编：100125
责任编辑：国　圆　孟令洋　文字编辑：李瑞婷
责任校对：刘丽香
印刷：北京通州皇家印刷厂
版次：2022 年 8 月第 1 版
印次：2022 年 8 月北京第 1 次印刷
发行：新华书店北京发行所
开本：787mm×1092mm　1/16
印张：18.75　彩插：10
字数：450 千字
定价：98.00 元

2013 年 6 月 26 日，中国科学院院士武维华出席中国式有机农业高效优质栽培技术鉴定会

2013 年 8 月 6 日，马新立参加运城市科委关于中国式有机农业优质高效栽培技术成果新闻发布会

马新立赴中国科学院沈阳应用生态研究所介绍中国式有机农业优质高效栽培技术

2017 年 10 月 17 日，农业农村部种植司司长潘文博听取马新立汇报有机农业优质高效栽培技术成果

2017 年 11 月 17 日，国际有机农业运动联盟亚洲理事会主席周泽江助力新绛种植技术向市场经营模式延伸

2017 年 9 月 27 日，马新立受邀到辽宁省农业科学院介绍中国式有机农业优质高效生产实践情况

2018 年 5 月 20 日，国家食品安全风险评估专家委员会副主任章力健主持全国有机农业联盟培训活动

2019 年 10 月 25 日，世界生产力科学院院士孙成在山西省新绛县西南董考察有机农业

中国式"有机农业优质高效栽培技术"成果五要素示意图

项目支持单位：全国有机农业产业联盟、运城市科学技术协会

项目实施单位：新绛县有机农业产业技术开发协会、新绛县老促会

中國式"有机农业优质高效栽培技术"成果

应用点质量追溯考察A线图

应用中国式"有机农业优质高效栽培技术"全民擂台赛

中国式"有机农业优质高效栽培技术"成果在著作、杂志、报纸、电视与网络上等五大媒体的影响力

应用"有机农业优质高效栽培技术"成果产量效益对比A考证表

——2019年数据（千克/元）

品名	目前一般常规产量产值	用新绛模式的产量产值	当今知道的用新绛模式最高产量	最高效益	联系人	地址	电话
远志	400/1万	650/2.2万	1000	3万	张来民	山西省新绛县翟家庄村	13994870884
甘遂	120/1万	300/1.8万	360	6万	杨志平	山西省新绛县北池村	13994003796
半夏	300/0.7万	750/1.8万	900	2.2万	杨齐安	山西省新绛县北池村	13934103100
小麦	400/900	600/1200	826	3900	陈德喜	山西省侯马市乔村	13734058746
玉米	400/600	600/960	1266	3798	张永茂	山西省新绛县桥头沟村	15386723294
小米	250/1500	300/2400	410	3600	张战平	甘肃省庆阳市西峰区	13993433168
桃	3000/2万	4000/4万	3000-4500	4.4-7.5万	吴凯立 李宗全	山西省新绛县苏阳村 河北省晋州市蔡桃	13466949372 13785890838
苹果	3000/6000	3500/1万	4500-6000	1.6-3万	光立虎 李耀朔	山西省新绛县西行庄 山西省晓晓县北迎村	18636303326 13903484781
樱桃	1000/2.5万	1500/4万	2200	4-6.6万	于风甲	辽宁省大连市	15330839837
西红柿	7000/2.5万	20000/6万	2-3.6万	7-10万	段春龙 曾东燃	山西省新绛县燕村 重庆市	18623116656 18623116656
黄瓜	7000/2.5万	25000/6万	2.5-3.6万	7-10万	李永水 和林海	山西省新绛县育官庄 山东临沂市沂风县	15835271024
西胡芦	6000/2万	12000/3.5万	22000	4.2万	王立明	山东省德州市平原县	13011766351

高产典型图

远志　甘遂　半夏　小麦
玉米　小米　油菜　苹果
木樱桃　西红柿　黄瓜　西胡芦

用此成果比化学传统技术能获得三个保证。一是产量能提高0.2-2倍以上。二是产品191项农残和五项重金属化验不超标能达国际第三方认可标准。三是可当年办理有机认证书。

应用"有机农业优质高效栽培技术"成果产量效益对比B考证表

——2019年数据（千克/元 亩）

品名	目前一般常规产量产值	用新绛模式的产量产值	当今知道的用新绛模式最高产量	最高效益	联系人	地址	电话
水稻	400/3000	800/6000	1200	1.4万	普东燃 刘毛宗	重庆市 江西省抚州市崇仁县	18623116656 13698040018
土豆	2000/2000	3000/6000	6000-9000	1.2万	王凯	山西省昌梁市岚县	15835803732
茄子	10000/3万	20000/5万	24000	7万	王文富 赵全	辽宁省台安县东城村 辽宁省安县新台镇新台村	15141229594 0412-4662259
辣椒	7000/1.5万	16000/4万	20000	7万	万欢 朱彩国	湖南省郴州市园蔬菜产业园 山东青州市高柳镇	18873688052 13864680844
生菜	1500/2000	3000/8000	4000	4000	马林生	山西省新绛县西曲村	13033445525
花生	250/2000	600/4000	900	5000	王志甲	山东省东平县	13993433168
油菜	200/1000	300/2000	360	3000	蒙丽娟	广西上林县西燕中学	13100500499
大豆	200/500	400/1000	515	2000	曾东燃	重庆市	18623116656
生姜	3000/1.5万	6000/3万	9000	5万	刘长利	山东省昌邑市都大麦农民专业合作社	13515361131
莲藕	2500/5000	3000/1.2万	4000	8000	王文杰 黄家成	山西省新绛县桥东村 陕西省汉阴县	15935563150 13797170719
红薯	2000/4000	3000/6000	3500	3万	万青龙 宋德胜	山西省新楼县龙兴镇 河北嵩山	15513595272 17732565251
核桃	200/2400	300/3600	400	4000	白艳丽 程东豪	新疆阿克苏苏农一师一团 山西省榆次市西赤蒲池村	13670036540

高产典型图

水稻　土豆　茄子　辣椒
生菜　花生　油菜　大豆
生姜　莲藕　红薯　核桃

用此成果土壤要求：一是有机质达到3-5%；二是含钾量达到240-450毫克/千克；三是固氮酶活性达到600-1200 (nmol/Kg鲜土·d) 12h.

应用中国式"有机农业优质高效栽培技术"各种作物五要素投入产出预算

品名	追求亩产量(千克)	土壤条件		五要素用量					化学技术比较
		有机质	有效钾(毫克/千克)	有机肥(吨)	碳能菌(千克)	植物诱导剂(袋/亩)	植物修复素(粒/亩)	天然水洗钾(千克)	
小麦、玉米、水稻、高粱	800～1000	3～4%	300～400	2～3	4～5	1～2	2～4	40～50	持平、略高
小米	200～500	3%	300	2～3	4～5	1～2	2～4	20～25	持平、略高
绿豆、黑豆、大豆	200～300	3%	240～300	2～4	3～5	1～2	2～4	15～20	持平、略高
山药、红薯、土豆、生姜	4000～7000	3～4%	400	2～3	5～6	2～3	5～6	50～60	持平、略高
温室西红柿、黄瓜、茄子、辣椒	2～3.5万	4～6%	350～400	8～10	15～30	4～6	15～20	150～250	持平、略高
白菜、萝卜、甘蓝、大葱、胡萝卜	6500～8000	3%	240～300	3～5	4～5	1	2～4	30～40	持平、略高
露地散叶菜、豆类菜	3000～4000	3%	240～300	3～5	4～5	1～2	2～4	15～20	持平、略高
大棚芹菜、韭菜、露菜果类、瓜类	6000～7000	4%	240～300	5～6	4～5	1～2	4～6	30～40	持平、略高
苹果、桃、猕猴桃、梨	4000～6000	3.5%	240～300	2～3	5～6	4～6	10～15	30～50	持平、略高
中药材	1000	4%	240～300	3～4	4～5	1～2	4～6	20～30	持平、略高

五要素结合：一是有机质利用率提高2～3倍；二是矿物质有效性提高1～5倍；三是光效率提高0.5～4.91倍；四是空气和土壤中二氧化碳和氮利用率提高1～2倍。

五要素批零价：碳能菌35～50元/千克，植物诱导剂25～35元/袋，植物修复素5～8元/粒，51%天然水洗钾50千克/175～220元，调理肥25元/袋/70～80元，动物粪50～600元/吨。

中国式"有机农业优质高效栽培技术"成果在国内外推广培训现场及效果

中国式"有机农业优质高效栽培技术"12平衡管理要点

生态环境
创建鸟翼形生态温室系列，争取按当地气温变化与土壤要求特点，人为的按符合作物生长规律要求管理。

取舍肥料
②培养发酵型土壤，即疏松保水，有机质含量3%以上，钾含量300-400毫克／千克左右。

生命土壤
有机肥亩施1-8吨，按每千克干品供产干品产品0.5千克，鲜品5千克投入。碳能菌2-20千克，钾按含量50%硫酸钾的每千克供产干品，如粮16.6千克，产果100千克投入。

营养水分
以河、湖无污水为佳，井水次之，勿用化学消毒与污染水。

生命种子
对种子品种要求不严格，按长形、色泽符合市场消费即可。

合理稀植
较品种介绍与化学技术方法少定植12%左右。

气体利用
每亩地上空千米内有氮与二氧化碳6840吨，施碳能菌吸收利用可满足作物60-80%的高产需求。

光能新说
按作物品种要求补光与遮阳，生长前期用齐齐发诱导剂喷灌增光效。

作息温度
白天光合温度20-35℃，前半夜18-15℃，后半夜12-7℃。

菌的发掘
施碳能菌解钾，提高土壤有效量1.25倍左右，以菌克菌，抑制病虫害，解农残，钝化重金属，平衡营养等。

调整地上部、地下部
用齐齐发诱导剂与修复素控秧蔓过高，促下部生育。

调整营养生长与生殖生长
用齐齐发诱导剂与修复素控叶促果，提高产品风味与口感。

注：作物12平衡管理技术，经2021年5月20日，山西科技情报所国家一级国内外查新结论；农业"八字宪法"是毛泽东同志根据我国农民群众的生产实践经验和科学成果，于1958年提出来的八项技术增产措施。时至今日，在基础环境和形式都已发生变化的情况下，农业"八字宪法"的内涵、外延等定义迫切需扩展。

山西省新绛县北燕村段春龙，用生物集成技术种植复播玉米，亩产达 1 126 千克

2013 年陕西大荔县杨西海，用生物集成技术栽培棉花品种国欣 4 号，亩产籽棉 413 千克

2009—2019 年，山西新绛县北李村有机小麦专业合作社董事马怀柱，用生物集成技术大面积栽培小麦品种兰考矮早 8 号，亩产 620 千克

2018 年，甘肃临洮县八里铺镇上街村王治效，用生物集成技术种植玉米品种豫玉 22，亩产 740 千克

2021 年 6 月 2 日，河南省焦作市修武县王屯乡周流村高产示范田，种植众信麦 998 小麦新品种，亩产 898.26 千克

2021 年 6 月 14 日，河北省石家庄市藁城区南楼小麦控水节肥丰产增效百亩示范方，种植马兰 1 号小麦品种，亩产 811.9 千克

2017 年 4 月，甘肃庆阳垄上农品农业科技有限公司，用生物集成技术种植谷子，亩产达 420 千克

2019 年起，内蒙古赤峰阿鲁科尔沁旗京天科众原生态种植专业合作社理事长刘翠娟，用生物集成技术种植金苗毛毛谷 1 300 亩，亩产达 300 ~ 375 千克

山东省东平县王志甲，用生物集成技术种植花生，亩产达 900 千克

山西省新绛县横桥乡兰村韩来祥、西王村韩安民在丘陵旱垣地区，用生物集成技术种植小麦，亩产 400 ~ 573 千克

新绛县北燕村段春龙，用生物集成技术种植小麦，亩产 695 千克

2012 年以来，北京海淀区台头村华日农庄董尚云、王齐功，用生物集成技术种植西瓜

2012 年，甘肃省酒泉市肃州区东文化街 35 号张立堂，早春在国家农业综合开发戈壁滩基地温室里种植凌玉 3 号甜瓜，亩产达 7 500 千克

2016 年，广东省东莞市桥头镇村陶春，用生物集成技术种植柑橘，亩产达 5 000 千克

海南省海口琼山区山门坡镇红明农场主邱庆，用生物集成技术种植的荔枝

海南省海口市东坡农场，用生物集成技术种植的胡椒

2017年10月，河北省晋州市东里庄镇宿生村富硒葡萄园李苍英，在收第三层果时喷洒植物酵酶风味素，第三、四层果固形物多，玫瑰味浓，甜度增加，适口性好，当年被河北省林业厅评为果王

2013年，吉林省梅河市青篮蔬菜种植专业合作社周宝琦，在东港用生物集成技术种植草莓，亩产2 250千克

2018年，辽宁大连瓦房店市复州城镇于风甲，用生物集成技术栽培温室大樱桃，春节前上市，每千克售价600元

辽宁省用生物集成技术种植的苹果

2018年，山东省平原县孟凡勇，用生物集成技术种植甜瓜品种博阳61，亩产达7 200千克

2018年，山西省新绛县西马村邓东民，用中药生物技术栽培油桃，一茬亩产2 100千克，二茬亩产2 000千克

2019—2021年，山西汇农生物科技有限公司张志州，用生物集成技术栽培冬枣，含糖量高达29.5%，产量比常规栽培增加30%

2010 年以来，在辽宁、山东、山西用生物集成技术栽培辣椒，亩产达 2 万千克以上

2018 年 6 月，山东省平原县王立明，用生物集成技术栽培西葫芦，亩产达 2 万千克以上

福建省厦门市黄春圃，用生物集成技术栽培的小番茄

广东江门开平市蒋菊全，用生物集成技术栽培的芹菜

2015—2018 年，广东省东莞市常平镇莫忆斌，用生物集成技术种植豆角，产量高，品质好

2015—2018 年，广东省东莞市常平镇莫忆斌，用生物集成技术种植的黄瓜

河南省新乡市韩明秀，用生物集成技术栽培的番茄

2016 年，吉林德惠市夏家店街道办马春双，早春用生物集成技术种植番茄，单果250 ~ 300 克，平均株产 5.5 千克，亩产达 1.1 万千克

海南省海口市美兰区盛贤景都吉训华，2022 年早春用生物集成技术栽培的辣椒，枝矮叶挺果多，果比对照长 30%，重 20%，增产增效 50% 以上

山西省新绛县马首官庄村李天水、李东奎、李小虎、赵龙龙，用生物集成技术栽培黄瓜，亩产 2 万 ~ 3 万千克

　　2014 年，山西新绛县北张镇北燕村齐世勇，用生物技术种植番茄，4 层果亩产 1.1 万千克，老株亩再生 3 层果，续产 7 500 千克，第二茬留 6 层果，亩产 1.2 万千克，年亩产量达 3.05 万千克

　　山西新绛县桥东村吉瑞平，用生物技术种植花椰菜、娃娃菜，每茬产菜 6 000 ~ 7 000 千克

　　2013 年，山西省新绛县峨嵋中药材研究所杨志平，用生物集成技术种植甘遂

　　2018 年，山西省新绛县供销合作社在桥东村赵奎奎、翠岭村王建军等，用生物集成技术栽培山药，亩产 3 800 千克

　　2015—2021 年，山西省新绛县北池村杨齐安，用生物集成技术种植半夏，亩产可达 910 余千克

安徽抚州用生物集成技术栽培姜，亩产7 300～7 500千克

2020年早春，广西北海市海城区南珠宋海涛，用生物集成技术种植姜，亩产3 000余千克

2018年，山西新绛县供销社农资供应中心南苏村经营部张丽英，用生物集成技术种植山药，亩产达3 800千克

山西省新绛县泽掌村王振合，用生物集成技术种植的红芩

海南省海口市东坡农场，用生物集成技术栽培的铁皮石斛